2023
中国保险资产管理业发展报告
CHINA INSURANCE ASSET MANAGEMENT DEVELOPMENT REPORT

中国保险资产管理业协会 著

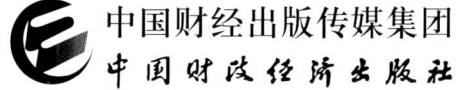

图书在版编目（CIP）数据

中国保险资产管理业发展报告.2023／中国保险资产管理业协会著．－－北京：中国财政经济出版社，2023.8

ISBN 978－7－5223－2408－1

Ⅰ.①中… Ⅱ.①中… Ⅲ.①保险业－资产管理－研究报告－中国－2023 Ⅳ.①F842.3

中国国家版本馆 CIP 数据核字（2023）第 152195 号

责任编辑：郁东敏　　　　　责任印制：刘春年
封面设计：中通世奥　　　　责任校对：张　凡

中国保险资产管理业发展报告（2023）
ZHONGGUO BAOXIAN ZICHAN GUANLIYE FAZHAN BAOGAO (2023)

中国财政经济出版社 出版

URL：http://www.cfeph.cn

E－mail：cfeph@cfeph.cn

（版权所有　翻印必究）

社址：北京市海淀区阜成路甲 28 号　邮政编码：100142

营销中心电话：010－88191522

天猫网店：中国财政经济出版社旗舰店

网址：https://zgczjjcbs.tmall.com

中煤（北京）印务有限公司印刷　各地新华书店经销

成品尺寸：210mm×296mm　16 开　23 印张　414 000 字

2023 年 8 月第 1 版　2023 年 8 月北京第 1 次印刷

定价：168.00 元

ISBN 978－7－5223－2408－1

（图书出现印装问题，本社负责调换，电话：010－88190548）

本社质量投诉电话：010－88190744

打击盗版举报热线：010－88191661　QQ：2242791300

编 委 会

主　　任：王军辉

执行主任：曹德云

委　　员：（按照姓氏拼音排序）
　　　　　曹　琦　陈国力　陈奕伦　陈有棠　程　锐
　　　　　贡　磊　韩向荣　贺竹君　黄金华　黄旭锋
　　　　　黄　勇　康国君　李　巍　刘开俊　彭吉海
　　　　　孙　键　万谊青　魏　斌　吴剑飞　吴　茜
　　　　　吴　松　严振华　杨　平　于业明　俞岱曦
　　　　　曾爱萍　曾北川　张　弛　张凤鸣　张　倩
　　　　　张秦华　张　震　赵立军　赵小凡　甄庆哲
　　　　　朱颖锋

主　　编：曹德云

副 主 编：陈国力

编　　委：（按照姓氏拼音排序）
　　　　　陈荆女　杜　建　方修广　梁凤波　骆志威
　　　　　薛永前　赵　新　赵　越

《中国保险资产管理业发展报告（2023）》编写组成员

牵头执笔： 中国保险资产管理业协会研究规划部

全书统稿： 梁风波　李书轩　王　辉　王文婧　闫圣薇

执笔人（分章节，按参与撰写章节先后顺序排序）：

第一章：廖　博（浙商证券）　姚泽宇（中金公司）　李书轩

第二、三章：赵　芸　韩　铮　甘　露　刘嘉雯　杜伊纯

第四章：李书轩　安　思　郑照义　郭　睿　关凯明
　　　　密　密　赵　新　隋　心　王天华　刘雅骏

第五章：张　驰　刘嘉雯　刘静莹　楚国宾　王　辉
　　　　田　丰　鲁明佳　刘思含　陈佳玥　廖　媛
　　　　郑照义

附录一、二、三、四：李书轩　贾　月

附录五（按机构成立时间排序）：
　　中国人保资产管理有限公司　　　　　　黄本尧
　　中国人寿资产管理有限公司　　　　　　刘　凡
　　华泰资产管理有限公司　　　　　　　　张爱民
　　中再资产管理股份有限公司　　　　　　王国言
　　平安资产管理有限责任公司　　　　　　刘　晖
　　泰康资产管理有限责任公司　　　　　　魏　宇
　　新华资产管理股份有限公司　　　　　　张　扬

附录五（按机构成立时间排序）：

机构名称	代表
太平洋资产管理有限责任公司	段黎明
太平资产管理有限公司	徐伟文
大家资产管理有限责任公司	杨　科
生命保险资产管理有限公司	李荣辉
光大永明资产管理股份有限公司	李博楠
合众资产管理股份有限公司	赵宇星
民生通惠资产管理有限公司	詹粤萍
阳光资产管理股份有限公司	赵　燕
中英益利资产管理股份有限公司	蔡志勇
中意资产管理有限责任公司	聂小军
华安财保资产管理有限责任公司	许殿豪
长城财富保险资产管理股份有限公司	张玉璐
英大保险资产管理有限公司	李芝樑
华夏久盈资产管理有限责任公司	朱　坤
建信保险资产管理有限公司	张广华
百年保险资产管理有限责任公司	王　飚
永诚保险资产管理有限公司	曹志强
工银安盛资产管理有限公司	冯晓兵
交银康联资产管理有限公司	周鲁飞
中信保诚资产管理有限责任公司	原瑞政
招商信诺资产管理有限公司	袁　炯
国寿投资保险资产管理有限公司	匡　涛
国华兴益保险资产管理有限公司	许　嘉
安联保险资产管理有限公司	李超田
人保资本保险资产管理有限公司	罗　胤
太平资本保险资产管理有限公司	李　亮

《中国保险资产管理业发展报告（2023）》编写组成员

牵头执笔：中国保险资产管理业协会研究规划部

全书统稿：梁风波　李书轩　王　辉　王文婧　闫圣薇

执笔人（分章节，按参与撰写章节先后顺序排序）：

第一章：廖　博（浙商证券）　姚泽宇（中金公司）　李书轩

第二、三章：赵　芸　韩　铮　甘　露　刘嘉雯　杜伊纯

第四章：李书轩　安　思　郑照义　郭　睿　关凯明
　　　　密　密　赵　新　隋　心　王天华　刘雅骏

第五章：张　驰　刘嘉雯　刘静莹　楚国宾　王　辉
　　　　田　丰　鲁明佳　刘思含　陈佳玥　廖　媛
　　　　郑照义

附录一、二、三、四：李书轩　贾　月

附录五（按机构成立时间排序）：
　　　　中国人保资产管理有限公司　　　　黄本尧
　　　　中国人寿资产管理有限公司　　　　刘　凡
　　　　华泰资产管理有限公司　　　　　　张爱民
　　　　中再资产管理股份有限公司　　　　王国言
　　　　平安资产管理有限责任公司　　　　刘　晖
　　　　泰康资产管理有限责任公司　　　　魏　宇
　　　　新华资产管理股份有限公司　　　　张　扬

附录五（按机构成立时间排序）：

机构名称	代表
太平洋资产管理有限责任公司	段黎明
太平资产管理有限公司	徐伟文
大家资产管理有限责任公司	杨　科
生命保险资产管理有限公司	李荣辉
光大永明资产管理股份有限公司	李博楠
合众资产管理股份有限公司	赵宇星
民生通惠资产管理有限公司	詹粤萍
阳光资产管理股份有限公司	赵　燕
中英益利资产管理股份有限公司	蔡志勇
中意资产管理有限责任公司	聂小军
华安财保资产管理有限责任公司	许殿豪
长城财富保险资产管理股份有限公司	张玉璐
英大保险资产管理有限公司	李芝樑
华夏久盈资产管理有限责任公司	朱　坤
建信保险资产管理有限公司	张广华
百年保险资产管理有限责任公司	王　飚
永诚保险资产管理有限公司	曹志强
工银安盛资产管理有限公司	冯晓兵
交银康联资产管理有限公司	周鲁飞
中信保诚资产管理有限责任公司	原瑞政
招商信诺资产管理有限公司	袁　炯
国寿投资保险资产管理有限公司	匡　涛
国华兴益保险资产管理有限公司	许　嘉
安联保险资产管理有限公司	李超田
人保资本保险资产管理有限公司	罗　胤
太平资本保险资产管理有限公司	李　亮

序　言

2022年是党和国家历史上极为重要的一年。党的二十大胜利召开，描绘了全面建设社会主义现代化国家的宏伟蓝图，开启了建设中国式现代化的新征程，党和国家各项事业发展迈出坚实步伐。与此同时，我国经济恢复的基础尚不牢固，需求收缩、供给冲击、预期转弱三重压力仍然较大，外部环境动荡不安，给我国经济带来的影响加深。国家金融监督管理总局党委书记、局长李云泽在第十四届陆家嘴论坛上指出，我国经济长期向好的基本面不会改变，作为全球经济增长主引擎的地位不会改变。在习近平新时代中国特色社会主义思想指引下，我们将始终坚持党对金融工作的全面领导，将服务实体经济作为金融立业之本。[①]

作为现代经济的重要产业和风险管理的基本手段，近年来，我国保险行业坚持回归保障本源，调整优化产品结构，增强保险保障属性，取得了积极成效。2022年全年，保险公司原保险保费收入4.7万亿元，同比增长4.6%；赔款与给付支出1.5万亿元，同比下降0.8%；新增保单件数554亿件，同比增长13.27%。[②]

中国保险资产管理业经过20年的改革探索，逐步形成并确立了管理长期资金、配置长期资产、创设长期产品的核心业务专长，在支持实体经济、国家战略、民生建设和保险主业发展等方面发挥了重要而独特的作用。从行业运行看，截至2022年末，保险资金运用余额25.35万亿元，同比增长9.15%。其中，人身险公司22.59万亿元，同比增长9.38%；财产险公司1.93万亿元，同比增长8.69%。从配置结构看，人身险公司资金配置结构中银行存款、债券、股票、证券投资基金、长期股权投资占比分别为9.89%、41.65%、7.80%、5.35%、10.27%，财产险公司配置结构占比分别为21.58%、33.61%、6.59%、8.24%、6.46%。从业绩表现看，2022年由于股债市场波动，保险资产管理业持续承压，保险资产管理机构营业收入、净利润均出现下滑[③]。从产品创设看，2022年全年协会共登记债权投资计划、股权投资计划、保险私募基金529

[①②] 国家金融监督管理总局官网。

[③] 截至2023年5月12日，除大家资产、华夏久盈未披露年报之外，已有31家保险资产管理公司发布了2022年年度信息披露报告。从数据来看，31家保险资产管理公司2022年营业收入合计327.23亿元，同比下滑10.39%；净利润合计141.17亿元，同比下滑7.19%。

只，同比减少 5.37%，登记规模 10 507.21 亿元，同比减少 6.78%。① 保险资产管理机构正积极探索加强投资业务精细化管理、推动数字化转型与科技赋能、扩大第三方业务布局等，寻求低利率形势下行业发展新的业务增长点。

《中国保险资产管理业发展报告》是由国家金融监督管理总局指导，中国保险资产管理业协会牵头编纂，全面系统反映保险资产管理行业年度发展情况的官方、唯一报告，今年是连续第 7 年编纂出版。《中国保险资产管理业发展报告（2023）》分为正文和附录两部分。正文部分共五章，第一章是 2022 年保险资产管理行业发展综述，第二章是 2022 年保险公司资金运用情况，第三章是 2022 年保险资产管理行业运行情况，第四章是 2022 年保险资产管理行业专题报告，第五章是 2022 年中国保险资产管理业协会专项工作。附录部分包括 2020—2022 年保险资产管理行业政策目录、保险资产管理行业大事记、保险资产管理行业倡议书、2022 年保险资产管理公司情况统计表等。

中国保险资产管理业协会成立至今，一直将推动行业发展、支持行业建设、扩大行业影响作为工作目标之一。《中国保险资产管理业发展报告（2023）》作为客观记录行业情况的报告，希望能够为中国保险资产管理业的发展留下持续、真实、客观的历史资料，同时为当期和今后行业的发展提供必要参考。

中国保险资产管理业协会

党委书记、执行副会长兼秘书长

2023 年 6 月

---

① 中国保险资产管理业协会官网。

数据说明

本报告涉及的行业数据，如无特别标注，均出自《2022—2023 年中国保险资产管理行业运行调研报告》，非监管授权数据，调研数据均截至 2022 年 12 月 31 日。其中，参与调研的保险公司共有 196 家，包括集团公司 12 家、寿险公司 86 家、产险公司 86 家、再保险公司 12 家；参与调研的还有保险资产管理公司 32 家、其他具有存量保险资产管理产品业务的机构 4 家。

需要说明的是，截至调研问卷回收时，部分公司数据未经审计，可能与最终披露数据存在一定差异，具体请以各公司官方披露为准。本报告提供的数据信息，仅供参考。

目录 Contents

第一章 2022 年保险资产管理行业发展概述　　1

一、2022 年国内外宏观形势综述　　3
二、2022 年中国保险市场发展情况概述　　7
三、2022 年中国资产管理行业发展概述　　13
四、2022 年中国保险资产管理行业发展概述　　18

第二章 2022 年保险资产管理行业运行情况　　23

一、市场主体　　25
二、管理资金情况　　30
三、资产配置情况　　39
四、业务收入及开展情况　　48
五、保险资产管理产品情况　　59
六、组织架构与人才建设　　82

第三章 2022 年保险公司资金运用情况　　99

一、资产配置情况　　101
二、投资模式选择　　116
三、金融产品投资情况　　123
四、股权投资情况　　133
五、投资治理情况　　140
六、人才建设情况　　147

第四章 2022 年保险资产管理行业专题报告　　155

【专题一】保险资产管理行业重大监管政策分析　　157
【专题二】保险资产管理公司产品登记情况　　174
【专题三】保险机构个人税收递延养老保险投资经理及组合经理注册情况　　181
【专题四】保险机构投资管理能力情况　　188
【专题五】保险资产管理行业定点帮扶情况　　192

【专题六】保险资产管理行业服务实体经济情况	195
【专题七】保险资产管理行业数据治理情况	197
【专题八】保险资产管理行业自律评价情况	203
【专题九】保险资产管理行业最受欢迎投资业务合作机构推介情况	208

第五章　2022 年中国保险资产管理业协会专项工作情况　　215

【专项一】中国保险资产管理业协会风险监测情况	217
【专项二】中国保险资产管理业协会服务会员情况	219
【专项三】中国保险资产管理业协会自律管理情况	221
【专项四】保险资产管理行业标准化建设情况	224
【专项五】IAMAC 资产管理百人问卷调查	229
【专项六】保险资产管理行业投资者信心调查	241
【专项七】中国保险行业投资负责人（CIO）调研	257
【专项八】保险资产管理公司金融衍生品业务情况调研	273
【专项九】保险机构境外投资业务情况调研	280
【专项十】保险资产管理行业另类产品投资存续期管理情况调研	282
【专项十一】中国养老财富储备调查	290

附录　　299

附录一　2020—2022 年保险资产管理行业主要政策目录	301
附录二　保险资产管理行业大事记	306
附录三　保险资产管理行业倡议书	309
附录四　2022 年保险资产管理公司情况统计表	314

后记　　344

图表目录

图1-1	2022年财产险公司保费收入结构	9
图1-2	2022年人身险公司保费收入结构	10
图1-3	2015—2022年中国资产管理行业规模	14
图1-4	2015—2022年中国境内各类资产管理产品规模占比	15
图2-1	2015—2022年保险资产管理公司资产管理规模（全口径）及增速情况	28
图2-2	2020—2022年保险资产管理公司资产管理规模（不含内购产品）及增速情况	28
图2-3	2015—2022年资产管理规模排名前6机构占历年市场份额对比	28
图2-4	2021—2022年8家超大型机构资产管理规模及增速情况	29
图2-5	2021—2022年4家大型机构资产管理规模及增速情况	29
图2-6	2021—2022年15家中型机构资产管理规模及增速情况	30
图2-7	2021—2022年5家小型机构资产管理规模及增速情况	30
图2-8	2022年末保险资产管理业资金来源结构	31
图2-9	2020—2022年保险资产管理公司各类资金占比情况	31
图2-10	2020—2022年保险资产管理公司管理各类资金规模及增长率情况	32
图2-11	2022年末保险资产管理公司资金来源构成情况	32
图2-12	2022年按管理第三方资金比例划分的保险资产管理公司的单位规模收入情况	33
图2-13	2021—2022年超大型公司管理系统内保险资金规模及增长情况	33
图2-14	2021—2022年大型公司管理系统内保险资金规模及增长情况	34
图2-15	2021—2022年中型公司管理系统内保险资金规模及增长情况	34
图2-16	2021—2022年小型公司管理系统内保险资金规模及增长情况	34
图2-17	2021—2022年超大型公司管理第三方保险资金规模及增长率情况	35
图2-18	2021—2022年大型公司管理第三方保险资金规模及增长率情况	35
图2-19	2021—2022年中型公司管理第三方保险资金规模及增长率情况	35
图2-20	2021—2022年小型公司管理第三方保险资金规模及增长率情况	36
图2-21	2021—2022年超大型公司管理银行资金规模及增长率情况	36
图2-22	2021—2022年大型公司管理银行资金规模及增长率情况	36
图2-23	2021—2022年中小型公司管理银行资金规模及增长率情况	37
图2-24	2021—2022年保险资产管理公司养老金管理规模及增长率情况（有投管人资格）	37
图2-25	2021—2022年保险资产管理公司养老金管理规模及增长率情况（无投管人资格）	38

图 2－26	2021—2022 年保险资产管理公司各业务资金来源构成	38
图 2－27	2021—2022 年保险资产管理公司主要投资资产规模及占比情况	39
图 2－28	2021—2022 年保险资产管理业主要投资资产规模及增速情况	40
图 2－29	2022 年保险资产管理业不同综合收益率区间对应机构分布情况	40
图 2－30	2022 年保险资产管理业不同财务收益率区间对应机构分布情况	40
图 2－31	2022 年保险资产管理公司投资银行存款和存单占比情况	41
图 2－32	2021—2022 年保险资产管理公司投资银行存款规模及增速情况	41
图 2－33	2021—2022 年保险资产管理公司投资债券规模占比情况	42
图 2－34	2021—2022 年保险资产管理公司投资债券规模及增速情况	42
图 2－35	2022 年末保险资产管理公司投资债券各品种构成情况	43
图 2－36	2021—2022 年末保险资产管理公司各类型机构持有债券大类占比情况	43
图 2－37	2022 年末不同规模保险资产管理公司持有债券外部评级情况	43
图 2－38	2022 年保险资产管理公司投资股票规模占比情况	44
图 2－39	2021—2022 年保险资产管理公司投资股票规模及增速情况	44
图 2－40	2021—2022 年保险资产管理公司持有金融产品规模占比情况	45
图 2－41	2021—2022 年保险资产管理公司持有金融产品规模及增速情况	45
图 2－42	2021—2022 年保险资产管理公司投资公募基金规模占比情况	46
图 2－43	2021—2022 年保险资产管理公司投资公募基金规模及增速情况	46
图 2－44	2022 年四梯队机构持有各类公募基金比例构成	47
图 2－45	2022 年末公募基金公司按被投规模分布情况	47
图 2－46	2016—2022 年保险资产管理公司收入及增速情况	48
图 2－47	2016—2022 年行业 TOP6 机构的收入集中度情况	49
图 2－48	2021—2022 年 8 家超大型机构收入及增速情况	50
图 2－49	2021—2022 年 4 家大型机构收入及增速情况	50
图 2－50	2021—2022 年 15 家中型机构收入及增速情况	50
图 2－51	2021—2022 年 5 家小型机构收入及增速情况	51
图 2－52	2016—2022 年行业单位规模收入及增速情况	51
图 2－53	2021—2022 年保险资产管理公司产品规模及单位规模收入情况	52
图 2－54	2022 年各类业务规模及构成	53
图 2－55	2019—2022 年不同业务管理规模占比情况	53
图 2－56	2022 年四梯队业务规模占比	53
图 2－57	2019—2022 年各类业务规模及规模增长率情况	54
图 2－58	2019—2022 年业务收入及增速情况	54
图 2－59	2019—2022 年业务管理规模及相应收入构成情况	55
图 2－60	2022 年四梯队业务管理规模及相应收入构成	55
图 2－61	2021—2022 年 8 家超大型机构业务收入情况	56
图 2－62	2021—2022 年 4 家大型机构业务收入情况	56
图 2－63	2021—2022 年 15 家中型机构业务收入情况	56
图 2－64	2021—2022 年 5 家小型机构业务收入情况	57
图 2－65	2019—2022 年业务单位规模收入及增速情况	57

图 2-66	2021—2022年超大型及大型机构专户业务单位规模收入情况	58
图 2-67	2021—2022年中型及小型机构专户业务单位规模收入情况	58
图 2-68	2021—2022年各机构资产支持计划业务单位规模收入情况	59
图 2-69	2020—2022年末保险资产管理产品存续余额及增长率	60
图 2-70	2020—2022年保险资产管理产品管理费收入及增长率	60
图 2-71	近三年组合类产品数量与存续余额	61
图 2-72	近三年组合类产品管理费收入及单位规模收入	61
图 2-73	近三年债权投资计划注册/登记数量与存续余额	62
图 2-74	近三年债权投资计划管理费收入及单位规模收入	62
图 2-75	近三年股权投资计划注册/登记数量与存续余额	63
图 2-76	近三年股权投资计划管理费收入及单位规模收入	63
图 2-77	2021—2022年各机构组合类产品存续规模情况【超大型+大型】	64
图 2-78	2021—2022年各机构组合类产品存续规模情况【中型+小型】	64
图 2-79	2021—2022年各机构组合类产品管理费收入情况【超大型+大型】	65
图 2-80	2021—2022年各机构组合类产品管理费收入情况【中型+小型】	65
图 2-81	2018—2022年组合类产品资金来源情况	65
图 2-82	2021—2022年末组合类产品资金来源构成-细分产品	66
图 2-83	2021—2022年末组合类产品资金来源构成-四梯队	66
图 2-84	2021—2022年末组合类产品存续余额构成情况	67
图 2-85	2021—2022年末组合类产品管理费收入情况	67
图 2-86	2021—2022年末组合类产品投资资产情况	68
图 2-87	2021—2022年末固定收益类（货币市场类）产品资金来源构成	68
图 2-88	2021—2022年末固定收益类（货币市场类）产品单位规模收入	69
图 2-89	各类机构固定收益类（非货币市场类）资金来源构成	69
图 2-90	各机构固定收益类（非货币市场类）产品单位规模收入	70
图 2-91	2021—2022年末各类机构权益类产品资金来源构成	70
图 2-92	2021—2022年末各类机构权益类各机构单位规模收入	71
图 2-93	2021—2022年末各类机构混合类产品资金来源构成	71
图 2-94	2021—2022年末各类机构混合类各机构单位规模收入	72
图 2-95	2020—2022年债权投资计划当年登记发行缴款情况	72
图 2-96	2020—2022年债权投资计划当年登记发行缴款规模占比——四梯队	73
图 2-97	2022年各类型机构发行困难的产品数量及原因	73
图 2-98	2021—2022年债权投资计划产品存续规模情况【超大型+大型】	74
图 2-99	2021—2022年债权投资计划产品存续规模情况【中型+小型】	74
图 2-100	2020—2022年债权投资计划资金来源整体情况	75
图 2-101	2021—2022年债权投资计划资金来源情况——四梯队	75
图 2-102	近两年产品管理费收入变化——机构类型	76
图 2-103	2022年产品管理费收入及占比情况——投资行业视角	76
图 2-104	2021—2022年各机构债权投资计划管理费收入情况【超大型+大型】	76

图2–105	2021—2022年各机构债权投资计划管理费收入情况【中型＋小型】	77
图2–106	2020—2022年债权投资计划当年登记发行缴款规模占比情况——投向行业对比	77
图2–107	2020—2022年债权投资计划存量规模占比情况——投向行业对比	78
图2–108	2020—2022年债权投资计划存量规模占比情况——投向行业对比（四梯队）	78
图2–109	2021—2022年项目算术平均期限	79
图2–110	2021—2022年项目算术平均收益率（以首次发行为准）	79
图2–111	2021年登记债权投资计划信用增级方式（单位：只）	79
图2–112	近两年债权投资计划外部信用评级情况——四梯队视角	80
图2–113	2020—2022年股权投资计划发行缴款情况	80
图2–114	2020—2022年股权投资计划当年登记发行缴款规模占比——四梯队	81
图2–115	2020—2022年股权投资计划当年登记发行缴款情况	81
图2–116	近两年股权投资计划资金来源情况	81
图2–117	股权投资计划近两年资金来源对比——四梯队	82
图2–118	2018—2022年各类型保险资产管理公司组织架构调整机构占比情况	83
图2–119	2018—2022年行业人才数量及增速	85
图2–120	2018—2022年行业四梯队人员数量分布情况	85
图2–121	2017—2021年四梯队机构平均人员数量情况	85
图2–122	2022年超大型机构人员数量及增速情况	86
图2–123	2022年大型机构人员数量及增速情况	86
图2–124	2022年中型机构人员数量及增速情况	86
图2–125	2022年小型机构人员数量及增速情况	87
图2–126	2018—2022年行业管理规模、收入及人才增速	87
图2–127	2022年行业四梯队资产管理规模、收入及人员增速	87
图2–128	2022年保险资产管理业主要条线人才分布	89
图2–129	2018—2022年全行业各条线人才分布情况	89
图2–130	2018—2022年保险资产管理业各条线人员增长情况	90
图2–131	2022年四梯队各条线人员占比情况	90
图2–132	2022年行业四梯队各条线人员配置平均数量	91
图2–133	2021—2023年保险资产管理业各条线机构增聘需求对比	91
图2–134	2018—2022年人均管理规模及增速情况	92
图2–135	2018—2022年人均管理费收入及增速情况	92
图2–136	2018—2022年行业四梯队人均管理规模	93
图2–137	2020—2022年超大型机构人均管理规模及增速	93
图2–138	2020—2022年大型机构人均管理规模及增速	94
图2–139	2020—2022年中型机构人均管理规模及增速	94
图2–140	2020—2022年小型机构人均管理规模及增速	94
图2–141	2018—2022年行业四梯队机构人均创收情况	95

图 2-142	2020—2022 年超大型机构人均创收及增速	95
图 2-143	2020—2022 年大型机构人均创收及增速	95
图 2-144	2020—2022 年中型机构人均创收及增速	96
图 2-145	2020—2022 年小型机构人均创收及增速	96
图 2-146	2021—2022 年前台投资人员与中后台条线人员配比分析	97
图 3-1	2022 年不同类型保险机构投资规模占比	102
图 3-2	2022 年不同类型寿险投资规模占比	102
图 3-3	2022 年不同类型产险投资规模占比	102
图 3-4	2020—2022 年保险资金大类资产配置结构	103
图 3-5	2020—2022 年保险资金主要资产配置规模及增长率情况	104
图 3-6	2020—2022 年现金及流动性资产与银行存款资产配置比例	104
图 3-7	2020—2022 年债券资产配置比例	105
图 3-8	2020—2022 年流动性资产、存款、债券子类资产配置规模及增速	105
图 3-9	2020—2022 年股票资产配置比例	106
图 3-10	2020—2022 年公募基金资产配置比例	106
图 3-11	2020—2022 年组合类产品资产配置比例	106
图 3-12	2020—2022 年股票、公募基金与组合类产品资产配置规模及增速	106
图 3-13	2022 年境外投资资产配置比例	107
图 3-14	2020—2022 年境外投资资产配置规模及增速	107
图 3-15	2020—2022 年不同类型的保险公司资产配置构成	109
图 3-16	2020—2022 年不同规模寿险资产配置构成	110
图 3-17	2020—2022 年不同规模产险资产配置构成	111
图 3-18	2020—2022 年保险公司的综合投资收益率区间分布	112
图 3-19	2022 年综合投资收益率区间机构数量分布	112
图 3-20	2020—2022 年保险公司的财务投资收益率区间分布	112
图 3-21	2022 年财务投资收益率区间机构数量分布	113
图 3-22	2020—2022 年不同综合收益率区间对应的各保险公司的投资规模	113
图 3-23	2022 年不同综合收益率区间对应的各类资产配置结构	114
图 3-24	2021—2022 年主要资产的综合收益率区间分布（机构数量：家）	115
图 3-25	2022 年寿险综合投资收益率区间分布	115
图 3-26	2022 年寿险财务投资收益率区间分布	115
图 3-27	2022 年产险综合投资收益率区间分布	116
图 3-28	2022 年产险财务投资收益率区间分布	116
图 3-29	2018—2022 年保险公司自主及委托投资规模占比情况	117
图 3-30	2020—2022 年保险公司自主及委托投资规模增长率情况	117
图 3-31	2022 年保险公司基本投资模式选择情况——机构数量占比	118
图 3-32	2022 年保险公司基本投资模式选择情况——资产规模占比	118
图 3-33	2020—2022 年保险公司各类投资模式各细分品种的资产规模占比情况	119
图 3-34	2020—2022 年保险公司不同投资模式情况——机构数量占比	121
图 3-35	2020—2022 年保险公司不同投资模式情况——资产规模占比	121

图 3–36	2020—2022 年不同规模寿产险投资模式选择情况——机构数量占比	122
图 3–37	2020—2022 年不同规模寿产险投资模式选择情况——资产规模占比	122
图 3–38	2022 年不同投资模式选择综合收益率情况——机构数量占比	123
图 3–39	2019—2022 年存量金融产品占比持续下降	124
图 3–40	2020—2022 年保险公司存量金融产品配置品种占比	124
图 3–41	2020—2022 年保险公司存量金融产品配置品种情况	125
图 3–42	保险公司投资集合资金信托计划的规模和增速	125
图 3–43	2019—2022 年保险公司投资债权投资计划的规模和增速	126
图 3–44	2020—2022 年不同规模保险机构存量金融产品投资规模分布情况	126
图 3–45	2020—2022 年不同规模保险机构存量金融产品在投资资产中占比情况	126
图 3–46	2022 年不同类型保险机构存量金融产品投资品种分布情况	127
图 3–47	2022 年不同规模保险机构存量金融产品投资品种分布情况	127
图 3–48	2020—2022 年存量金融产品配置收益率分布情况——机构数量分布	128
图 3–49	2020—2022 年存量金融产品配置剩余期限分布情况——机构数量分布（单位：家）	128
图 3–50	2022 年存量金融产品配置行业分布情况	129
图 3–51	金融产品投资考核目标的设置情况	129
图 3–52	2020—2022 年新增金融产品投资规模的整体分布情况	130
图 3–53	2020—2022 年新增金融产品投资规模分布情况	130
图 3–54	2022 年新增金融产品投资规模分布情况——基于机构规模	131
图 3–55	2022 年新增金融产品投资品种偏好的分布情况——基于机构类型	131
图 3–56	2020—2022 年新增金融产品投资收益率的分布情况	131
图 3–57	2020—2022 年新增金融产品投资期限的分布情况——机构数量分布	132
图 3–58	2021—2022 年新增金融产品投资收益率的分布情况	132
图 3–59	2021—2022 年新增金融产品投资期限的分布情况	133
图 3–60	2021—2022 年保险公司股权投资规模及占比	134
图 3–61	2021—2022 年保险公司各类股权投资资产配置比例——按机构类型划分	134
图 3–62	2021—2022 年寿险公司股权投资配置结构	135
图 3–63	2021—2022 年产险公司股权投资配置结构	135
图 3–64	2021—2022 年保险公司直接股权投资规模及增速	136
图 3–65	2021—2022 年寿险公司直接股权投资规模及增速	136
图 3–66	2021—2022 年产险公司直接股权投资规模及增速	136
图 3–67	2021—2022 年保险公司已实现退出的直接股权投资项目收益率区间情况	137
图 3–68	2022 年保险公司直接股权投资被投企业所处阶段情况——机构视角	137
图 3–69	2021—2022 年保险公司直接股权投资已投领域情况	138
图 3–70	2021—2022 年保险公司间接股权投资规模及占比	138
图 3–71	2021—2022 年寿险公司股权投资计划规模及增速	139
图 3–72	2021—2022 年产险公司股权投资计划规模及增速	139

图 3-73	2021—2022 年寿险公司私募股权基金实缴规模及增速	140
图 3-74	2021—2022 年产险公司私募股权基金实缴规模及增速	140
图 3-75	保险公司第一大股东行业分布	141
图 3-76	保险公司不同类型法人持股情况机构占比	141
图 3-77	各类型保险公司不同类型法人持股情况机构数量分布	142
图 3-78	2022 年保险公司投资管理部门组织形式机构占比	142
图 3-79	2022 年各类型保险公司投资管理部门组织形式机构占比	142
图 3-80	2020—2022 年保险公司投资管理职能部门下设二级组织情况	143
图 3-81	2022 年保险公司投资管理职能部门人员数量分布情况	143
图 3-82	2021—2022 年保险公司董事会下设投资相关专业委员会参与决策机构占比	143
图 3-83	2021—2022 年保险公司董事会下设投资相关专业委员会参与决策机构占比	144
图 3-84	2021、2022 年保险公司资产管理中心/部的风控二级部门（岗位）交叉管理机构分布情况	144
图 3-85	保险公司风控、合规职能部门/人员参与重要项目的主要途径机构占比情况	145
图 3-86	保险公司资金运用风险、合规、法律职能隶属情况	145
图 3-87	2020—2022 年保险公司资金运用专职风险管理岗位人员情况	145
图 3-88	2020—2022 年保险公司资金运用专职合规岗位人员情况	146
图 3-89	2022 年末各规模保险公司大类资产风险五级分类账面余额占比情况	146
图 3-90	2022 年末保险公司大类资产风险五级分类账面余额占比情况	146
图 3-91	超大型机构投资收益目标考核周期分布（家）	147
图 3-92	大型机构投资收益目标考核周期分布（家）	147
图 3-93	中型机构投资收益目标考核周期分布（家）	147
图 3-94	小型机构投资收益目标考核周期分布（家）	147
图 3-95	2020—2022 年保险公司投资人才数量及增速情况（185 家机构）	148
图 3-96	2020—2022 年各类型保险公司投资人才数量变化（185 家机构）	148
图 3-97	2022 年保险公司投资人才分布情况（全口径：196 家机构）	149
图 3-98	2022 年保险公司前、中、后台人员数量分布情况	149
图 3-99	2022 年不同规模保险公司投资人员前中后台人员数量分布情况	149
图 3-100	2022 年保险公司投资人才各缺口程度机构占比	150
图 3-101	2020—2022 年保险公司各领域投资人才缺口机构数量对比	150
图 3-102	2022 年各类型保险公司不同领域投资人才缺口机构占比	151
图 3-103	2020—2022 年各类型机构人均投资资产规模（185 家机构）	151
图 3-104	2020—2022 年各规模机构人均投资资产规模（185 家机构）	152
图 3-105	2022 年保险公司信评部门及岗位设置情况	152
图 3-106	2020—2022 年保险公司信评人员数量	153
图 4-2-1	债权投资计划登记情况	175
图 4-2-2	股权投资计划登记情况	175

图 4-2-3	保险私募基金登记情况	175
图 4-2-4	截至 2022 年末保险资产管理产品登记（注册）数量及规模情况	176
图 4-2-5	2022 年债权投资计划发行情况	176
图 4-2-6	2022 年股权投资计划发行缴款情况	176
图 4-2-7	债权投资计划登记的平均投资收益率	178
图 4-2-8	债权投资计划登记的平均投资期限	178
图 4-2-9	2022 年债权投资计划分投向登记规模	178
图 4-2-10	2022 年债权投资计划登记规模前五位投资区域	179
图 4-2-11	2022 年受托人情况——按债权投资计划登记数量和规模	180
图 4-3-1	投资经理和组合经理金融从业年限分布图	183
图 4-3-2	投资经理和组合经理投资经验年限分布图	183
图 4-3-3	投资经理和组合经理长期资金资产配置经验年限分布图	183
图 4-3-4	2022 年末个人税延养老保险普通账户资产配置比例	187
图 4-3-5	2022 年末独立账户资产配置比例	187
图 4-4-1	2022 年保险资产管理公司具备的投资能力（33 家）	189
图 4-4-2	2022 年保险资产管理公司具备的投资能力数量分布（33 家）	189
图 4-4-3	2022 年保险集团（控股）公司具备的投资能力数量分布（8 家）	190
图 4-4-4	2022 年保险集团（控股）公司具备的不同投资能力（8 家）	190
图 4-4-5	2022 年财产险公司具备的投资能力数量分布（27 家）	190
图 4-4-6	2022 年财产险公司具备的不同投资能力（27 家）	191
图 4-4-7	2022 年人身险公司具备的投资能力数量分布（80 家）	191
图 4-4-8	2022 年人身险公司具备的不同投资能力（80 家）	191
图 4-9-1	IAMAC 推介构成图	208
图 4-9-2	2022 年 IAMAC 推介项目图	209
图 5-5-1	受访者从事领域分布	230
图 5-5-2	受访者从业年限分布	230
图 5-5-3	受访者所在机构类别	230
图 5-5-4	受访者所在机构属性	230
图 5-5-5	2023 年全年宏观经济走势总体判断	231
图 5-5-6	2023 年末 M2 增速预期	231
图 5-5-7	2023 年末社融增速预期	231
图 5-5-8	可能推动 2023 年经济上行的因素判断	232
图 5-5-9	2023 年央行货币政策基调预期	232
图 5-5-10	2023 年财政政策发力的主要途径判断	232
图 5-5-11	2023 年人民币对美元汇率平均水平判断	233
图 5-5-12	2023 年美联储货币政策走向预期	233
图 5-5-13	2023 年投资表现最好的境内资产判断	233
图 5-5-14	2023 年投资表现最好的境外资产判断	234
图 5-5-15	2023 年全球宏观形势中对大类资产配置影响最大的不确定因素	234
图 5-5-16	中国 10 年期国债收益率判断	235

图 5-5-17	美国 10 年期国债收益率判断	235
图 5-5-18	高等级信用利差变化判断	235
图 5-5-19	低等级信用利差变化判断	235
图 5-5-20	10-1 年期国债期限利差判断	236
图 5-5-21	2023 年最看好的债券品种（交易角度）	236
图 5-5-22	2023 年最看好的债券品种（配置角度）	236
图 5-5-23	2023 年信用风险值得关注的领域	237
图 5-5-24	2023 年主要股票市场走势判断	238
图 5-5-25	当前（2022 年末）A 股整体估值水平判断	238
图 5-5-26	2023 年 A 股外资流动判断	238
图 5-5-27	2023 年可能推动权益市场上行的因素判断	239
图 5-5-28	2023 年 A 股市场最看好指数	239
图 5-5-29	2023 年最看好的投资主题	239
图 5-5-30	2021 年末 ESG 相关投资占比	240
图 5-5-31	预期 2024 年末 ESG 相关投资占比	240
图 5-6-1	保险资产管理公司和保险公司 2023 年宏观经济预期	242
图 5-6-2	保险资产管理公司和保险公司 2023 年 GDP 增速预期	243
图 5-6-3	保险资产管理公司和保险公司 2023 年 CPI 增速预期	243
图 5-6-4	保险资产管理公司和保险公司 2023 年 PPI 增速预期	244
图 5-6-5	保险资产管理公司和保险公司 2023 年社融增速预期	244
图 5-6-6	保险资产管理公司和保险公司 2023 年 M2 增速预期	245
图 5-6-7	保险资产管理公司和保险公司 2023 年固定资产投资增速预期	245
图 5-6-8	保险资产管理公司和保险公司 2023 年规模以上工业增加值增速预期	246
图 5-6-9	保险资产管理公司和保险公司 2023 年人民币汇率预期	246
图 5-6-10	保险资产管理公司和保险公司 2023 年金融市场流动性预期	247
图 5-6-11	保险资产管理公司和保险公司 2023 年货币政策预期	247
图 5-6-12	保险资产管理公司和保险公司 2023 年财政政策预期	248
图 5-6-13	保险资产管理公司和保险公司 2023 年宏观经济关注点	248
图 5-6-14	保险资产管理公司和保险公司 2023 年债券市场看法	249
图 5-6-15	保险资产管理公司和保险公司 2023 年无风险收益率走势预期	249
图 5-6-16	保险资产管理公司和保险公司 2023 年债券收益率预期	250
图 5-6-17	保险资产管理公司和保险公司 2023 年债券市场信用风险预期	250
图 5-6-18	保险资产管理公司和保险公司 2023 年 A 股市场走势预期	251
图 5-6-19	保险资产管理公司和保险公司对当前 A 股估值判断	251
图 5-6-20	保险资产管理公司和保险公司 2023 年保险资金运用面临的风险	252
图 5-6-21	保险资产管理公司和保险公司 2023 年资产配置偏好	253
图 5-6-22	保险资产管理公司和保险公司 2023 年债券配置偏好	253

图5-6-23	保险资产管理公司和保险公司2023年信用债久期偏好	254
图5-6-24	保险资产管理公司和保险公司2023年A股市场投资偏好	254
图5-6-25	保险资产管理公司和保险公司2023年最看好的A股行业	255
图5-6-26	保险资产管理公司和保险公司2023年基金投资偏好	255
图5-6-27	保险资产管理公司和保险公司2023年最看好的金融产品投资类别	256
图5-6-28	保险资产管理公司和保险公司2023年境外投资偏好	256
图5-7-1	未来12~24个月内，保险业关键的变革动力或战略趋势	259
图5-7-2	对于当前的投资环境，受访CIO目前的投资态度	259
图5-7-3	在未来的12~24个月内，受访CIO对投资风险偏好的预期	260
图5-7-4	未来12~24个月内，受访CIO预期的公司净投资利差变化趋势	260
图5-7-5	中国部分已上市保险公司的资产配置情况	261
图5-7-6	投资组合改变的重要因素（中国）	261
图5-7-7	投资组合变动的前五大驱动因素（中国、美国、欧洲）	261
图5-7-8	未来12~24个月，影响投资策略的关键制约因素	262
图5-7-9	制约投资策略的关键因素（中国、美国、欧洲）	262
图5-7-10	未来12~24个月，固收的配置变化情况	263
图5-7-11	未来12~24个月，另类投资的配置变化情况	263
图5-7-12	未来12~24个月，权益类的配置变化情况	264
图5-7-13	未来三年对海外投资的态度	264
图5-7-14	未来12~24个月，影响海外投资的因素	264
图5-7-15	待提升的投资管理能力	265
图5-7-16	未来12~24个月，投资管理部门的战略重点	265
图5-7-17	评估投资业绩的考核周期和机制	266
图5-7-18	未来12~24个月，委外投资的变化情况	266
图5-7-19	未来12~24个月内，委外投资的资产类别	267
图5-7-20	委外投资的主要考虑因素	267
图5-7-21	衍生品的使用	268
图5-7-22	衍生品的用途	268
图5-7-23	使用衍生品的主要挑战和限制因素	269
图5-7-24	ESG政策的制定	269
图5-7-25	目前关注的ESG投资战略	270
图5-7-26	ESG资产管理人的遴选标准	271
图5-7-27	对加强ESG投资主要担心的方面	271
图5-7-28	影响ESG投资规模的因素	272
图5-8-1	保险资产管理公司参与金融衍生品业务的主要目的	276
图5-8-2	未来一年债券现货价格下行时保险资产管理公司应对策略	276
图5-8-3	未来一年权益现货价格下行时保险资产管理公司应对策略	277

图 5-8-4	保险资产管理公司各类账户参与国债期货业务情况	277
图 5-8-5	保险资产管理公司各类账户参与股指期货业务情况	278
图 5-10-1	34家调研机构中不同类型机构数量	282
图 5-10-2	调研机构管理机制设置情况	284
图 5-10-3	不同类型机构另类产品管理规模与人均效能	285
图 5-11-1	受访者持有占比排名第一的金融产品（按税前个人年收入区分）	291
图 5-11-2	仅依靠社保养老金收入对实现理想退休生活的信心	291
图 5-11-3	受访者养老规划完善程度	292
图 5-11-4	受访者对个人养老金制度政策了解程度	292
图 5-11-5	受访者对个人养老金制度更多期许	293
图 5-11-6	受访者对养老金融产品流动性、收益、风险偏好（总体）	293
图 5-11-7	受访者购买部分养老金融产品所考虑的因素	294
图 5-11-8	受访者所关注的养老问题（NLP关键词图）	295

表 1-1	2022年原保险保费收入情况	8
表 2-1	33家保险资产管理公司列表	25
表 2-2	16家保险私募基金管理人	26
表 2-3	12家保险资产管理（香港）子公司列表	26
表 2-4	参与调研的保险资产管理公司分类维度表	27
表 2-5	2015—2022年各类型机构数量	27
表 2-6	2022年保险资产管理公司持有公募基金规模分布情况	47
表 2-7	2021—2022年四梯队收入情况	48
表 2-8	2019—2022年各收入区间内机构数量	49
表 2-9	2016—2022年行业收入均值与中位值	49
表 2-10	2021—2022年四梯队单位规模收入情况	52
表 2-11	2022年不同业务各机构单位规模收入	57
表 2-12	2022年保险资产管理公司主要部门职能及业务条线设置	88
表 2-13	2021—2022年四梯队各主要条线与投资条线人力配比情况	97
表 3-1	参与调研的保险公司分类维度表	101
表 4-3-1	投资经理和组合经理从业年限统计表	182
表 5-8-1	保险资产管理公司参与金融衍生品业务情况	275
表 5-8-2	保险资产管理公司参与国债期货业务情况	275
表 5-8-3	保险资产管理公司参与股指期货业务情况	275
表 5-8-4	2022年保险资产管理公司从业人员汇总表	278
表 5-10-1	另类投资的管理规模及人力分布情况	285

第一章
2022 年保险资产管理行业发展概述

一、2022年国内外宏观形势综述

2022年，我国经济受到新冠疫情、国际局势变化等多重超预期因素冲击，需求收缩、供给冲击、预期转弱的三重压力持续演化，同时国际地缘冲突加剧，世界经济下行风险加大，发展环境的不确定性上升。面对复杂多变的国际环境和艰巨繁重的国内改革发展任务，我国坚持以习近平新时代中国特色社会主义思想为指导，统筹疫情防控和经济社会发展，加大宏观调控力度，应对超预期因素冲击，坚决支持稳住宏观经济大盘。总体看，2022年高效统筹疫情防控和经济社会发展取得积极成效，经济总量持续扩大，发展质量稳步提高。

（一）2022年国际经济形势综述

2022年，主要发达经济体持续加息缩表进程，世界经济复苏动能减弱，全球金融市场大幅波动，"加息潮"的累积效应逐渐显现，对全球经济增长中枢、跨境资本流动等带来一系列影响。

一是经济增长明显放缓。2022年12月，美国制造业PMI为48.4%，连续2个月处于收缩区间；非制造业PMI从11月的56.5%大幅下降至49.6%，创疫情暴发以来最大环比跌幅。12月美国成屋销售环比下降1.5%，连续11个月环比负增长。美国2022年四季度GDP环比折年率2.9%，当季增速低于三季度的3.2%，美联储快速加息的累积效应已有所显现。欧元区四季度GDP环比增长0.1%，较三季度的0.3%继续进一步放缓。12月制造业和服务业PMI分别为47.8%和49.8%，分别连续6个月和5个月处在荣枯线以下。日本四季度GDP环比折年率由负转正至0.6%，企业资本开支和存货下降仍对经济复苏构成压力。

二是美欧通胀创历史新高。2022年12月，美国CPI同比上涨6.5%，连续6个月回落，PCE同比上涨5.0%，均在历史高位；欧元区HICP同比上涨9.2%，连续两个月下降；英国CPI同比上涨10.5%，较10月高点的11.1%回落0.6个百分点；日本CPI同比上涨4%，为1991年以来最大涨幅。

三是供给不足仍是主要发达经济体劳动力市场的主要矛盾。2022年12月美国职位空缺数达到1 101.2万，连续18个月超千万，较11月的1 044万有所上升；当月失业率进一步降至3.5%，处于历史低位。12月美国新增非农就业22.3万，较上月26.3万人的水平回落。

四是国际金融市场大幅波动。随着通胀出现触顶迹象,市场对货币政策持续收紧的担忧有所缓解,美欧主要股市反弹。债券市场震荡分化,美国10年期国债收益率10月一度升至4.2%,此后震荡回落;受欧央行释放较强加息信号影响,欧债收益率在年末攀升;日本10年期国债收益率随日本央行收益率曲线控制(YCC)目标上限同步上调。美元指数先升后降,一度升至二十年新高,欧元对美元汇率跌破等值后回升至1.07左右,日元对美元汇率一度跌破150,年末回升至略高于130的水平,欧元、日元、英镑对美元汇率均创二十年来新低。

(二)2022年国内经济形势综述①

2022年,面对复杂严峻的国内外形势和多重超预期因素冲击,各地区各部门高效统筹疫情防控和经济社会发展,加快落实稳经济一揽子政策措施,有力支持宏观经济大盘稳定,经济总量再上新台阶。据国家统计局初步核算,全年国内生产总值1 210 207亿元,按不变价格计算,同比增长3.0%,四个季度分别增长4.8%、0.4%、3.9%、2.9%。全年最终消费支出拉动国内生产总值增长1.0个百分点,资本形成总额拉动国内生产总值增长1.5个百分点,货物和服务净出口拉动国内生产总值增长0.5个百分点。按年平均汇率折算,GDP总量约为18万亿美元,稳居世界第二位。

一是市场销售规模基本稳定。2022年,全国居民人均可支配收入36 883元,同比名义增长5.0%,扣除价格因素实际增长2.9%,与经济增长基本同步。2022年,社会消费品零售总额439 733亿元,比上年下降0.2%。按经营单位所在地分,城镇消费品零售额380 448亿元,下降0.3%;乡村消费品零售额59 285亿元,与上年持平。按消费类型分,商品零售395 792亿元,增长0.5%;餐饮收入43 941亿元,下降6.3%。基本生活消费稳定增长,限额以上单位粮油食品类、饮料类商品零售额比上年分别增长8.7%、5.3%。全国网上零售额137 853亿元,比上年增长4.0%。其中,实物商品网上零售额119 642亿元,增长6.2%,占社会消费品零售总额的比重为27.2%。

二是投资结构不断优化。2022年,全国固定资产投资(不含农户)572 138亿元,同比增长5.1%。分领域看,制造业投资增长9.1%,高于全部投资4.0个百分点;基础设施投资增长9.4%,高于全部投资4.3个百分点;房地产开发投资下降10.0%;高技术产业投资增长18.9%,高于全部投资13.8个百分点;社会领域投资同比增长10.9%,其中卫生、教育投资分别增长27.3%、5.4%。

---

① 资料来源:《2022年第四季度中国货币政策执行报告》《2022年中国财政政策执行情况报告》。

三是货物贸易保持较强韧性。2022年，货物进出口总额420 678亿元，同比增长7.7%。其中，出口增长10.5%，进口增长4.3%，贸易顺差58 630亿元。贸易结构持续优化，一般贸易进出口占进出口总额的比重为63.7%，比上年同期提高2.2个百分点。民营企业进出口增长12.9%，占进出口总额的比重为50.9%，比上年同期提高2.3个百分点。机电产品进出口增长2.5%，占进出口总额的比重为49.1%。贸易伙伴进出口持续增长，对第一大贸易伙伴东盟进出口增长15%，对"一带一路"沿线国家进出口增长19.4%。

四是全年粮食增产丰收，畜牧业稳定增长。2022年，全国粮食总产量达到13 731亿斤，同比增长0.5%，连续8年稳定在1.3万亿斤以上。其中，夏粮产量增长1.0%，早稻产量增长0.4%，秋粮产量增长0.4%。全年猪牛羊禽肉产量同比增长3.8%，其中猪肉产量增长4.6%。年末生猪存栏同比增长0.7%，生猪出栏同比增长4.3%。

五是工业生产持续发展，装备制造和高技术制造业较快发展。2022年，全国规模以上工业增加值同比增长3.6%。从三大门类看，采矿业增加值同比增长7.3%，制造业增长3.0%，电力、热力、燃气及水生产和供应业增长5.0%。工业结构持续优化，高技术制造业、装备制造业增加值同比分别增长7.4%、5.6%，增速分别快于全部规模以上工业3.8个和2.0个百分点。分产品看，新能源汽车、移动通信基站设备、工业控制计算机及系统产量同比分别增长97.5%、16.3%和15.0%。

六是服务业持续恢复，现代服务业增势较好。2022年，服务业增加值同比增长2.3%。其中，信息传输、软件和信息技术服务业，金融业增加值同比分别增长9.1%、5.6%。全年服务业生产指数同比下降0.1%，其中12月同比下降0.8%，降幅比上月收窄1.1个百分点。2022年全年，规模以上服务业企业营业收入比上年增长2.7%。

七是居民消费价格温和上涨。2022年，居民消费价格指数（CPI）同比上涨2.0%，涨幅比上年扩大1.1个百分点。分月看，CPI同比涨幅由年初的0.9%一度走高至9月的年内高点2.8%，四季度逐步回落至2%下方。全年看，食品价格上涨2.8%，涨幅比上年扩大4.2个百分点；非食品价格上涨1.8%，涨幅比上年扩大0.4个百分点，其中能源价格上涨11.2%，占CPI总涨幅的四成。不包括食品和能源的核心CPI同比上涨0.9%，涨幅与上年基本持平。

八是生产价格涨幅持续回落。受国际大宗商品价格冲高回落、需求偏弱和上年高基数等因素影响，2022年工业生产者出厂价格指数（PPI）涨幅呈持续下滑态势，全年上涨4.1%，涨幅比上年回落4.0个百分点，其中10月至12月PPI同比分别下跌1.3%、1.3%和0.7%，进入负值区间。全年工业生产者购进价格指数（PPIRM）上涨6.1%，涨幅比上年回落4.9个百分点。2022年，企业商品价格（CGPI）同比上涨

3.5%，比前三季度低1.2个百分点，比上年同期低3.6个百分点。

九是财政靠前发力，重点领域保障有力。2022年，全国一般公共预算收入20.37万亿元，同比增长0.6%，扣除留抵退税因素后增长9.1%。其中，中央一般公共预算收入94 885亿元，比上年增长3.8%，扣除留抵退税因素后增长13.1%；地方一般公共预算本级收入108 818亿元，比上年下降2.1%，扣除留抵退税因素后增长5.9%。2022年，全国一般公共预算支出突破26万亿元，同比增长6.1%。其中，中央一般公共预算本级支出35 570亿元，比上年增长3.9%；地方一般公共预算支出225 039亿元，比上年增长6.4%。同时，优化财政支出结构，重点保障党中央、国务院决策部署的重大政策、重要改革和纳入国家"十四五"规划的重点项目，加大重点领域的支持力度。2022年，社会保障和就业、教育、卫生健康、交通运输、科学技术支出分别增长8.1%、5.5%、17.8%、5.3%、3.8%。

十是稳健的货币政策有力支持经济回稳向好。货币信贷合理增长，2022年新增人民币贷款21.31万亿元，同比多增1.36万亿元；年末人民币贷款、广义货币（M2）、社会融资规模存量同比分别增长11.1%、11.8%和9.6%。信贷结构持续优化，年末普惠小微贷款和制造业中长期贷款余额同比分别增长23.8%和36.7%。企业融资和个人消费信贷成本稳中有降，全年企业贷款加权平均利率为4.17%，同比下降0.34个百分点。

十一是就业形势总体稳定。全年城镇新增就业1 206万人，超额完成1 100万人的全年预期目标任务。12月，全国城镇调查失业率为5.5%，比上月下降0.2个百分点。本地户籍劳动力调查失业率为5.4%；外来户籍劳动力调查失业率为5.7%，其中外来农业户籍劳动力调查失业率为5.4%。16～24岁劳动力调查失业率为16.7%，比上月下降0.4个百分点；25～59岁劳动力调查失业率为4.8%，比上月下降0.2个百分点。31个大城市城镇调查失业率为6.1%，比上月下降0.6个百分点。全国企业就业人员周平均工作时间为47.9小时。全年农民工总量29 562万人，比上年增加311万人，增长1.1%。其中，本地农民工12 372万人，增长2.4%；外出农民工17 190万人，增长0.1%。农民工月均收入水平4 615元，比上年增长4.1%。

十二是人民币汇率在合理均衡水平上保持基本稳定。2022年，主要发达经济体央行快速加息，全球外汇市场波动加剧。美元指数宽幅震荡，一度连创20年新高，11月后又连续下跌，主要非美货币也屡创20年低位。人民币在全球主要货币中表现相对稳健，全年呈现双向波动、弹性增强的特征，市场在人民币汇率形成中起决定性作用。2022年末，中国外汇交易中心（CFETS）人民币汇率指数报98.67，较上年末贬值3.7%；参考特别提款权（SDR）货币篮子的人民币汇率指数报96.08，较上年末贬值4.3%。根据国际清算银行测算，2021年末至2022年末，人民币名义和实际有效汇率分别贬值2.9%和7.9%；2005年人民币汇率形成机制改革以来至2022年12月，人民币名义和实际有效汇率分别升值44.2%和45.6%。2022年末，人民币兑美元汇率中间价为6.9646元，较上年末贬值8.5%，2005年人民币汇率形成机制改革以来累计升值18.8%。2022年，人民币兑美元汇率年化波动率为6.4%。

十三是债券发行利率总体平稳，现券交易较为活跃。2022年12月，财政部发行的10年期国债收益率为2.83%，较2021年12月上升1个基点；国开行发行的10年期金融债收益率为3.00%，较2021年12月下降2个基点；主体评级AAA的企业发行的一年期短期融资券平均利率为3.85%，较2021年12月上升81个基点。债券发行量与上年基本持平。2022年累计发行各类债券61.4万亿元，与上年基本持平，其中国债发行同比增加较多，金融债和公司信用债发行同比减少。年末，国内各类债券余额144.8万亿元，同比增长8.5%。现券交易量增长较多，2022年债券市场现券总成交309.1万亿元，同比增长27.2%。其中，银行间债券市场现券交易271.2万亿元，同比增长26.5%；交易所债券现券成交37.9万亿元，同比增长32%。

十四是股票市场震荡调整。2022年末，上证综合指数收于3089点，比上年末下降15.1%；深证成份指数收于11016点，比上年末下降25.9%。股票市场成交量同比减少。全年沪、深股市累计成交224.5万亿元，日均成交9 277亿元，同比减少12.6%。股票市场筹资额同比减少，全年累计筹资1.3万亿元，同比减少10.6%。

二、2022年中国保险市场发展情况概述[①]

（一）2022年保险业整体情况

站在新起点，处在新阶段，面对百年变局和疫情反复的严峻考验，保险业承压而上，依然保持稳健运行的良好态势，总资产延续增长，服务质量不断提升，高质量发展护航中国式现代化进程。

2022年末，保险公司总资产27.1万亿元，较年初增长9.1%。其中，财产险公司总资产2.7万亿元，较年初增长9.0%；人身险公司总资产23.4万亿元，较年初增长9.3%；再保险公司总资产6 719亿元，较年初增长10.9%；保险资产管理公司总资产1 036亿元，较年初增长0.6%。

[①] 数据来源：国家金融监督管理总局官网。

2022 年末，保险公司平均综合偿付能力充足率为 196%，平均核心偿付能力充足率为 128.4%。财产险公司、人身险公司、再保险公司的平均综合偿付能力充足率分别为 237.7%、185.8% 和 300.1%；平均核心偿付能力充足率分别为 206.8%、111.1% 和 268.5%。

2022 年全年，保险公司原保险保费收入 46 957 亿元，同比增长 4.6%。具体来看，财产险业务原保险保费收入 12 712 亿元，同比增长 8.92%；寿险业务原保险保费收入 24 519 亿元，同比增长 4.02%；健康险业务原保险保费收入 8 653 亿元，同比增长 2.44%；意外险业务原保险保费收入 1 073 亿元，同比下降 11.32%（见表 1–1）。

表 1–1　2022 年原保险保费收入情况

	原保费收入（亿元）	占比（%）	原保费收入同比增速（%）
原保险保费收入	46 957		4.58
1. 财产险	12 712	27.07	8.92
2. 人身险	34 245	72.93	3.06
（1）寿险	24 519	52.22	4.02
（2）健康险	8 653	18.43	2.44
（3）人身意外伤害险	1 073	2.29	−11.32

资料来源：国家金融监督管理总局官网

2022 年，保险业服务实体经济步伐加快、质效不断提升，风险保障功能持续增强。2022 年保险业为全社会提供保险金额 13 678.65 万亿元，同比增长 12.63%；赔付支出 15 485 亿元，同比下降 0.79%。一是为青海门源地震、大通山洪灾的受灾群众和单位支付赔款 2.16 亿元[①]，其中农业保险、农房保险等政策性保险业务和工程领域保险发挥了关键性作用，极大地保障了受灾农牧户和经营单位基本生活生产条件。二是大力发展农业保险，构筑"三农"风险保障网。2022 年农业保险实现保费收入 1 219.4 亿元，同比增长 25%，为 1.7 亿户次农户提供风险保障 4.6 万亿元。三是积极支持我国稳外贸决策部署。《保险公司偿付能力监管规则（Ⅱ）》对政策性中长期出口信用保险、海外投资保险等给予支持，允许该类业务保险风险最低资本按 90% 的比例进行计量，以 2022 年二季度末数据计算，该项政策可支持保险公司为我国出口和海外投资多提供风险保障约 2 400 亿元。[②]

2022 年，保险业持续深化普惠金融服务及数字化转型，不断推进保险业对外开放进程。2022 年 4 月 8 日，原中国银保监会发布《关于 2022 年进一步强化金融支持小微

---

①② 资料来源：国家金融监督管理总局官网。

企业发展工作的通知》，鼓励保险业通过小额助贷险等险种积极服务小微企业、个体工商户的融资需求，推动丰富普惠保险产品和业务，更好地为小微企业提供融资增信和保障服务。2022年1月10日，原中国银保监会发布《关于银行业保险业数字化转型的指导意见》，全面推进保险业培育数字化能力，重塑竞争实力，实现高质量发展，更好地服务实体经济和满足人民群众需要。2022年，保险业持续扩大对外开放，稳步取消外资股比限制，大幅减少外资准入数量型门槛。

2022年，监管倡导绿色金融体制机制创新，明确"绿色保险"定义，向提升绿色保险政策的有效性和针对性迈出了一大步。2022年6月发布《银行业保险业绿色金融指引》，要求银行保险机构建立绿色金融工作领导和协调机制，鼓励在依法合规、风险可控前提下开展绿色金融体制机制创新。2022年11月发布《绿色保险业务统计制度的通知》，首次对绿色保险给予明确定义（"绿色保险，是指保险业在环境资源保护与社会治理、绿色产业运行和绿色生活消费等方面提供风险保障和资金支持等经济行为的统称"），进一步明确了绿色保险的内涵，从而更好地发挥绿色保险在落实国家生态文明建设方面的积极作用。

（二）2022年财产险公司保费情况

2022年，财产险公司累计实现原保费收入14 867亿元，同比增长8.71%，增速较2021年同期提高8.03个百分点。其中，车险原保险保费收入8 210亿元，占财产险公司保费收入的55.22%；意健险原保险保费收入2 154亿元，占比14.49%；农业险原保险保费收入1 219亿元，占比8.20%；责任险原保险保费收入1 148亿元，占比7.72%（见图1-1）。2022年，财产险公司保险金额增长14.71%，赔付支出增长2.60%。

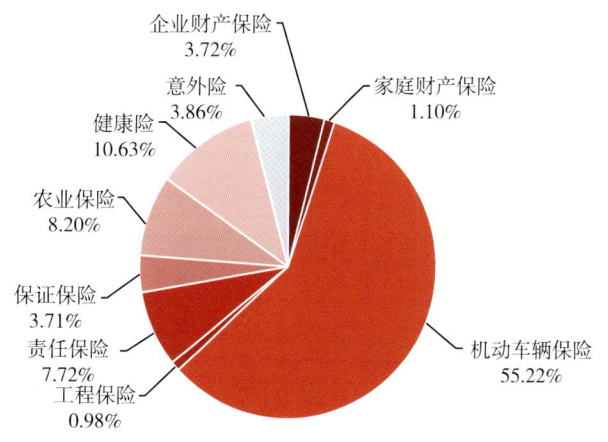

图1-1 2022年财产险公司保费收入结构

资料来源：国家金融监督管理总局官网

车险综合改革后行业经营质量不断提升、非车险快速发展。车险方面，综改后行业竞争趋于理性、经营能力持续优化，车险经营正迈向高质量发展之路。2022年车险保费重回稳健增长，原保险保费收入实现8 210亿元，同比增长5.62%。非车险方面，业务继续保持快速增长，2022年非车险原保险保费收入实现6 657亿元，同比增长12.77%，主要得益于健康险（+14.66%）、农业保险（+24.90%）、责任保险（+12.77%）等业务推动。整体来看，车险与非车险的业务结构日趋均衡。

（三）2022年人身险公司保费情况

2022年，人身险公司累计实现原保险保费收入32 091亿元，同比增长2.78%，增速较2021年同期提高4.2个百分点。其中，寿险原保险保费收入24 519亿元，占人身险公司保费收入的76.40%；意外险原保险保费收入499亿元，占比1.55%；健康险原保险保费收入7 073亿元，占比22.04%（见图1－2）。2022年，人身险公司保险金额减少5.03%，赔付支出减少5.23%。

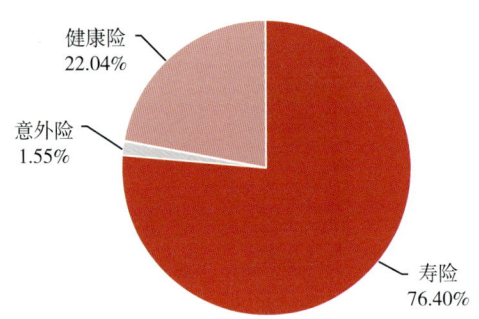

图1－2 2022年人身险公司保费收入结构

资料来源：国家金融监督管理总局官网

寿险经营持续规范，第三支柱养老业务试点稳步推进。一方面，销售行为受到严格监管，推动行业向规范化、高质量经营转型。2022年，原中国银保监会连续出台《人身保险销售管理办法征求意见稿》《保险销售行为管理办法（征求意见稿）》《关于进一步推动完善人身保险行业个人营销体制的意见（征求意见稿）》等多项政策，引导行业提升专业化、职业化能力，推动人身保险市场健康有序发展。另一方面，第三支柱养老保险规范发展，个人养老金制度推行助力完善多层次养老保险体系。第三支柱养老保险规模稳健发展，2022年末具有养老功能的商业保险责任准备金已超过5万亿元。2022年4月，国务院办公厅发布《关于推动个人养老金发展的意见》，推出个人养老金个人账户制度，缴费完全由参加人个人承担，实行完全积累；2022年11月，人社部、财政部、国家税务总局发布《关于公布个人养老金先行城市的通知》，明确在北京、上海等36个先行试点城市（地区）实施个人养老金试点工作。个人养老金账户推出以来，养老理财、养老储蓄、商业养老金业务试点稳步开展，个人养老金账户参与人数及资产规模实现快速增长，2022年末个人养老金开户人数已超1 700万人。[①]

（四）2022年保险资金运用政策环境

2022年，为促进保险业积极服务实体经济及民生福祉、加快数字化转型、推动绿色金融体制机制创新等领域，相关部门发布了一系列政策法规文件，对保险资产管理行业发展提出了更高的要求。主要包括：

一是优化机构监管。2022年1月，原中国银保监会发布《关于精简保险资金运用监管报告事项的通知》（银保监规〔2022〕1号），进一步优化监管报告报送行为；2022年7月发布《保险资产管理公司管理规定》（中国银行保险监督管理委员会令2022年第2号），新增公司治理专门章节，优化保险资产管理公司股权设计、基本经营原则及相关要求，增补监管手段和违规约束，丰富监督检查方式方法和监管措施，进一步提升机构监管质效。

二是优化保险机构资金运用监管。2022年5月，原中国银保监会发布《关于保险资金投资有关金融产品的通知》（银保监规〔2022〕7号），拓宽可投资金融产品范围，将理财公司理财产品、单一资产管理计划、债转股投资计划等纳入可投资金融产品范围。2022年6月，原中国银保监会发布《关于加强保险机构资金运用关联交易监管工作的通知》（银保监规〔2022〕11号），进一步规范保险资金运用关联交易行为，防范资金运用风险。

三是进一步引导保险资金服务实体经济。2022年5月，国务院办公厅发布《关于进一步盘活存量资产扩大有效投资的意见》（国办发〔2022〕19号），支持保险等机构，充分发挥各自优势，按照市场化原则积极参与盘活存量资产。

四是倡导开展ESG投资，推动保险机构绿色低碳转型。2022年9月，中国保险资产管理业协会发布《中国保险资产管理业ESG尽责管理倡议书》，鼓励保险资产管理业各相关机构践行追求长期价值的投资目标，将重大环境、社会和治理（ESG）因素纳入投资决策，积极全面参与并推动绿色转型，引导被投企业在内的利益相关方共同努力构建绿色发展生态圈，强化可持续发展竞争力；于2022年正式实施的《保险公司

---

① 资料来源：国家金融监督管理总局官网。

偿付能力监管规则（Ⅱ）》也明确对保险公司投资的碳减排项目的绿色债券的信用风险最低资本给予10%的折扣，助力保险机构绿色低碳转型。

（五）2022年保险公司资金运用模式

近年来，各类保险公司结合自身需求，选择开展不同形式及比例的自主投资或委托投资，保险资金运用模式呈现多元化的发展趋势。

从投资方式看，形成自主投资、委托关联方保险资产管理公司、委托非关联方保险资产管理公司以及投资证券公司和基金公司的单一资产支持计划等四类方式。调研数据显示，保险公司这四类投资方式的管理规模占比分别为29%、67%、1%及3%，近年来总体保持相对稳定。

从投资模式看，目前行业中各保险公司投资模式主要分为全自主投资[①]模式、自主+委托[②]投资模式、自主+委托+单一资产管理计划投资[③]模式、自主+单一资产管理计划投资模式、委托+单一资产管理计划投资模式五大类。调研数据显示，选择各类投资模式的保险公司（含保险集团公司、产险公司、寿险公司、再保险公司共计196家）数量分别为44家、57家、67家、20家、7家。

（六）2022年保险业偿付能力状况[④]

一是偿二代二期工程落地实施后，行业偿付能力充足率下降明显，但仍保持在合理区间。2022年末，保险业平均综合偿付能力充足率为196%，平均核心偿付能力充足率为128%。财险公司、人身险公司、再保险公司的平均综合偿付能力充足率分别为237.7%、185.8%和300.1%，较一期偿付能力充足率分别同比下降46.0个百分点、下降36.7个百分点、下降11.1个百分点；平均核心偿付能力充足率分别为206.8%、111.1%和268.5%。

二是风险综合评级结果整体保持稳定。2022年末，保险业风险综合评级结果为：风险小的A类公司49家，风险较小的B类公司105家，风险较大的C类公司16家，风险严重的D类公司11家。受偿二代二期对实际资本认定、投资端与负债端风险资产资本要求提高，以及2022年险企在负债与投资端压力较大的影响，与上年同期相比，

---

① 本部分自主投资不包含单一资产管理计划投资。
② 委托投资包括委托关联方保险资产管理公司投资和委托非关联方保险资产管理公司投资。
③ 单一资产管理计划投资即2022年以前保险公司委托业外管理人的投资。
④ 资料来源：国家金融监督管理总局官网。

A 类公司数量下降 42 家，B 类、C 类、D 类公司数量增加 45 家。

三是偿付能力风险稳妥有序化解。2022 年末，保险业的偿付能力实际资本为 4.6 万亿元，同比减少 9.80%；保险业的偿付能力最低资本为 2.35 万亿元，同比增长 6.82%。2022 年 8 月，中国人民银行、原中国银保监会联合发布《关于保险公司发行无固定期限资本债券有关事项的通知》，明确了保险公司无固定期限资本债券的核心要素、发行管理等规定，为保险公司丰富了核心资本的补充方式。2022 年，支持保险行业通过市场化方式补充资本 540.47 亿元，其中 20 家保险公司股东增资 412.67 亿元，10 家保险公司发行资本补充债 127.80 亿元。

三、2022 年中国资产管理行业发展概述

（一）发展现状

资产管理行业连接资金供给端和资金需求侧，通过产品的创设和服务的提供、将具有不同风险和收益特征的资产与多样化的资金相匹配，以满足居民和企业的投融资需求。基于资产管理业务应为"受投资者委托、对受托财产进行投资和管理"的表外业务的定义，资产管理行业的范畴主要包括：银行理财公司及商业银行的非保本银行理财、信托公司资金信托计划（集合及单一资金信托）、保险资产管理、券商资产管理（集合及单一资产管理计划）、基金公司产品（含公募基金、基金公司专户、基金子公司资产管理计划）、私募证券/股权/创投基金、期货资产管理计划等。

我国金融机构开展资产管理业务始于 20 世纪 90 年代末，起步较晚但发展迅速，在过去近三十年内，我国资产管理行业历经了公募基金主导（1998—2007 年）、银信合作主导（2008—2012 年）、多元化跨步前进（2013—2016 年）、规范稳健发展阶段（2017—2021 年），自 2022 年以来迈入高质量发展的新阶段。回顾我国资产管理行业发展历程：2007 年之前，以公募基金为主导，投资标的以标准化的权益市场和债券市场为主，产品类型以股票型基金和偏股混合型基金为主。2008 年至 2012 年前后，基金行业一家独大的市场格局逐步结束，由于央行采取"差别准备金率"和"限贷令"对前期扩张过快的银行表内业务进行限制，银行借助信托通道绕道表外"非标"产品进行信贷扩张，使信托资产规模快速上涨。自 2012 年下半年开始，资

产管理相关监管工作进入鼓励发展的阶段,业务经营牌照审批逐步放开,各类资产管理子行业之间的竞争合作关系发展更加充分,行业逐步推出创新产品和服务。2013 年至 2016 年,资产管理行业大跨步前进,不同类型、不同策略、不同标的、不同风险偏好特征的资产管理产品多样化发展,在此阶段,银行理财凭借明显的渠道优势迅速发展。2018 年《关于规范金融机构资产管理业务的指导意见》(银发〔2018〕106 号,以下简称"资管新规")正式发布,标志着资产管理行业正式迎来统一监管、规范发展的时期,随后资产管理业务的一系列配套监管文件先后出台。2021 年末,资管新规过渡期结束,资产管理行业"破刚兑、去通道、去非标"效果显现,形成了资产管理行业发展新格局。2022 年以来,《关于加快推进公募基金行业高质量发展的意见》(证监发〔2022〕41 号)为代表的系列文件出台,标志着各类资产管理机构正迎来高质量发展的新阶段。

截至 2022 年末,中国资产管理行业总规模达 132 万亿元,2015—2022 年复合增速 7.2%(见图 1-3)。从不同产品来看:公募基金产品和私募投资基金增速较快,公募基金规模从 2015 年 8.4 万亿元提升至 2022 年 26.0 万亿元、复合增速 17.5%,私募投资基金规模从 2015 年 5.1 万亿元提升至 2022 年 20.3 万亿元、复合增速 21.8%;在去通道转型背景下,信托及券商资产管理的规模增速明显放缓,占比有所下滑,信托规模从 2017 年达到 21.9 万亿元的高点后逐渐下降,2022 年回落至 15.0 万亿元,券商资产管理规模从 2016 年 17.3 万亿元的高点回落至 2022 年的 6.9 万亿元;商业银行非保本理财产品规模 27.7 万亿元、占比 21.0%,保险资产管理规模 22.5 万亿元、占比 17.0%,规模相对领先。此外,基金公司普通专户规模 5.2 万亿元,基金子公司资产管理计划规模 1.9 万亿元,基金公司管理养老金规模 4.3 万亿元,期货资产管理规模 0.3 万亿元,企业资产支持证券规模 1.9 万亿元(见图 1-4)。

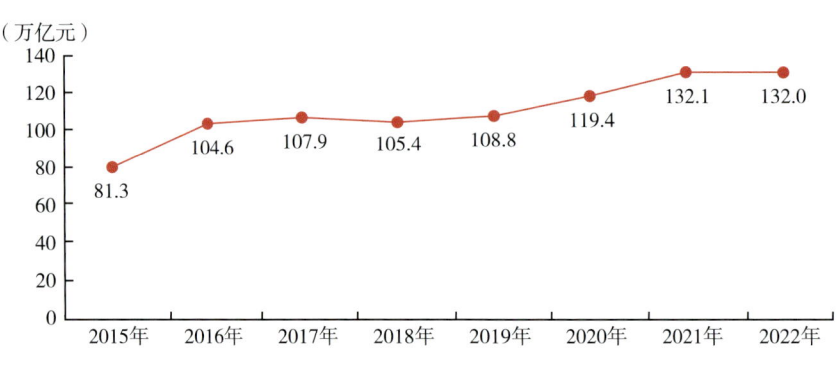

图 1-3 2015—2022 年中国资产管理行业规模

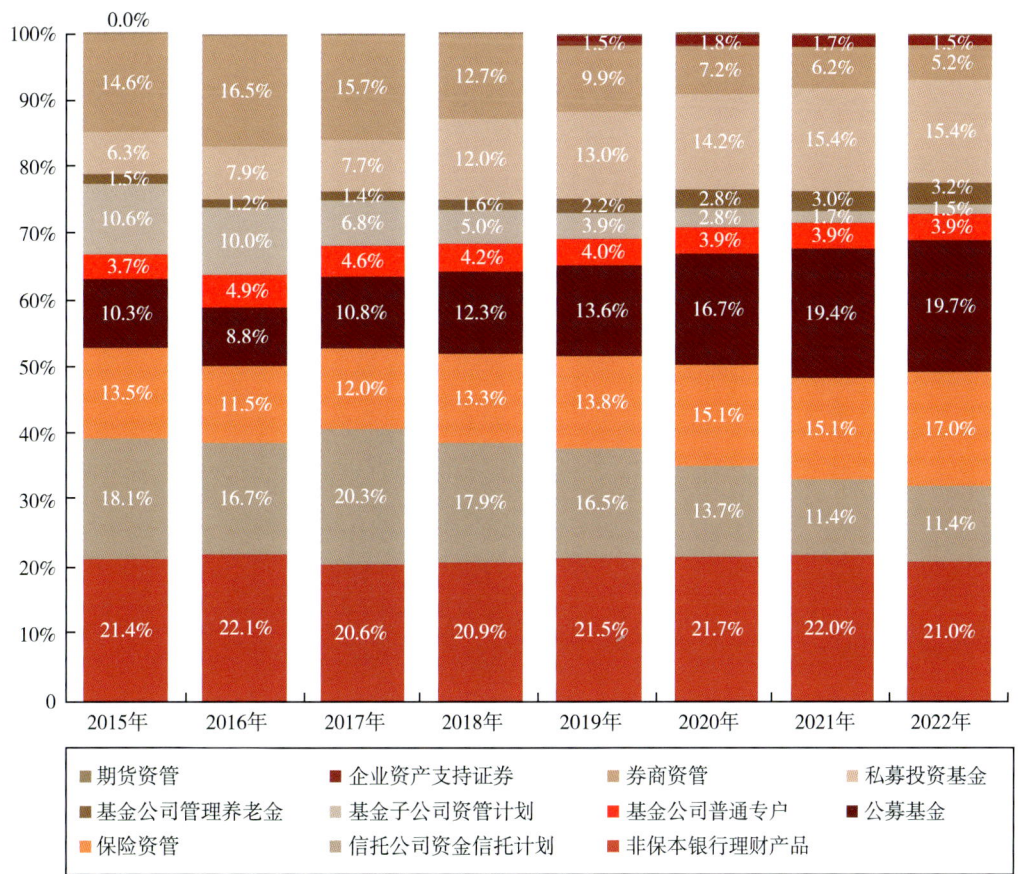

图 1-4 2015—2022 年中国境内各类资产管理产品规模占比

资料来源：国家金融监督管理总局、中国保险资产管理业协会、中国证券投资基金业协会、中国信托业协会、中国银行业理财网、万得资讯

（二）主要特点

1. 发挥资金融通功能，助力实体经济发展

资产管理行业是连接资金端和资产端的重要平台，起到贯通金融市场高效运转和实体经济健康发展的桥梁作用。一方面，资产管理行业通过创设各类投资产品和服务，满足居民及机构投资者的资产配置需求，帮助其实现财富保值增值，实现资源的有效配置；另一方面，资产管理行业引导资金流向，通过一级市场投资、二级市场引流，服务实体经济，满足企业的融资发展需求，促进产业创新升级。例如，近年来在我国经济转型背景下，在政策引导下，资产管理机构深入服务科技型实体企业、促进新经济发展；同时，契合国家发展战略，开始创设服务双碳目标的 ESG 资产管理产品，创新深化互联互通的跨境资产管理产品，探索支持养老金第三支柱布局的个人养老理财产品等。

2. 功能监管日趋完善，打造良好发展环境

资产管理行业监管工作从应急处置转入长效制度建设的发展新阶段。2018 年资管

新规将功能监管明确为我国资产管理行业监管的重要原则，同时要求打破刚兑、清除嵌套和通道业务、实施净值化管理、重申投资者适当性原则、强调保护金融消费者权益等，相配套的一系列监管文件出台使得各资产管理机构的标准更加统一、经营更加规范。2021 年资管新规过渡期结束，2022 年以来围绕功能监管的资产管理行业监管体系愈发完善，为行业的高质量健康发展奠定基调、保驾护航。例如：针对公募基金，中国证监会 2022 年 4 月出台《关于加快推进公募基金行业高质量发展的意见》，从培育专业资产管理机构、强化专业能力建设、打造行业良好生态、提升监管转型效能四个方面加快构建公募基金行业新发展格局。针对保险资产管理，原中国银保监会 2022 年 5 月出台《保险资金委托投资管理办法》等，明确委托投资适用主体和投资范围，压实委托人责任，强化受托人主动管理责任；2022 年 8 月出台《保险资产管理公司管理规定》，新增公司治理专门章节，将风险管理作为专门章节，优化股权结构设计、取消外资持股比例上限，优化经营原则，增补监管手段和违规约束，引导和促进保险资产管理公司规范化运作和高质量发展。针对理财产品，原中国银保监会 2022 年 8 月出台《理财公司内部控制管理办法》，要求理财公司建立全面、制衡、匹配和审慎的内控管理机制和组织架构。整体而言，监管体系愈发完善，促进行业形成良好发展生态。

3. 粗放发展成为历史，资产管理行业提质升级

各类资产管理机构回归本源，夯实自身核心能力。资管新规实施以前，我国资产管理行业整体处于粗放式发展阶段，信托、券商资产管理、基金子公司资产管理计划和期货资产管理等通道类业务占比高。随着通道类业务的逐渐清退，券商资产管理和信托规模占比明显下滑，而私募机构与公募基金规模占比大幅提升。在此背景下，行业业务风险和监管隐患大幅降低，更突出了主动投研、资产配置和风险控制等核心能力的重要性，促使各类资产管理机构回归本源，核心投研能力出众的机构更容易脱颖而出。例如，随着保本类产品完成清退、理财产品估值净值化转型，银行理财产品与基金产品竞争加剧，促使银行提升产品竞争力，聚焦业绩提升。总体而言，粗放式发展已成为历史，各类机构当前正从自身投研能力与渠道优势出发，寻找差异化发展路径，为投资者提供更加规范和多元化的产品与服务。

（三）趋势展望

1. 资金需求稳步提升，市场改革驱动增长

市场改革带来供给端扩容、财富积累推动需求端提振、叠加监管明晰营造的健康发展环境，有望推动我国资产管理行业规模稳步增长。需求端来看，据中金公司测算，

我国居民金融资产规模2021年末达229万亿元且仍将不断增长，其中资产管理产品（不含个人持有的保险资产）占比约23%，而现金及存款规模占比高达49%、远高于美国约13%的水平，对比之下，我国居民储蓄向投资转化仍有很大空间。与此同时，以金融机构、养老金、海外资金等为代表的机构需求快速提升，也将为资产管理行业带来增量资金。供给端来看，对比而言，我国股市及债市深度较发达市场仍存在一定差距，股市市值与GDP比例、债市余额与GDP比例显著低于部分发达国家。往前看，全面注册制落地及多层次资本市场体系的不断完善有望带来我国资本市场的加速扩容。整体而言，供需两端叠加政策支持有望驱动我国资产管理行业规模稳健增长。

2. 行业格局迎来重塑，长期头部效应明显

国内银行长期占主导的格局或被改写，行业集中度长期有望提升。就国内而言，银行在较长的一段时间内，凭借自身的产品、渠道、资金优势，在我国资产管理市场中占据主导地位。展望未来，伴随渠道端互联网及第三方、头部券商崛起，产品端权益类资产愈发受到投资者青睐、养老/固收+等各类资产管理特色产品发展，技术端数字化程度持续提升，政策端行业高质量发展定调、个人养老金/买方投顾试点等改革推动，行业格局或有望迎来重塑。从集中度来看，短期而言，随着国内券商资产管理、保险资产管理、私募基金管理人等被放开申请公募牌照，外资获准对国内资产管理机构进行控股经营，国内资产管理行业参与者进一步增多，或带来行业竞争的加剧。但长期而言，我国资产管理行业将与全球发达市场趋势同步，头部机构将逐渐拉开与中小机构差距、头部效应更为明显，行业集中度有望提升。

3. 顺应时代拥抱挑战，资产管理机构转型发展。

面向未来，我国资产管理机构将迎来高质量发展的转型期，呈现出数字化、专业化、多样化的发展趋势。数字化方面，我国资产管理机构当前正积极拥抱科技浪潮，但赋能深度及广度仍待提升，未来在政策及技术升级推动下，我国资产管理机构的科技赋能深化可期。长期而言，我国资产管理机构的科技赋能路径将遵循从单点业务赋能到全面赋能、从内部赋能到外部输出到开放创新的国际发展规律。专业化方面，我国资产管理机构将更加聚焦主动管理能力的提升和内部投研能力的打造，以应对更加激烈的行业竞争与资管新规带来的转变，从而逐渐发展出一批专业化、具有国际竞争力的头部机构。多样化方面，各类机构将立足自身优势寻求差异化发展，打破同质化竞争，形成更加完备的产品体系；同时，在国家养老金第三支柱布局、"双碳"目标等重大战略鼓励下，我国资产管理机构也将进一步探索个人养老理财产品、ESG资产管理产品等，促进行业多样化发展。

四、2022 年中国保险资产管理行业发展概述

中国保险资产管理业经过近 20 年的改革探索，逐步形成并确立了管理长期资金、配置长期资产、创设长期产品的核心业务专长，在支持实体经济、国家战略、民生建设和保险主业发展等方面发挥了重要而独特的作用。2022 年，站在全面建成社会主义现代化强国的新起点上，保险资产管理业积极应对复杂严峻的国内外宏观经济和金融形势及诸多风险挑战，为中国式现代化建设贡献积极力量。

（一）管理规模稳步增长

从保险资金运用来看[①]，2022 年，我国实现原保险保费收入 46 957 亿元，同比增长 4.6%。截至 2022 年末，保险公司总资产 27.1 万亿元，较年初增长 9.1%；保险资金运用余额 25.35 万亿元，同比增长 9.15%，规模稳步增长。保险行业的稳步健康发展，为保险资产管理提供了重要资金来源和发展空间。

从保险资产管理来看。调研数据显示[②]，截至 2022 年末，参与调研的 32 家保险资产管理公司的管理资金规模为 24.52 万亿元，较 2021 年末增加了 3.22 万亿元，同比增长 15.11%。其中，从业务构成来看，专户业务和组合类产品规模增长均超过 1 万亿元；从资金来源来看，系统内保险资金和理财资金增长规模均超过 1 万亿元。

（二）资产配置结构多元分散

2022 年，行业整体资产配置仍以债券、金融产品和保险资产管理产品、银行存款为主，三者占比合计超过七成。从保险资金运用来看，公开资料显示，截至 2022 年末，人身险公司资金配置结构中银行存款、债券、股票、证券投资基金、长期股权投资占比分别为 9.89%、41.65%、7.80%、5.35%、10.27%，财产险公司配置结构占比分别为 21.58%、33.61%、6.59%、8.24%、6.46%。[③]

从保险资产管理来看，调研数据显示，截至 2022 年末，32 家机构资产配置中，债

[①][③] 数据来源：国家金融监督管理总局官网。
[②] 数据来源：中国保险资产管理业协会《2022—2023 年中国保险资产管理行业运行调研报告》。

券规模以9.17万亿元居首,占比40.95%;其次是金融产品(2022年为保险资产管理产品+金融产品),规模4.98万亿元,占比22.22%;第三为银行存款,规模3.23万亿元,占比14.43%;股票规模1.53万亿元,占比6.84%;公募基金规模1.01万亿元,占比4.50%;股权投资规模5 559.20亿元,占比2.48%。

从主要资产类别的同比增速来看,增速前三的分别是银行存款(增速为14.46%)、金融产品和保险资产管理产品(增速为13.18%)、债券(增速为9.75%);公募基金保持稳定增长,增速为6.86%;股票出现了负增长,增速为-0.82%。

(三)专业化投资能力持续提升

随着利率中枢趋势性下移,债券等传统固收类资产的收益水平持续下行,保险资产管理机构需要进一步提升投研能力建设,加强对权益类资产、另类投资和海外投资机会的挖掘力度,在风险可控的前提下增厚投资收益。2022年,保险资产管理公司在组织架构上改制投资部门,细化条线职能,推进精细化管理。一是根据监管要求和自身业务需要,将投资管理部门改制为事业部制;二是根据投资品种、业务模式、重点区域等调整优化业务条线,充实人才队伍;三是部分公司进一步剥离研究职能,单独组建研究部门,加强投研能力建设。

根据《关于优化保险机构投资管理能力监管有关事项的通知》(银保监发〔2020〕45号),保险机构自行或受托开展各类投资管理业务,应具备相应的投资管理能力,主要包括以下七类:(1)信用风险管理能力;(2)股票投资管理能力;(3)股权投资管理能力;(4)不动产投资管理能力;(5)衍生品运用管理能力;(6)债权投资计划产品管理能力;(7)股权投资计划产品管理能力。

从保险资产管理公司来看,涉及的投资管理能力包括五类六项:信用风险管理能力、股票投资管理能力、衍生品运用管理能力(含股指期货、国债期货两类能力)、债权投资计划产品管理能力、股权投资计划产品管理能力。截至2023年1月31日,33家保险资产管理公司披露投资管理能力建设及自评估情况155项。其中,82%的保险资产管理公司具备四类及以上的投资能力,传统投资和另类投资能力基本实现全覆盖。

从保险公司来看,涉及的投资管理能力包括:信用风险管理能、股票投资管理能力、股权投资管理能力、不动产投资管理能力、衍生品运用管理能力(含股指期货、国债期货两类能力)。80家人身险公司中,具备2项及以上的投资能力的人身险公司有62家;27家财产险公司中,具有2项及以上投资管理能力的有19家。

（四）风险管控持续加强

2022 年，行业发展面临的国内外经济形势不确定性增加，金融市场波动明显加剧，各类风险更加突出。从风险类型分布看，信用风险和市场风险是当前保险资金运用面临的最主要风险。与 2022 年实际面临风险相比，机构对 2023 年保险资金运用风险预判更为谨慎。从市场风险看，权益价格风险较为集中，但与 2022 年实际发生风险相比，机构对 2023 年的预判相对乐观。从权益价格风险看，主要集中在境内资产，机构对 2023 年境内资产的权益价格风险预判较 2022 年相对乐观。

保险资产管理公司在长期管理保险资金的实践中，逐步形成了稳健投资、长期投资、价值投资的投资理念，在另类投资、固定收益投资、内部信用评级以及投顾咨询等领域也形成了自身的专业特长，为行业有效应对各类风险挑战、获取长期稳定投资回报提供了重要保障。2022 年，风控方面，1 家机构拆分重组风控部门，细化相关职能；信评方面，2 家机构提升信评部门层级或独立信用评估职能部门，细化岗位职责；投后方面，2 家机构拆分整合投后管理部门或增设投后管理部门，强化投后管理能力。从保险资产管理公司的投资收益率情况来看，调研数据显示[①]，2022 年大部分机构的综合收益率和财务收益率区间分布在 2%~4%。

（五）服务实体经济质效提升

保险资金作为我国金融市场重要的长期资金，在参与重大工程建设、盘活存量资产、服务国家战略等方面具有天然优势。2022 年，行业持续在支持国家重点战略工程、交通基础设施建设、制造业高质量发展、"双碳"及绿色金融、民生工程建设、保障性安居工程、新型基础设施建设、"专精特新"企业、中小微企业及普惠金融、农林水利工程建设等领域开展业务创新，进一步增强对国家重点领域、薄弱环节的产品及资金供给，更好地服务实体经济。

保险资产管理公司通过创设债权投资计划、股权投资计划、保险私募基金、资产支持计划等产品，积极参与"一带一路"、京津冀、长三角、大湾区、长江经济带建设、供给侧结构性改革、"碳达峰""碳中和"等国家重大战略，以多元化的产品模式对接各类实体经济项目，为实体经济提供长期稳定优质资金。2022 年全年协会登记的债权投资计划中，122 只投向于交通领域，登记规模共计 3 204.00 亿元；140

---

① 数据来源：中国保险资产管理业协会《2022—2023 年中国保险资产管理行业运行调研报告》，综合收益率有效数据为 29 家机构，财务收益率有效数据为 28 家机构。

只投向于市政领域，登记规模共计 2 264.16 亿元；31 只投向于能源领域，登记规模共计 788.99 亿元；14 只投向于水利领域，登记规模共计 265.20 亿元；2 只投向于保障性住房领域，登记规模共计 22.41 亿元；1 只投向于棚户区改造领域，登记规模 7.00 亿元。

（六）第三方业务稳步拓展

近年来，随着业务发展需要与差异化发展格局的逐步形成，保险资产管理公司也日益重视拓展第三方业务，在资产管理细分领域寻找并发挥自身优势，不断向外输出资产配置、组合管理、固定收益投资、另类产品投资、风险管控等优势能力，做好客户服务。其中，财富管理与养老体系建设成为拓展第三方业务的主攻方向。

从第三方业务规模来看，继续维持保险资金为主、业外资金为辅的多元化结构。调研数据显示，截至 2022 年末，32 家保险资产管理公司管理业外资金规模合计 4.80 万亿元，占资产管理总规模的 19.61%。其中，管理银行资金 25 324.72 亿元（占比 10.35%）；管理养老金 14 233.72 亿元（占比 5.82%），包括基本养老金 2 495.15 亿元（占比 1.02%）、企业年金 7 218.37 亿元（占比 2.95%）、职业年金 4 520.21 亿元（占比 1.85%）；管理其他资金 8 427.62 亿元（占比 3.44%）

从第三方业务发展趋势来看，第三方保险资金呈稳定增长态势，业外资金增速仍明显快于系统内保险资金。其中，银行资金增速最快，达 77.75%；系统内保险资金增速为 10.72%；第三方保险资金增速为 13.33%。

（七）高水平双向开放再上新台阶

近年来，保险资产管理业进一步扩大高水平双向开放，加快推进形成更大范围、更宽领域、更深层次的全面开放新格局。2018 年以来，原中国银保监会推出 34 条银行业保险业开放新举措，分步骤分阶段取消外资股比限制，减少外资准入数量型门槛。随着外资股比限制的取消，首家外资独资保险控股公司、首家外资独资人身险公司、首家外资独资保险资产管理公司等相继成立，在华外资保险公司资产规模增长了约 120%。

2022 年 9 月 1 日，《保险资产管理公司管理规定》（2022 年 7 月 28 日中国银行保险监督管理委员会令 2022 年第 2 号）正式实施，取消外资保险公司持有保险资产管理公司股份的比例上限，境内外股东拥有统一适用的股东资质条件，为进一步吸引国际优秀保险公司和资产管理机构参与我国保险资产管理行业发展打下坚实基础。

总体来看，我国保险资产管理行业坚持秉承稳健投资、长期投资、价值投资的理念，保险资产管理公司的专业化、市场化、产品化能力不断提升，资产管理规模稳步增长，资金来源持续多元，业务种类丰富多样，业绩稳定收益良好，在保险资金、银行资金、养老金等长期资金的管理中发挥着日益重要的作用，保险资产管理行业正加快高质量发展步伐。

第二章
2022 年保险资产管理行业运行情况

一、市场主体

（一）机构类型及数量

截至 2022 年末，我国已有正在营业的综合型保险资产管理公司 33 家，2022 年无新增机构[①]（见表 2-1）。

表 2-1　　　　　　　　　　33 家保险资产管理公司列表

序号	机构名称	序号	机构名称
1	中国人保资产管理有限公司	18	华安财保资产管理有限责任公司
2	中国人寿资产管理有限公司	19	长城财富保险资产管理股份有限公司
3	华泰资产管理有限公司	20	英大保险资产管理有限公司
4	中再资产管理股份有限公司	21	华夏久盈资产管理有限责任公司
5	平安资产管理有限责任公司	22	建信保险资产管理有限公司
6	泰康资产管理有限责任公司	23	永诚保险资产管理有限公司
7	新华资产管理股份有限公司	24	百年保险资产管理有限责任公司
8	太平洋资产管理有限责任公司	25	工银安盛资产管理有限公司
9	太平资产管理有限公司	26	交银康联资产管理有限公司
10	大家资产管理有限责任公司	27	中信保诚资产管理有限责任公司
11	生命保险资产管理有限公司	28	招商信诺资产管理有限公司
12	光大永明资产管理股份有限公司	29	国华兴益保险资产管理有限公司
13	合众资产管理股份有限公司	30	国寿投资保险资产管理有限公司
14	民生通惠资产管理有限公司	31	安联保险资产管理有限公司
15	阳光资产管理股份有限公司	32	人保资本保险资产管理有限公司
16	中英益利资产管理股份有限公司	33	太平资本保险资产管理有限公司
17	中意资产管理有限责任公司		

资料来源：根据公开资料整理，按机构成立时间先后排序

[①] 中邮保险资产管理有限公司于 2023 年 1 月 18 日获批筹建。

截至 2022 年末，除保险资产管理公司外，保险资产管理市场还有其他资产管理机构 12 家，主要从事股权、债权、不动产等方面的专业化投资；保险私募基金管理人 16 家（见表 2-2）。

表 2-2　　　　　　　　　　　16 家保险私募基金管理人

序号	机构名称	序号	机构名称
1	北京泰康投资管理有限公司	9	平安基础产业投资基金管理有限公司
2	国寿股权投资管理有限公司	10	人保资本股权投资有限公司
3	国寿金石资产管理有限公司	11	太保私募基金管理有限公司
4	华安汇富资本投资管理有限公司	12	太平保利股权投资基金管理有限公司
5	华泰宝利投资管理有限公司	13	太平创新投资管理有限公司
6	建信股权投资管理有限责任公司	14	泰康健康产业基金管理有限公司
7	久盈资本投资管理有限责任公司	15	阳光融汇资本投资管理有限公司
8	平安创赢资本管理有限公司	16	远见共创资本管理有限公司

资料来源：根据公开资料整理，按公司名称首字母排序

截至 2022 年末，我国保险机构共设立资产管理（香港）子公司 12 家（见表 2-3）。

表 2-3　　　　　　　　　　　12 家保险资产管理（香港）子公司列表

序号	机构名称	序号	机构名称
1	太平资产管理（香港）有限公司	7	安邦资产管理（香港）有限公司
2	中国人寿资产管理（香港）有限公司	8	生命资产管理（香港）有限公司
3	中国平安资产管理（香港）有限公司	9	新华资产管理（香港）有限公司
4	泰康资产管理（香港）有限公司	10	中国人保香港资产管理有限公司
5	华泰资产管理（香港）有限公司	11	中再资产管理（香港）有限公司
6	中国太保资产管理（香港）有限公司	12	阳光资产管理（香港）有限公司（筹）

资料来源：根据公开资料整理，按成立时间先后排序

（二）机构划分

本报告将参与调研的 32 家保险资产管理公司，按规模划分为四类（以下简称四梯队，见表 2-4）。

表 2-4　　　　　　　参与调研的保险资产管理公司分类维度表

维度	分类	管理资产规模标准	机构数量（家）		
			2020 年末	2021 年末	2022 年末
规模	超大型	9 000 亿元以上	6	7	8
	大型	[4 000 亿元，9 000 亿元）	3	3	4
	中型	[1 000 亿元，4 000 亿元）	13	14	15
	小型	(0，1 000 亿元]	7	8	5
	总计		29	32	32

从四梯队机构分布情况看，根据 2022 年末各机构资产管理规模，可划分超大型机构 8 家、大型机构 4 家、中型机构 15 家、小型机构 5 家；从档位变化情况看，1 家机构由大型升档为超大型，2 家机构由中型升档为大型，3 家机构由小型升档为中型（见表 2-5）。

表 2-5　　　　　　　2015—2022 年各类型机构数量　　　　　　　（单位：家）

分类	2015 年	2016 年	2017 年	2018 年	2019 年	2020 年	2021 年	2022 年
超大型	3	5	6	6	5	6	7	8
大型	5	4	3	3	4	3	3	4
中型	7	9	9	9	11	13	14	15
小型	7	6	7	7	8	7	8	5
总计	22	24	25	25	28	29	32	32

（三）管理规模——行业视角

从全口径来看，截至 2022 年末，32 家保险资产管理公司[①]资产管理规模（全口径）[②]为 24.52 万亿元，同比增长 3.22 万亿元，规模增速 15.11%，同比上升 2.27 个百分点（见图 2-1）。从业务构成看，专户业务和组合类产品规模增长均超 1 万亿元；从资金来源看，系统内保险资金和理财资金增长规模均超 1 万亿元。

从窄口径来看，截至 2022 年末，32 家保险资产管理公司的资产管理规模（不含

[①] 历年汇总对比数据均以保险资产管理公司为准，2022 年调研对象无新增保险资产管理公司。
[②] 资产管理规模（全口径）是指包含内购本公司发行产品规模后的数据口径。

内购产品)[①]为22.47万亿元,规模增速为12.93%(见图2-2)。

图2-1 2015—2022年保险资产管理公司资产管理规模（全口径）及增速情况

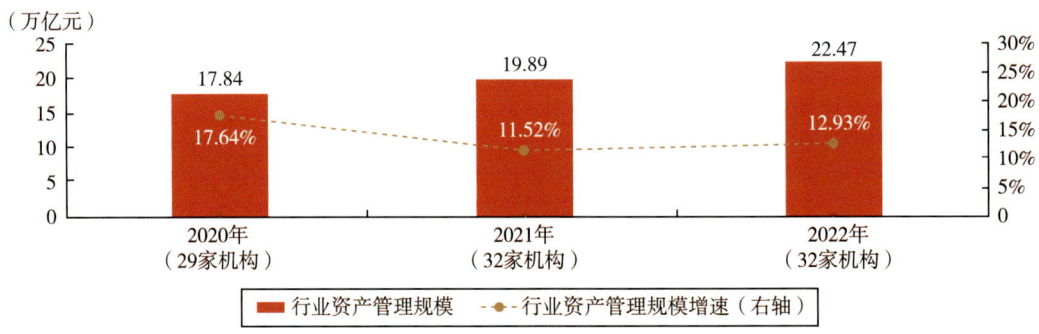

图2-2 2020—2022年保险资产管理公司资产管理规模（不含内购产品）及增速情况

从行业集中度和市场份额分布看,管理规模方面,规模前6的机构(机构数量占比18.75%)资产管理规模基本保持在七成左右的市场份额,但TOP6规模集中度在近几年呈下降趋势(见图2-3)。

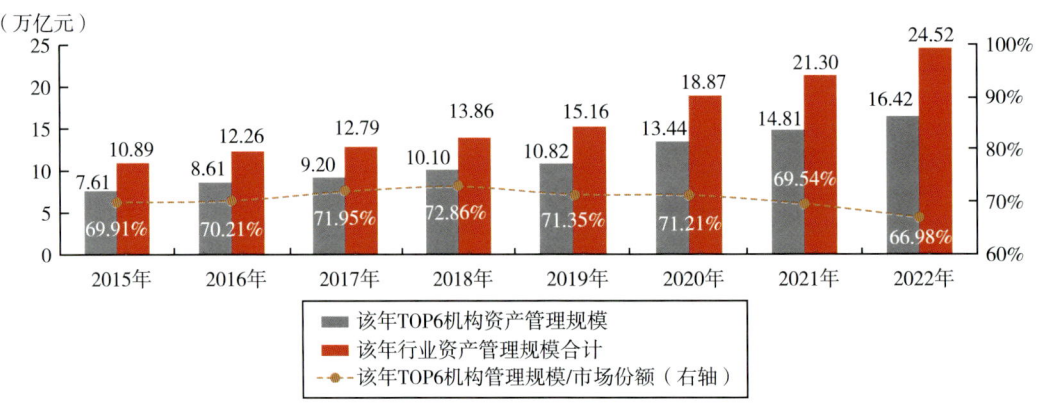

图2-3 2015—2022年资产管理规模排名前6机构占历年市场份额对比

---

① 资产管理规模（不含内购产品）指不含内购本公司发行产品规模的数据口径。本报告在后续分析中除单位规模收入使用资产管理规模（不含内购产品）外,其他涉及规模数据均以资产管理规模（全口径）为准。

（四）管理规模——机构视角

从各机构管理规模增长情况看，截至 2022 年末，除新增调研机构外，29 家机构实现正增长，3 家机构出现负增长。其中，14 家机构增速超过行业均值（全口径 15.11%）；2 家机构增速降至 -10% 以下。整体来看，大型、小型机构规模增速相对较快（见图 2-4 至图 2-7）。

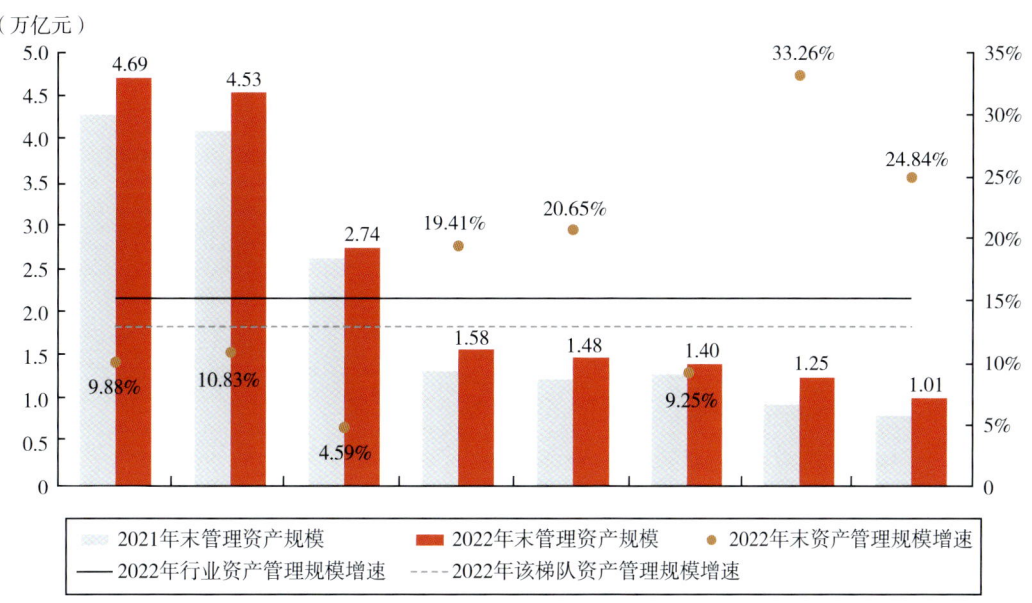

图 2-4　2021—2022 年 8 家超大型机构资产管理规模及增速情况

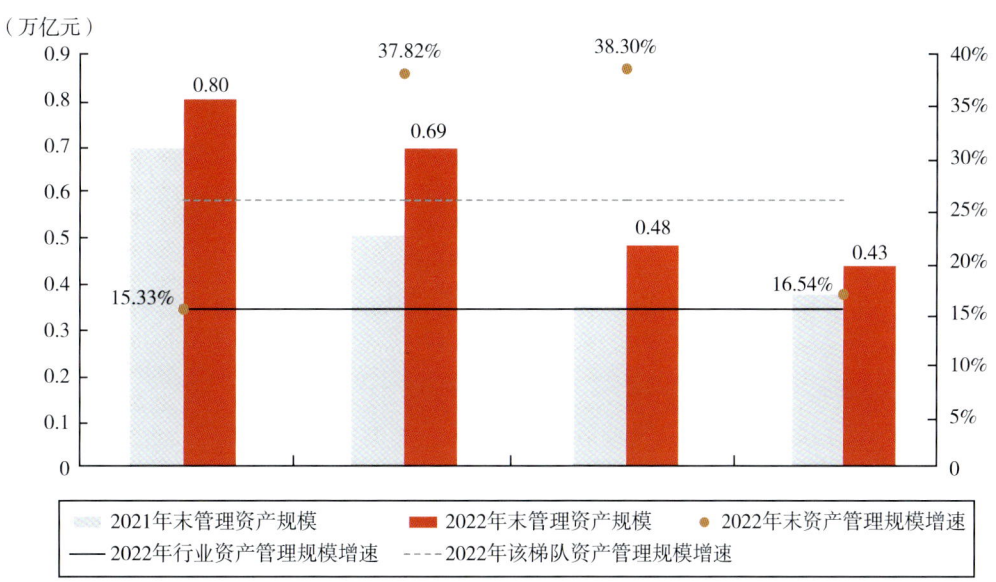

图 2-5　2021—2022 年 4 家大型机构资产管理规模及增速情况

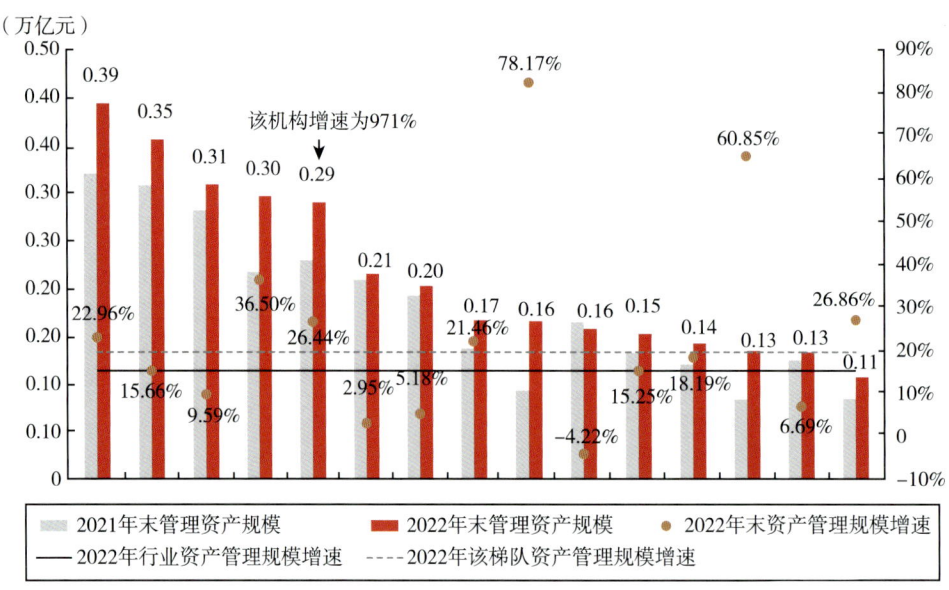

图 2-6 2021—2022 年 15 家中型机构资产管理规模及增速情况

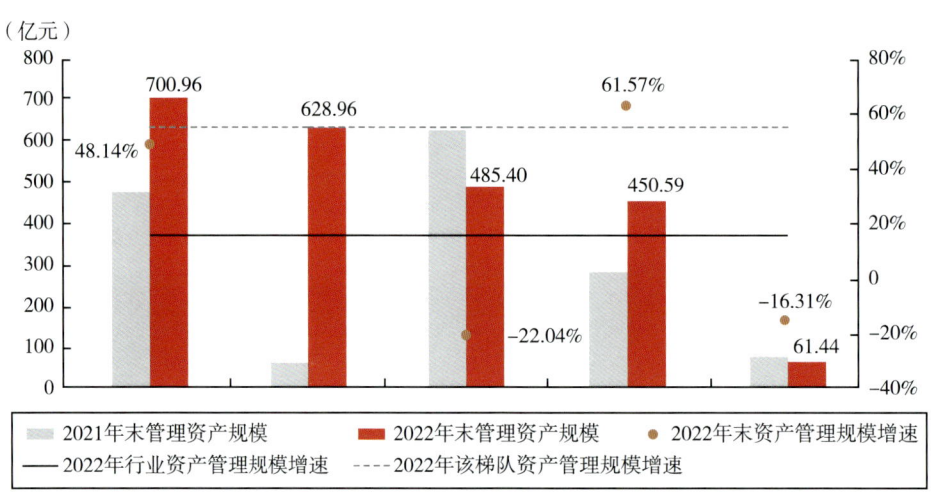

图 2-7 2021—2022 年 5 家小型机构资产管理规模及增速情况

二、管理资金情况

（一）管理资金情况：行业视角

从行业管理资金构成来看，呈现保险资金为主、业外资金为辅的多元化结构。截至 2022 年末，32 家保险资产管理公司管理资金总规模为 24.52 万亿元，同比增长 15.11%。在保险资金方面，管理系统内保险资金 178 684.14 亿元（占比 73.04%），管理第三方保险资金 17 985.59 亿元（占比 7.35%），合计 196 668.73 亿元（占比 80.39%）。在业外资金方面，管理银行资金 25 324.72 亿元（占比 10.35%）；管理养老金 14 233.72 亿元（占比 5.82%），其中基本养老金 2 495.15 亿元（占比 1.02%）、企业年金 7 218.37 亿元（占比 2.95%）、职业年金 4 520.21 亿元（占比 1.85%）；管理其他资金 8 427.62 亿元（占比 3.44%），合计 47 984.15 亿元（占比 19.61%）（见图 2-8）。

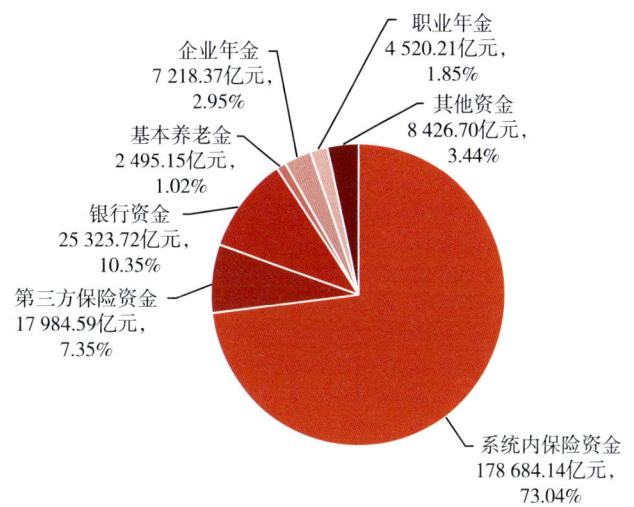

图 2-8　2022 年末保险资产管理业资金来源结构

从近三年各类资金规模占比看，系统内保险资金占比有所下降，第三方资金[①]占比微降。其中，系统内保险资金的占比同比下降 3.43 个百分点；第三方保险资金的占比同比下降 0.17 个百分点；银行资金的占比同比增长 3.6 个百分点，连续两年上升；养老金的占比同比微增 0.15 个百分点（见图 2-9）。

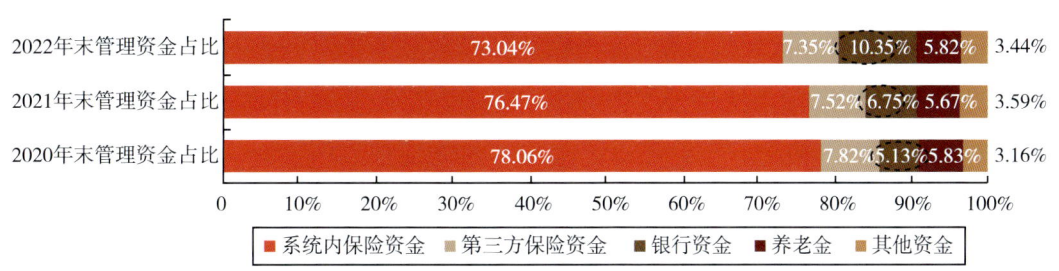

图 2-9　2020—2022 年保险资产管理公司各类资金占比情况

注：个人资金 2020 年开始放开，此处统计在"其他资金"中。

从近三年各类资金规模增速来看，保险资金稳定增长，业外资金增速更快。其中，银行资金增速最快，达 77.75%；系统内保险资金增速为 10.72%；第三方保险资金增

---

① 第三方资金为除系统内保险资金外的资金，包括第三方保险资金、银行资金、养老金和其他资金，下同。

速为13.33%（见图2-10）。

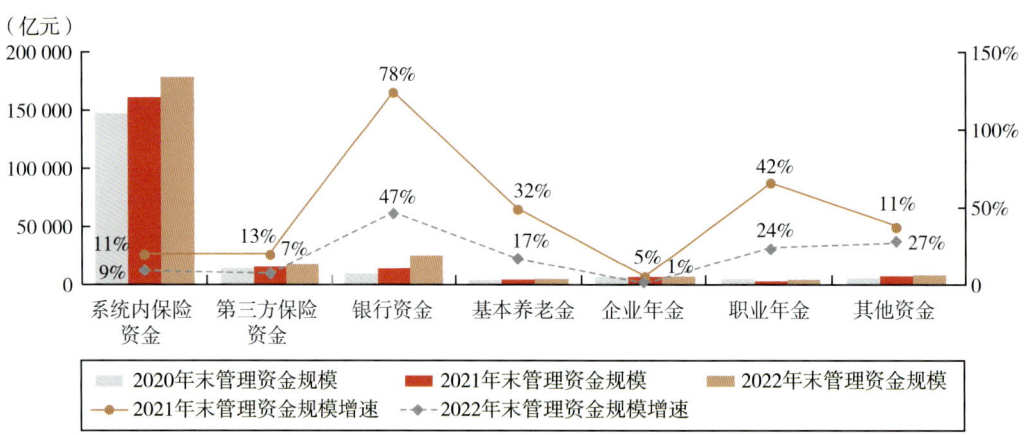

图2-10 2020—2022年保险资产管理公司管理各类资金规模及增长率情况

（二）管理资金情况：机构视角

从各机构管理资金构成看，半数机构第三方资金规模占比超过20%，其中超三成机构第三方资金规模比例已超过50%。32家保险资产管理公司中，第三方资金规模占比超过20%的机构有20家；其中有10家机构占比在50%左右，包括超大型机构2家、大型机构2家、中型机构3家、小型机构3家（见图2-11）。

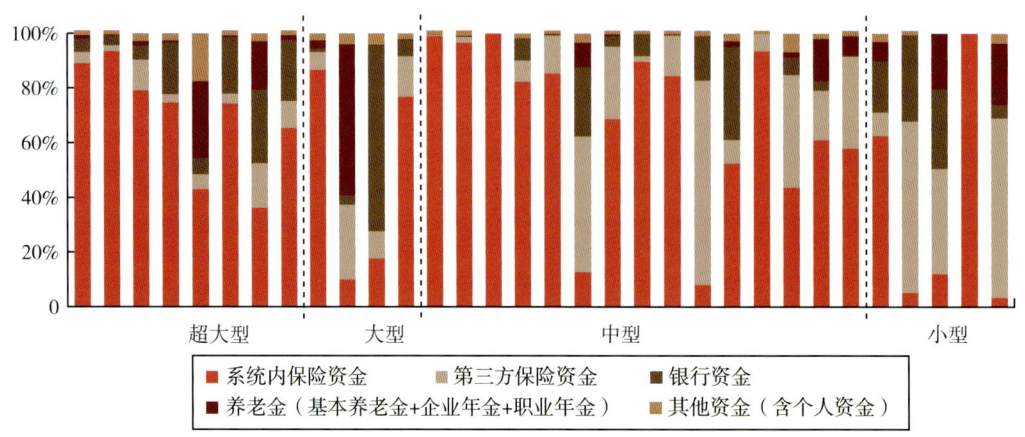

图2-11 2022年末保险资产管理公司资金来源构成情况

从各机构资金结构与单位规模收入①的关系来看，管理第三方资金比例较高的机构，其单位规模收入也相对较高。32家保险资产管理公司的单位规模收入均值为14BP，其中管理第三方资金比例在0～20%的机构，单位规模收入分布在4～21BP，平均值为12.04BP；管理第三方资金比例在20%～50%的机构，单位规模收入分布在4～24BP，平

---

① 单位规模收入＝总收入/总规模×10 000。

均值为14.69BP；管理第三方资金比例在50%以上的机构，单位规模收入分布在8~25BP，平均值为15.55BP，明显高于行业均值（见图2-12）。

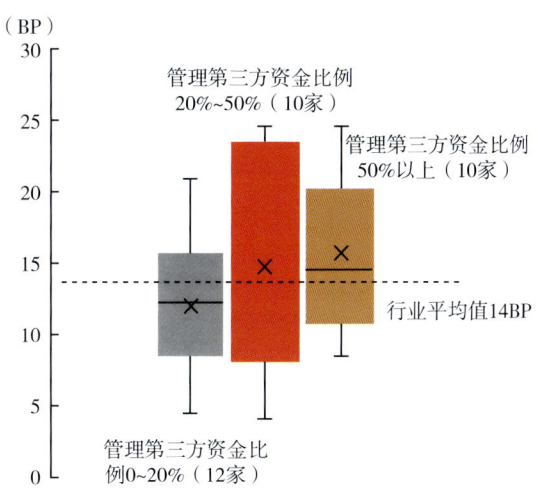

图2-12　2022年按管理第三方资金比例划分的保险资产管理公司的单位规模收入情况

（三）管理资金情况：资金视角

一是管理系统内保险资金规模保持稳定增长，行业平均增速为10.72%。行业管理系统内保险资金总规模17.87万亿元。其中，8家超大型公司平均管理系统内保险资金1.83万亿元，4家机构增速高于行业平均（见图2-13）；4家大型公司平均管理系统内保险资金2 276.33亿元，2家机构增速高于行业平均（见图2-14）；15家中型公司平均管理系统内保险资金1 480.89亿元，11家机构增速高于行业平均（见图2-15）；5家小型公司平均管理系统内保险资金238.08亿元，2家机构增速高于行业平均（见图2-16）。

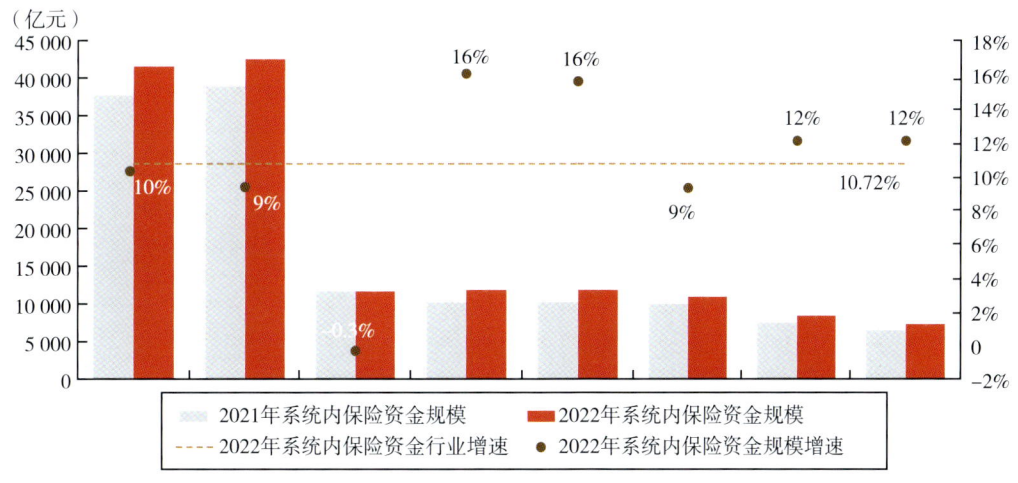

图2-13　2021—2022年超大型公司管理系统内保险资金规模及增长情况

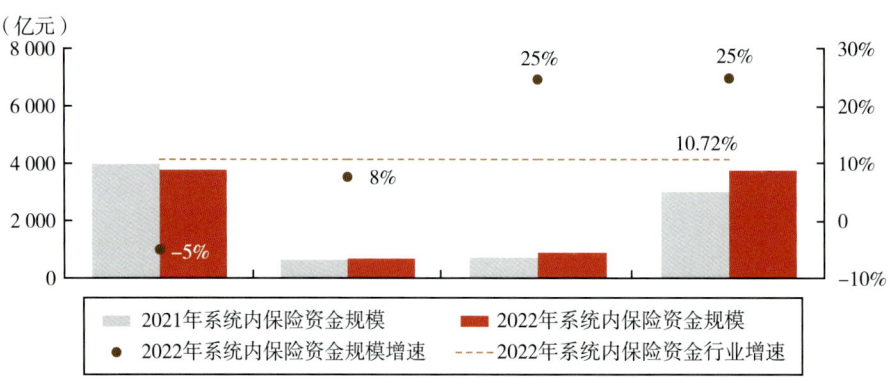

图 2-14 2021—2022 年大型公司管理系统内保险资金规模及增长情况

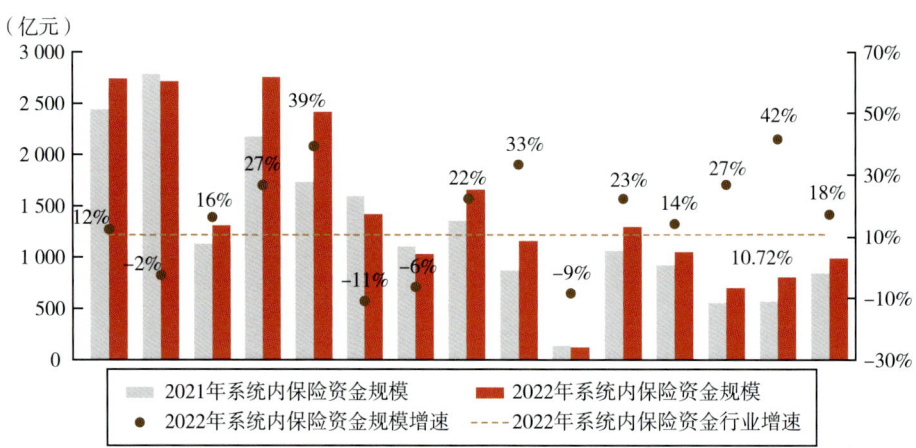

图 2-15 2021—2022 年中型公司管理系统内保险资金规模及增长情况

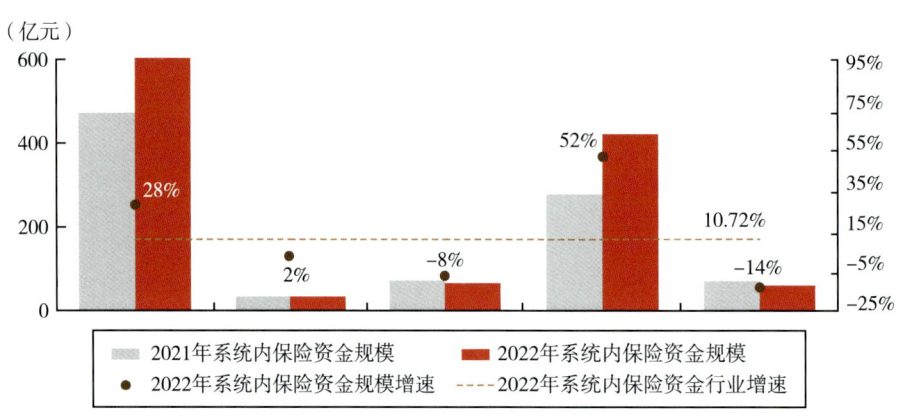

图 2-16 2021—2022 年小型公司管理系统内保险资金规模及增长情况

二是管理第三方保险资金规模平稳增长，行业平均增速为13.33%。行业管理第三方保险资金总规模1.80万亿元。其中，8家超大型公司平均管理第三方保险资金989.12亿元，3家机构增速高于行业平均，管理第三方保险资金规模超千亿元有3家机构（见图2-17）；4家大型公司平均管理第三方保险资金945.93亿元，2家机构增速高于行业平均（见图2-18）；14家中型公司平均管理第三方保险资金397.13亿元，9家机构增速高于行业平均（见图2-19）；5家小型公司平均管理第三方保险资金182.02亿元，1家机构增速高于行业平均（见图2-20）。

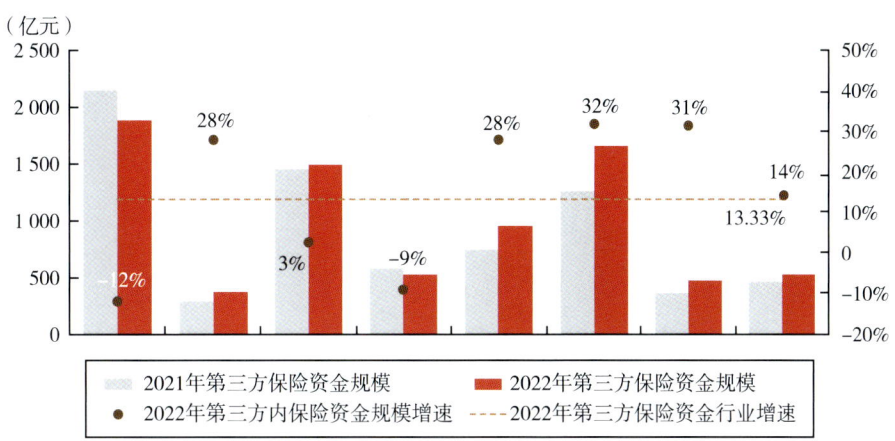

图2-17　2021—2022年超大型公司管理第三方保险资金规模及增长率情况

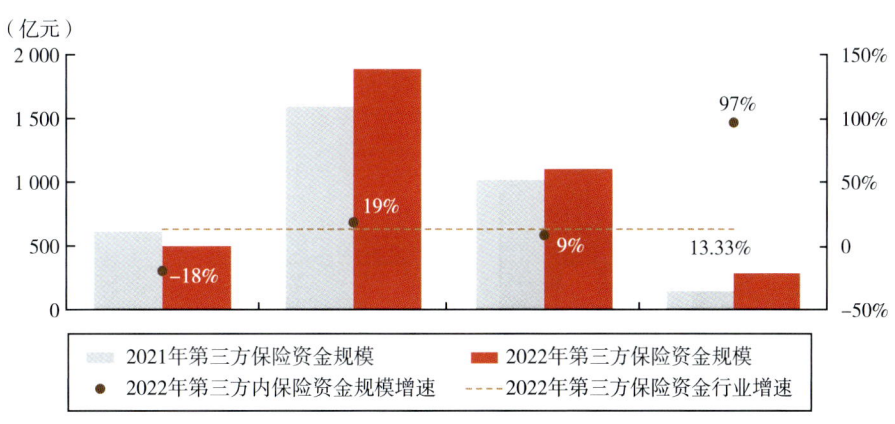

图2-18　2021—2022年大型公司管理第三方保险资金规模及增长率情况

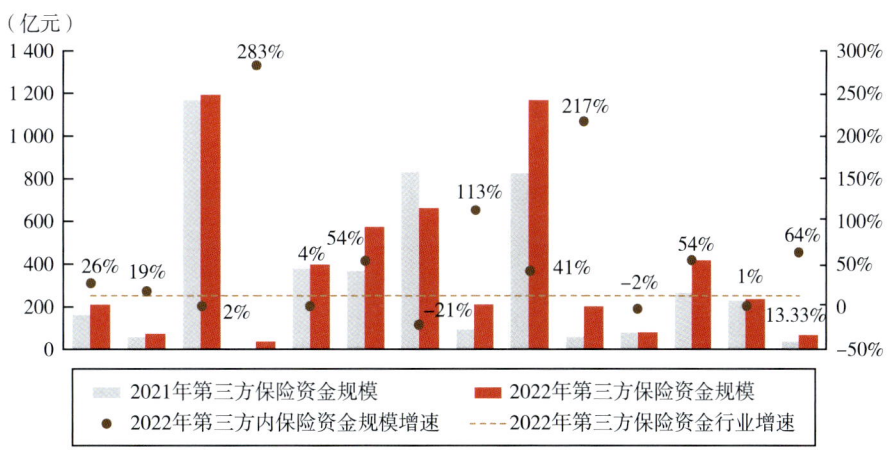

图2-19　2021—2022年中型公司管理第三方保险资金规模及增长率情况

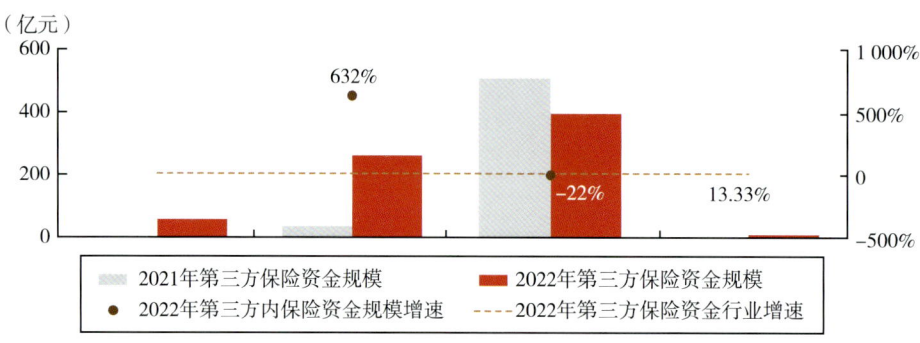

图 2-20　2021—2022 年小型公司管理第三方保险资金规模及增长率情况

三是管理银行资金规模增长最为明显，行业增速达 77.75%。行业管理银行资金总规模 2.53 万亿元。按四梯队分别来看，8 家超大型公司平均管理银行资金 1 991.99 亿元，4 家机构增速均高于行业平均，管理银行资金规模超千亿元有 4 家机构（见图 2-21）；4 家大型公司平均管理银行资金 1 563.66 亿元，1 家机构增速高于行业平均（见图 2-22）；13 家中小型公司平均管理银行资金 184.30 亿元，2 家机构增速高于行业平均（见图 2-23）。

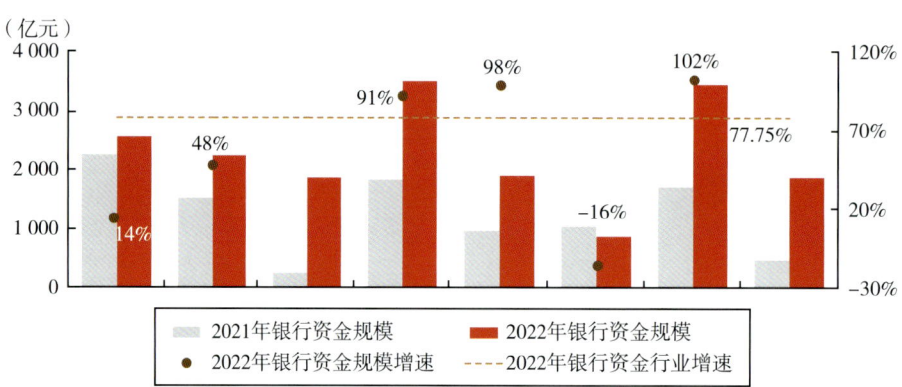

图 2-21　2021—2022 年超大型公司管理银行资金规模及增长率情况

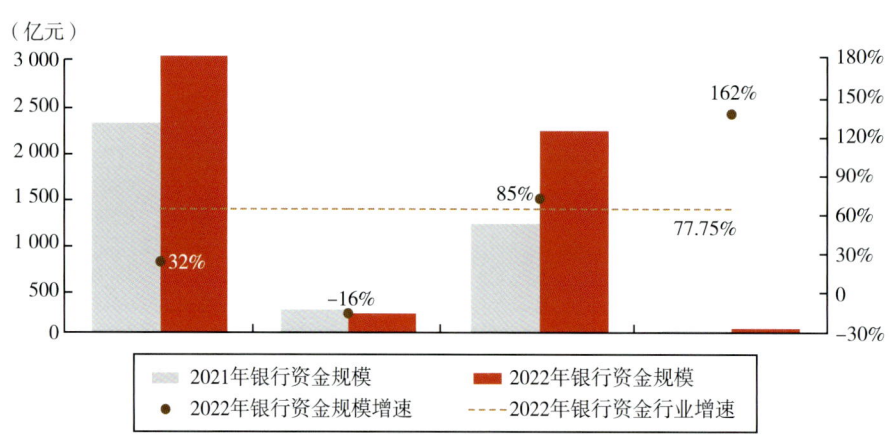

图 2-22　2021—2022 年大型公司管理银行资金规模及增长率情况

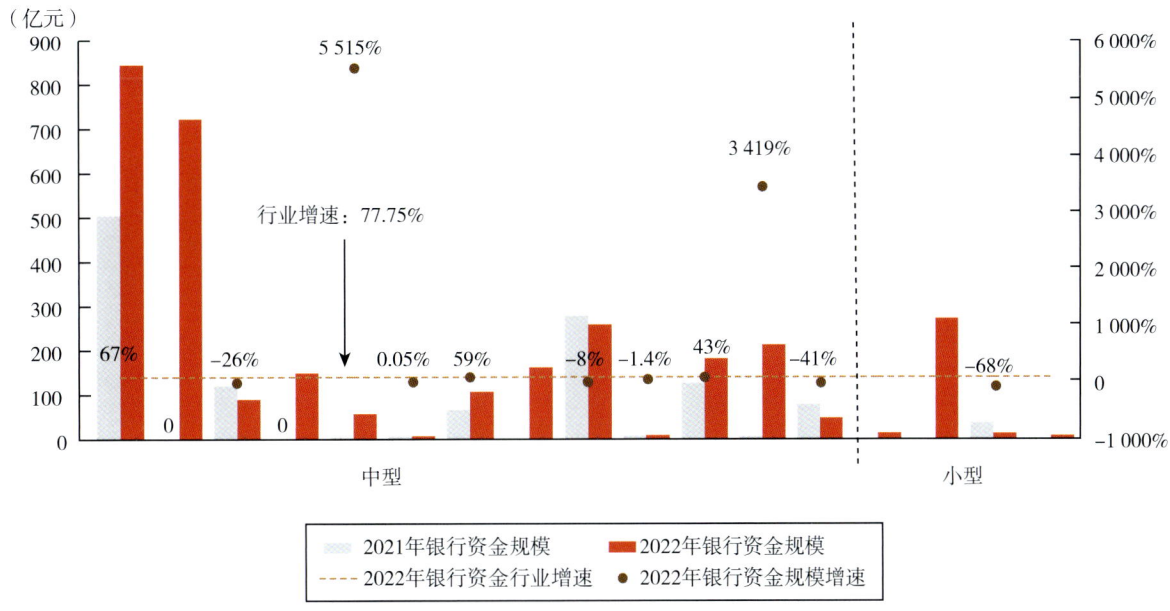

图 2-23 2021—2022 年中小型公司管理银行资金规模及增长率情况

四是管理养老金①行业集中度明显，主要集中在有养老金投资管理人资格的两家机构。从管理规模来看，行业共 21 家机构管理养老金，其中有养老金投管人资格的 2 家机构管理规模为 11 530.86 亿元，占行业管理养老金总规模的 81.01%（见图 2-24）；另外 19 家机构平均管理养老金 142.26 亿元，其中有 1 家首次得到养老金的投资（见图 2-25）；从增速视角来看，行业平均增速为 18.88%，在有同比数据的 20 家机构中，11 家机构为正增长。

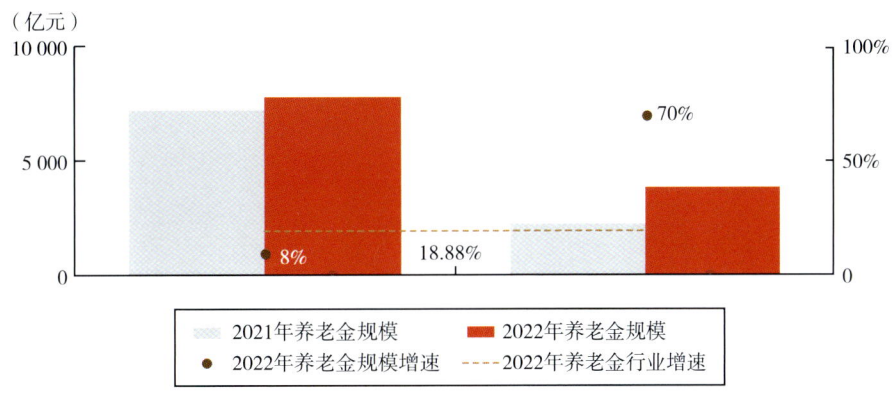

图 2-24 2021—2022 年保险资产管理公司养老金管理规模及增长率情况（有投管人资格）

---

① 注：(1) 养老金规模为基本养老金、企业年金和职业年金合计；(2) 2022 年有 21 家机构开展通过产品管理养老金业务（其中 2 家机构获得养老金投资管理人资格），有效数据为 21 家机构；(3) 其中 1 家机构 2022 年新开展通过产品管理养老金业务，因此无增长率数据。

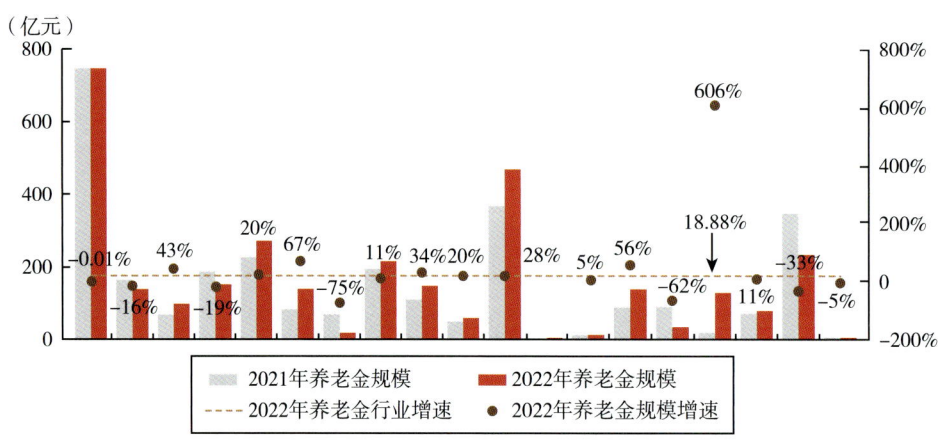

图 2-25 2021—2022 年保险资产管理公司养老金管理规模及增长率情况（无投管人资格）

（四）管理资金情况：业务视角

从业务视角来看，各业务资金构成特征明显，部分资金同比变化较明显。从主要特征来看，专户管理业务以系统内保险资金为主，占比超过 90%；组合类产品中业外资金（银行资金、养老金和其他资金）占比超过一半，银行资金占比最为突出；债权投资计划、股权投资计划和资产支持计划全部以保险资金（系统内保险资金和第三方保险资金）为主，其中债权投资计划中第三方保险资金占比已经接近系统内保险资金；从主要变化来看，组合类产品中银行资金增长明显，同比增长了 11.92 个百分点；股权投资计划中系统内保险资金增长明显，同比增长了 5.42 个百分点，第三方保险资金有所下降，同比减少了 4.39 个百分点；资产支持计划中养老金和其他资金增长较为明显（见图 2-26）。

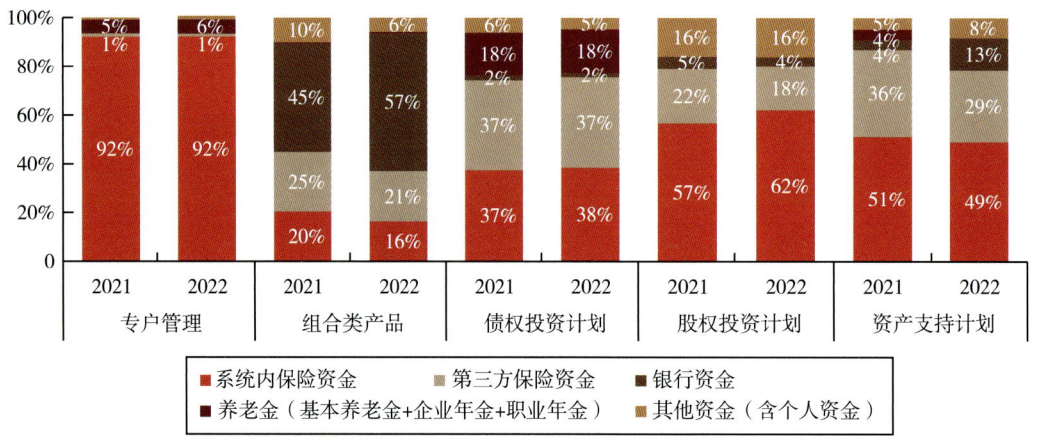

图 2-26 2021—2022 年保险资产管理公司各业务资金来源构成

三、资产配置情况

（一）行业整体资产配置情况

一是行业整体资产配置以债券、金融产品和保险资产管理产品、银行存款为主，三者占比合计超过七成。行业投资资产总规模22.39万亿元，同比增长9.37%。

从主要资产类别规模占比看，截至2022年末，债券规模以9.17万亿元居首，占比40.95%；其次是金融产品（2022年为保险资产管理产品+金融产品），规模4.98万亿元，占比22.22%；第三为银行存款，规模3.23万亿元，占比14.43%；股票规模1.53万亿元，占比6.84%；公募基金规模1.01万亿元，占比4.50%；股权投资规模5 559.20亿元，占比2.48%（见图2-27）。

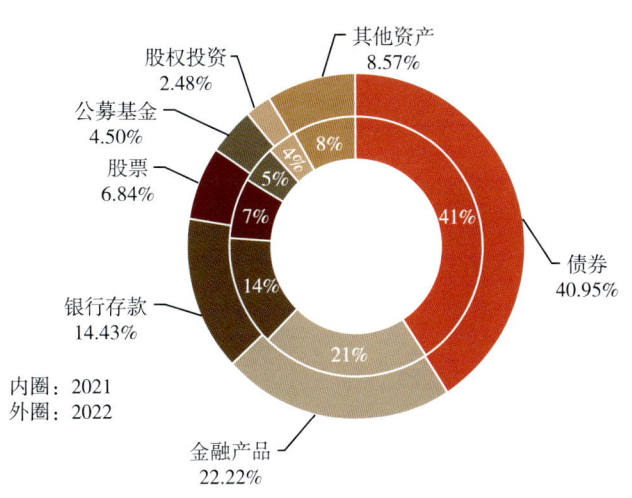

图2-27 2021—2022年保险资产管理公司主要投资资产规模及占比情况

从主要资产类别规模增速看，增速前三的分别是银行存款、金融产品和保险资产管理产品、债券，增速分别为14.46%、13.18%和9.75%；公募基金保持稳定增长，增速为6.86%；股票负增长，增速为-0.82%（见图2-28）。

（二）行业整体投资收益率情况

大部分机构的综合收益率和财务收益率区间分布在2%~4%之间。从综合收益率来看，有5家机构在1.5%~2%之间，有4家机构在2.5%~2.75%之间，有三家机构在4%~4.5%之间，可以看出四梯队综合收益率分布较为分散①（见图2-29）；从财务收益率来看，有9家机构是在4%~5%之间，占比接近1/3（见图2-30）。

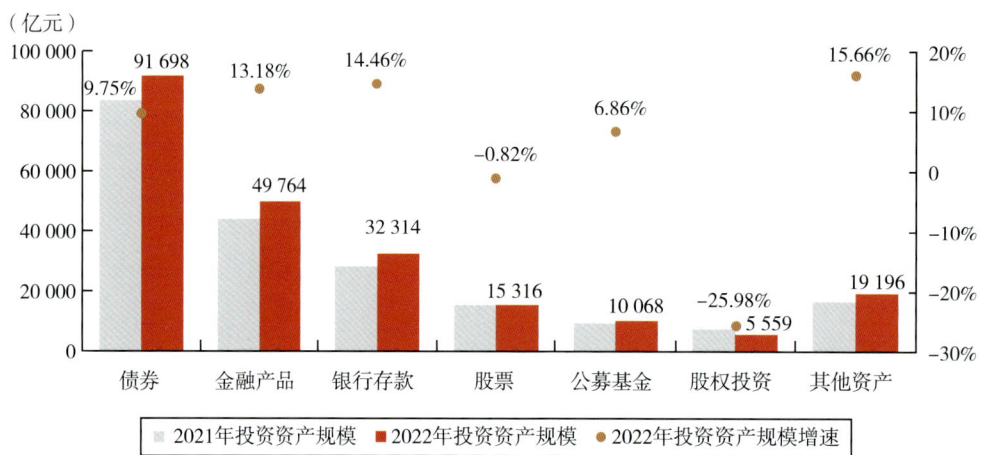

图2-28 2021—2022年保险资产管理业主要投资资产规模及增速情况

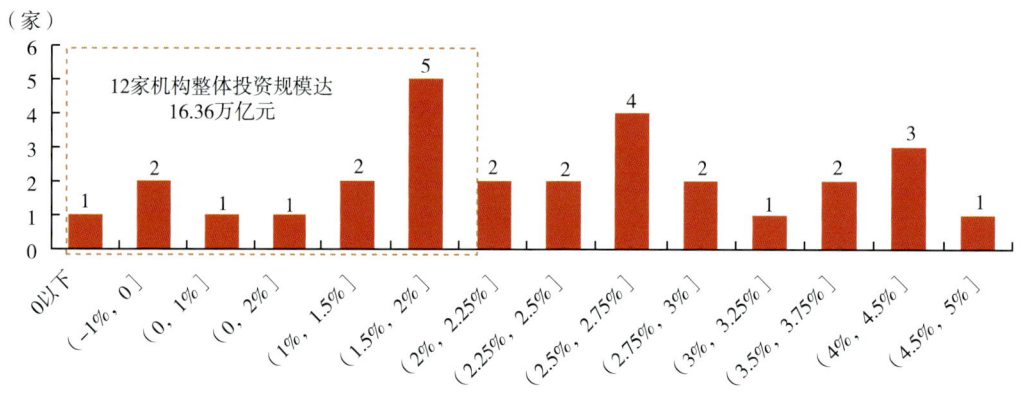

图2-29 2022年保险资产管理业不同综合收益率区间对应机构分布情况

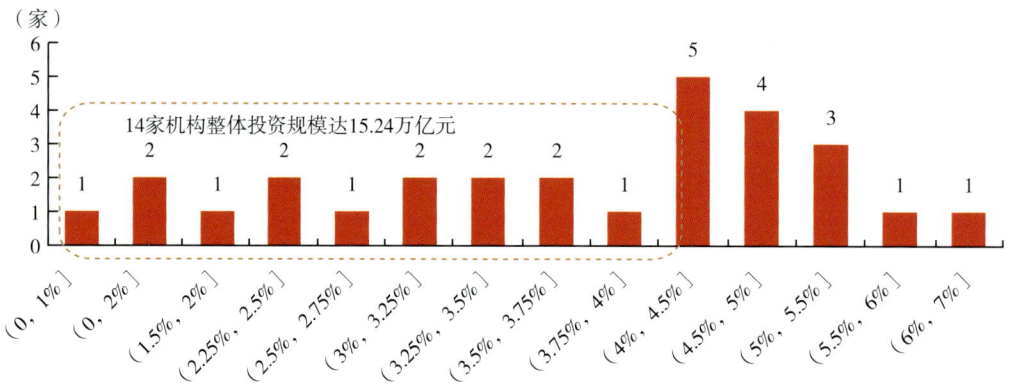

图2-30 2022年保险资产管理业不同财务收益率区间对应机构分布情况

① 综合收益率有效数据为29家机构，财务收益率有效数据为28家机构。

(三) 主要资产类别情况

1. 银行存款和存单。2022年，行业配置银行存款和存单共计3.61万亿元，增速10.27%。其中，定期存款规模1.73万亿元，占比48%，规模同比增长48%；协议存款规模为1.22万亿元，占比34%，规模同比减少17%；同业存单2 999.12亿元，占比8.31%；大额存单758.30亿元，占比2.10%；活期存款2 610.34亿元，占比7.24%（见图2-31）。

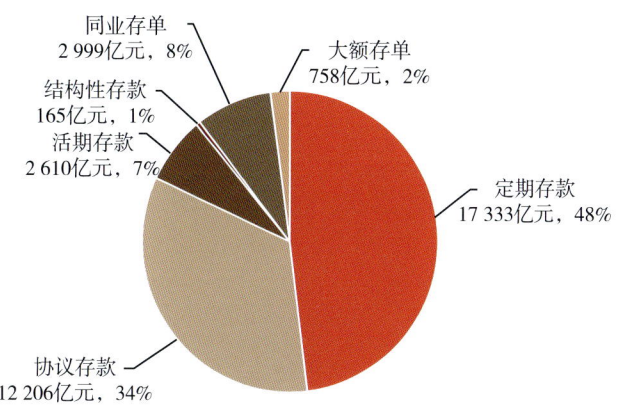

图2-31　2022年保险资产管理公司投资银行存款和存单占比情况

从银行存款和存单的规模及增速来看，定期存款和活期存款规模增长突出，分别增长48.05%和44.36%；协议存款规模减小，同比下降16.98%（见图2-32）。

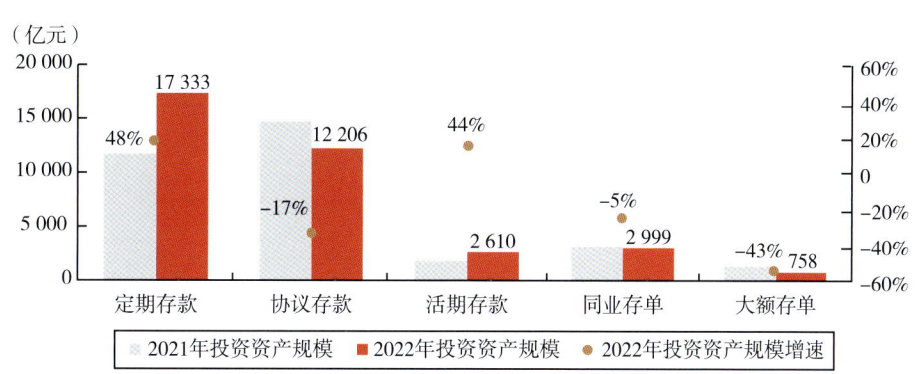

图2-32　2021—2022年保险资产管理公司投资银行存款规模及增速情况

2. 债券。2022年，行业配置债券规模9.17万亿元，增速9.75%。其中，国债及（准）政府债券规模达5.49万亿元，占比59.91%；其次为非金融企业（公司）债券，规模达2.06万亿元，占比22.49%；金融企业（公司）债券达1.61万亿元，占比17.60%（见图2-33）。

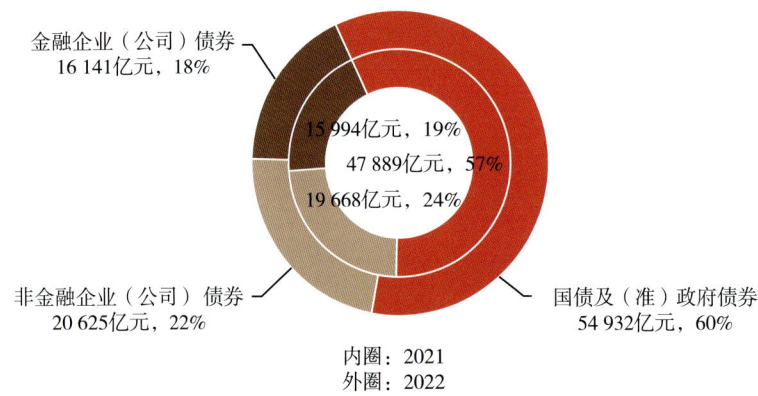

图 2–33 2021—2022 年保险资产管理公司投资债券规模占比情况

从债券大类的规模和增速来看，国债及（准）政府债券规模增长最为突出，同比增长 14.71%；金融企业（公司）债券规模同比增长 4.87%；非金融企业（公司）债券规模同比增长 0.92%（见图 2–34）。

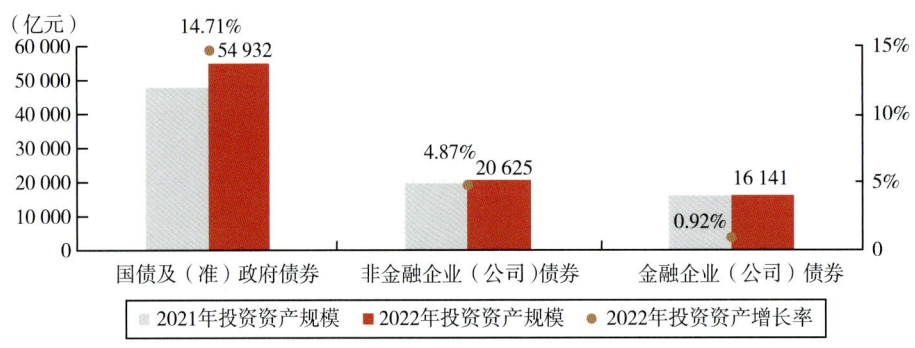

图 2–34 2021—2022 年保险资产管理公司投资债券规模及增速情况

从机构配置的债券细分品种来看，省级政府债券、地方债持有规模最高，达 2.87 万亿元，占比 30.79%；其次是国债，规模 1.90 万亿元，占比 20.32%；准政府债券排在第三，规模 1.35 万亿元，占比 14.44%；第四是企业债券、公司债券（非金融机构发行），规模 1.14 万亿元，占比 12.27%；其他债券中，比较突出的是中期票据，规模 6 931.13 亿元，占比 7.43%；以及商业银行二级资本债券和无固定期限资本债券，规模 6 861.57 亿元，占比 7.36%（见图 2–35）。

从不同机构各类债券配置比例来看，超大型、中型和小型机构配置国债及（准）政府债券比例较为突出，比例超过五成；大型机构配置非金融企业（公司）债券比例较高，比例为 44.84%（见图 2–36）。

从不同机构持有债券的外部评级情况来看，超大型和大型机构持有 AAA 级债券比例分别为 98.52% 和 96.18%，高于中小型机构；中小型机构持有 AA+、AA 及以下债券比例高于超大型和大型机构（见图 2–37）。

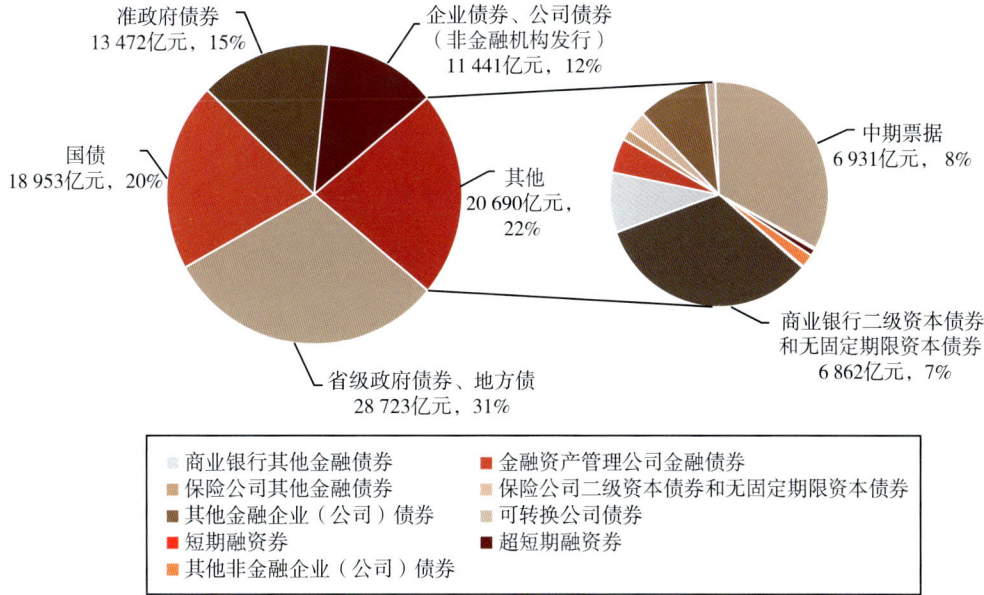

图 2－35　2022 年末保险资产管理公司投资债券各品种构成情况

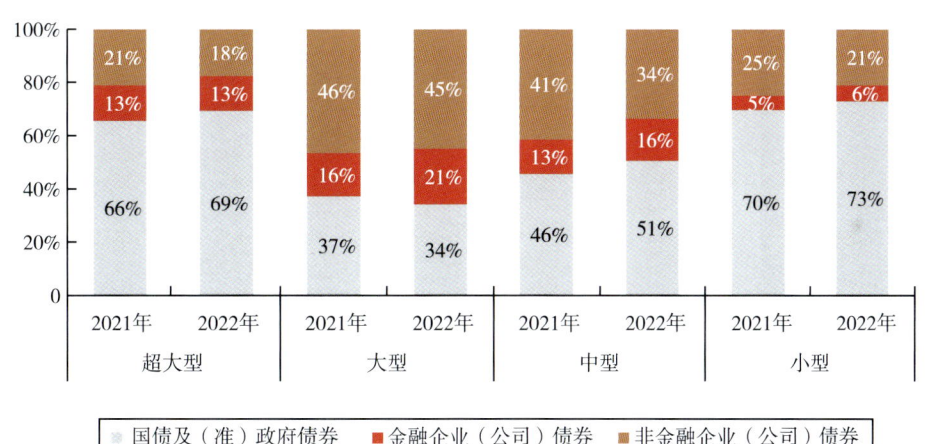

图 2－36　2021—2022 年末保险资产管理公司各类型机构持有债券大类占比情况

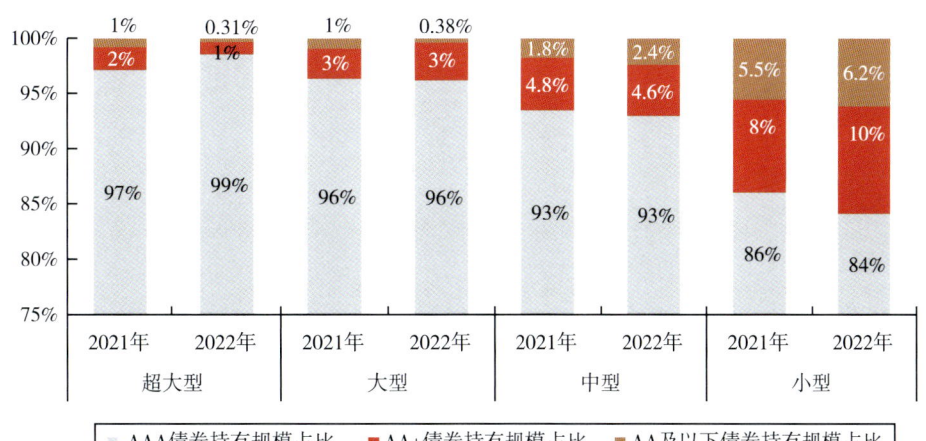

图 2－37　2022 年末不同规模保险资产管理公司持有债券外部评级情况

3. 股票。2022 年，行业配置股票规模 1.53 万亿元，增速 -0.82%。其中，上市普通股票（含保险类及非保险类）规模为 1.14 万亿元，占比 74.46%；港股通、沪伦通规模为 3 911.23 亿元，占比 25.54%（见图 2-38）。

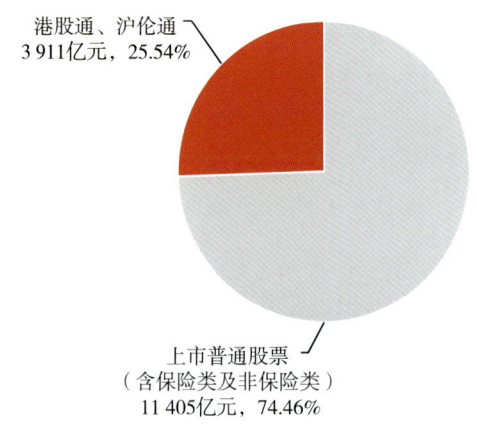

图 2-38　2022 年保险资产管理公司投资股票规模占比情况

从股票大类的规模和增速情况来看，上市普通股票（含保险类及非保险类）规模为 1.14 万亿元，同比增速为 3.69%；港股通、沪伦通规模出现了负增长，增速为 -12.00%（见图 2-39）。

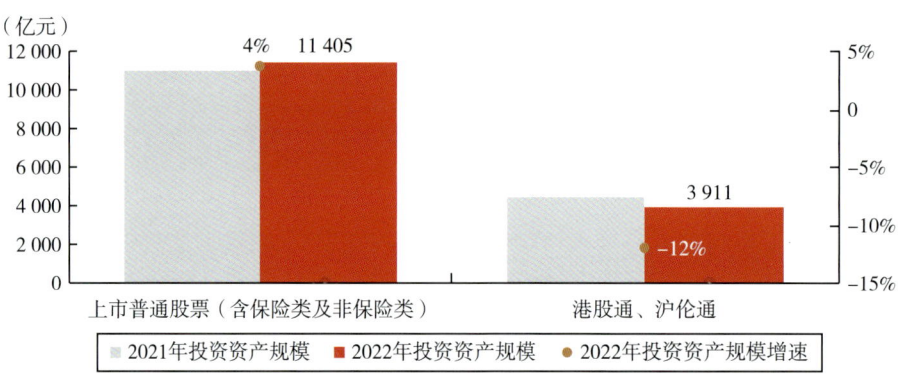

图 2-39　2021—2022 年保险资产管理公司投资股票规模及增速情况

4. 金融产品。2022 年，行业配置金融产品及部分保险资产管理产品（不含组合类产品和股权投资计划）规模达 3.22 万亿元，增速为 1.75%，以债权投资计划和集合资金信托计划为主。其中，债权投资计划规模第一，达 1.96 万亿元，占比 60.83%；集合资金信托计划规模 1.00 万亿元，占比 31.10%，规模同比减少 9.06%，增速连续两年为负；资产支持计划（保险资产管理公司发行）规模 1 765.02 亿元，占比 5.48%；资产支持专项计划（券商发行）601.46 亿元，占比 1.87%；信贷资产支持债券（银行发行）规模 134.23 亿元，占比 0.42%（见图 2-40）。

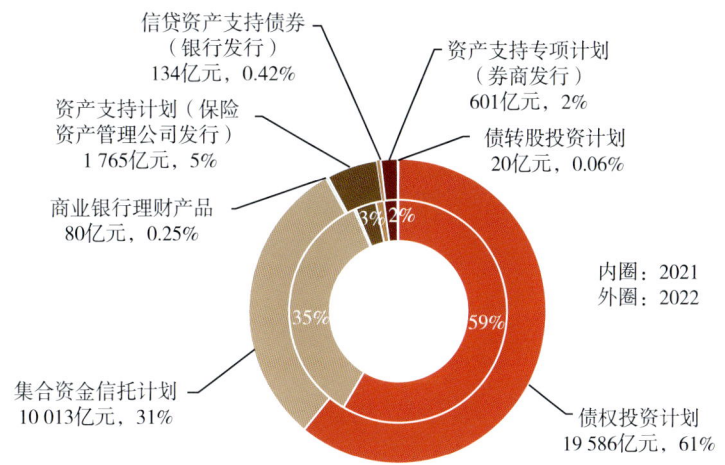

图 2-40 2021—2022 年保险资产管理公司持有金融产品规模占比情况

从金融产品规模和增速来看，债权投资计划规模稳定增长，同比增长 5.89%；集合资金信托计划规模出现负增长，增速为 -9.06%；资产支持计划（保险资产管理公司发行）规模增长明显，同比增长 80.51%（见图 2-41）。

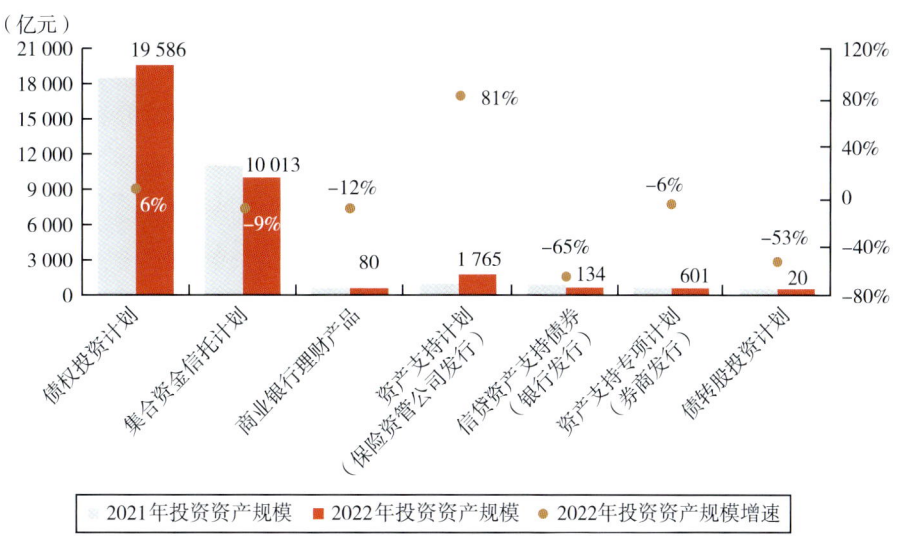

图 2-41 2021—2022 年保险资产管理公司持有金融产品规模及增速情况

5. 公募基金。2022 年，行业配置公募基金规模为 1.01 万亿元，同比增长 6.86%。其中债券型基金规模最大，达 4 202.83 亿元，占比 41.74%；其次为混合型基金，规模为 3 816.85 亿元，占比 37.91%；股票型基金规模 1 375.27 亿元，占比 13.66%；货币型基金规模 667.13 亿元，占比 6.63%（见图 2-42）。

从公募基金的规模和增速来看，债券型基金规模同比增长 10.53%；混合型基金规模增速放缓，同比增长 4.64%；股票型基金和货币型基金规模分别增长了 13.85% 和 -12.69%（见图 2-43）。

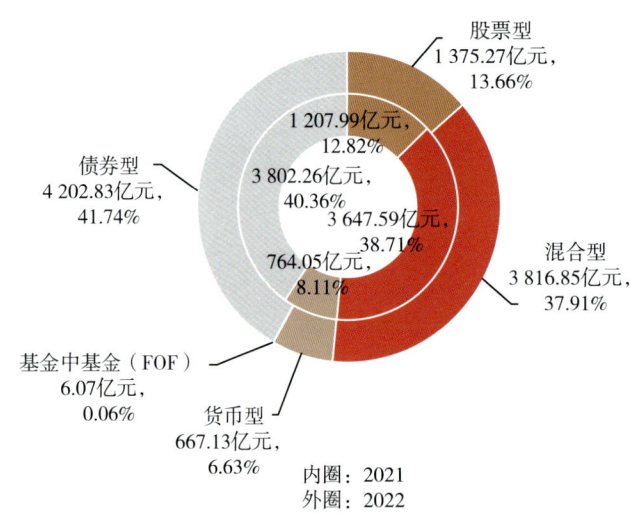

图 2-42　2021—2022 年保险资产管理公司投资公募基金规模占比情况

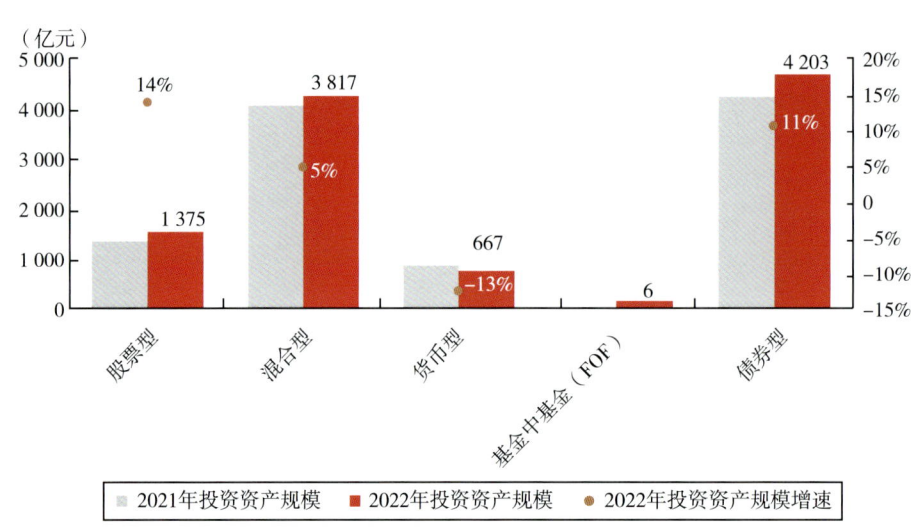

图 2-43　2021—2022 年保险资产管理公司投资公募基金规模及增速情况

从保险资产管理公司持有公募基金规模分布情况来看，2022 年末，31 家保险资产管理公司共持有 135 家公募基金公司产品，平均每家保险资产管理机构持有公募基金 326.33 亿元。其中，持有公募基金规模在 1 000 亿元以上的保险资产管理公司有 6 家，500 亿~1 000 亿元有 3 家，100 亿~500 亿元有 10 家，另外 12 家持有规模在 100 亿元以下（见表 2-6）。

从四梯队来看，债券型基金在超大型机构、大型机构和小型机构中配置比例突出，分别为 39.87%、50.12% 和 79.94%；混合型基金在中型机构中配置比例比较突出，达 70.43%；股票型基金在超大型机构和小型机构中配置比例比较突出，分别达 9.88% 和 10.19%；货币型基金在大型机构中配置比例比较突出，达 24.19%（见图 2-44）。

表 2-6　　2022 年保险资产管理公司持有公募基金规模分布情况

公募基金持有规模	2022 年末机构数量（家）	规模合计（亿元）	规模占比（%）
1 000 亿元及以上	6	15 461.09	74.03
［500 亿元，1 000 亿元）	3	2 068.83	9.91
［100 亿元，500 亿元）	10	2 864.53	13.72
100 亿元以下	12	490.93	2.35
合计	31	20 885.38	100.00

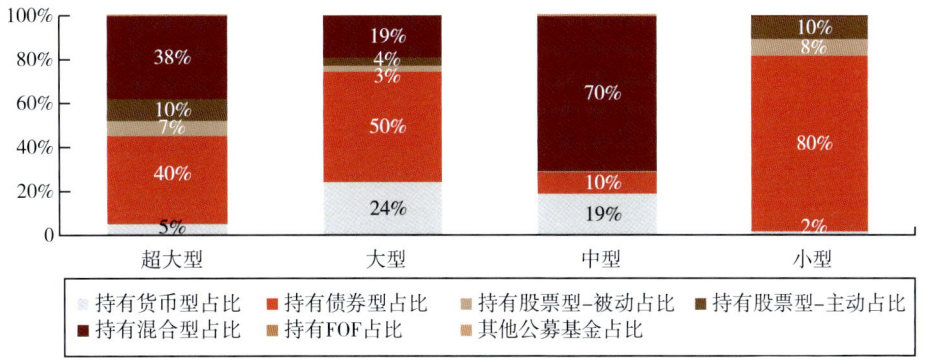

图 2-44　2022 年四梯队机构持有各类公募基金比例构成

从被投公募基金公司来看，2022 年末，保险资产管理公司共持有 135 家公募基金公司的产品，同比新增 9 家。其中，被投规模超过 200 亿元的公募基金公司有 16 家，较 2021 年增加 1 家；［100 亿元，200 亿元）的有 17 家；［50 亿元，100 亿元）的有 18 家；［10 亿元，50 亿元］的有 33 家；另有 51 家被投规模在 10 亿元以下（见图 2-45）。

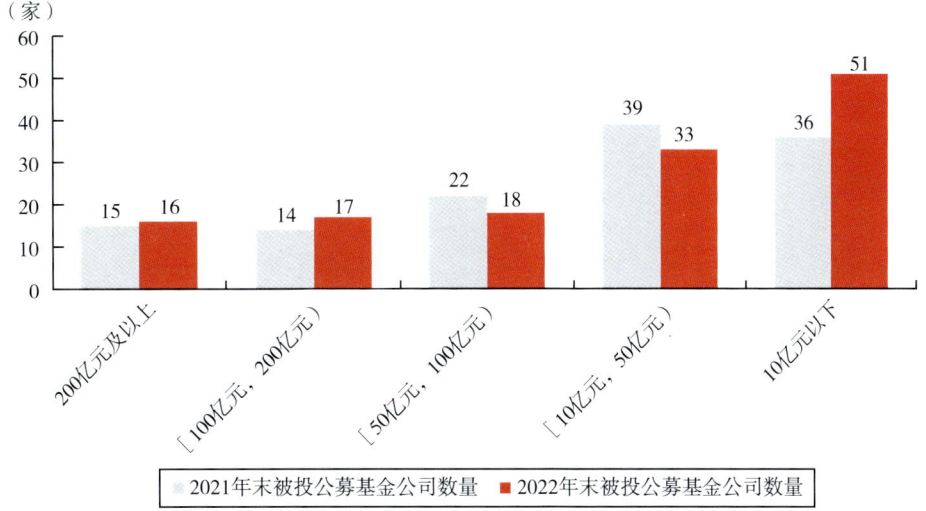

图 2-45　2022 年末公募基金公司按被投规模分布情况

四、业务收入及开展情况

（一）行业收入情况

1. 行业视角：收入增速持续放缓。从整体来看，截至 2022 年末，32 家机构实现收入[①] 274.20 亿元，较 2021 年末增加 4.22 亿元，同比增长 1.56%，增速放缓，整体较上年末上升 0.12 个百分点，显著低于当年的资产管理规模增速（15.11%）（见图 2-46）。特别地，2016—2022 年收入复合年均增长率（CAGR）为 10.21%。

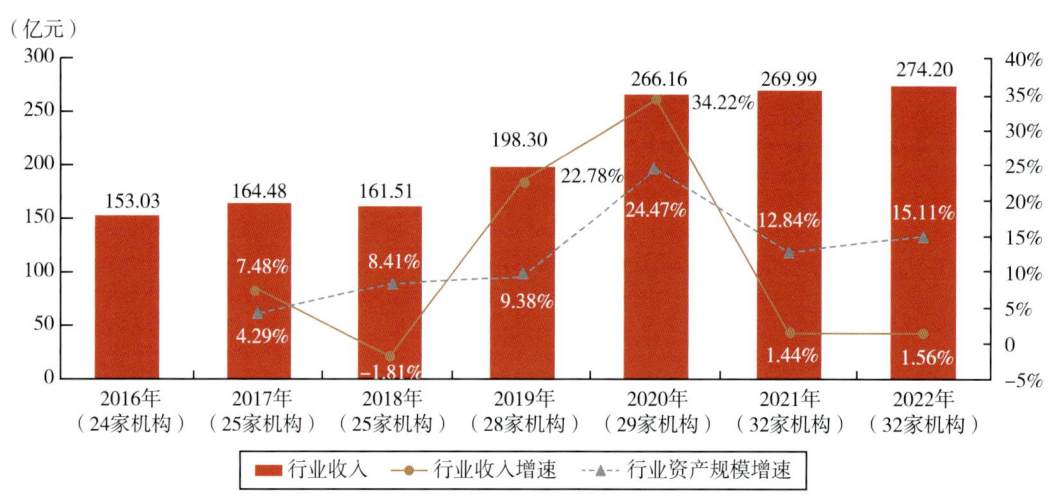

图 2-46 2016—2022 年保险资产管理公司收入及增速情况

从收入区间变化情况来看，2022 年，共计 10 家机构收入超过 10 亿元，机构数量达到了历年最高（见表 2-7、表 2-8）。

表 2-7　　　　　　　　　　2021—2022 年四梯队收入情况

收入情况（亿元）	2021 年		2022 年	
	平均值	中位值	平均值	中位值
超大型	22.21	17.60	22.94	13.71
大型	9.74	10.93	10.29	11.38
中型	3.41	2.50	2.97	2.37
小型	0.43	0.09	0.99	1.09

---

① 机构收入包含管理费收入及投顾、财顾等咨询费。本次调研统称为"收入"。

表 2-8　　　　　　　　　　2019—2022 年各收入区间内机构数量　　　　　　　　（单位：家）

收入区间	2019 年	2020 年	2021 年	2022 年
20 亿元及以上	2	3	4	3
[10 亿元，20 亿元)	3	3	5	7
[7 亿元，10 亿元)	4	5	3	1
[5 亿元，7 亿元)	1	1	4	1
[3 亿元，5 亿元)	5	3	2	5
[1 亿元，3 亿元)	8	10	9	13
不超过 1 亿元	5	4	5	2
小计	28	29	32	32

2. 四梯队视角：收入集中度较规模集中度相对缓和。从收入均值与中位数来看，每家机构收入平均值达到 8.57 亿元，中位数是 3.68 亿元（见表 2-9）。从集中度来看，2022 年末，规模 TOP6 的机构收入占市场份额的 60.56%，低于规模市场份额 (66.98%)；收入 TOP6 的机构收入占全市场的 60.99%，收入集中度较 2021 年有所上升。收入集中度低于管理规模集中度，收入竞争更加激烈（见图 2-47）。

表 2-9　　　　　　　　　　2016—2022 年行业收入均值与中位值　　　　　　　　（单位：亿元）

历年数值特征	2016 年	2017 年	2018 年	2019 年	2020 年	2021 年	2022 年
收入平均值	6.38	6.58	6.46	7.08	9.18	8.44	8.57
收入中位值	2.81	3.68	3.33	3.11	3.95	4.36	3.68

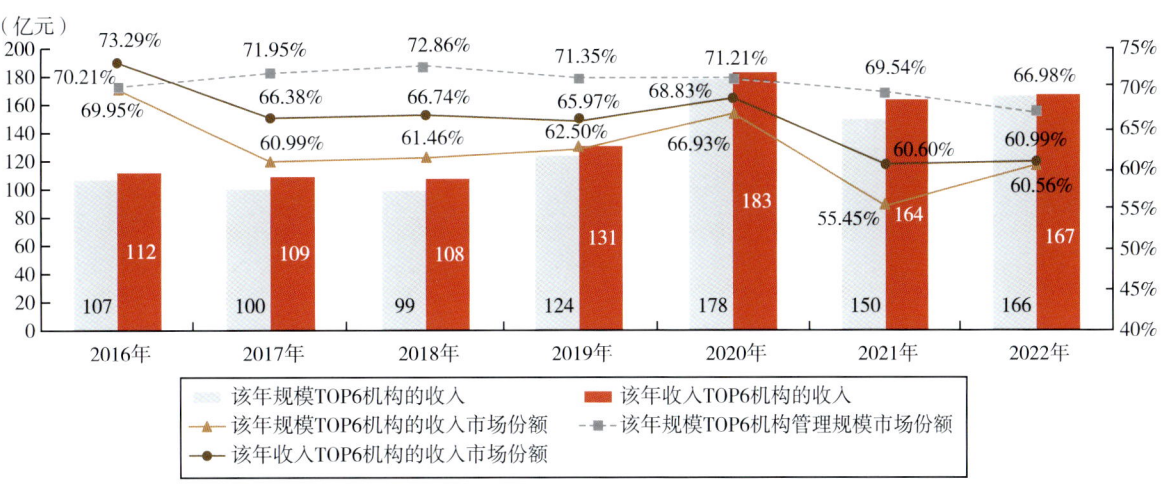

图 2-47　2016—2022 年行业 TOP6 机构的收入集中度情况

注：本国 TOP6 的口径分别以收入前六和规模前六进行统计。

3. 机构视角：七成机构收入增速低于规模增速。从各机构收入来看，近六成机构实现正增长。截至 2022 年末，19 家机构实现正增长，13 家机构出现负增长，其中，13 家机构增速超过 10%，10 家机构增速降至 -10% 以下。从收入与规模增速对比来看，七成机构收入增速低于规模增速（见图 2-48 至图 2-51）。

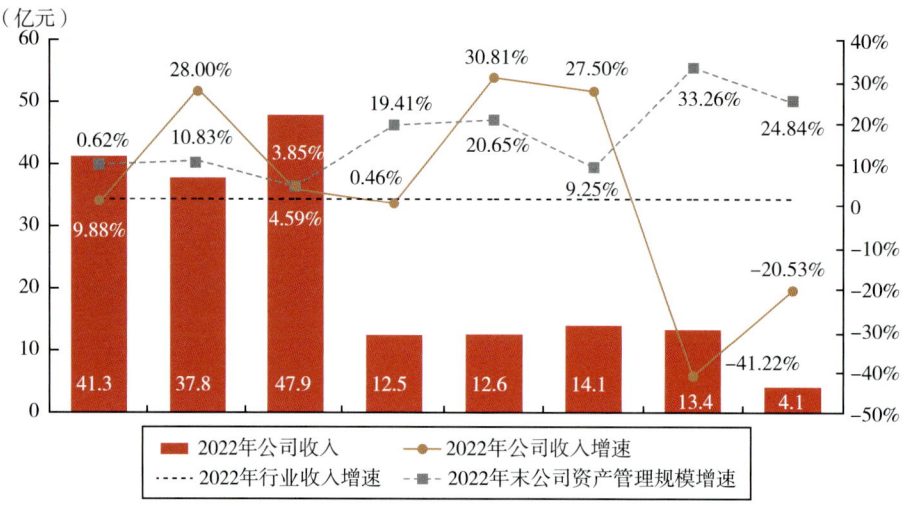

图 2-48　2021—2022 年 8 家超大型机构收入及增速情况

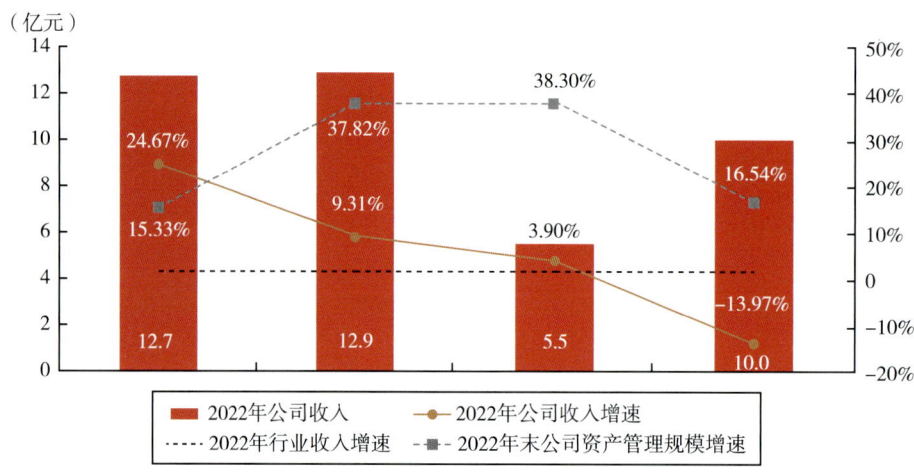

图 2-49　2021—2022 年 4 家大型机构收入及增速情况

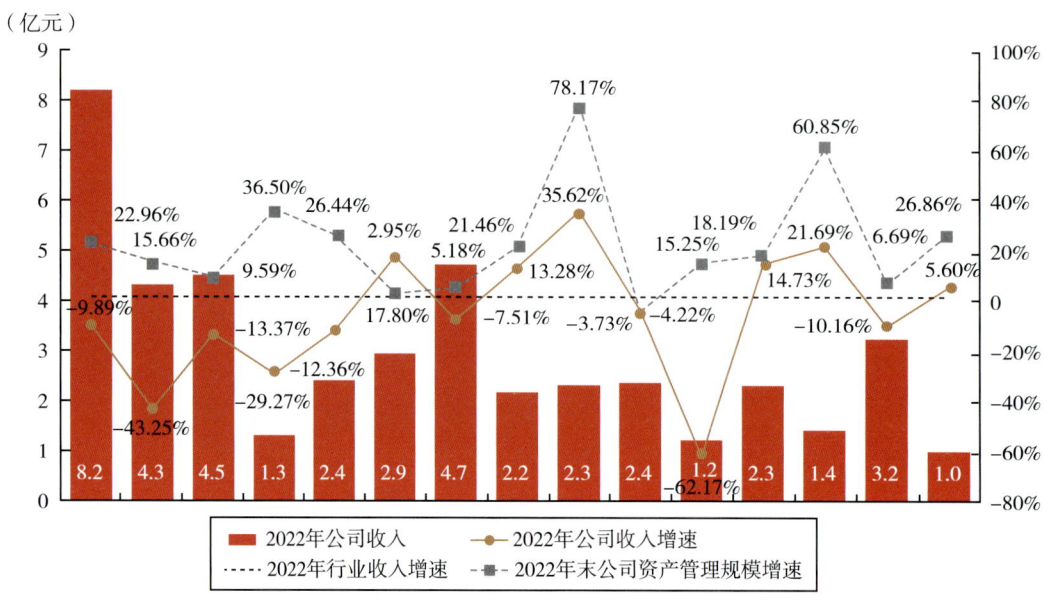

图 2-50　2021—2022 年 15 家中型机构收入及增速情况

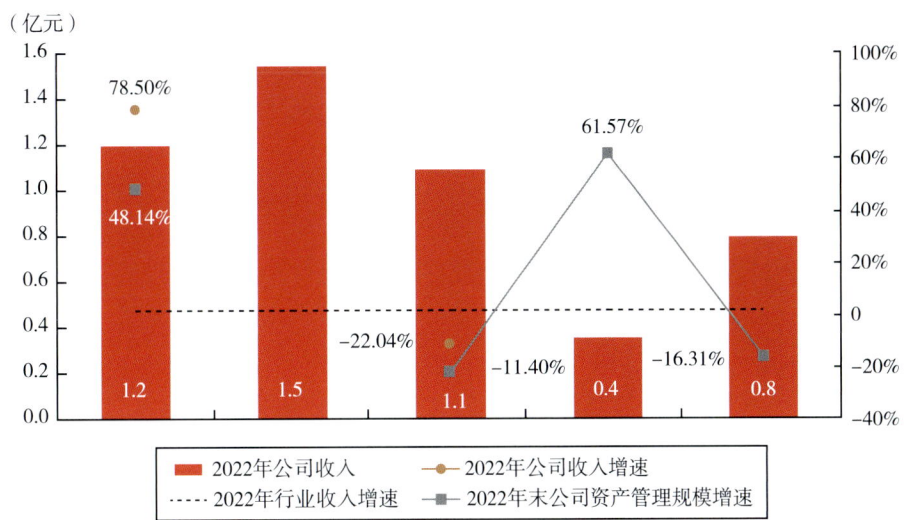

图 2-51　2021—2022 年 5 家小型机构收入及增速情况

注：5 家小型机构中，有 3 家机构收入增速顺次为 1 563%、290%、1 032%，图标限制故未在图中显示。

4. 单位规模收入下降①。一是从行业单位规模收入看，2022 年末，32 家保险资产管理公司单位规模收入 12.21BP，同比下降 1.36BP；单位规模收入低于当年收入增速（1.56%）（见图 2-52）。

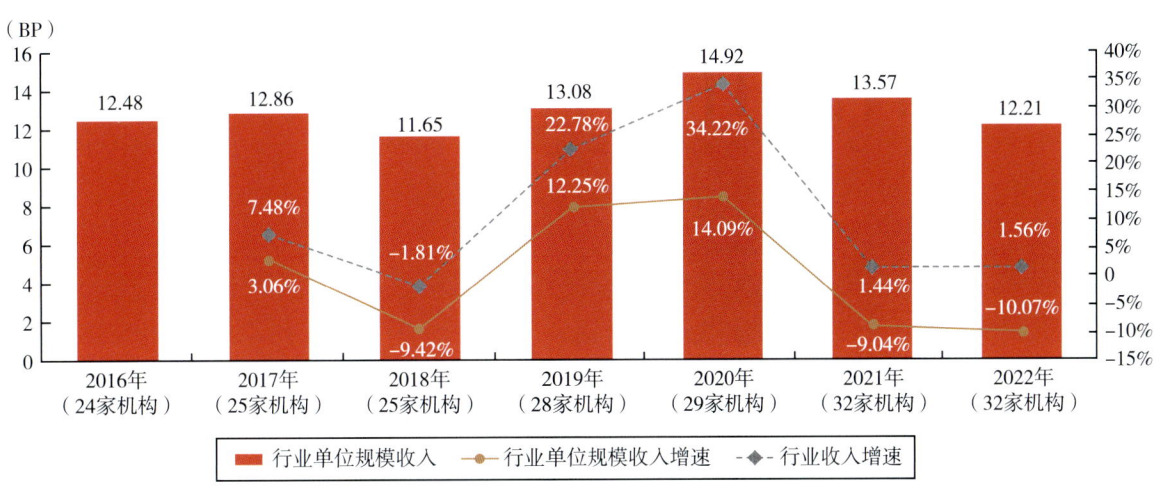

图 2-52　2016—2022 年行业单位规模收入及增速情况

从四梯队来看，2022 年末，大型、小型机构单位规模收入相对更高；仅小型机构单位规模收入同比上升，其中中位值同比上升 5.37BP（见表 2-10）。

二是从各机构单位规模收入来看，约四成机构（12 家、数量占比 38%）单位规模收入同比上升；六成机构（20 家、数量占比 62%）单位规模收入同比下降。从四梯队

---

① 行业/公司单位规模收入 = 该年收入/该年末资产管理规模（不含内购产品）。

来看，大型和中型机构单位规模收入较多下降，小型机构单位规模收入均在上升。从产品化业务与单位规模收入情况来看，除超大型外，大型、中型和小型机构中，产品化业务占比较高的公司，其单位规模收入一般较高（见图2-53）。

表2-10　　　　　　　　2021—2022年四梯队单位规模收入情况　　　　　　　（单位：BP）

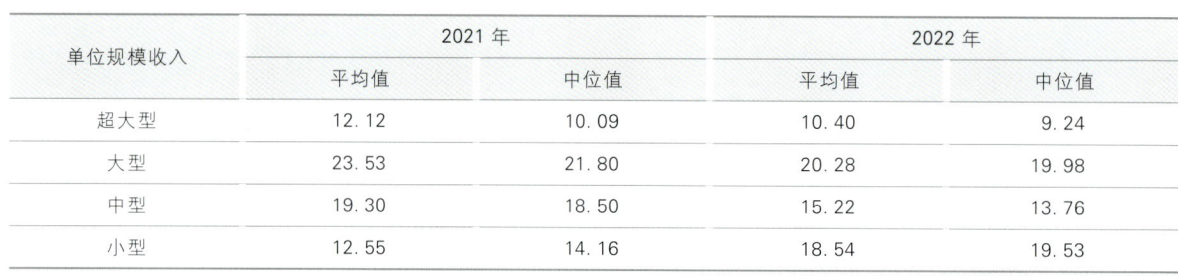

单位规模收入	2021年		2022年	
	平均值	中位值	平均值	中位值
超大型	12.12	10.09	10.40	9.24
大型	23.53	21.80	20.28	19.98
中型	19.30	18.50	15.22	13.76
小型	12.55	14.16	18.54	19.53

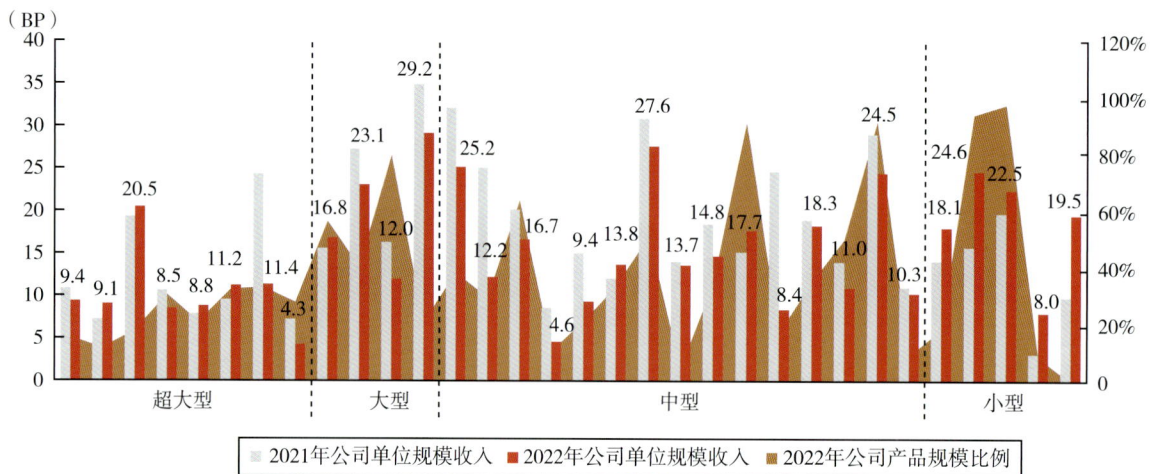

图2-53　2021—2022年保险资产管理公司产品规模及单位规模收入情况

（二）业务开展情况

1. 业务构成：产品规模占比持续上升。一是从业务规模及占比情况看，专户业务保持主阵地，产品规模占比持续上升。截至2022年末，32家机构专户业务规模17.70万亿元，同比增长1.66万亿元，占比72.30%，同比下降3.60个百分点，连续三年占比下降；组合类产品业务规模4.34万亿元，同比增长1.33万亿元，占比17.71%，同比上升3.48个百分点，连续三年占比上升；债权投资计划规模1.71万亿元，同比增长1 620.94亿元，占比7%，同比下降0.35个百分点；股权投资计划规模1 424.06亿元，占比0.58%；资产支持计划业务管理规模1 541.63亿元，占比0.63%（见图2-54至图2-56）。

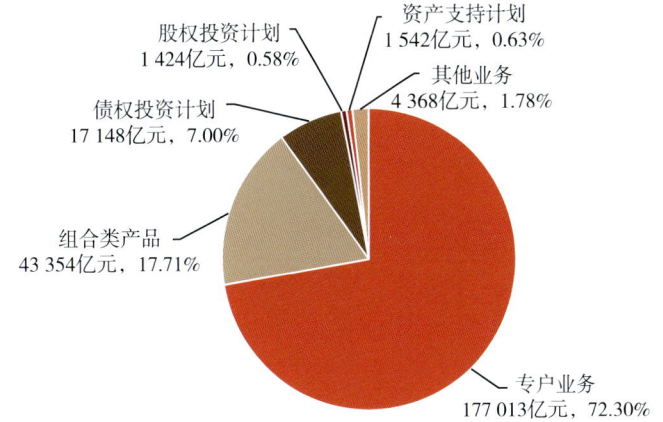

图 2-54　2022 年各类业务规模及构成

注：此处业务数据均为保险资产管理公司数据，保险资产管理产品不包含其他经营保险资产管理业务的机构。

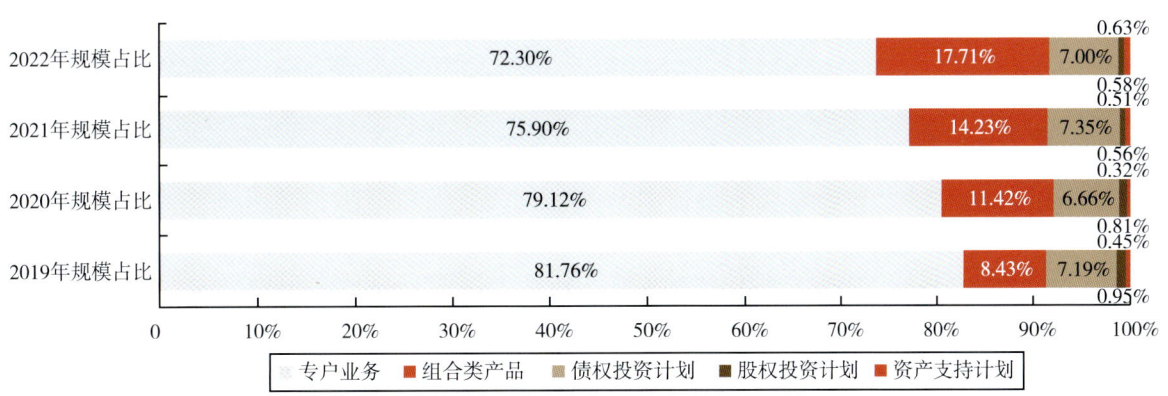

图 2-55　2019—2022 年不同业务管理规模占比情况

注：历年业务规模占比情况未在图中放入"其他业务"。

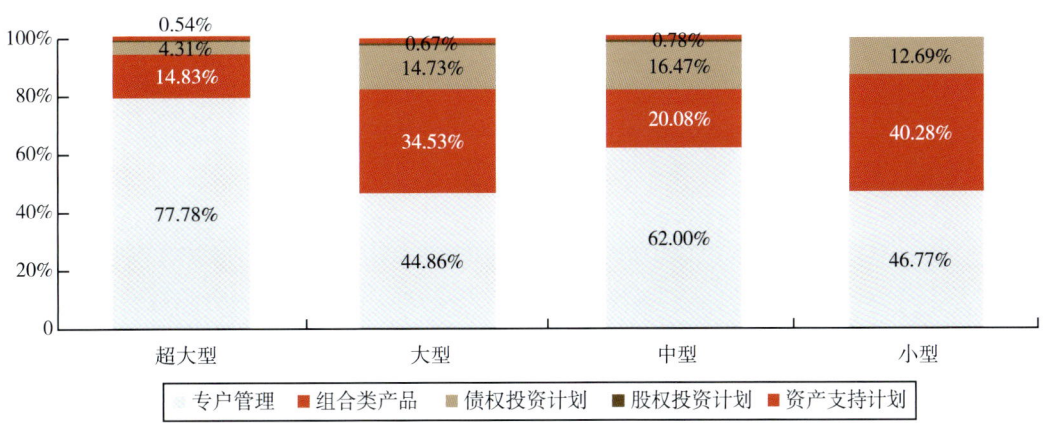

图 2-56　2022 年四梯队业务规模占比

二是各类业务管理规模增速来看，资产支持计划同比增长44.46%，与组合类产品规模增速位列前二；组合类产品同比增长44.20%，连续三年较快增长；债权投资计划同比增长10.44%、专户业务同比增长10.39%，连续三年较稳增长；股权投资计划同比增长20.77%（见图2-57）。

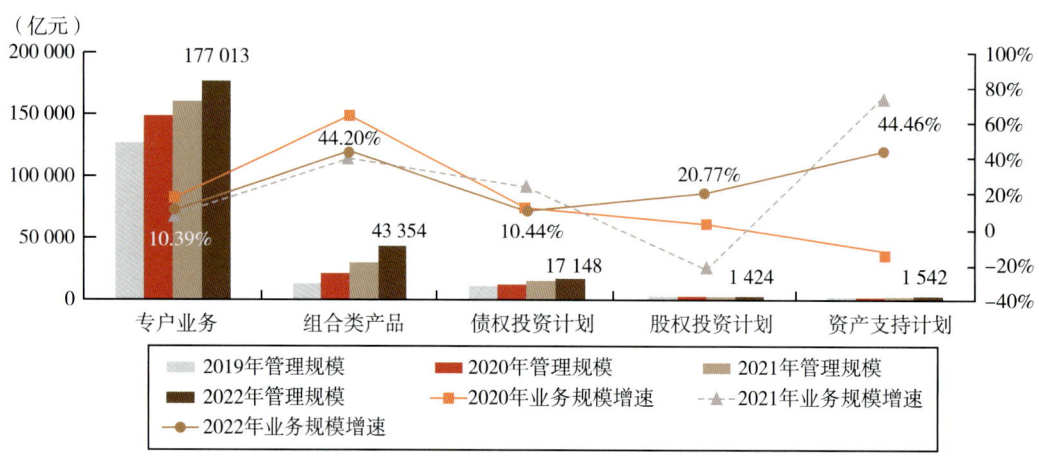

图2-57　2019—2022年各类业务规模及规模增长率情况

2. 业务收入：产品收入占比近四成。各项业务收入来看，组合类产品收入保持较高增速。从2022年32家机构各业务收入看，专户业务管理费收入136.78亿元，同比下降14.94%，连续两年下降；组合类产品管理费收入63.16亿元，同比增长20.64%，连续三年保持较快增长；债权投资计划管理费收入36.52亿元，同比增长9.9%，连续两年稳健增长；股权投资计划管理费收入2.32亿元，同比增长4.05%；资产支持计划管理费收入2.36亿元，同比增长24.26%（见图2-58）。

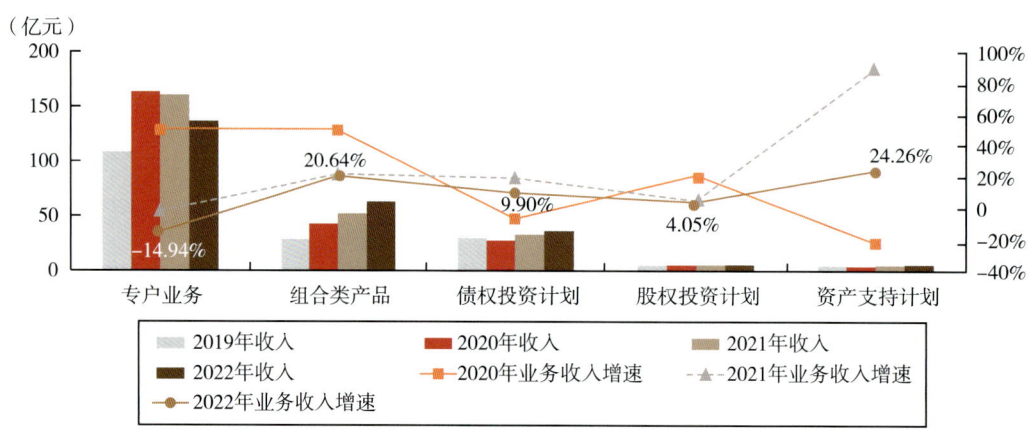

图2-58　2019—2022年业务收入及增速情况

各项业务对收入贡献率来看，组合类产品和债权投资计划带来的收入贡献更大，其中，从2019年至2022年，组合类产品管理规模占比从8.43%上升到17.71%，相应收入占比从14.43%上升到23.02%。此外,专户业务收入贡献近两年相对稳定,从2019年至2022年,专户业务管理规模占比从81.76%下降到72.30%,相应收入占比从54.70%下降到49.86%(见图2-59)。

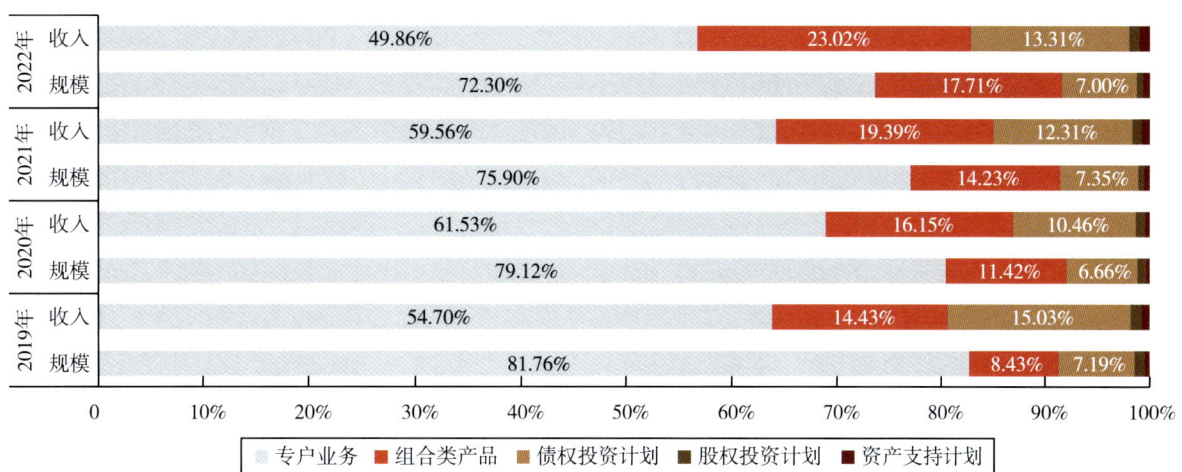

图2-59 2019—2022年业务管理规模及相应收入构成情况

3. 机构视角:机构业务收入各具特色。从机构各项业务收入来看,四梯队机构业务构成各有特点。2022年,超大型机构中有6家专户业务收入贡献占比过半,2家产品业务收入占比超七成;大型机构中有3家产品业务收入贡献占比过半;中型机构业务收入相对差异化,其中有7家(近半数的中型机构)产品业务收入贡献占比过半;小型机构中有2家产品业务收入占比超80%(见图2-60至图2-64)。

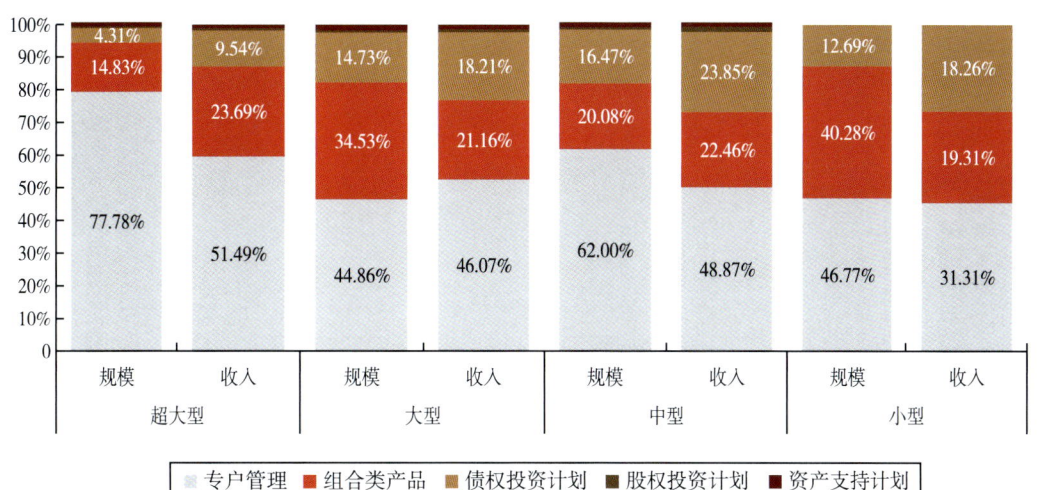

图2-60 2022年四梯队业务管理规模及相应收入构成

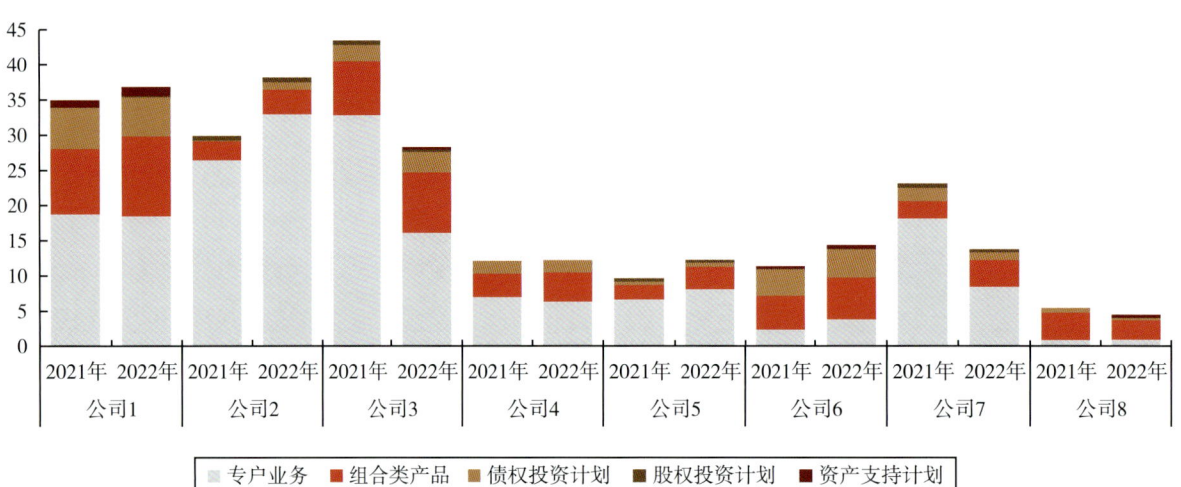

图 2-61　2021—2022 年 8 家超大型机构业务收入情况

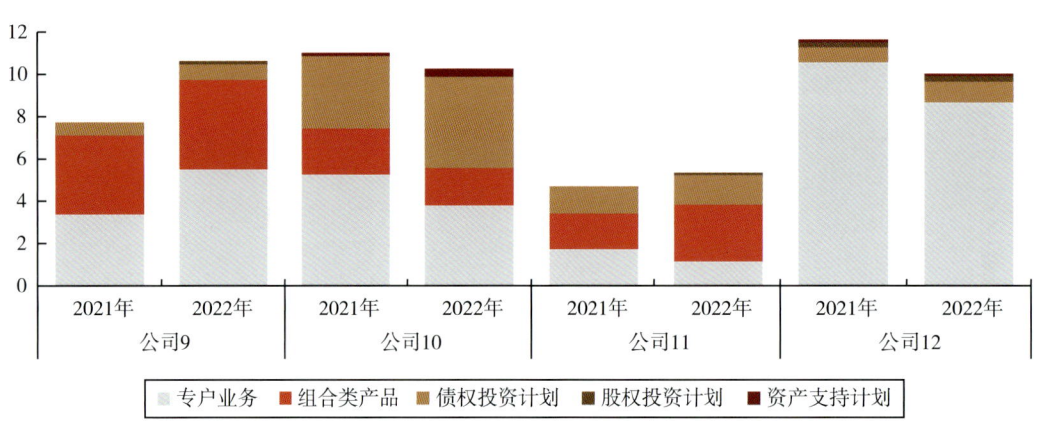

图 2-62　2021—2022 年 4 家大型机构业务收入情况

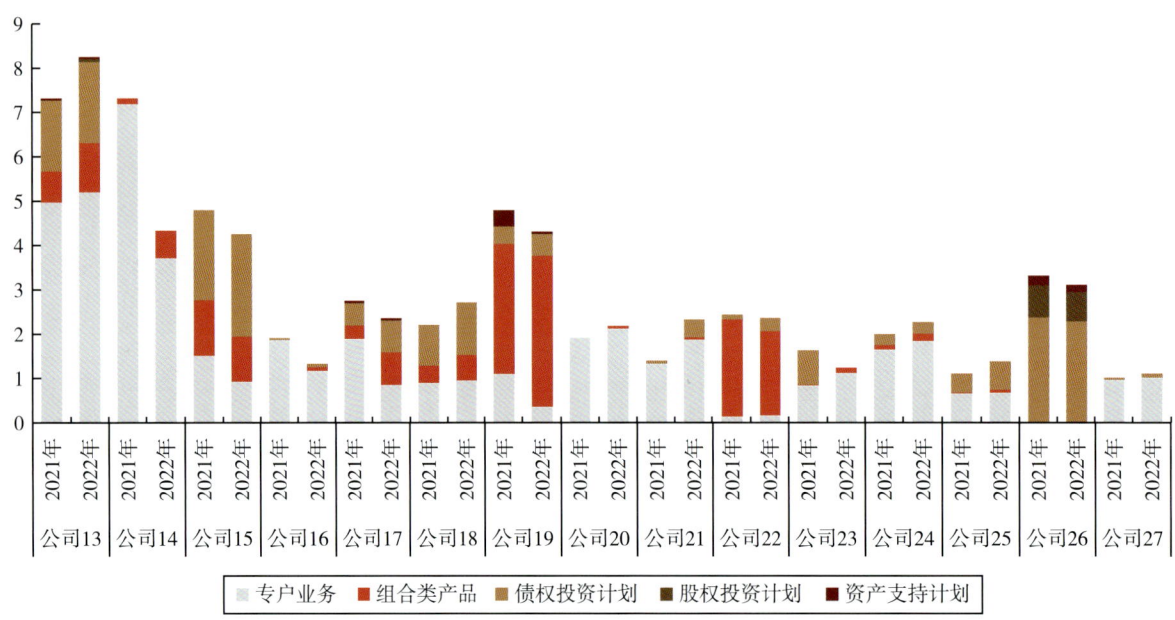

图 2-63　2021—2022 年 15 家中型机构业务收入情况

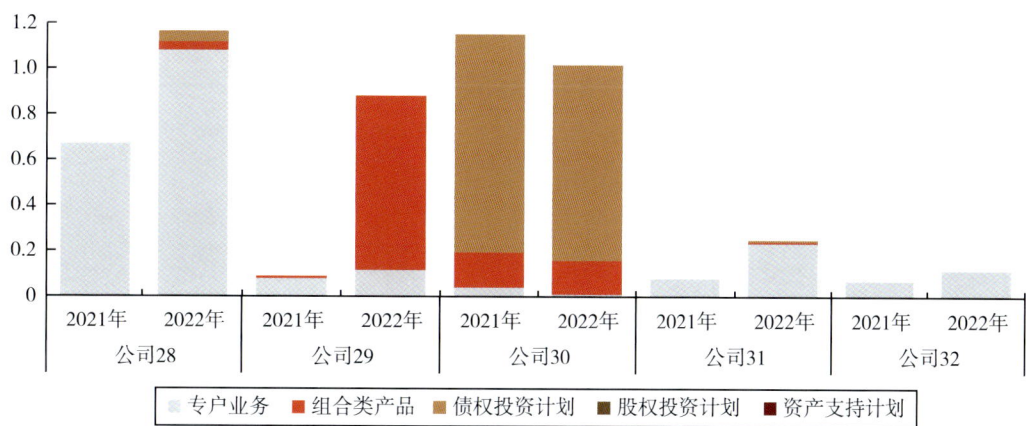

图 2-64　2021—2022 年 5 家小型机构业务收入情况

4. 业务单位规模收入：各业务单位规模收入均有不同程度下降。从机构各项业务单位规模收入来看，各业务单位规模收入均同比下降。2022 年末，债权投资计划单位规模收入 21.30BP，同比微降；股权投资计划单位规模收入 16.26BP，同比下降 2.61BP；资产支持计划单位规模收入 15.29BP，同比下降 2.48BP；组合类产品单位规模收入 14.57BP，同比下降 2.85BP；专户业务单位规模收入 7.73BP，同比下降 2.3BP，相对最低，且低于行业单位规模收入（12.27BP）（见图 2-65）。从四梯队看，2022 年末四梯队的债权投资计划单位规模收入差异最小；超大型、中型机构的组合类产品单位规模收入相对最高（见表 2-11）。

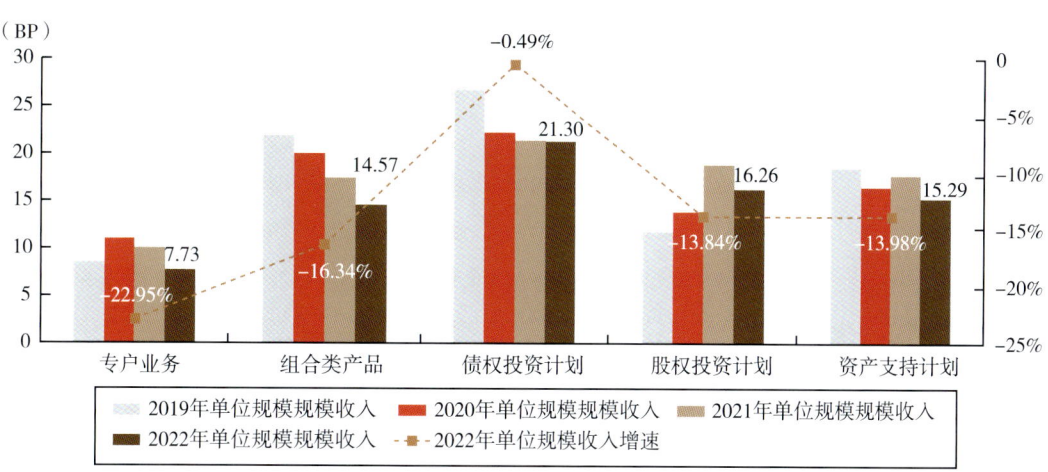

图 2-65　2019—2022 年业务单位规模收入及增速情况

表 2-11　　　　　　　　2022 年不同业务各机构单位规模收入　　　　　　　　（单位：BP）

四梯队	单位规模收入中位值	专户业务	组合类产品	债权投资计划	股权投资计划	资产支持计划
超大型	9.24	6.50	15.70	21.76	12.32	17.94
大型	19.98	17.64	10.53	21.25	21.58	12.28
中型	13.76	10.94	15.52	20.10	28.81	10.00
小型	19.53	14.31	10.24	30.75	—	—

5. 专户业务：管理规模稳中有升，机构发展差异显著。一是专户管理规模稳中有升。调研数据显示，截至2022年末，32家保险资产管理公司专户业务总管理规模为17.70万亿元，较2021年末增长1.67万亿元，平均管理规模0.55万亿元，业务整体增速为10.39%。

二是各机构发展差异显著。特别地，超大型机构由于受托管理相对大量的系统内保险资金，整体专户业务单位规模收入相对较低（见图2-66、图2-67）。

图2-66 2021—2022年超大型及大型机构专户业务单位规模收入情况

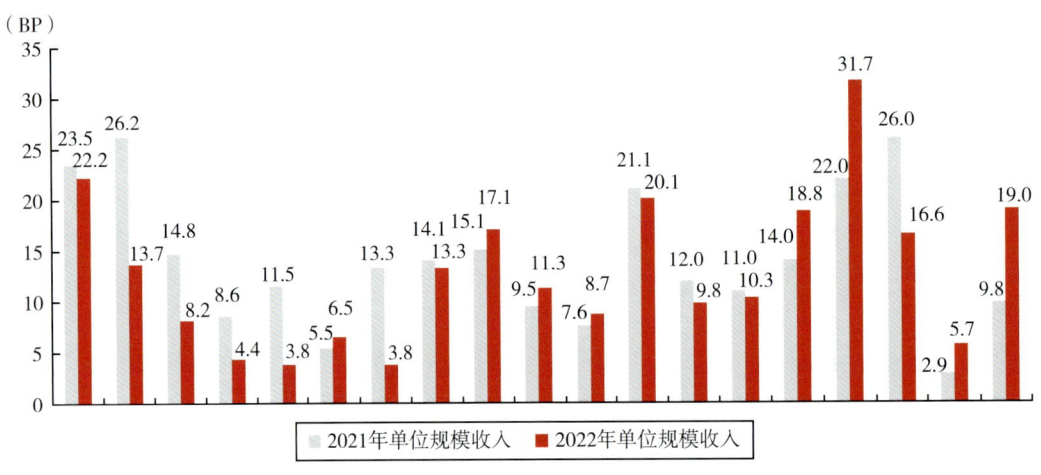

图2-67 2021—2022年中型及小型机构专户业务单位规模收入情况

6. 资产支持计划：业务规模与收入均发展较快。一是开展资产支持计划业务的机构数量有所增加。截至2022年末，13家保险资产管理公司开展了资产支持计划业务，同比新增2家机构。二是资产支持计划管理规模较快增长。调研有效数据显示，截至2022年末，13家保险资产管理公司资产支持计划业务管理规模1 541.63亿元，各家管理规模中位值约47亿元，业务整体增速为44.46%。三是资产支持计划收入较快增长。调研有效数据显示，截至2022年末，10家保险资产管理公司资产支持计划业务收入

2.36亿元,每家机构该项业务收入中位值为0.11亿元,相应单位规模收入存在差异(见图2-68)。

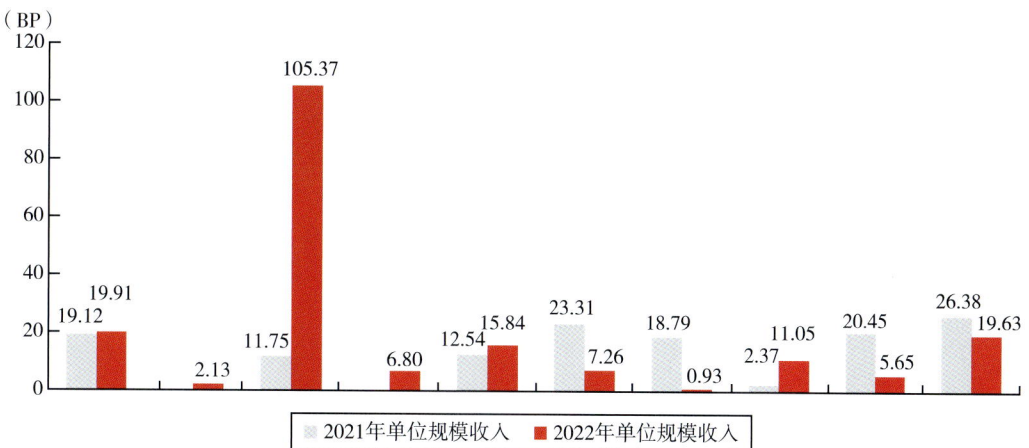

图2-68 2021—2022年各机构资产支持计划业务单位规模收入情况

注:资产支持计划业务单位规模收入有效数据10家。

五、保险资产管理产品情况

(一)整体情况

1. 产品类型。保险资产管理产品业务是指保险资产管理机构接受投资者委托,设立保险资产管理产品并担任管理人,依照法律法规和有关合同约定,对受托的投资者财产进行投资和管理的金融服务。保险资产管理产品包括债权投资计划、股权投资计划、组合类产品和原银保监会规定的其他产品。保险资产管理机构投资管理能力的管理监督,以公司自评估、信息披露和持续监管相结合的方式实施。保险资产管理机构应当在公司及中国保险资产管理业协会官方网站上主动、及时披露投资管理能力建设及自评估情况。

本报告所提到的保险资产管理产品,包含组合类保险资产管理产品、债权投资计划和股权投资计划。

2. 业务开展主体。目前,已有32家保险资产管理机构[①]和4家其他经营保险资产

[①] 因部分保险公司处于风险处置阶段,本次调研中汇总数据口径暂不包含这部分机构的下设保险资产管理公司。

管理业务的存量机构[①]开展了保险资产管理产品业务。其中，13 家机构已经开展全部三项保险资产管理产品业务。

3. 存续余额情况。截至 2022 年末，行业保险资产管理产品存续余额为 6.49 万亿元，同比增加 1.49 万亿元，同比增长 29.86%（见图 2-69），而近三年的产品存续余额年复合增长率为 33.58%，2022 年增速有所放缓。

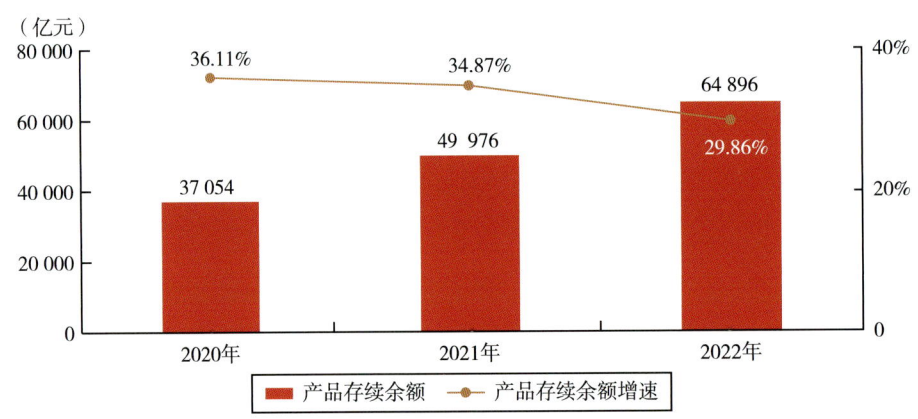

图 2-69 2020—2022 年末保险资产管理产品存续余额及增长率

注：有效数据 36 家机构。

4. 管理费收入情况。2022 年，行业保险资产管理产品管理费收入为 107.18 亿元，增长率为 15.52%（见图 2-70），而近三年的保险资产管理产品管理费收入年复合增长率为 20.87%，2022 年保险资产管理产品管理费收入增速有所放缓。

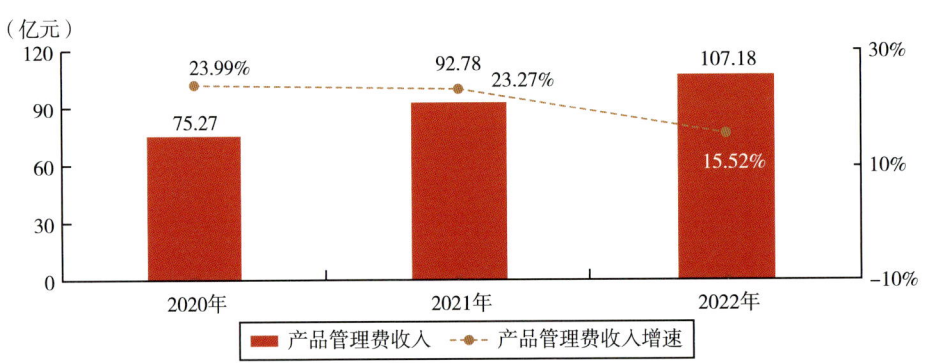

图 2-70 2020—2022 年保险资产管理产品管理费收入及增长率

注：有效数据 36 家机构。

5. 各类产品的整体情况。组合类保险资产管理产品。28 家保险资产管理公司和 2 家其他经营保险资产管理业务的机构[②]开展组合类保险资产管理产品业务。截至 2022

---

① 4 家其他经营保险资产管理业务的机构为国寿养老、长江养老、平安养老、中保投。
② 2 家其他经营保险资产管理业务的机构为长江养老、平安养老。

年末,组合类产品存续数量总计 2 378 只,存续余额总计 4.43 万亿元,较 2021 年末规模增长率为 43.29%(见图 2-71)。2022 年组合类产品管理费收入达到 64.06 亿元,同比增长率为 18.3%,单位规模收入 14.47BP,较 2021 年下降 3.06BP(见图 2-72)。

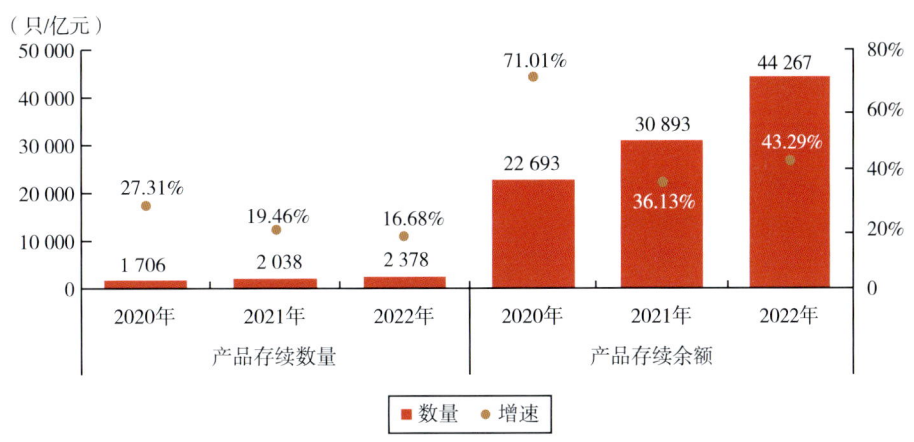

图 2-71 近三年组合类产品数量与存续余额

注:有效数据 30 家机构。

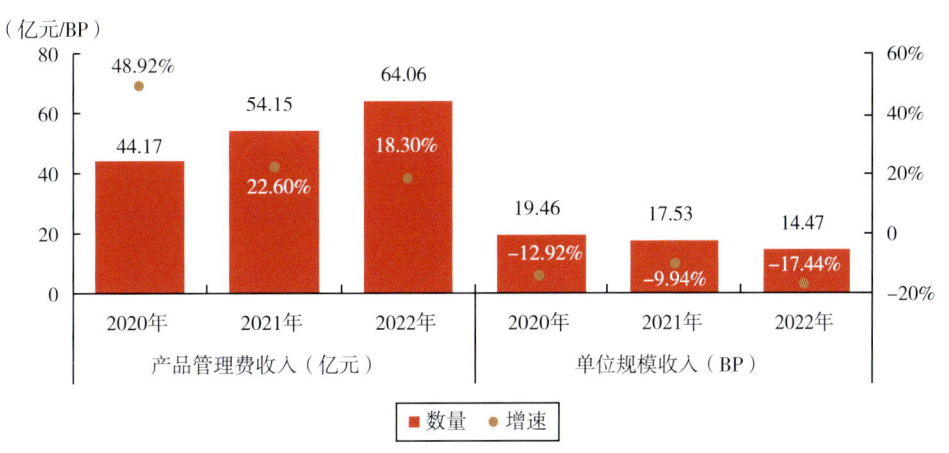

图 2-72 近三年组合类产品管理费收入及单位规模收入

注:有效数据 30 家机构。

债权投资计划。30 家保险资产管理公司和 4 家其他具有存量保险资产管理产品业务的机构[①]开展债权投资计划业务,较 2021 年新增 3 家机构。2022 年,债权投资计划登记数量为 485 只,登记规模为 8 711.79 亿元,同比减少 9.9%。存续规模余额为 1.87 万亿元,同比增长 7.5%(见图 2-73)。2022 年,债权投资计划管理费收入为 39.72 亿元,同比增长 8.54%,单位规模收入为 21.22BP,与 2021 年基本持平(见图 2-74)。

---

① 4 家其他具有存量保险资产管理产品业务的机构为国寿养老、长江养老、平安养老、中保投。

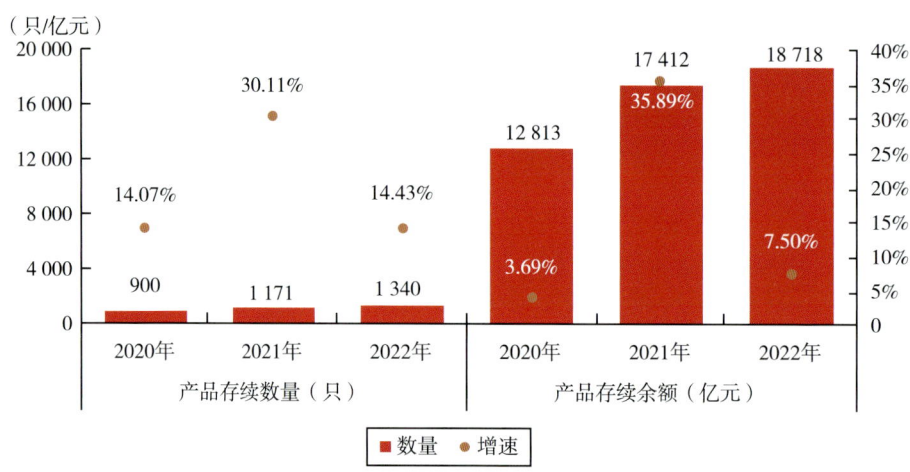

图 2-73 近三年债权投资计划注册/登记数量与存续余额

注：有效数据 34 家机构。

图 2-74 近三年债权投资计划管理费收入及单位规模收入

注：有效数据 34 家机构。

股权投资计划。13 家保险资产管理公司和 3 家其他具有存量保险资产管理产品业务的机构[①]开展股权投资计划业务，同比新增 2 家机构。2022 年登记股权投资计划 23 只，登记规模为 577.15 亿元，同比增长 8.76%。截至 2022 年末，股权投资计划存续规模 1 911.23 亿元，同比增长 14.37%（见图 2-75）。2022 年，股权投资计划的管理费收入 3.4 亿元，同比增长 66.89%；单位规模收入 17.81BP，同比增加 5.6BP（见图 2-76）。

---

① 3 家其他具有存量保险资产管理产品业务的机构为长江养老、平安养老、中保投。

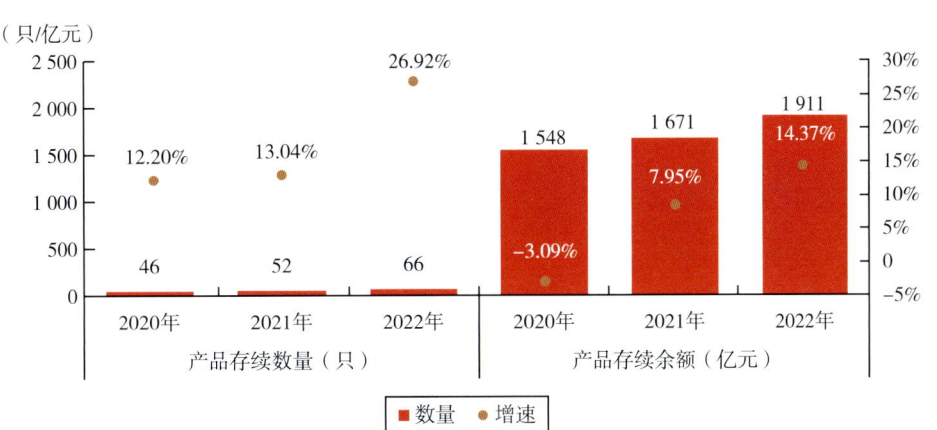

图 2-75　近三年股权投资计划注册/登记数量与存续余额

注：有效数据 16 家机构。

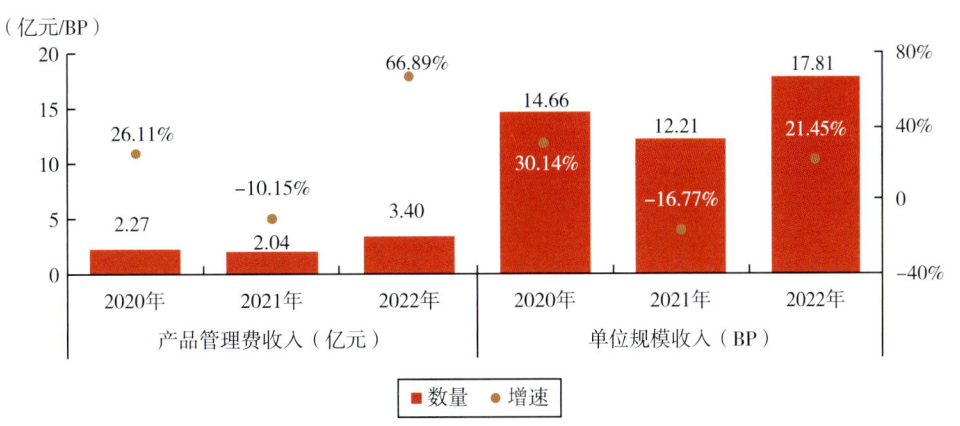

图 2-76　近三年股权投资计划管理费收入及单位规模收入

注：有效数据 16 家机构。

（二）组合类保险资产管理产品情况

1. 整体情况。

从机构情况来看。30 家保险资产管理公司开展组合类保险资产管理产品业务，同比新增 6 家机构。截至 2022 年末，管理组合类产品规模超过 2 000 亿元的机构有 10 家，同比增长 4 家，其中超大型机构 8 家、大型机构 2 家。排名前五的机构合计存量规模为 2.07 万亿元，市场份额占 46.81%，较 2021 年下降 4 个百分点。

从各机构存续情况来看。从各机构组合类产品存续情况来看，仅有 4 家机构规模负增长，其中中型机构 2 家、小型机构 2 家（见图 2-77、图 2-78）。

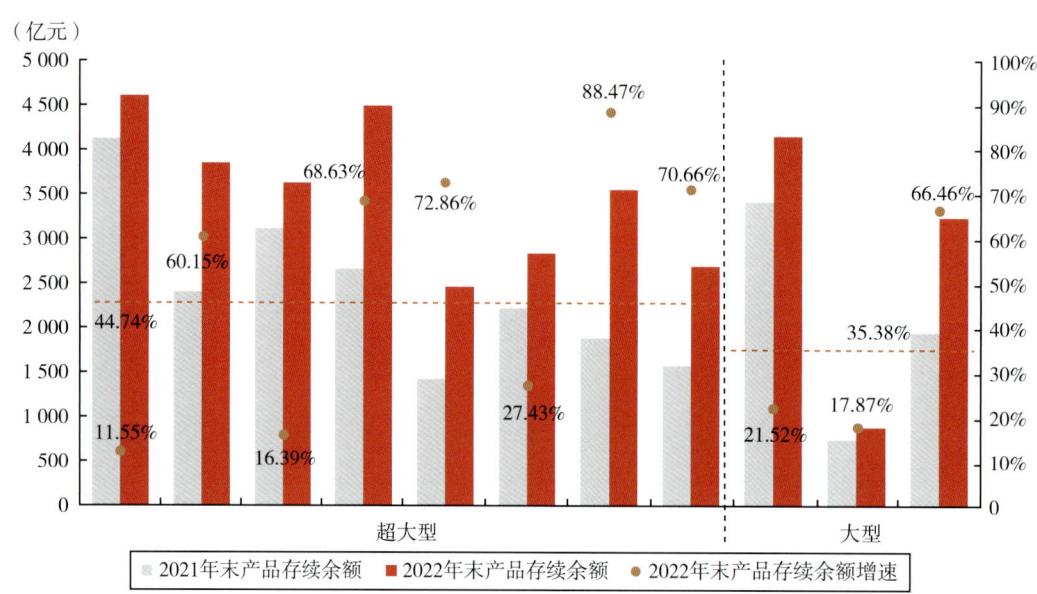

图 2 - 77　2021—2022 年各机构组合类产品存续规模情况【超大型 + 大型】

注：有效数据 11 家机构。

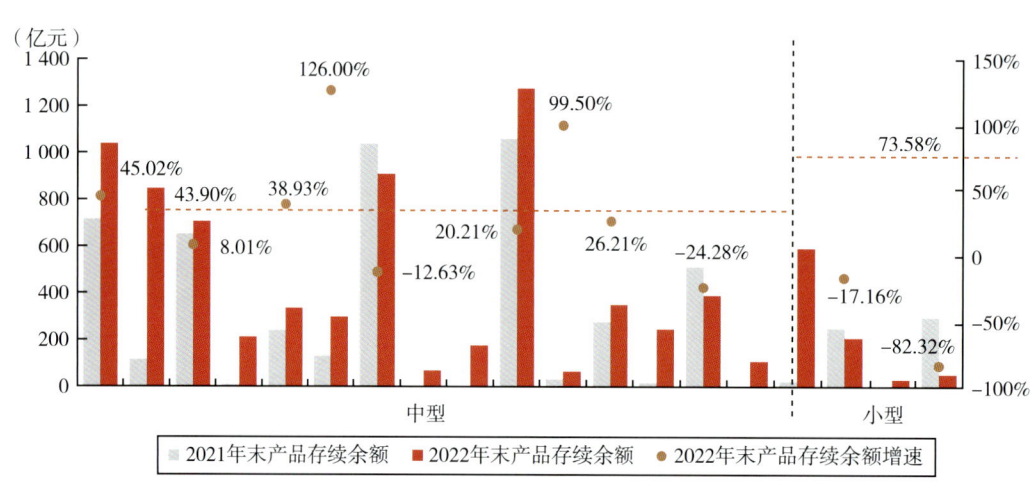

图 2 - 78　2021—2022 年各机构组合类产品存续规模情况【中型 + 小型】

注：有效数据 19 家机构，其中 4 家机构增速过大，未在图中体现。

从管理费收入情况来看。组合类产品的管理费收入、单位规模收入，各规模类型机构差异较大（见图 2 - 79、图 2 - 80）。各机构组合类产品管理费收入平均值为 2.14 亿元（中位值 0.9 亿元），排名前 5 位的机构管理费收入合计占比超五成，与上年持平，头部效应显著；行业组合类产品单位规模收入平均值为 13.43BP（中位值 10.72BP）；从四梯队角度看，超大型机构单位规模收入平均值最高（15.27BP），小型机构单位规模收入平均值（10.13BP）低于行业整体平均水平；大型机构单位规模收入波动最小，而小型机构单位规模收入波动较上年收窄。

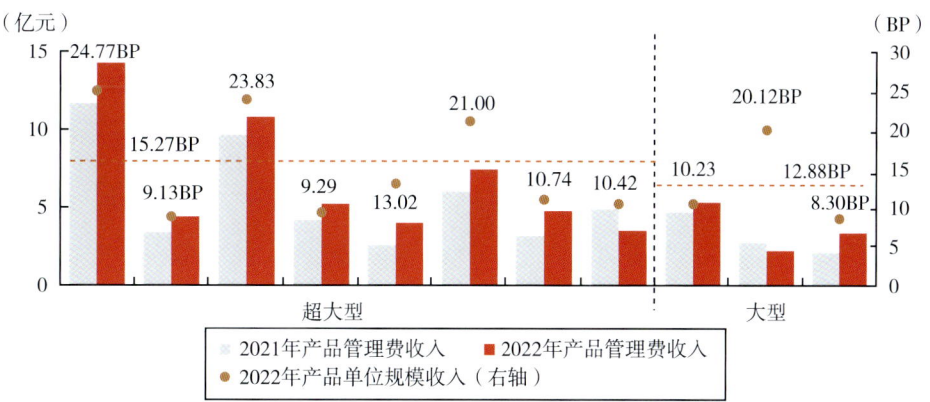

图 2－79　2021—2022 年各机构组合类产品管理费收入情况【超大型＋大型】

注：有效数据 11 家机构。

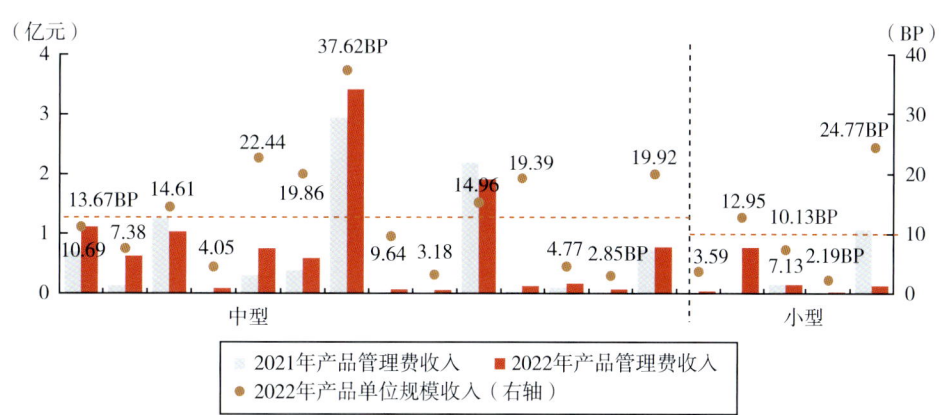

图 2－80　2021—2022 年各机构组合类产品管理费收入情况【中型＋小型】

注：有效数据 19 家机构。

从资金来源情况看。组合类产品资金来源呈现银行资金规模、占比显著增长，保险资金增长相对稳定的特点（见图 2－81）。保险资金整体占比相对稳定，其中系统内保险资金和第三方保险资金规模分别为 7 101 亿元和 9 268 亿元，合计占比 37.38%；

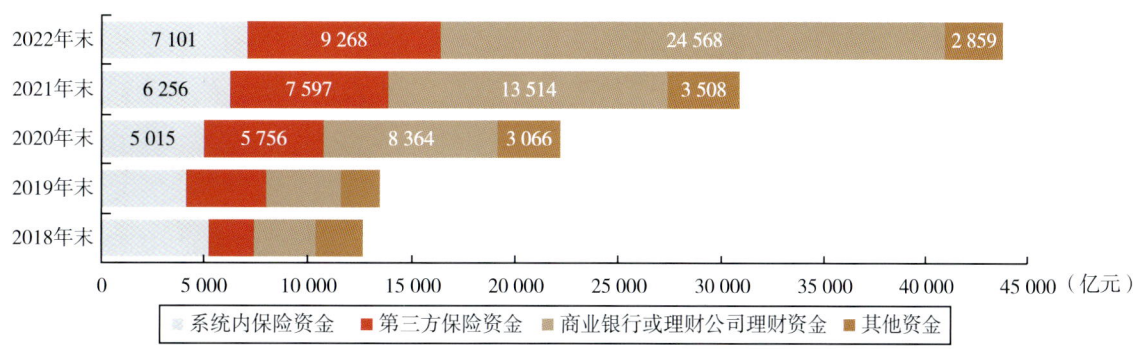

图 2－81　2018—2022 年组合类产品资金来源情况

注：其他资金含养老金、个人资金、自有资金等；有效数据 30 家机构。

2022年末，银行资金存续规模超过2.4万亿元，同比增加1.1万亿元，占比56.10%，首次超越保险资金占比；第三方资金（即第三方保险资金＋银行资金＋其他资金）整体合计占比83.79%，较2021年大幅增长，组合类产品市场化程度进一步提升。

从各类产品的资金来源来看，固定收益类产品中银行资金占比较大；权益类产品中系统内保险资金占比约七成；混合类产品系统内保险资金占比近五成，第三方保险资金占比增加较为明显（见图2–82）。

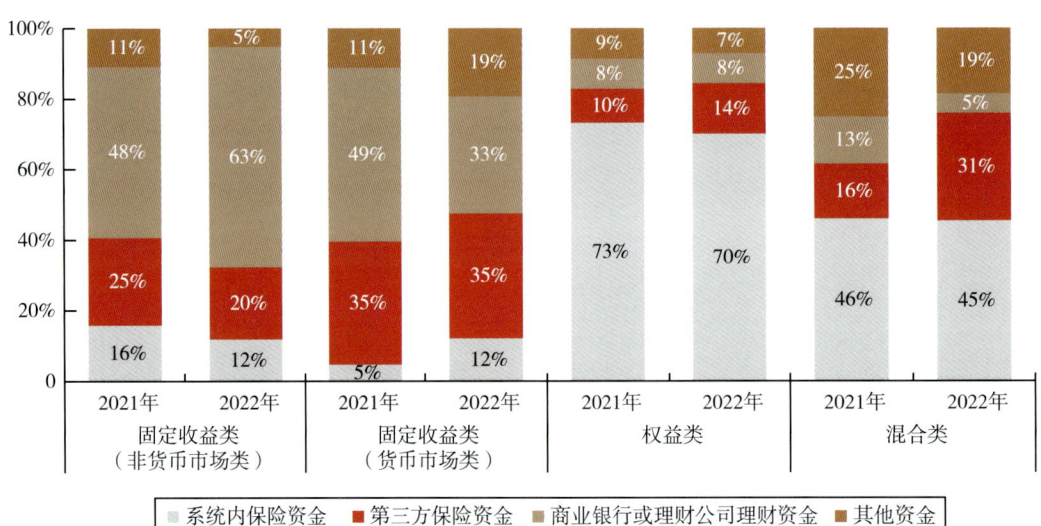

图2–82 2021—2022年末组合类产品资金来源构成–细分产品

注：有效数据30家机构。

从各类机构的资金来源来看，中型和小型机构保险资金（系统内保险资金和第三方保险资金）规模合计占比近六成；各机构类型银行资金占比显著提升，超大型和大型机构银行资金占比超过五成（见图2–83）。

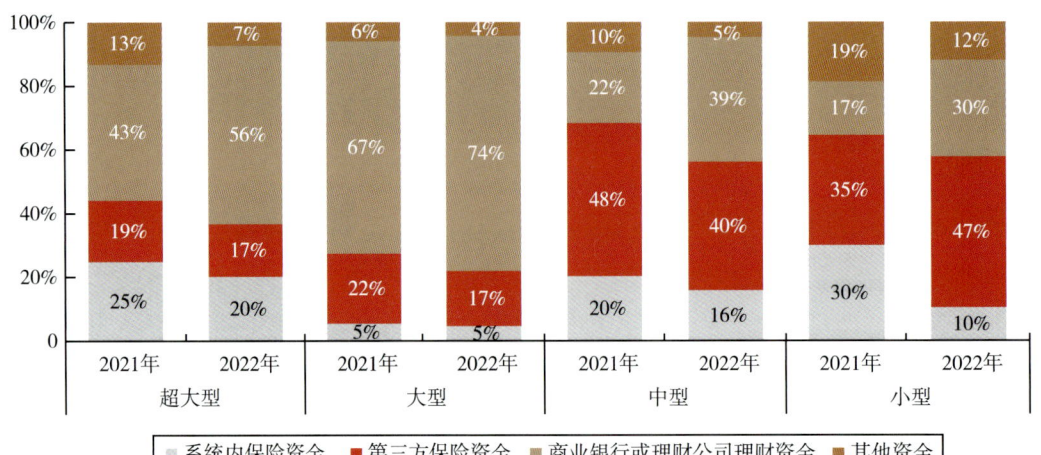

图2–83 2021—2022年末组合类产品资金来源构成–四梯队

注：其他资金含养老金、个人资金、自有资金等；有效数据30家机构。

从产品结构情况看。固收类产品规模及收入增长显著。存续规模方面,组合类产品类型仍以固定收益类产品(非货币市场类)为主,存量规模 3.78 万亿元,同比增长 66.36%,占比 85.43%,资金来源主要为银行及理财资金(见图 2 - 84)。

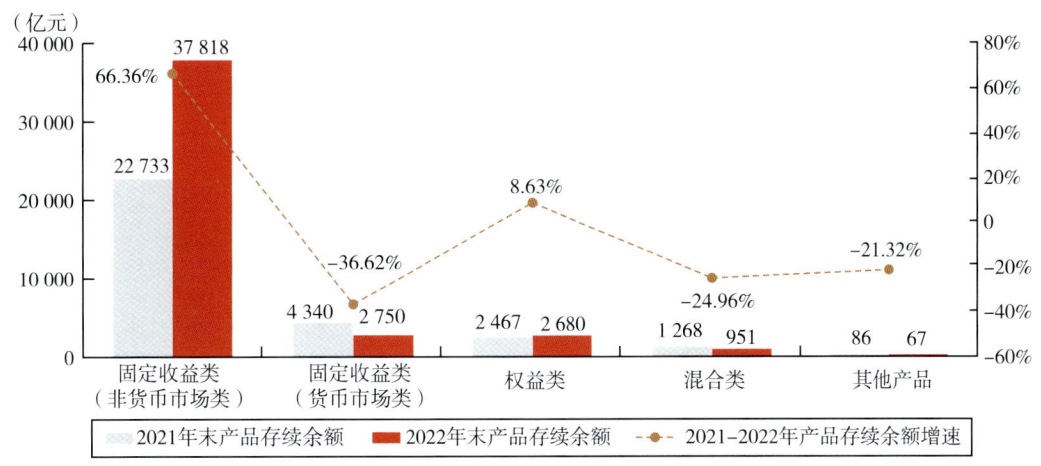

图 2 - 84　2021—2022 年末组合类产品存续余额构成情况

注:有效数据 30 家机构。

从各类产品管理费收入来看,固定收益类产品(货币市场类和非货币市场类)管理费收入合计 50.50 亿元,同比增长 41.22%,合计占比 78.84%;权益类产品管理费收入为 8.18 亿元,同比降低 33.77%,占比 12.77%;混合类产品管理费收入为 5.17 亿元,同比降低 10.09%,占比 8.08%;各类产品单位规模收入方面,混合类产品单位规模收入最高,为 54.39BP,其次为权益类产品(见图 2 - 85)。

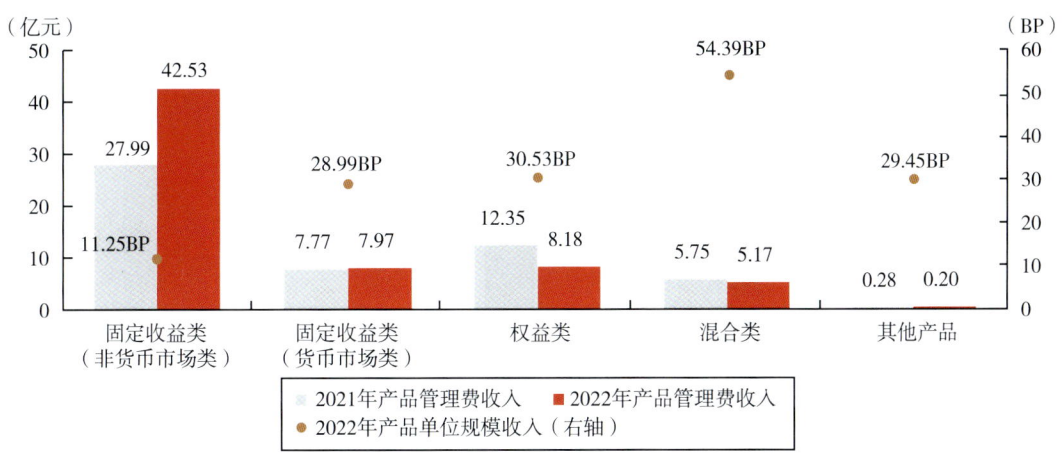

图 2 - 85　2021—2022 年末组合类产品管理费收入情况

注:有效数据 30 家机构。

从投资资产情况看。组合类产品的投资资产中,存款、债券和股票合计占产品投资资产比例超八成(见图 2 - 86)。2022 年末,组合类产品投资资产规模前三位为存款

（银行存款、大额存单、同业存款）、债券等标准化债权类资产和上市或挂牌交易的股票，合计规模为 7.33 万亿元，同比增长 1.12%，合计占比 85.63%；其次为非金融企业债务融资工具投资；买入返售金融资产的投资规模较 2021 年增长了 1.25 倍；各类机构的资产构成分布相似，均以存款和债券为主。

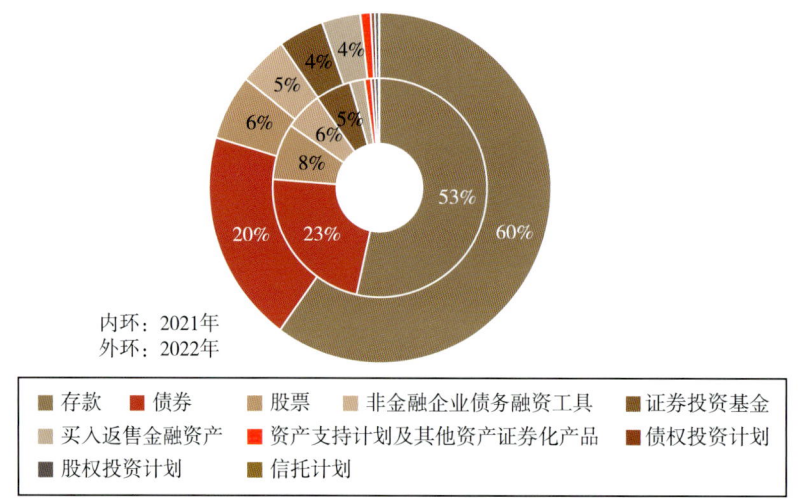

图 2-86　2021—2022 年末组合类产品投资资产情况

注：有效数据 30 家机构。

2. 组合类产品细分情况。

（1）固定收益类（货币市场类）产品。2022 年末，共有 16 家机构开展固定收益类（货币市场类）业务。从各家机构该类产品资金来源来看，近两年超大型机构和大型机构以银行资金为主，2022 年中型机构和小型机构第三方保险资金占比增加明显（见图 2-87）。

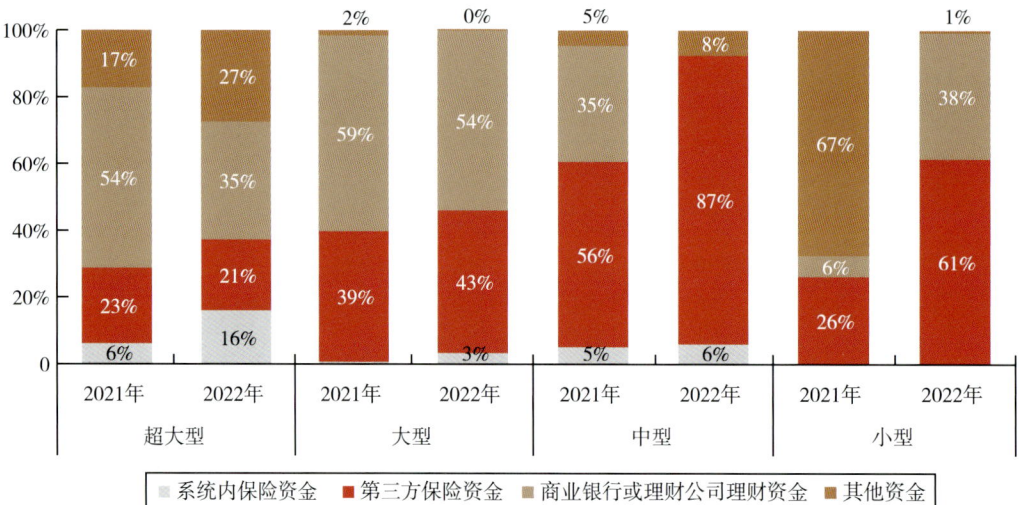

图 2-87　2021—2022 年末固定收益类（货币市场类）产品资金来源构成

注：其他资金含养老金、个人资金、自有资金等；有效数据 16 家机构。

从细分数据来看，固定收益类（货币市场类）产品规模 2 750.46 亿元，相应管理费收入 7.97 亿元，各家机构平均管理收入约 0.5 亿元（中位数为 0.29 亿元），有 3 家机构管理费收入超过 1 亿元；产品单位规模收入方面，超大型、大型和中型机构均较 2021 年有一定提升，分别提升 12.82BP、10.63BP 和 2.8BP（见图 2-88）。

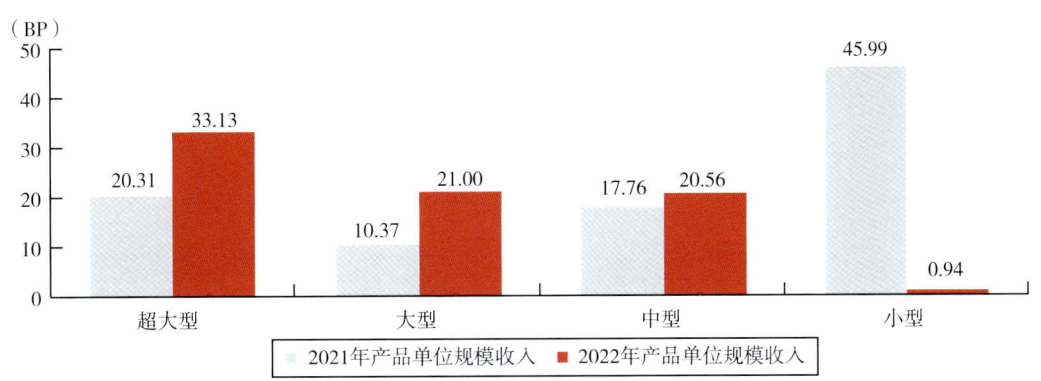

图 2-88　2021—2022 年末固定收益类（货币市场类）产品单位规模收入

注：有效数据 16 家机构。

（2）固定收益类（非货币市场类）产品。2022 年末，共有 29 家机构开展固定收益类（非货币市场类）业务。从细分数据来看，固定收益类（非货币市场类）产品规模 3.78 万亿元，管理费收入 42.53 亿元，各家机构平均管理费收入 1.47 亿元（中位数为 0.77 亿元）；有 15 家机构管理费收入超过 1 亿元，较上年增加 4 家。从各机构该产品资金来源来看，超大型、大型机构以银行资金为主；中型和小型机构是以第三方保险资金和银行资金为主（见图 2-89）。从固定收益类（非货币市场类）产品的单位规模收入来看，各类机构单位规模收入较 2021 年均有一定程度的下降，超大型、大型、中型和小型机构该类业务的单位规模收入分别下降了 1.27BP、1.27BP、0.47BP 和 2.68BP（见图 2-90）。

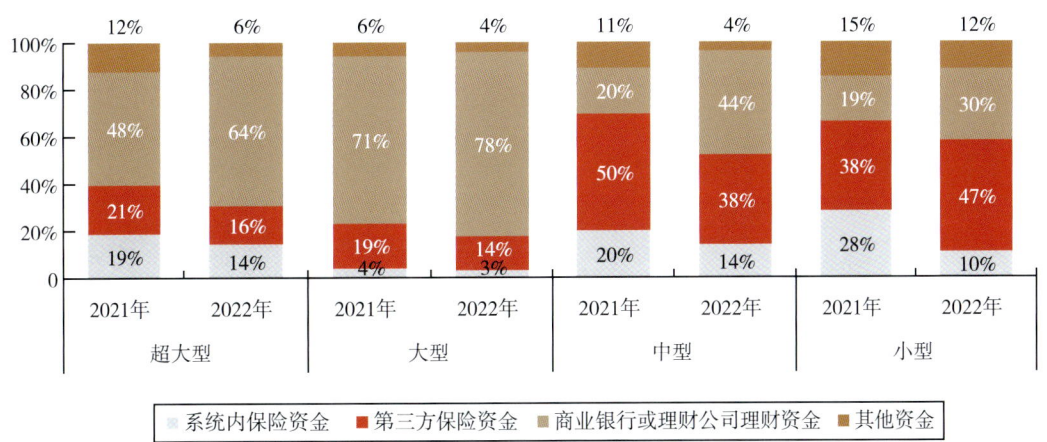

图 2-89　各类机构固定收益类（非货币市场类）资金来源构成

注：其他资金含养老金、个人资金、自有资金等；有效数据 29 家机构。

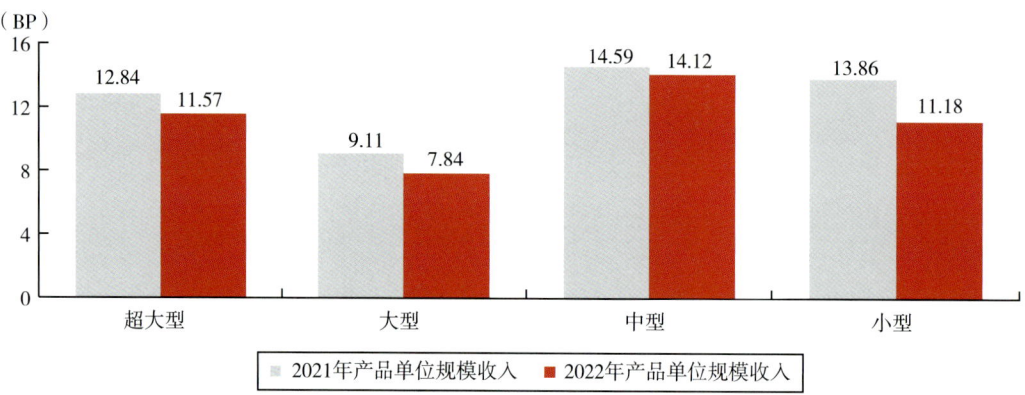

图 2-90　各机构固定收益类（非货币市场类）产品单位规模收入

注：有效数据 29 家机构。

（3）权益类产品。2022 年末，共有 27 家机构开展权益类产品业务。从细分数据来看，权益类产品规模 2 679.82 亿元，管理费收入 8.18 亿元，各家机构平均管理费收入 0.18 亿元（中位数为 0.01 亿元）；有 2 家机构管理费收入超过 1 亿元。从各机构该产品资金来源来看，超大型机构以系统内保险资金为主（占比超过 75%）；大型机构和中型机构系统内保险资金占比近 50%；而小型机构则以其他资金为主（见图 2-91）。

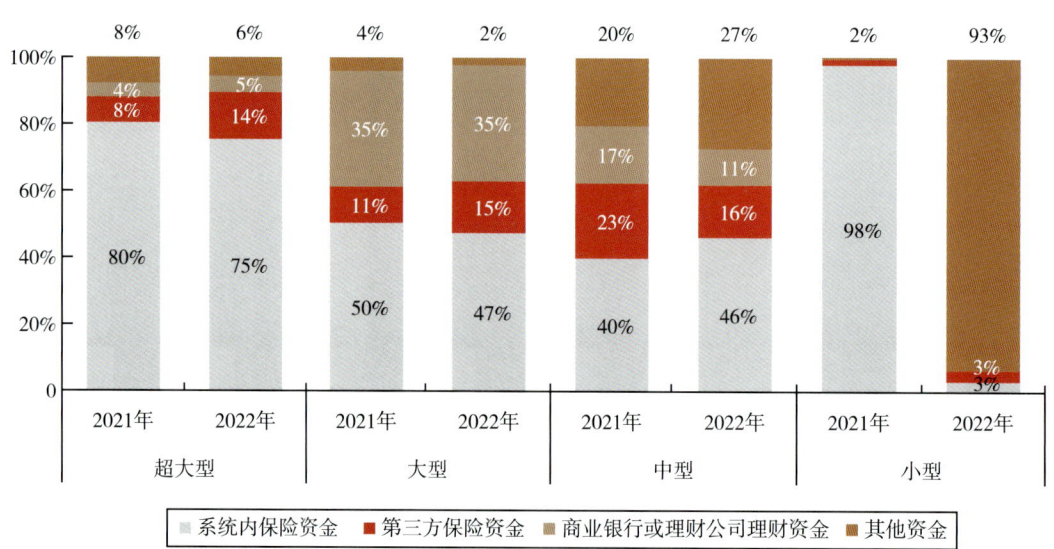

图 2-91　2021—2022 年末各类机构权益类产品资金来源构成

注：其他资金含养老金、个人资金、自有资金等；有效数据 27 家机构。

从权益类产品单位规模收入来看，各类机构单位规模收入较 2021 年均有一定程度的下降，超大型、大型、中型和小型机构该类业务的单位规模收入分别下降了 17.73BP、17.79BP、29.73BP 和 138.53BP（见图 2-92）。

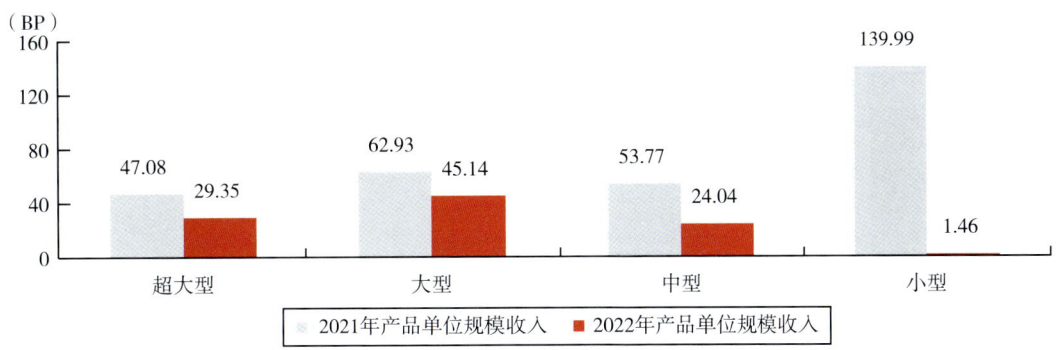

图 2-92 2021—2022 年末各类机构权益类各机构单位规模收入

注：有效数据 27 家机构。

（4）混合类产品。2022 年末，共有 27 家机构开展混合类产品业务。从细分数据来看，混合类产品规模 951.23 亿元，管理费收入 5.17 亿元，各家机构平均管理费收入 0.19 亿元（中位数为 0.06 亿元）；有 1 家机构管理费收入超过 1 亿元。从各机构该产品资金来源来看，超大型、中型机构主要以系统内保险资金为主，大型机构的资金来源以第三方保险资金为主；小型机构中系统内资金较往年同期大幅减少，因此第三方保险资金和其他资金占比上升（见图 2-93）。

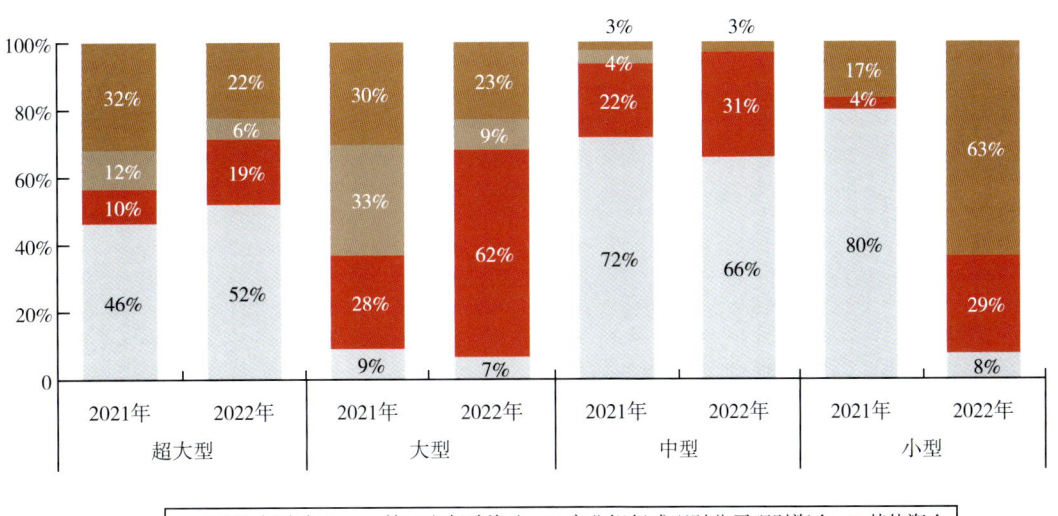

图 2-93 2021—2022 年末各类机构混合类产品资金来源构成

注：其他资金含养老金、个人资金、自有资金等；有效数据 27 家机构。

从混合类产品单位规模收入来看，超大型和中型机构同比分别提升了 12.36BP 和 13.49BP，而大型和小型机构同比分别下降了 4.75BP 和 16.87BP（见图 2-94）。

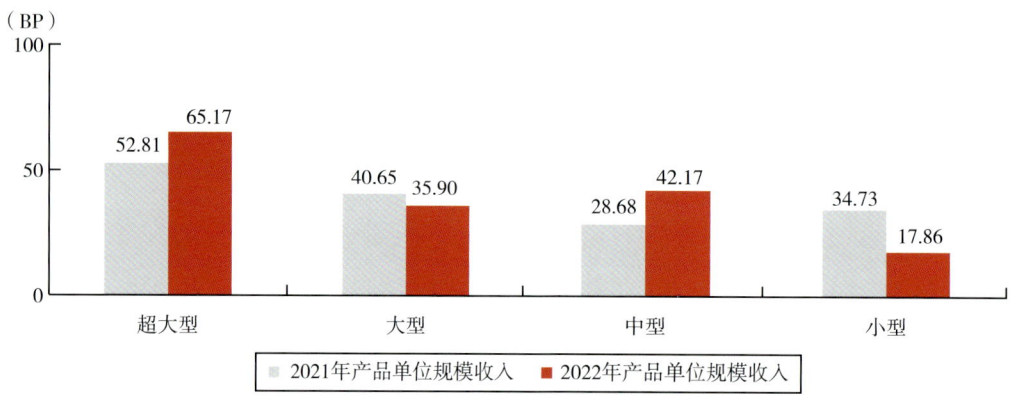

图 2－94　2021—2022 年末各类机构混合类各机构单位规模收入

注：有效数据 27 家机构。

（三）债权投资计划情况

1. 发行缴款情况。根据 34 家机构的反馈数据显示，2022 年债权投资计划的缴款总额为 4 089.67 亿元（含 2020 年、2021 年登记/注册产品），其中 2022 年当年登记发行缴款的产品数为 259 只，缴款总规模为 2 576.15 亿元，缴款率为 29.57%，低于 2020 年（37.25%）和 2021 年（37.29%）的缴款率（见图 2－95）。从各类机构缴款情况来看，当年发行缴款率超过 50% 的机构有 2 家，连续两年缴款率超过 50% 的机构仅有 1 家，为超大型机构；2020—2022 年，中型机构缴款规模占比逐年提升，2022 年中型机构缴款规模占全部机构缴款总规模的 48%，位居首位，而超大型和小型机构缴款规模占比逐年下降，2022 年超大型机构和小型机构缴款规模分别占全部机构缴款总规模的 32% 和 3%（见图 2－96）。

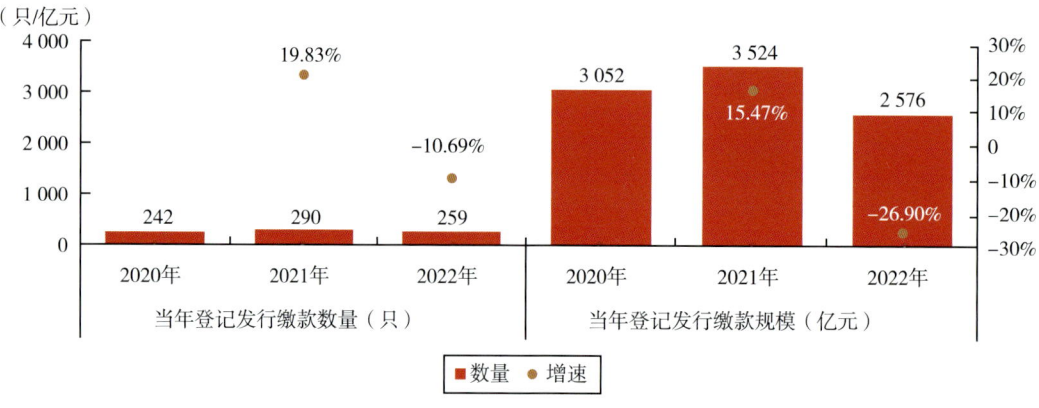

图 2－95　2020—2022 年债权投资计划当年登记发行缴款情况

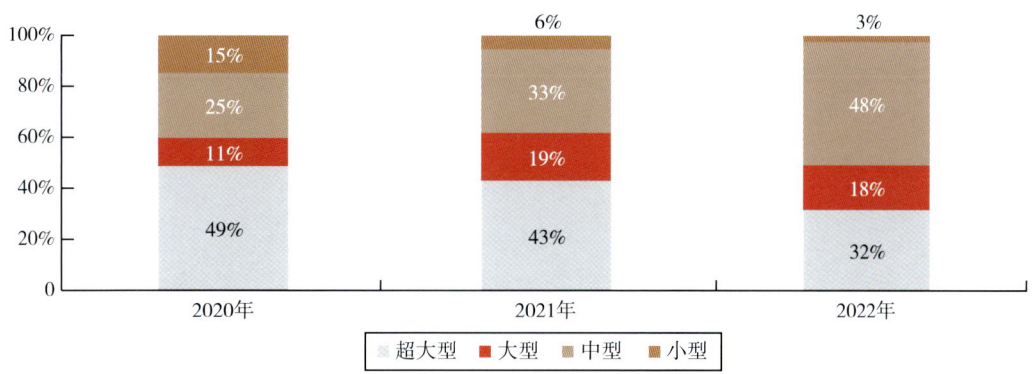

图 2-96 2020—2022 年债权投资计划当年登记发行缴款规模占比——四梯队

根据 34 家机构反馈的数据显示，2022 年行业主要发行困难原因为企业提款意愿较弱、投资收益率不达投资人预期、融资主体/担保人资质不达投资人要求，其他原因还有投资人对区域认可度偏低和条款变动等。其中，中型机构反馈的发行困难的产品数量远超其他三类机构总和（见图 2-97）。

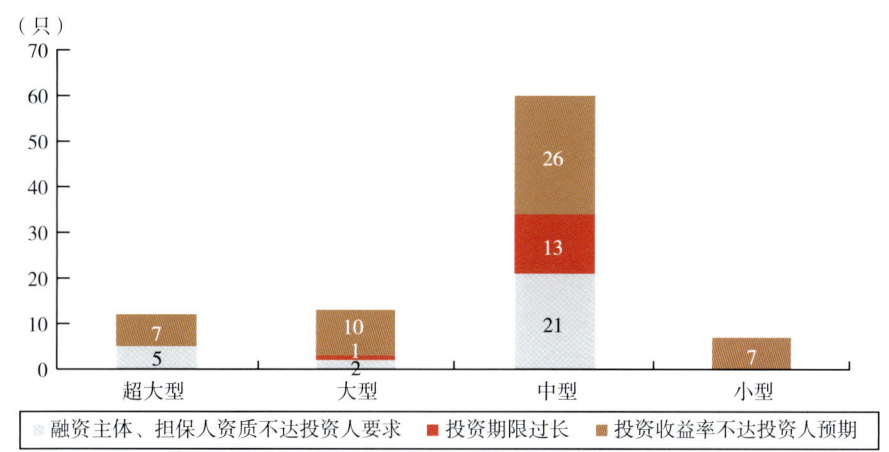

图 2-97 2022 年各类型机构发行困难的产品数量及原因

2. 存续情况。截至 2022 年末，债权投资计划存续规模超过 1 000 亿元的机构 7 家（与 2021 年持平），其中超大型机构 4 家、大型机构 1 家、中型机构 2 家。排名前五的机构合计存量规模为 8 589.14 亿元，市场份额占比为 45.36%，包括超大型机构 2 家，大型机构 1 家、中型机构 2 家；和 2021 年相比，头部机构格局基本保持稳定。从规模增长来看，有 9 家机构规模负增长，其中超大型机构 4 家、中型机构 2 家、小型机构 3 家。

超大型机构债权投资计划存续规模平均增长率为 -2.56%，有 6 家机构超过平均值；大型机构债权投资计划存续规模平均增长率为 19.04%，有 3 家机构低于平均值（见图 2-98）。中型机构债权投资计划存续规模平均增长率为 18.15%，有 6 家机构超过平均值；小型机构债权投资计划存续规模平均增长率为 3.46%，仅有 1 家机构超过平均值（见图 2-99）。

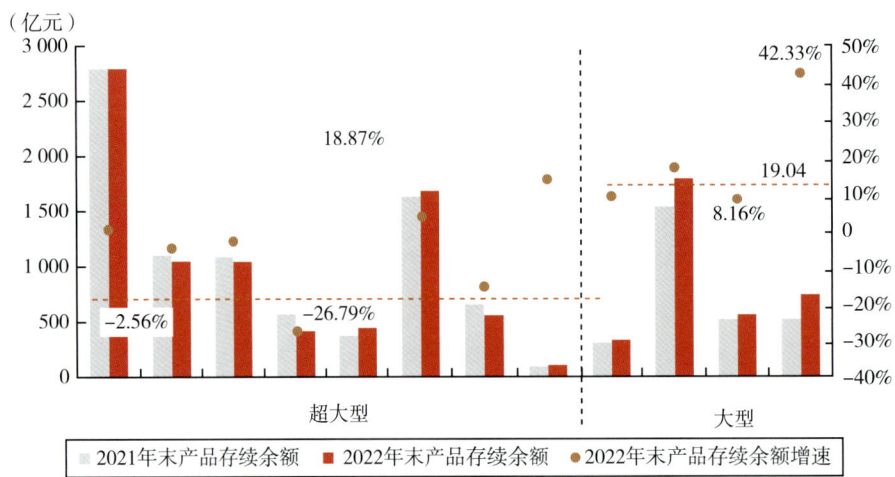

图 2-98　2021—2022 年债权投资计划产品存续规模情况【超大型 + 大型】

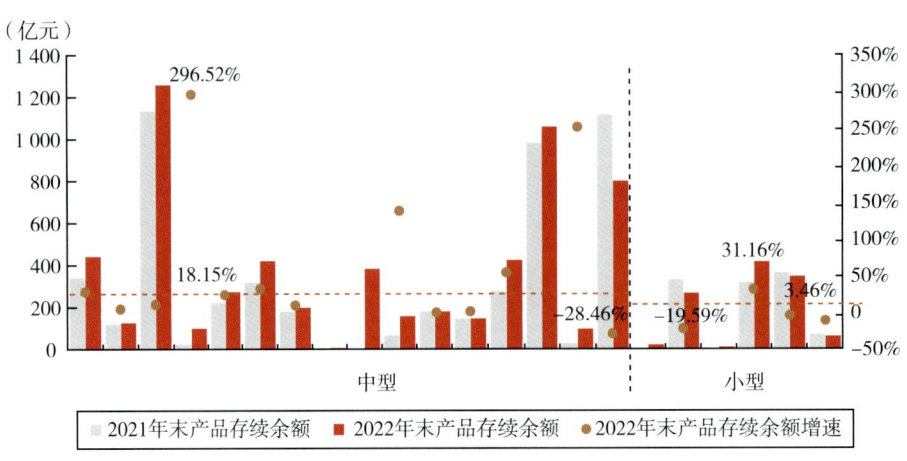

图 2-99　2021—2022 年债权投资计划产品存续规模情况【中型 + 小型】

3. 资金来源。根据 30 家机构反馈的数据显示，截至 2022 年末，债权投资计划主要资金来源为系统内保险资金和第三方保险资金，分别为 7 334.19 亿元和 6 537.51 亿元，合计占比 74.41%。总体上看，保险资产管理公司受托管理的系统内保险资金、第三方保险资金、养老金规模较 2021 年均取得了增长，而银行资金和其他类资金规模较 2021 年有所下降（见图 2-100）。

根据债权投资计划不同资金来源近两年的变化来看，系统内保险资金方面，超大型机构、大型机构和中型机构分别同比增长 31.78%、24.07% 和 21.74%，而小型机构较 2021 年则同比下降 18.92%；第三方保险资金方面，超大型机构和小型机构分别同比下降 5.35% 和 26.77%，而大型机构和中型机构分别同比增长 8.92% 和 32.27%；

根据31家机构的反馈，2023年第三方资金来源中排名前三位为系统外保险资金、企业年金和银行资金（职业年金并列）（见图2-101）。

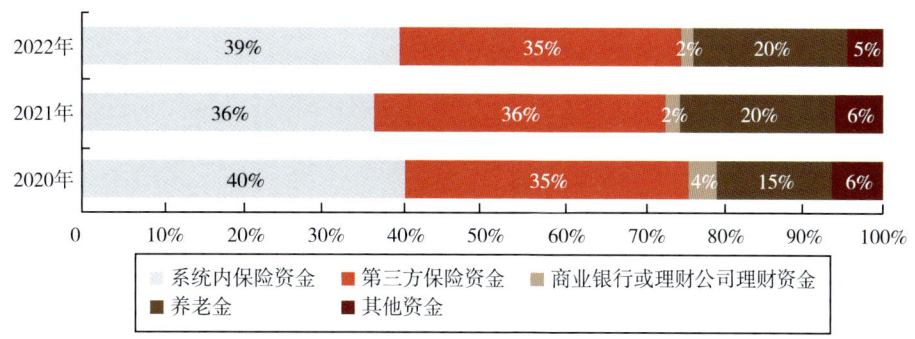

图2-100 2020—2022年债权投资计划资金来源整体情况

注：养老金含基本养老金、企业年金、职业年金；其他资金含养老保障产品、自有资金等。

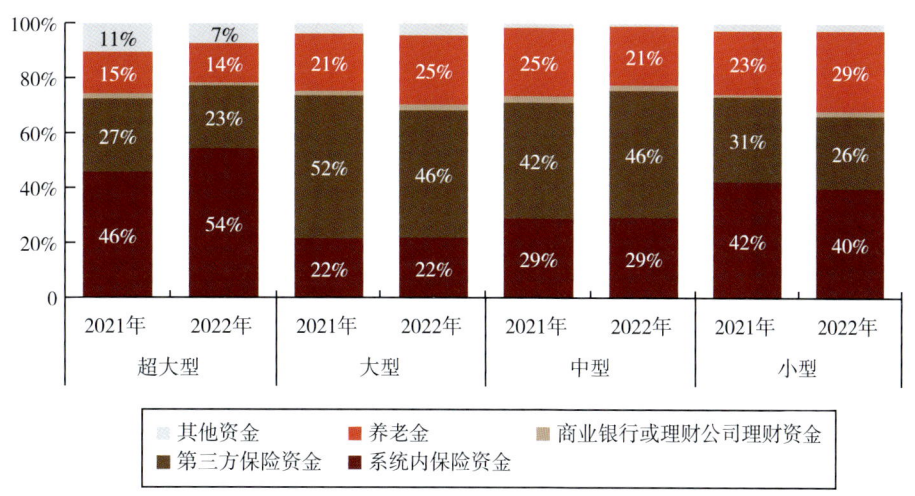

图2-101 2021—2022年债权投资计划资金来源情况——四梯队

4. 管理费收入。根据31家机构反馈的调研数据显示，截至2022年末，债权投资计划管理费收入排名前五的机构收入合计19.21亿元，占全行业管理费收入的48.36%，其中超大型机构3家、大型机构和中型机构各1家。

按照机构类型来看，2022年行业债权投资计划管理费收入增速8.54%，大型机构管理费收入增速（23.45%）远超其他机构（见图2-102）。对管理费贡献较大的行业为交通、市政和能源，分别占比30.23%、21.22%和18.10%（见图2-103）。

行业债权投资计划管理费收入平均值1.28亿元（中位值0.77亿元），行业债权投资计划产品单位规模收入平均值20.99BP（中位值20.37BP）；超大型和大型机构单位规模收入平均值显著高于中型和小型机构；大型机构单位规模收入波动最小，超大型和中型机构单位规模收入波动较上年收窄（见图2-104和图2-105）。

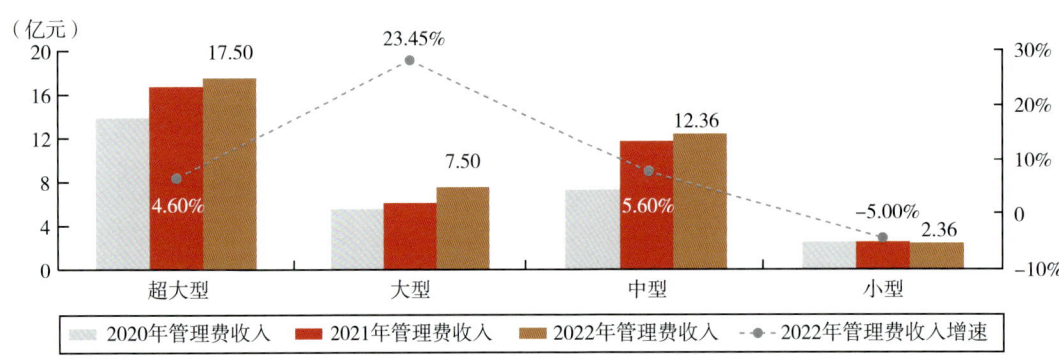

图 2-102　近两年产品管理费收入变化——机构类型

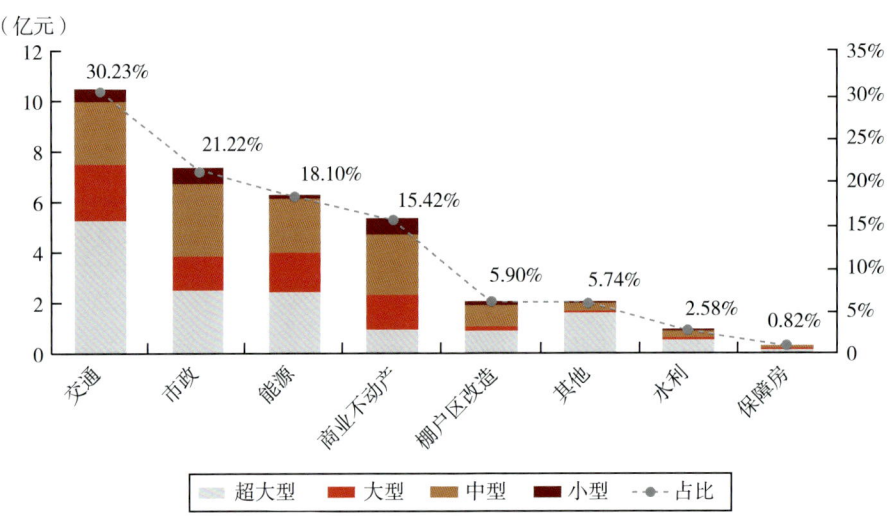

图 2-103　2022 年产品管理费收入及占比情况——投资行业视角

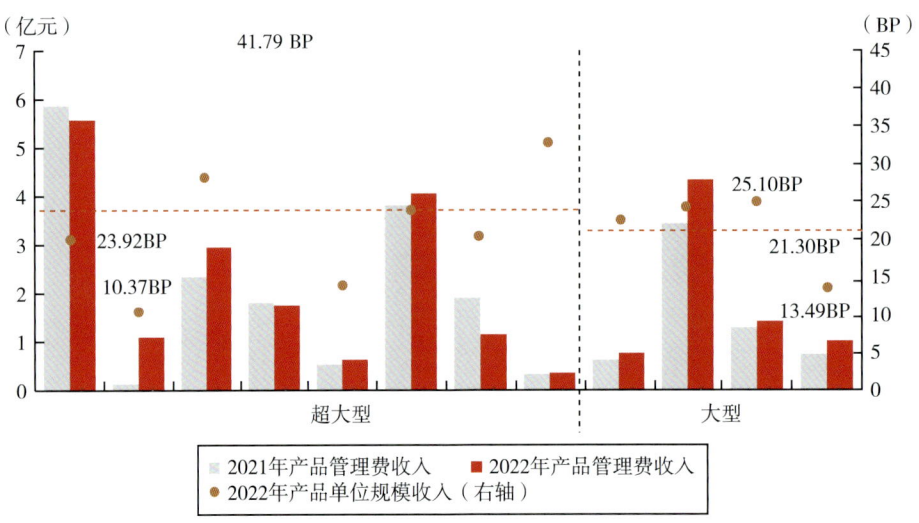

图 2-104　2021—2022 年各机构债权投资计划管理费收入情况【超大型+大型】

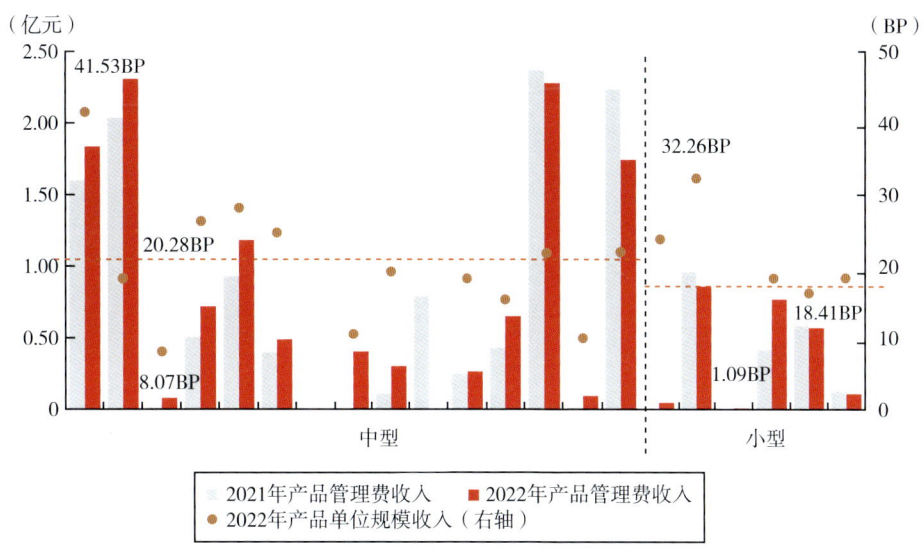

图 2-105 2021—2022 年各机构债权投资计划管理费收入情况【中型+小型】

5. 投资行业。根据 29 家机构反馈的调研数据显示，2022 年登记的债权投资计划产品，当年缴款规模前三位的行业分别为交通、商业不动产和市政，缴款规模分别为 819.91 亿元、705.74 亿元和 685.49 亿元，占总体缴款规模比例分别为 31%、27% 和 26%（见图 2-106）。对比各行业 2021 年缴款规模情况，2022 年仅交通、棚户区改造、保障房行业缴款规模取得了正增长。

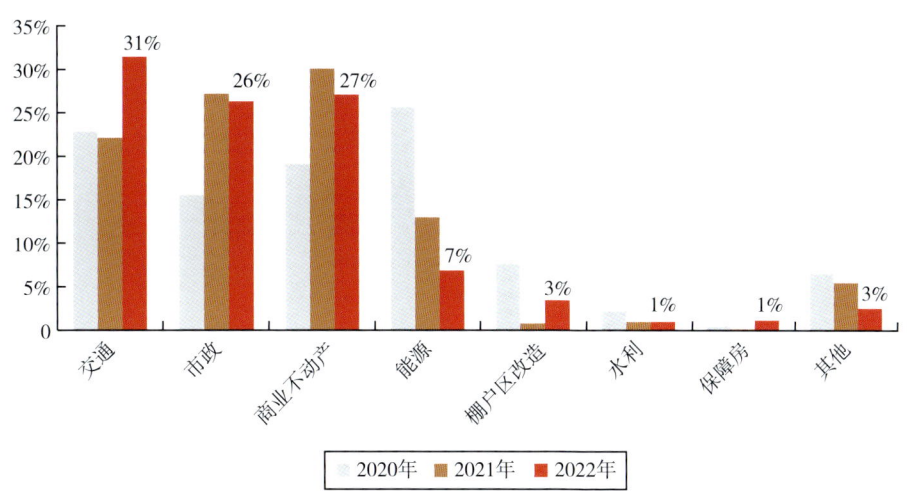

图 2-106 2020—2022 年债权投资计划当年登记发行缴款规模占比情况——投向行业对比

从各投资行业存续规模来看，截至 2022 年末，债权投资计划产品存续规模前三位的行业分别为交通、市政和能源，规模分别为 6 201.97 亿元、3 446.90 亿元和 3 122.71 亿元，占总体存续规模比例分别为 37%、21% 和 19%。交通、市政行业的存续规模同比增长最多，分别增长 835.49 亿元和 949.37 亿元（见图 2-107）。

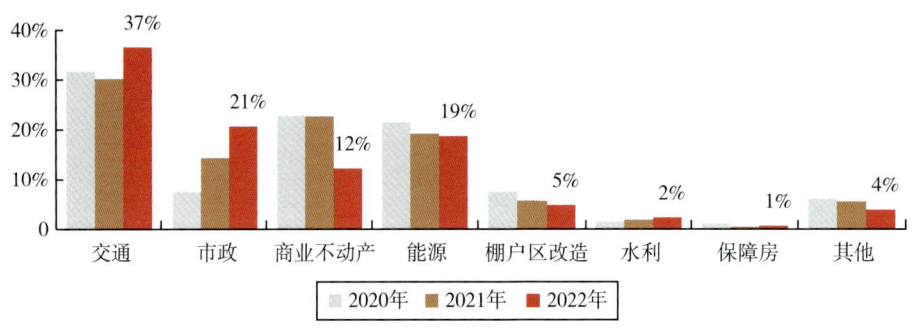

图 2-107 2020—2022 年债权投资计划存量规模占比情况——投向行业对比

从近两年各投资行业存续规模对比来看,四梯队机构存量中商业不动产大幅减少,其中超大型机构和小型机构的商业不动产占比减少超过 14 个百分点。交通和市政行业成为四梯队机构主要增加配置的行业,其中交通行业存量投资方面,超大型机构投资占比增幅最大(近 10 个百分点),中型机构和小型机构投资占比也分别增加 6 个百分点和 7 个百分点;市政行业存量投资方面,超大型机构和中型机构投资占比增幅超过 5 个百分点,而大型机构和小型机构投资占比增幅则超过 8 个百分点(见图 2-108)。

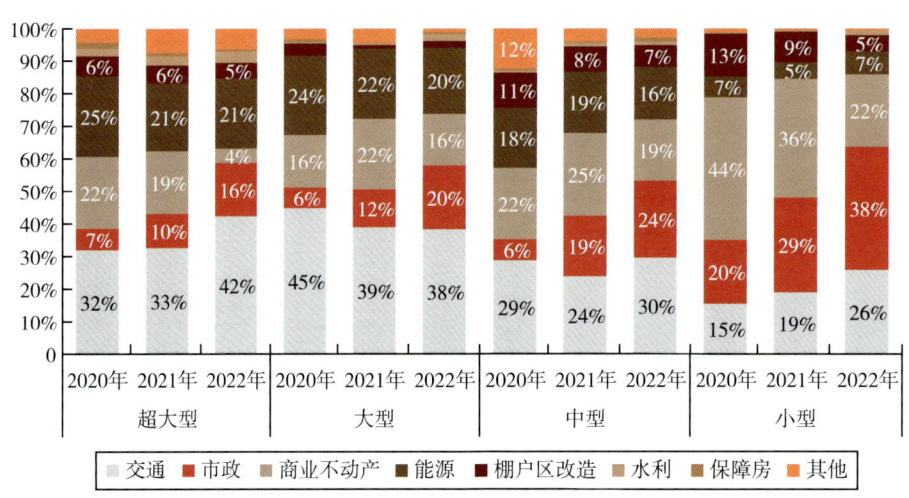

图 2-108 2020—2022 年债权投资计划存量规模占比情况——投向行业对比(四梯队)

6. 投资期限及收益率。投资期限方面,根据 30 家机构反馈的调研数据显示,以投资合同约定为准(不包含永续债),2022 年各机构项目算术平均期限中位数为 7.54 年,较 2021 年各机构项目算术平均期限中位数(6.59 年)有所增加。分行业来看,平均期限最长的行业为交通,平均期限为 8.83 年;商业不动产、棚户区改造和能源行业的平均期限低于债权投资计划算术平均期限(见图 2-109)。

以首次发行为准,2022 年各家机构投资项目算术平均收益率中位数为 4.63%,较

2021年下降35BP；投资于交通行业的债权投资计划产品平均收益率最高为4.03%（见图2-110）。

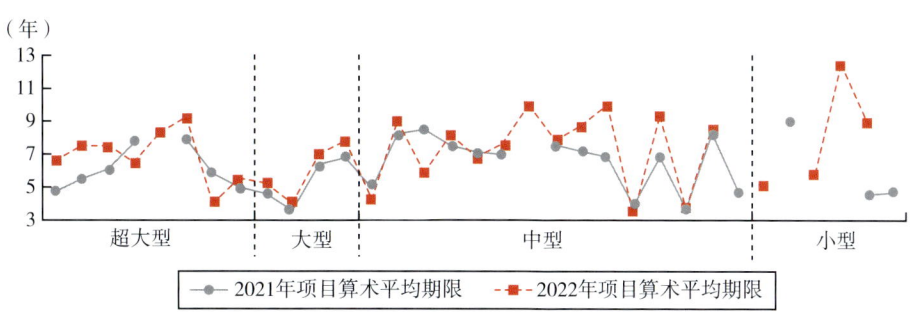

图2-109　2021—2022年项目算术平均期限

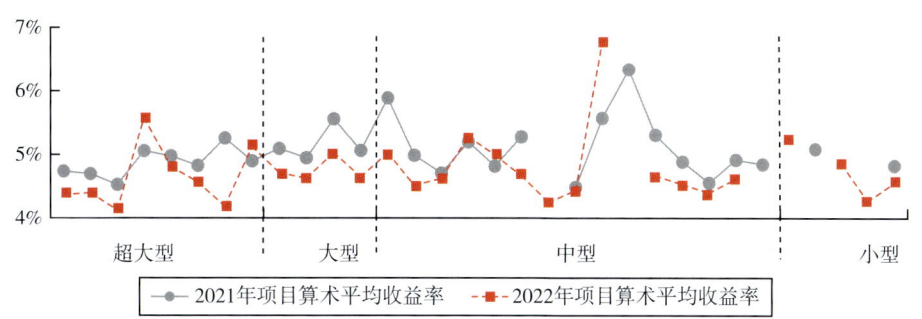

图2-110　2021—2022年项目算术平均收益率（以首次发行为准）

7. 交易结构。信用增级及交易主体。根据30家机构反馈的数据显示，2022年各家机构登记的债权投资计划主要采用的信用增级方式为保证担保，相应产品数量305只，主要集中在商业不动产行业；而免增信产品数量为171只，与去年基本持平，主要集中在交通和市政行业；部分产品设置了风险缓释措施（见图2-111）。

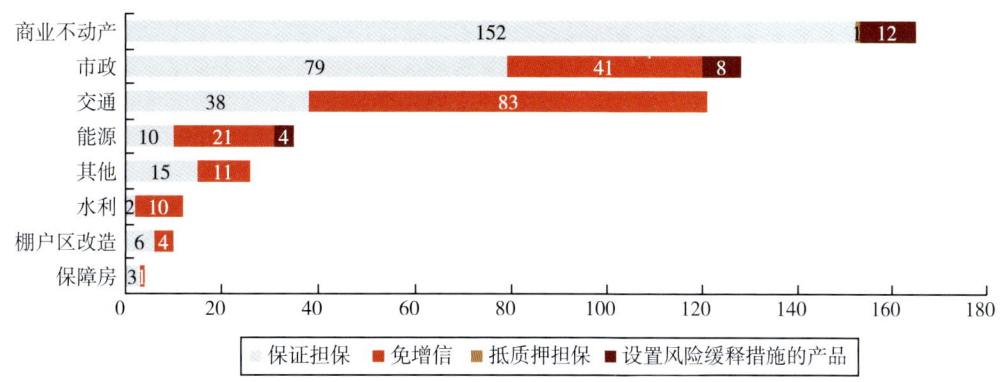

图2-111　2021年登记债权投资计划信用增级方式（单位：只）

外部信用评级。对比两年数据，根据29家机构反馈的数据显示，除去超大型机构提高了信用标准，其余类型机构均有一定程度的信用下沉，其中大型机构和小型机构信用下沉较为明显，2022年AAA债权投资计划占比均下降了5.4个百分点（见图2-112）。

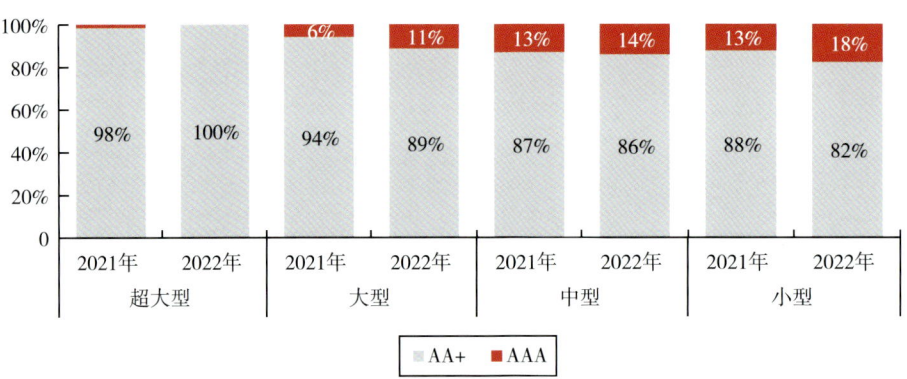

图2-112　近两年债权投资计划外部信用评级情况——四梯队视角

根据29家机构反馈的数据显示，54.84%的公司仍会聘请外部评级机构对拟发行的产品进行外部评级；25.81%的公司会根据投资人的要求，适当聘请外部评级机构；19.35%的公司会根据公司内部制度要求适当聘请外部评级机构。

（四）股权投资计划情况

1. 发行缴款情况。2022年共有8家机构登记的23只股权投资计划发行缴款，缴款规模（含2020年、2021年登记/注册）合计350.35亿元，同比增长27.48%，2022年当年登记且发行设立的股权投资计划缴款规模222.31亿元，缴款率38.52%（见图2-113）。

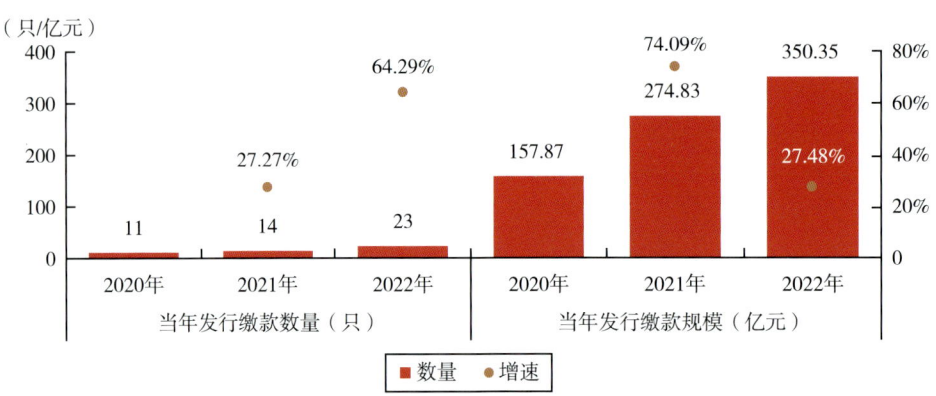

图2-113　2020—2022年股权投资计划发行缴款情况

从发行机构视角来看，连续三年发行股权投资计划的机构3家（超大型、大型、中型机构各1家），近两年超大型机构发行缴款规模占比快速攀升，2022年超大型机构发行缴款规模占全部机构缴款总规模的近八成（见图2-114）。

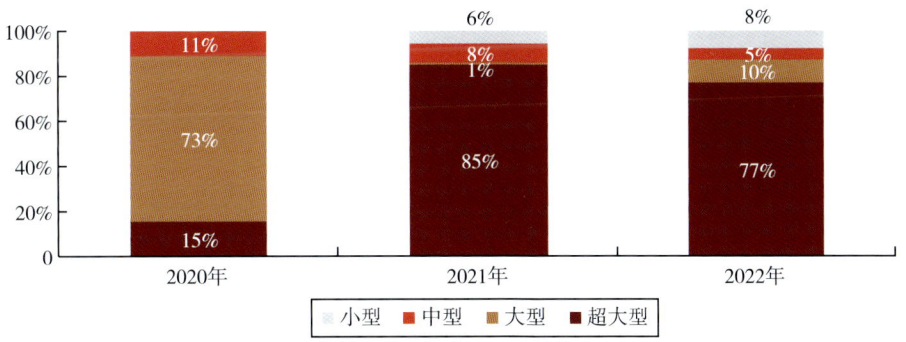

图 2-114 2020—2022 年股权投资计划当年登记发行缴款规模占比——四梯队

2. 存续情况。截至 2022 年末，股权投资计划存续规模超过 200 亿元的机构有 3 家，规模合计占比达 55%，同比增加 7 个百分点。排名前五家机构存量规模合计 1 378.48 亿元，占比 72.13%，含超大型机构 3 家、中型机构 1 家、小型机构 1 家。5 家机构规模正增长，其中超大型机构 2 家，大型、中型和小型机构各 1 家（见图 2-115）。

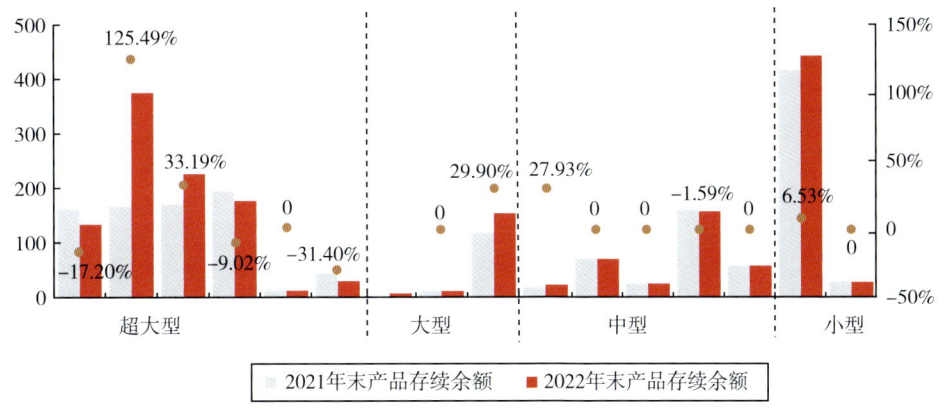

图 2-115 2020—2022 年股权投资计划当年登记发行缴款情况

3. 资金来源。根据 16 家机构反馈的数据显示，截至 2022 年末，股权投资计划主要资金来源为系统内保险资金和第三方保险资金，分别为 1 273.38 亿元和 270.53 亿元，合计占比 82%（见图 2-116）。

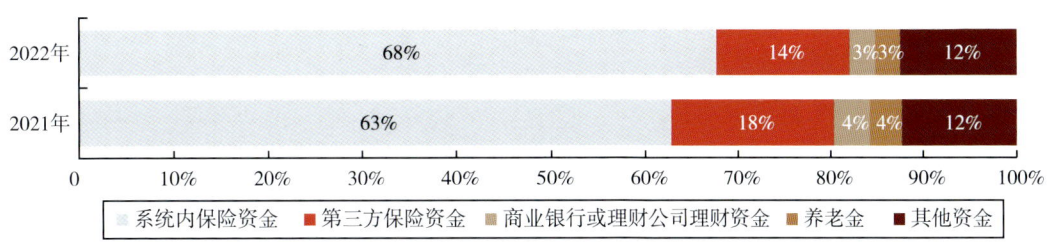

图 2-116 近两年股权投资计划资金来源情况

注：养老金含基本养老金、企业年金、职业年金；其他资金含养老保障产品、自有资金等。

从各类机构资金来源规模上看，各家机构除去受托管理的银行资金规模有所下降，系统内保险资金、第三方保险资金、养老金和其他资金规模较2021年均取得了增长。细分来看，系统内保险资金方面，各类机构较2021年均得到了增长，其中超大型机构增幅最大达128.58%；第三方保险资金方面，超大型和大型机构分别同比增加29.22%和17.40%，而中型和小型机构则同比减少2.63%和39.13%；商业银行或理财公司理财资金方面，仅超大型和中型机构取得了该资金来源，规模较2021年均有所减少，分别同比减少0.38%和14.44%（见图2-117）。

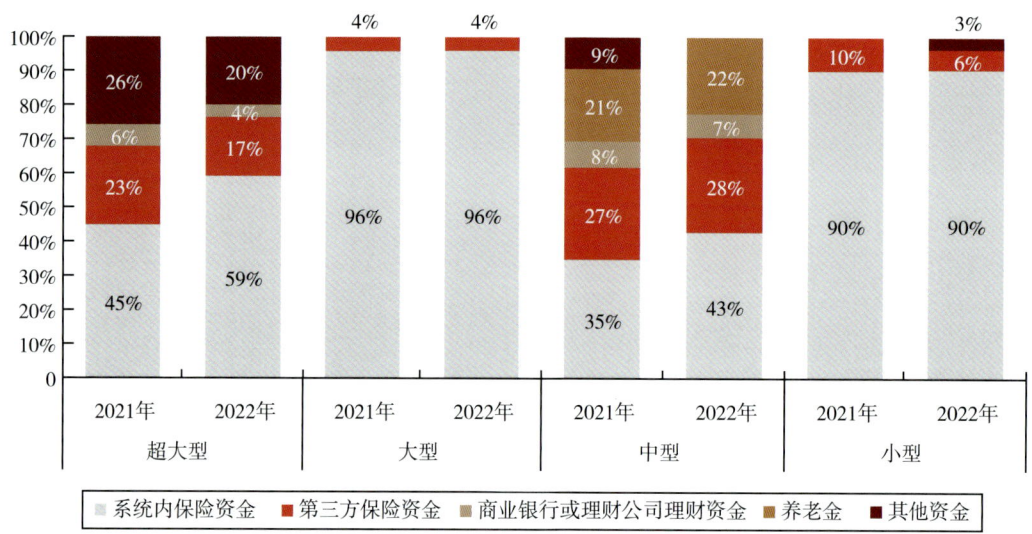

图2-117 股权投资计划近两年资金来源对比——四梯队

六、组织架构与人才建设

（一）组织架构

1. 保险资产管理公司组织架构调整情况。保险资产管理公司组织架构调整变化反映了各家公司在经营战略和业务布局方面的变化调整及优化方向。随着各家公司资产管理规模的逐步增长，很多公司近几年都经历了规模提档，同时也在不断调整自身的经营模式和重点业务领域，公司的组织架构也随之调整。截至2022年末，21家保险资产管理公司对组织架构进行了调整，11家无变化，调整变化率65.63%，为近五年最低（见图2-118）①。2018—2022年，除新成立机构外，全部保险资产管理公司在组织架构上均进行了不同程度调整。其中，7家机构连续五年进行组织架构调整，持续通过优化组织架构以适应行业发展趋势和市场变化。

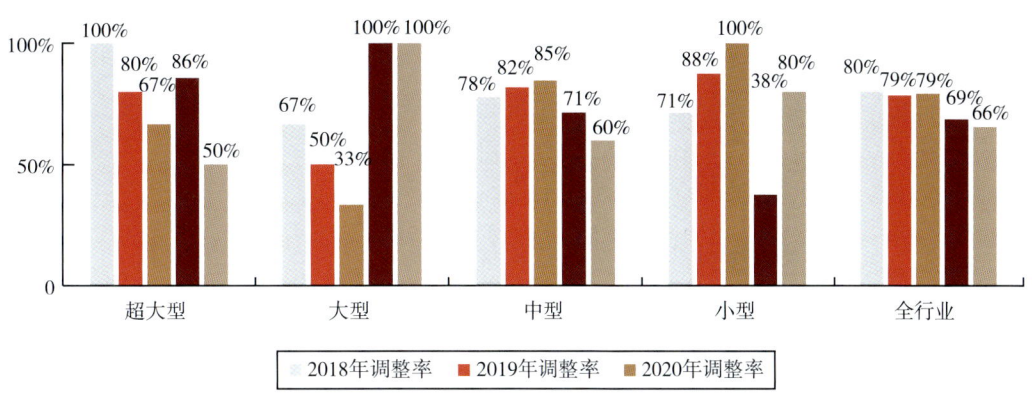

图2-118 2018—2022年各类型保险资产管理公司组织架构调整机构占比情况

2. 近三年全行业组织架构调整方向。

一是加强党建引领，完善顶层设计。其一，贯彻落实党的二十大精神，加强党建对金融工作的引领，积极服务国家战略，践行ESG投资理念。其二，根据纪检监察机构改革要求及防范化解金融风险有关工作要求，调整或单独设立纪委办公室、内审部，将金融反腐与风险防控结合起来，强化监督力量。其三，根据监管要求和业务发展需要，重点在董事会专业委员会增设关联交易控制委员会，在经营管理层增设估值管理委员会。其四，根据新增业务和管理需要主动加强配套管理，如增设信息科技委员会、消费者权益保护委员会、问责委员会等。

二是提升产品定位，强化风险防控。其一，整合或新设产品部门，加强产品与研究、销售的内部联动。其二，明确产品业务发展定位，提升产品部门层级，由二级部门调整为一级部门，或成立产品中心，加强人才投入。其三，调整或设立产品创设、产品发行、估值管理等委员会或风险管理、法律合规、信用评估、投后管理等部门，强化产品管理并提升中后台风险管理能力。

三是改制投资部门，细化条线职能。其一，根据监管要求和自身业务需要将投资管理部门改制为事业部制。其二，根据投资品种、业务模式、重点区域等调整优化业务条线，充实人才队伍。其三，剥离研究职能，单独组建研究部门，加强投研能力建设。

---

① 因部分机构在2022年仍处于风险处置阶段，本次调研中汇总数据口径为32家保险资产管理公司；各类型保险资产管理公司组织架构调整变化率均剔除当年新成立机构；四梯队分类按公司当年梯队类型统计。

四是布局财富管理，拓展第三方业务。其一，加强市场部与第三方投资部建设，增强第三方投资人员配置。其二，新设个人业务部门，如财富产品部、个人金融部等，布局个人业务。其三，配套设立财富管理业务委员会，管理与业务发展并重。其四，对标国际头部资产管理机构，适度布局海外业务。

五是深耕金融科技，助推转型升级。其一，信息技术部更名信息科技部、金融科技部，提升战略定位。其二，组建数据中心，加强对数据的管理、研发与应用。其三，强化科技赋能，打造资产管理科技。

3. 从部门设置和调整角度来看。2022年，全行业重点围绕落实发展目标、完善顶层设计、做优前台布局、做强中台保障、做大后台支撑五个方面进行部门的调整优化和人员配置。一是落实发展目标。战略导向方面，2家机构新设或调整服务国家战略组织机构职能，强调绿色金融，践行ESG投资理念。风险防控方面，5家机构新设或独立纪检、审计工作职能部门，提升监督力度。二是完善顶层设计。治理层方面，2家机构调整董事会下设专委会职能设置，强化主体责任。经营层方面，6家机构为贯彻落实战略布局、提升组织效能增设或调整总经理办公会下设相关委员会和条线事业组群，聘任高管或调整高管职务，强化业务统筹与指导。三是做优前台布局。投资方面，9家机构改制投资板块和投行板块业务部门，顺应监管要求和业务发展需要。研究方面，3家机构调整投研部门设置，加强与投资、财务部门联动。产品方面，1家机构提升产品部门层级，进一步增强产品业务布局。四是做强中台保障。风控方面，1家机构拆分重组风控部门，细化相关职能。信评方面，2家机构提升信评部门层级或独立信用评估职能部门，细化岗位职责。投后方面，2家机构拆分整合投后管理部门或增设投后管理部门，强化投后管理能力。五是做大后台支撑。运营方面，3家机构增设信息科技部门、优化或调整科技部门设置，加强公司信息化建设，布局资产管理科技。

（二）人才发展

1. 行业人才整体情况。2022年，行业人才数量稳步增长，但增速明显回落，为近五年最低。截至2022年末，32家机构从业人员共计6 635人，同比增长0.58%（见图2-119）。从四梯队人员数量看，超大型、大型机构人员合计占比65%（见图2-120）。机构平均人数配置方面，仅大型机构平均人数有所增长，超大型、中型机构平均人数连续多年下滑，小型机构平均人数与上年持平。超大型机构与其他类型机构平均人数差距不断缩小（见图2-121）。

图 2-119　2018—2022 年行业人才数量及增速

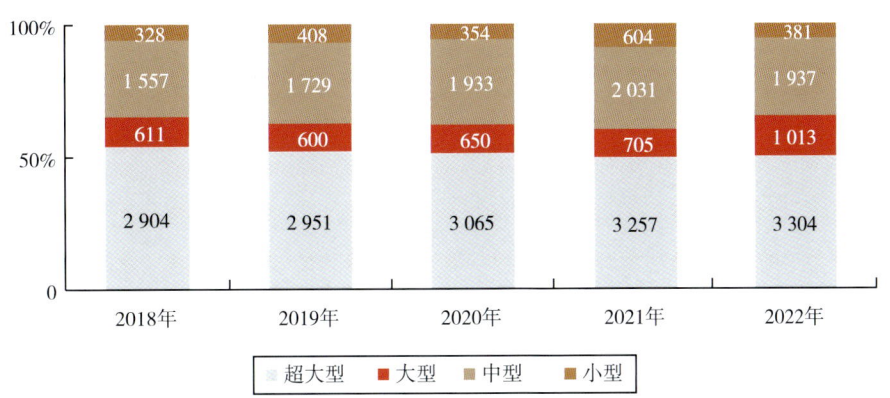

图 2-120　2018—2022 年行业四梯队人员数量分布情况

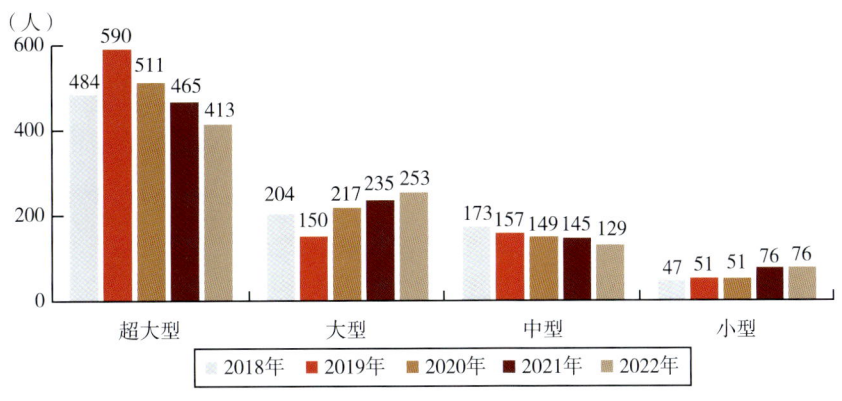

图 2-121　2017—2021 年四梯队机构平均人员数量情况

分四梯队看，超大型机构的平均值为 413 人，平均增速 -4.84%；大型机构的平均值为 253 人，平均增速 4.22%；中型机构的平均值为 129 人，平均增速 7.13%；小型机构的平均值为 76 人，平均增速 -2.04%（见图 2-122 至图 2-125）。

2. 增长结构。2022年，行业资产管理规模、收入及人才数量均保持正增长，且规模增速、收入增速均高于人才增速（见图2-126）。四梯队在资产管理规模增速、收入增速、人员增速的结构方面差异显著。超大型机构规模增速和人员增速拉低行业均值；中型机构收入增速拉低行业均值（见图2-127）。

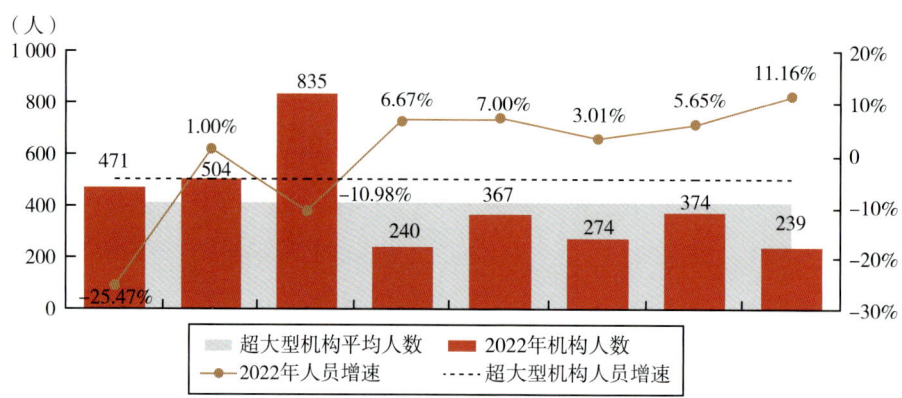

图 2-122　2022年超大型机构人员数量及增速情况

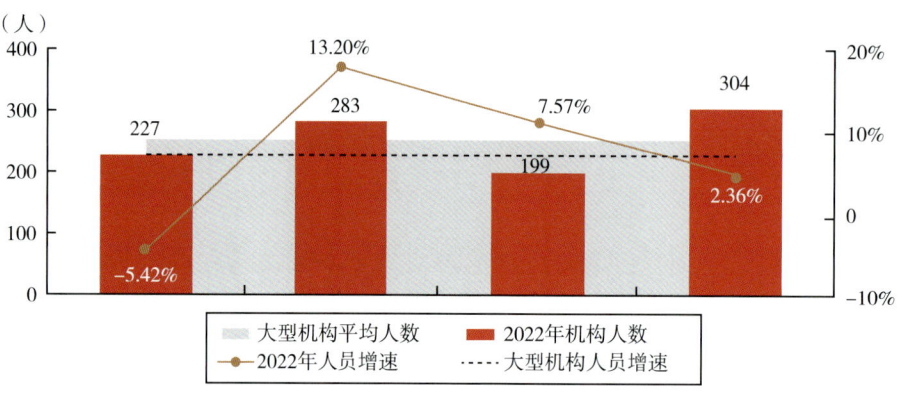

图 2-123　2022年大型机构人员数量及增速情况

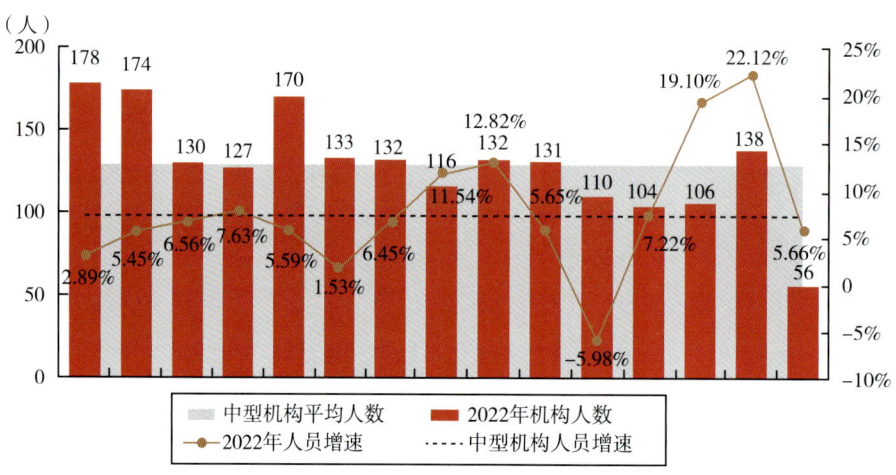

图 2-124　2022年中型机构人员数量及增速情况

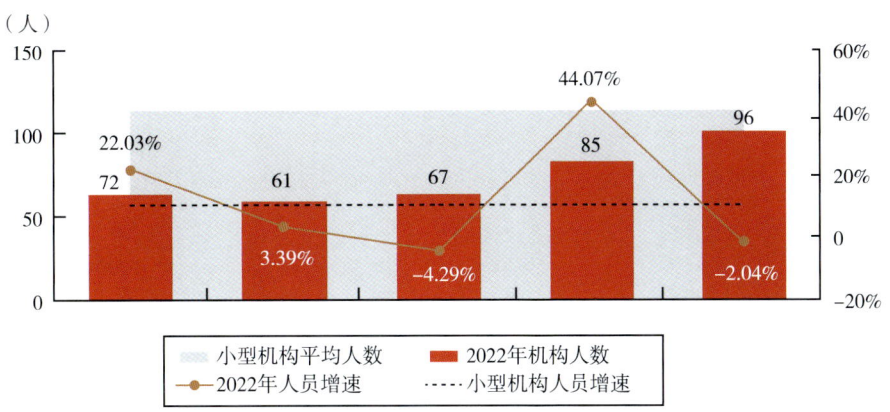

图 2-125　2022 年小型机构人员数量及增速情况

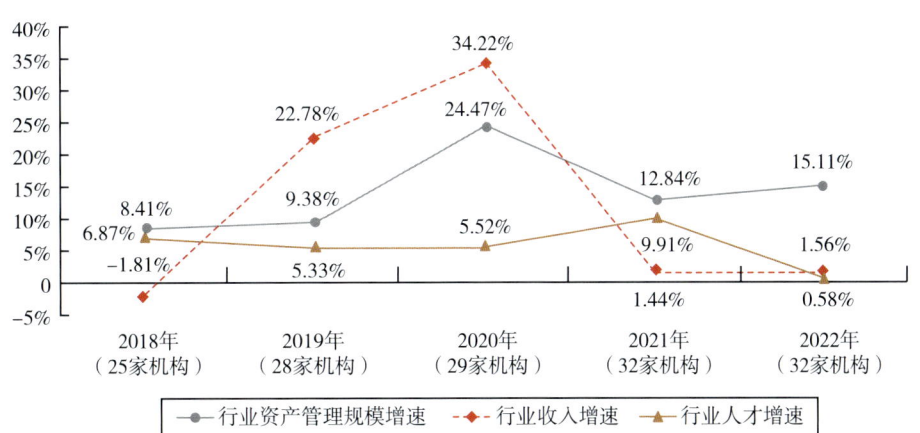

图 2-126　2018—2022 年行业管理规模、收入及人才增速

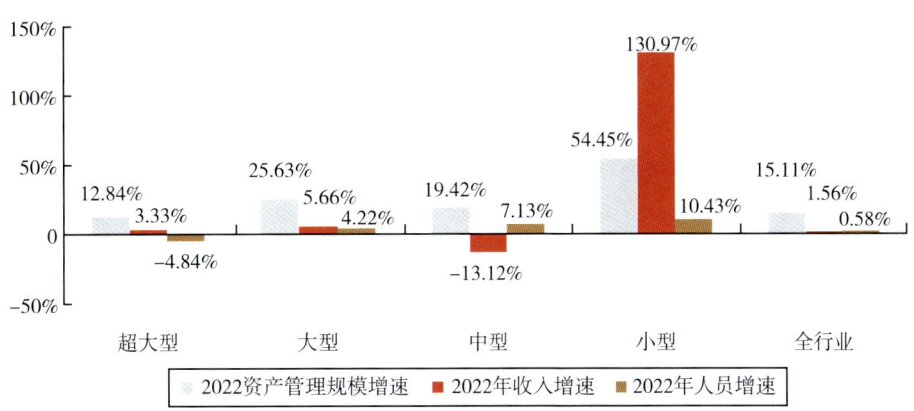

图 2-127　2022 年行业四梯队资产管理规模、收入及人员增速

3. 人才条线。2022 年，全行业各职能条线划分保持基本稳定，初步形成了前台主攻投资研究、产品创设发行，中台严守风控、合规、信评，后台负责运营保障的管理格局（见表 2-12）。

表 2-12　　2022 年保险资产管理公司主要部门职能及业务条线设置

职能		细分领域
前台	投资	不动产投资职能
		公募基金投资
		股票投资
		股权投资
		固定收益投资
		金融产品投资（仅指买方）
		量化投资
		其他
	研究	公司战略规划研究
		股票研究
		行业研究
		宏观研究
		另类研究
		债券研究
		组合管理
	产品	组合类保险资管产品
		债权投资计划、股权投资计划
	营销	销售
		销售支持
中台	法律风控	法律合规
		风险管理
	信评	信评
	投后管理	投后管理
后台	运营支持	信息技术
		运营保障
		品牌管理与宣传
		客服
		其他
	管理服务	高管
		行政综合
		财务
		党群工作
		监察审计
		人力
	交易	其他
	交易	交易

行业四梯队主要条线人才分布情况。从行业各主要条线人才分布看，运营支持、风控合规信评、投资为保险资产管理行业人才数量前三大条线，占比分别为17.74%，16.01%和15.7%（见图2-128）。其中，2022年，风控合规信评条线人员占比超过投资条线，成为第二大条线。从各条线的人员近五年发展看，投资条线人员占比逐年缩减；产品条线占比逐年增加；运营支持条线占比出现五年来首次缩减；风控合规信评、营销、交易、研究、管理服务条线无明显变化（见图2-129）。

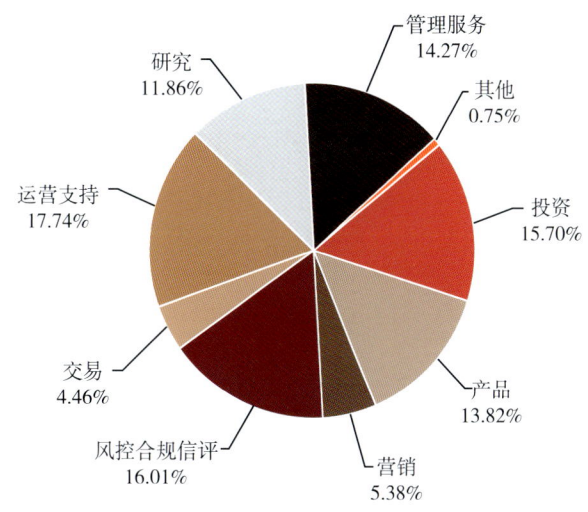

图2-128 2022年保险资产管理业主要条线人才分布

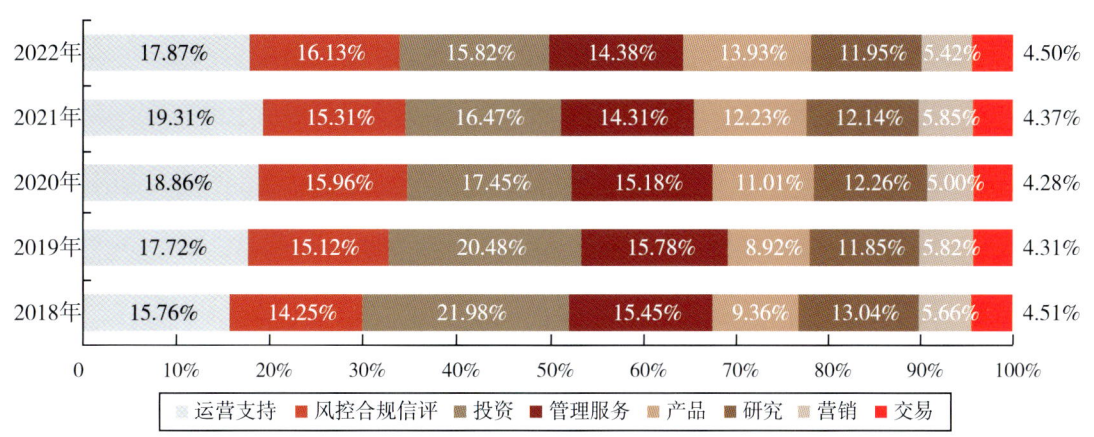

图2-129 2018—2022年全行业各条线人才分布情况

整体来看，产品、风控合规信评、管理服务、交易条线人才连续五年保持正增长，且增速相对平稳。运营支持条线在保持连续四年高增长后出现五年来首次下降。产品条线在增速和增量上均领先于其他条线，但增速较2020年和2021年有所回落。营销条线在经历2021年爆发式增长后，人才数量有所回落。运营支持条线人才数量2022年出现较大幅度下降（见图2-130）。

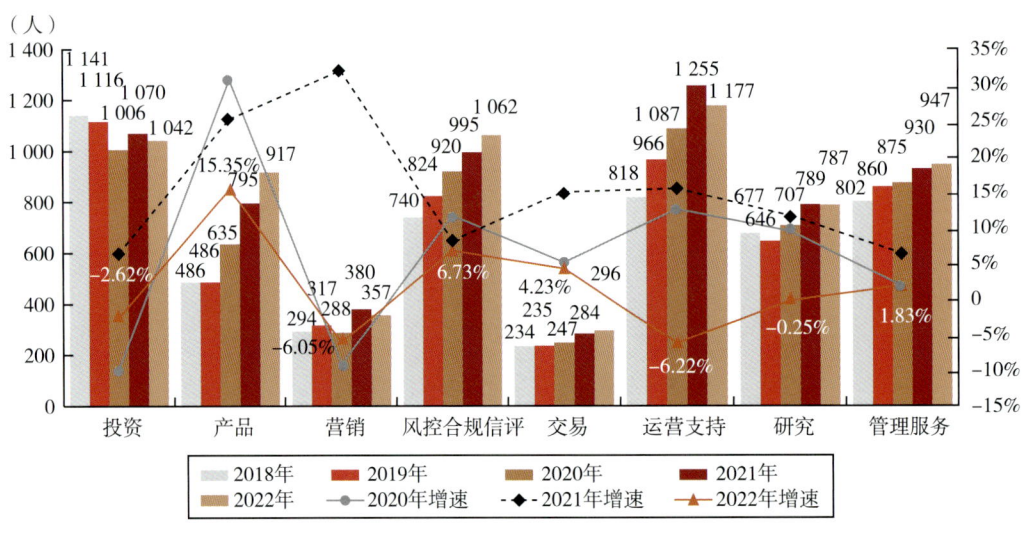

图 2–130　2018—2022 年保险资产管理业各条线人员增长情况

行业四梯队主要条线人才分布及占比情况。从行业四梯队看，各类型机构在人员条线分布上呈现较明显差异（见图 2–131、图 2–132）。其中，超大型机构运营支持条线人员配置优势明显，占比超行业均值 4.4 个百分点；大型机构投资条线的人员配置较为突出，占比超行业均值 6.31 个百分点；中型机构产品、管理服务条线人员占比明显高于行业均值；小型机构产品、风控合规信评、管理服务条线人才占比均高于行业均值，与行业整体人才分布差异较大。

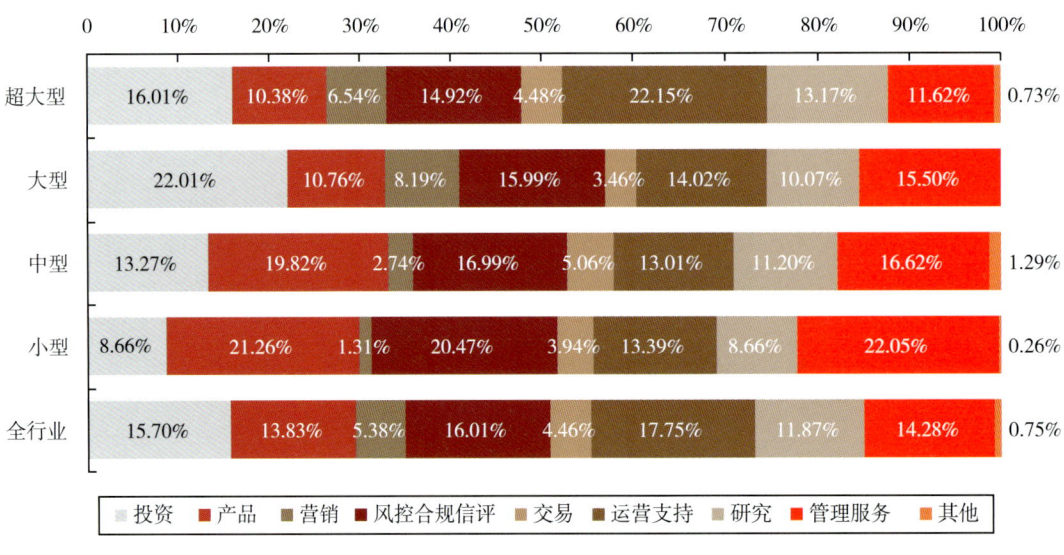

图 2–131　2022 年四梯队各条线人员占比情况

4. 人才需求。行业整体增聘计划收紧，2023 年，除个别条线外，全行业在各细分条线有增聘计划的机构数量均有不同程度下降，个别条线继续保持高需求高增长态势，仅债权投资计划、股权投资计划人才需求维持较高水平，且较上年度需求机构数量有所增长（见图 2–133）。

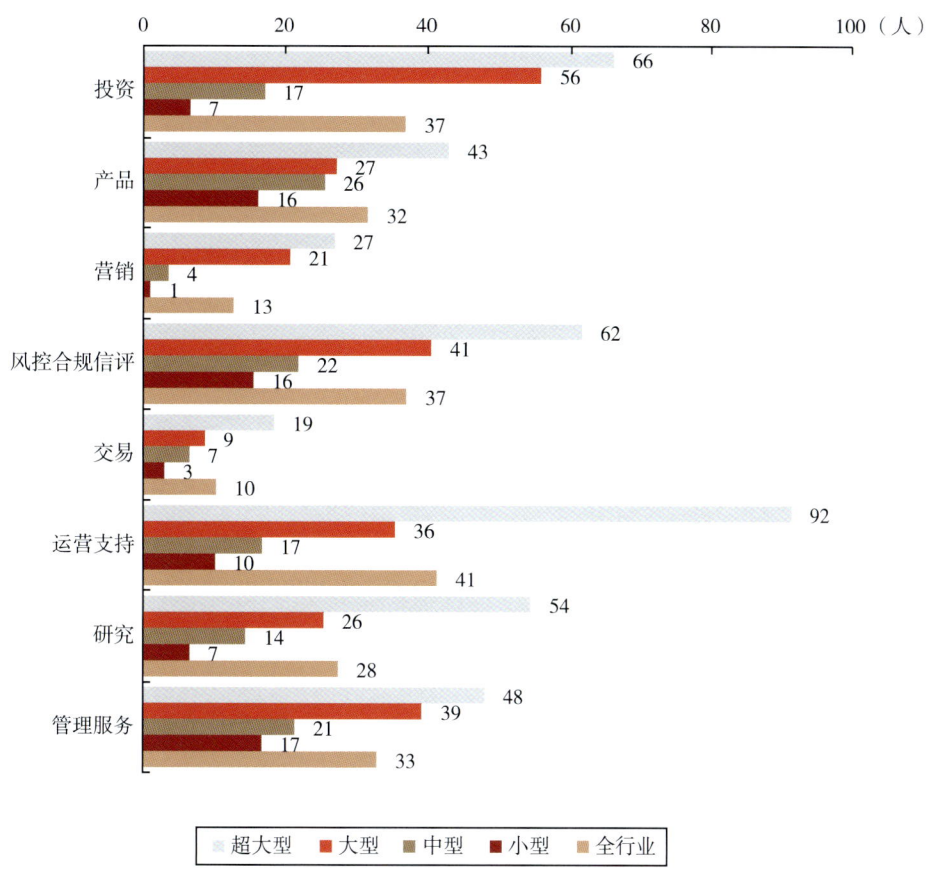

图 2-132 2022 年行业四梯队各条线人员配置平均数量

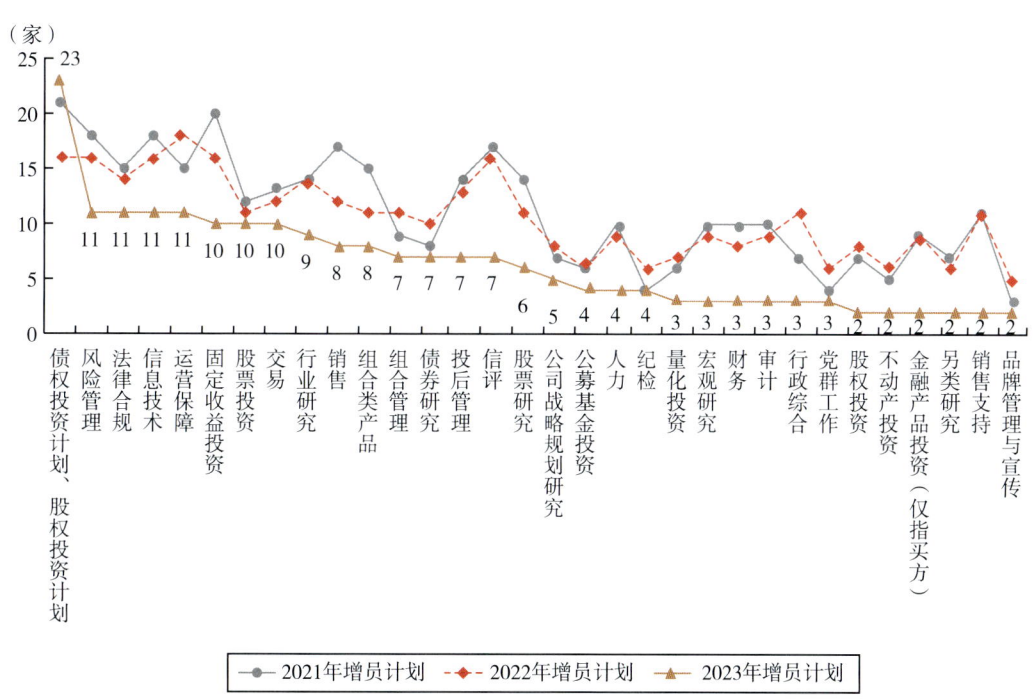

图 2-133 2021—2023 年保险资产管理业各条线机构增聘需求对比

（三）人力效能

1. 人均规模及创收：行业整体恢复增长，各机构发展差异较大。近五年，行业人均管理规模及人均创收情况[①]。人均管理规模方面，人均管理规模大幅增长，增速较上一年度有较大提升，高于近四年的年复合增长率CAGR（9.53%）（见图2-134）。人均创收方面，人均创收和增速较上一年小幅增长，低于近四年的年复合增长率（8.42%）（见图2-135）。

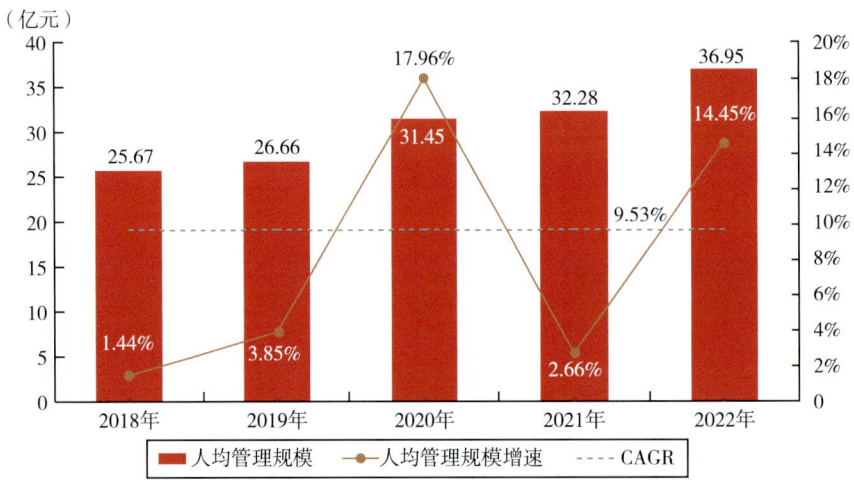

图2-134　2018—2022年人均管理规模及增速情况

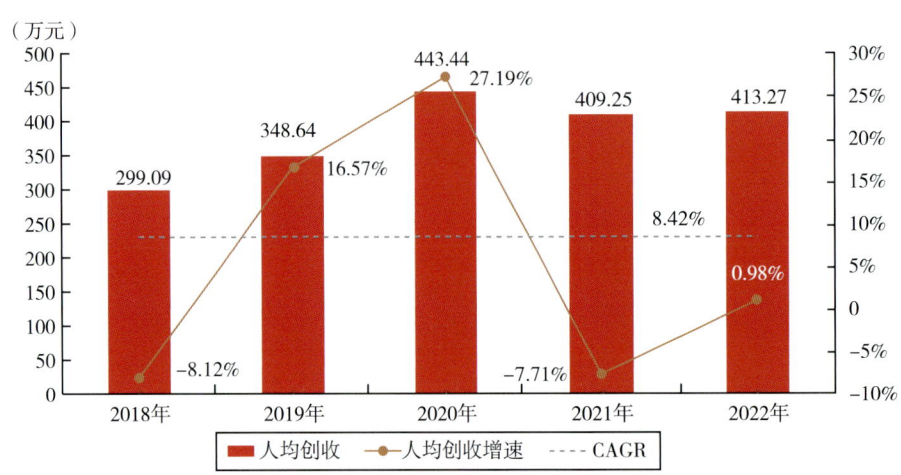

图2-135　2018—2022年人均管理费收入及增速情况

[①] 2022年统计中3家新设机构补充2021年业务数据，故对2021年数据进行追溯调整，有效样本32家。

2. 四梯队人均管理规模及增速情况。

整体看，四梯队人均管理规模变化差异明显。超大型、中型机构人均管理规模为正增长，大型、小型机构人均管理规模有所下降。中型机构人均管理规模连续五年稳健增长，大型和小型机构人均管理规模近三年持续下滑。超大型、小型机构的人均管理规模差距进一步拉大，且与行业均值的差距也在扩大（见图2–136）。

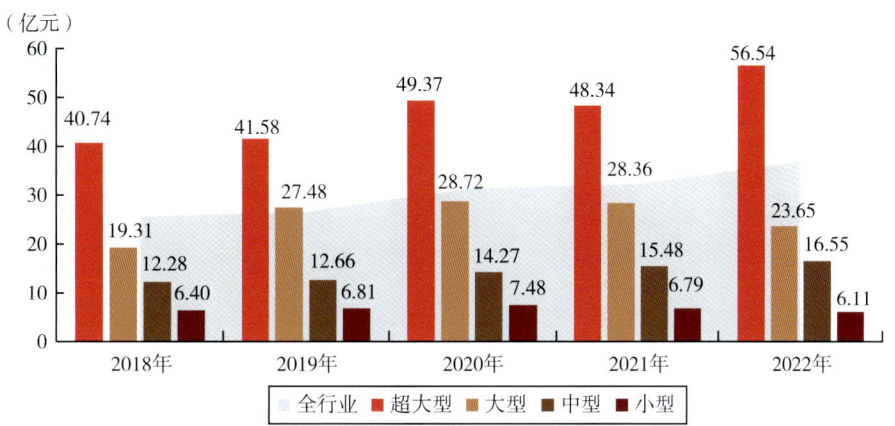

图2–136　2018—2022年行业四梯队人均管理规模

分梯队看，超大型机构方面，各机构人均管理规模均实现了增长；大型机构方面，各机构人均管理规模均实现两位数增长；中型机构方面，仅2家机构人均规模出现了下滑；小型机构方面，各机构人均管理规模增速两极分化；2020—2022年四梯队各机构人均管理规模总体呈增长态势（见图2–137至图2–140）。

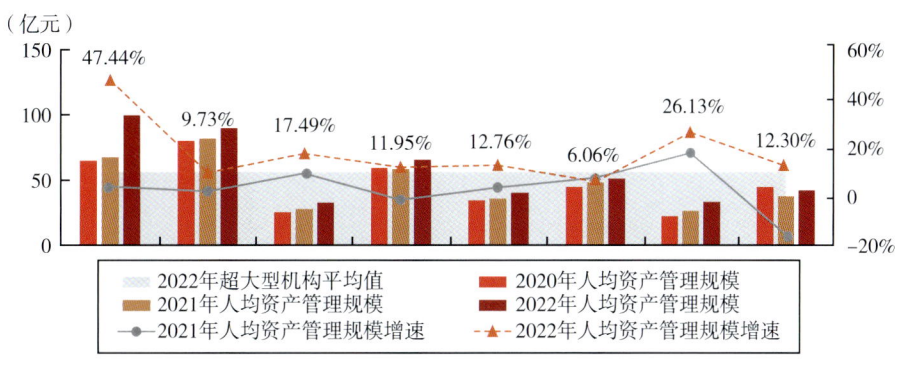

图2–137　2020—2022年超大型机构人均管理规模及增速

3. 行业四梯队人均创收入及增速情况。2022年，超大型、大型和小型机构人均创收同比小幅增加，仅中型机构人均创收出现下滑；中型、小型机构人均创收差距缩小（见图2–141）。2018—2022年，超大型机构连续五年人均创收均高于行业平均水平，且差距不断加大。

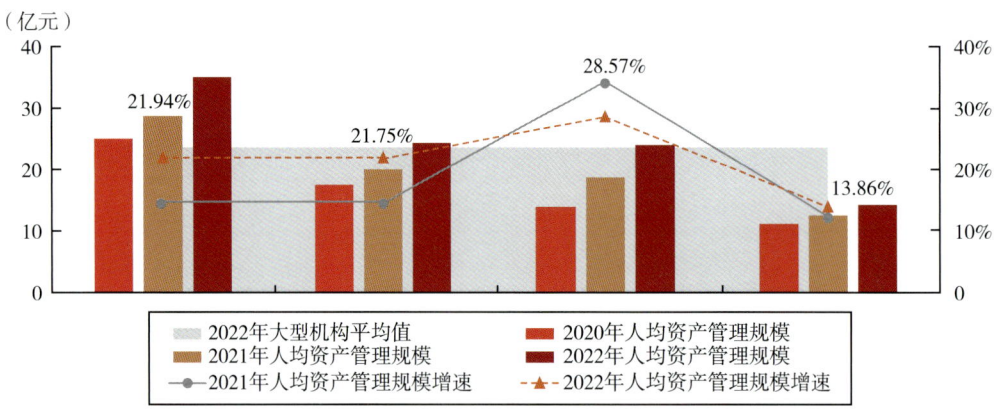

图 2-138　2020—2022 年大型机构人均管理规模及增速

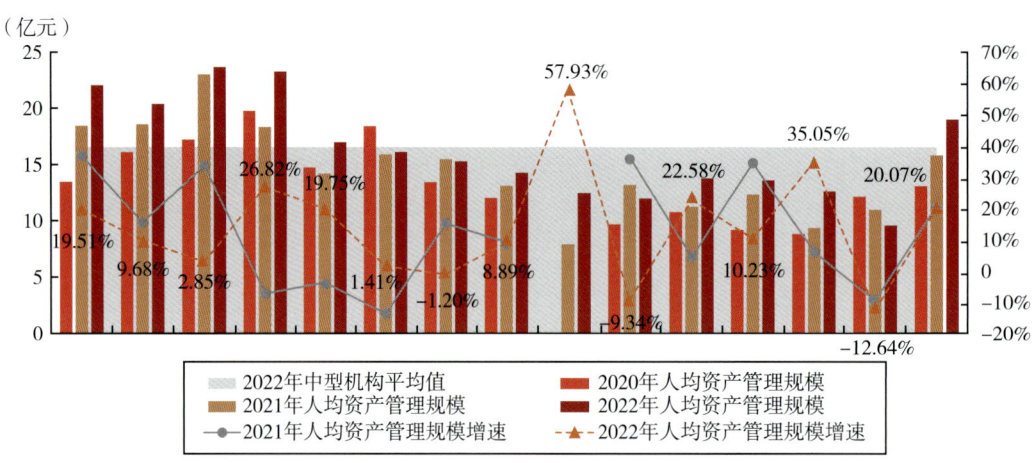

图 2-139　2020—2022 年中型机构人均管理规模及增速

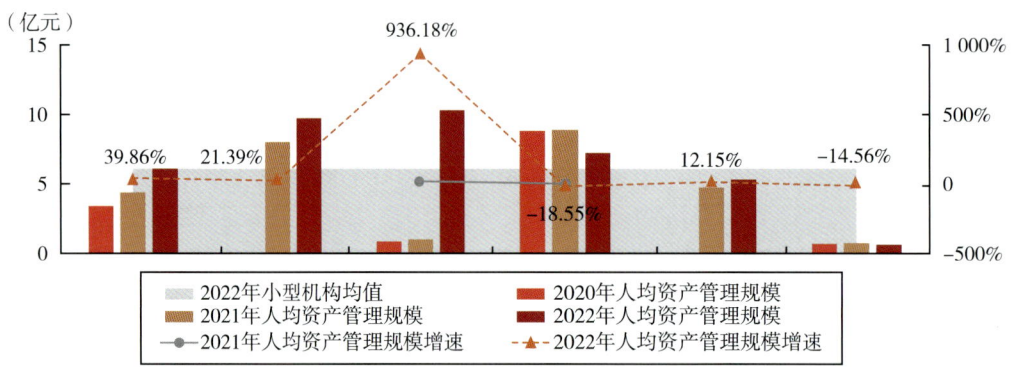

图 2-140　2020—2022 年小型机构人均管理规模及增速

分梯队看，超大型机构方面，3 家机构人均创收出现明显下降，降幅最大机构人均创收同比下降 44.37%。此外，一家机构人均创收大幅增长，涨幅高达 35.02%。大型机构方面，仅 1 家机构人均创收实现正增长，同比增加 31.81%，其他 3 家机构同比均有较大下降，分别下降为 3.43%、3.41% 和 15.95%。中型机构方面，多数机构人均创收同比下降，降幅最高机构同比下降59.76%，仅4家机构人均创收实现正增长。小型机构方面，仅1家机构人均创收同比下降，其余机构人均创收大幅增长（见图2-142至图2-145）。

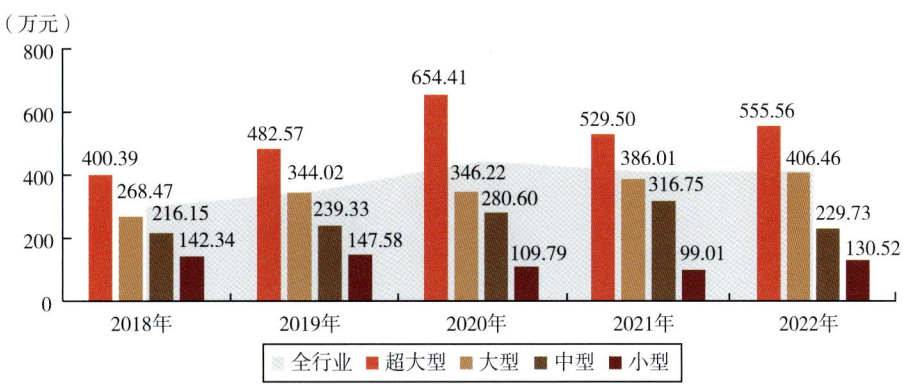

图2-141　2018—2022年行业四梯队机构人均创收情况

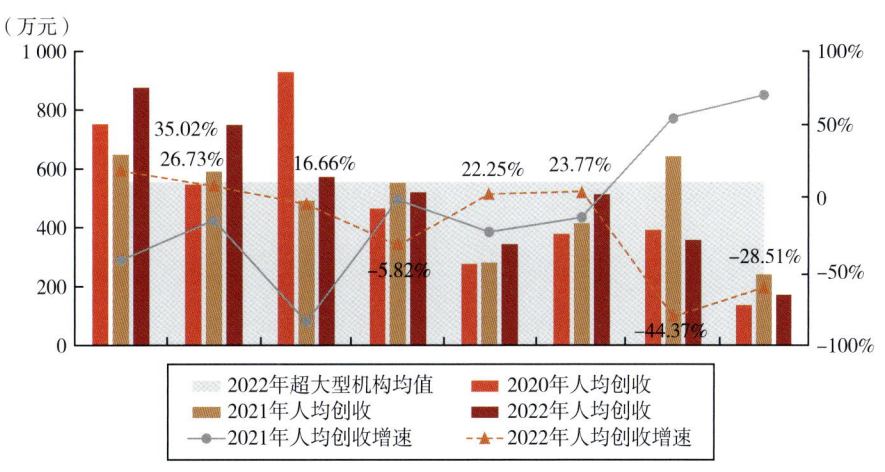

图2-142　2020—2022年超大型机构人均创收及增速

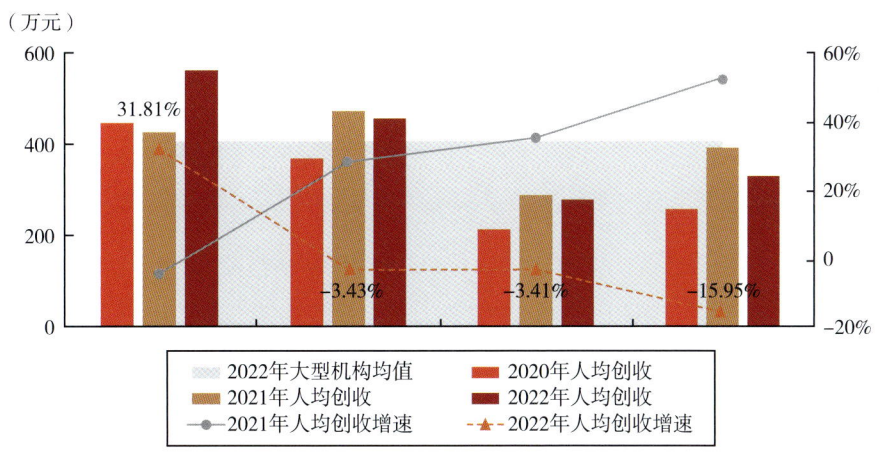

图2-143　2020—2022年大型机构人均创收及增速

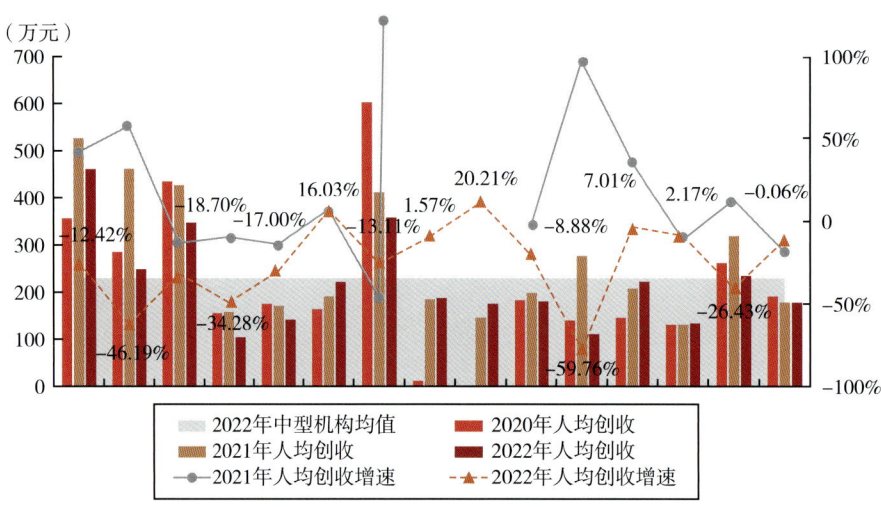

图 2-144 2020—2022 年中型机构人均创收及增速

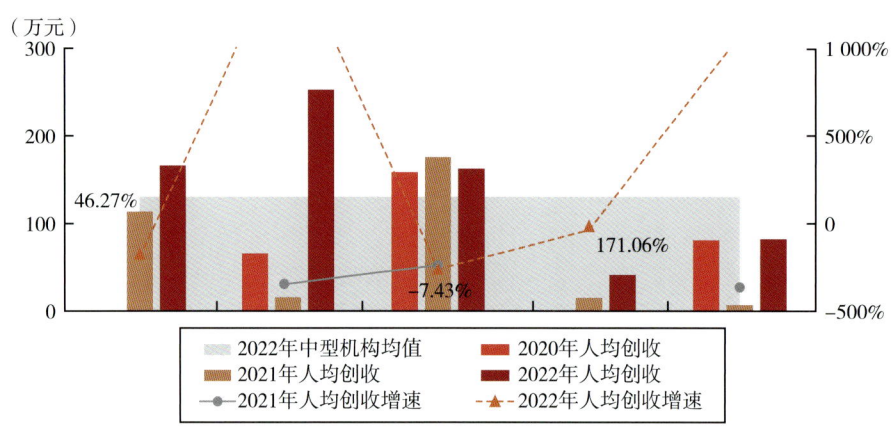

图 2-145 2020—2022 年小型机构人均创收及增速

（四）投资人力配比

投资能力是资产管理机构的核心能力。保险资产管理公司内部各条线人力与投资条线的配比程度，从一定程度上反映出机构在人力配比上的综合能力。从条线细分来看，产品条线方面，中型机构近两年在产品条线的人力配比平均水平领先全行业，除大型机构外，其余类型机构在产品条线的人才配置均得到加强，其中小型机构提升最为显著；研究条线方面，除中型机构外，其余类型机构在研究条线的人才配置均得到加强；风控合规条线方面，各类型机构均加强了在风险合规信评条线的人才配置；运营支持条线方面，超大型机构在运营支持条线的人力配比远超其他类型机构，而大型机构人力配比则远低于行业均值；管理服务条线方面，中小机构在管理服务条线的人力配比较为突出，超出行业均值（见图 2-146、表 2-13）。

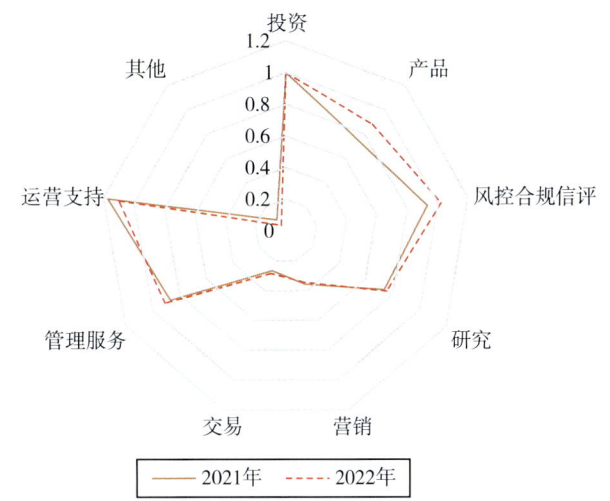

图 2 – 146　2021—2022 年前台投资人员与中后台条线人员配比分析

表 2 – 13　　　　　2021—2022 年四梯队各主要条线与投资条线人力配比情况

规模	投资	产品		交易		研究		营销	
		2021	2022	2021	2022	2021	2022	2021	2022
超大型	1	0.55	0.65	0.27	0.28	0.79	0.82	0.46	0.41
大型	1	0.64	0.49	0.15	0.16	0.43	0.46	0.35	0.37
中型	1	1.30	1.49	0.37	0.38	0.92	0.84	0.22	0.21
小型	1	0.54	2.45	0.22	0.45	0.59	1.00	0.03	0.15
全行业	1	0.74	0.88	0.27	0.28	0.74	0.76	0.36	0.34

规模	投资	风控合规信评		运营支持		管理服务		其他	
		2021	2022	2021	2022	2021	2022	2021	2022
超大型	1	0.89	0.93	1.57	1.34	0.67	0.73	0.15	0.05
大型	1	0.67	0.73	0.64	0.68	0.78	0.70	0.00	0.00
中型	1	1.20	1.28	0.89	1.01	1.27	1.25	0.06	0.10
小型	1	1.10	2.36	0.63	0.81	1.37	2.55	0.00	0.03
全行业	1	0.93	1.02	1.17	1.10	0.87	0.91	0.09	0.05

第三章
2022 年保险公司资金运用情况

截至 2022 年末，共有 206 家保险集团（控股）公司和保险公司（以下统称保险公司）。参与本次调研的保险公司共有 196 家[①]，包括集团公司 12 家、寿险公司 86 家、产险公司 86 家、再保险公司 12 家，涉及投资资产合计 23.86 万亿元。为全面剖析展示保险公司资金运用情况，根据资金运用规模、机构类型、发展阶段等，将 196 家机构从四个维度进行了分类（见表 3-1）。

表 3-1　　　　　　　　　　参与调研的保险公司分类维度表　　　　　　　　　　（单位：家）

维度	分类	标准	2020 年末 机构数量	2021 年末 机构数量	2022 年末 机构数量
规模	超大型	投资资产在 5 000 亿元以上	8	8	8
	大型	投资资产在 1 000 亿~5 000 亿元之间	20	21	23
	中型	投资资产在 100 亿~1 000 亿元之间	49	52	51
	小型	投资资产在 100 亿元以下	97	90	90
	集团、再保险		22	23	24
类型	集团		12	12	12
	寿险		87	86	86
	产险		87	85	86
	再保险		10	11	12
发展阶段	有关联方保险资产管理公司		73	73	76
	无关联方保险资产管理公司		123	121	120
	总计		196	194	196

一、资产配置情况

（一）整体情况

1. 保险资金大类资产配置数据[②]。2022 年，参与调研的 196 家保险公司投资资产规模合计 23.86 万亿元，同比增速为 9.96%。其中，债券 9.96 万亿元，股票、公募基金（不含货基）和组合类产品 4.42 万亿元，银行存款（含现金及流动性资产）3.10 万亿元，债权投资计划和信托计划 2.64 万亿元，股权资产 1.86 万亿元，投资性房地

[①] 本章数据来源于中国保险资产管理业协会开展的"2022—2023 年中国保险资产管理行业运行调研"——保险公司调研，参与调研的保险公司共有 196 家。

[②] 由于本小节不涉及年间对比，选取的数据样本为参与 2022 年调研的 196 家寿险、产险、集团和再保险。

产0.48万亿元,境外资产0.46万亿元。从不同类型公司来看,寿险20.50万亿元,占比86%;产险1.90万亿元,占比8%;集团1.15万亿元,占比5%;再保险0.32万亿元,占比1%(见图3-1)。从不同规模来看,寿险中超大型机构投资规模占比71%;产险中大型机构投资规模占比68%(见图3-2、图3-3)。

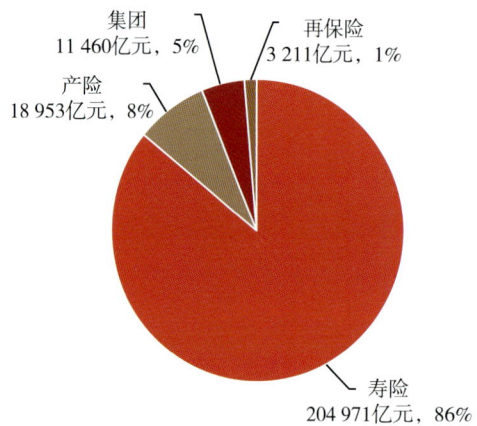

图3-1 2022年不同类型保险机构投资规模占比

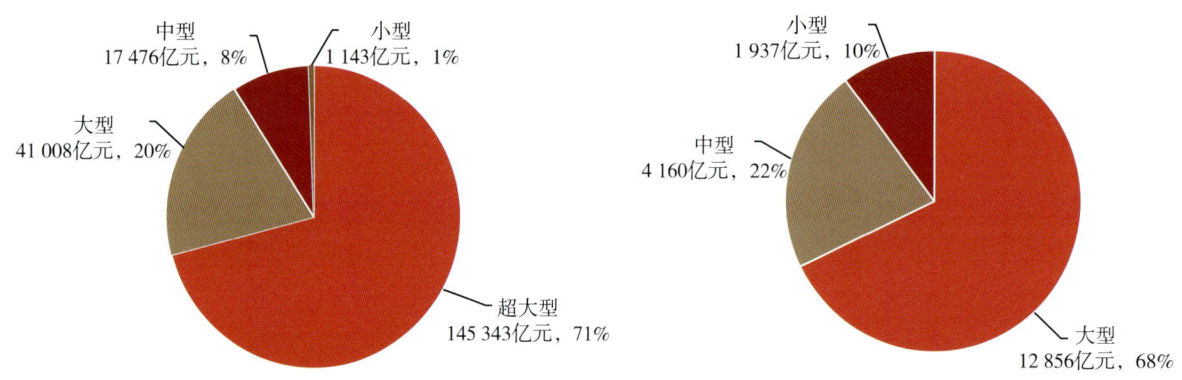

图3-2 2022年不同类型寿险投资规模占比　　　图3-3 2022年不同类型产险投资规模占比

2. 保险资金资产配置结构①。2022年末,保险资金持续稳健配置,整体保持以利率债、信用债和银行存款(含现金及流动性资产)为主的配置结构,合计占比55%,同比基本持平。从具体资产来看,现金及流动性资产占比4.3%,同比上升0.4个百分点;银行存款占比8.5%,同比下降0.6个百分点;债券占比42.2%(利率债27.8%,信用债14.4%),同比上升0.4个百分点(利率债上升1.7个百分点,信用债下降1.3个百分点);股票占比7.5%,同比上升0.4个百分点;公募基金(不含货基)占比5.4%,同比上升0.5个百分点;组合类保险资产管理产品占比5.1%,同比上升0.4

---

① 由于本小节涉及年间对比,为统一数据口径,选取的数据样本为同时参与2020年、2021年和2022年的185家寿险、产险、集团和再保险。下同。

个百分点；债权投资计划占比5.5%，同比下降0.3个百分点；信托计划占比7.8%，同比下降0.8个百分点；股权投资占比7.8%，同比下降0.1个百分点；投资性房地产、境外投资各占2%，其中投资性房地产同比下降0.2个百分点、境外投资基本持平。

从年间对比来看，2020—2022年资产占比上升前三位为：利率债上升6.2个百分点，组合类产品（固收类）上升0.9个百分点，公募基金（债券型）上升0.8个百分点；资产占比下降前三位为：信用债下降3.1个百分点，信托计划下降2.1个百分点，银行存款下降1.5个百分点（见图3-4）。

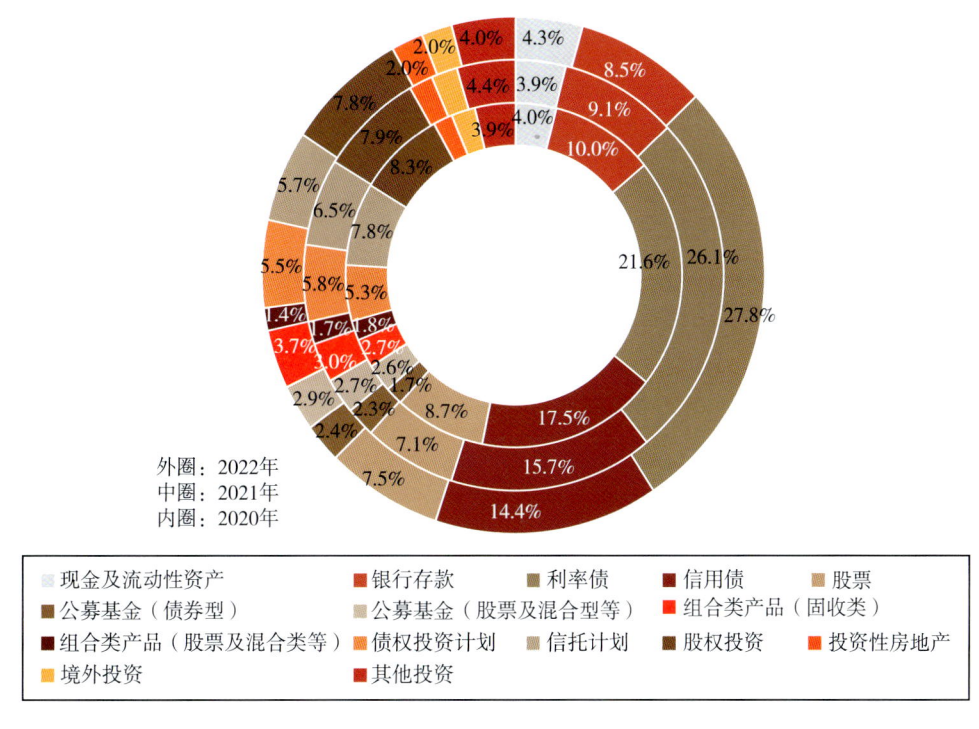

图3-4　2020—2022年保险资金大类资产配置结构

3. 主要资产规模增长情况。2022年末，除组合类产品（股票及混合类等）、信托计划和其他投资规模下降，其余各类主要资产的投资规模均有不同程度的增幅（见图3-5）。其中，投资规模增速前三为组合类产品（固收类）（36.52%）、现金及流动性资产（21.71%）、投资性房地产（20.85%）；组合类产品（股票及混合类等）减少305亿元，同比下降8.43%；信托计划、其他投资规模分别同比下降3.86%、0.30%。

4. 子类资产配置结构及增速情况。2022年末，保险资金各子类资产配置结构与增速存在一定特点与变化：

从银行存款（含现金及流动性资产）配置来看，2022年末，协议存款占比34.1%，较上年末下降了4.7个百分点，规模下降4.57%；定期存款占比27.9%，较上年末上升了1个百分点，规模增速12.95%；银行活期存款占比12.7%，较上年末上升了3.40个百分点，规模增速48.91%（见图3-6、图3-8）。

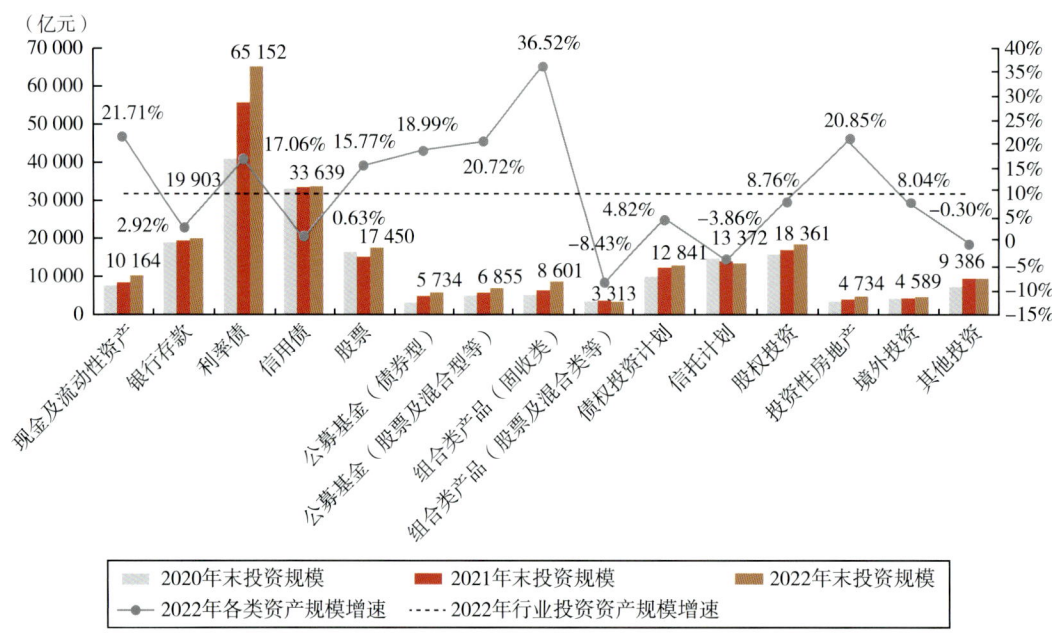

图3-5　2020—2022年保险资金主要资产配置规模及增长率情况

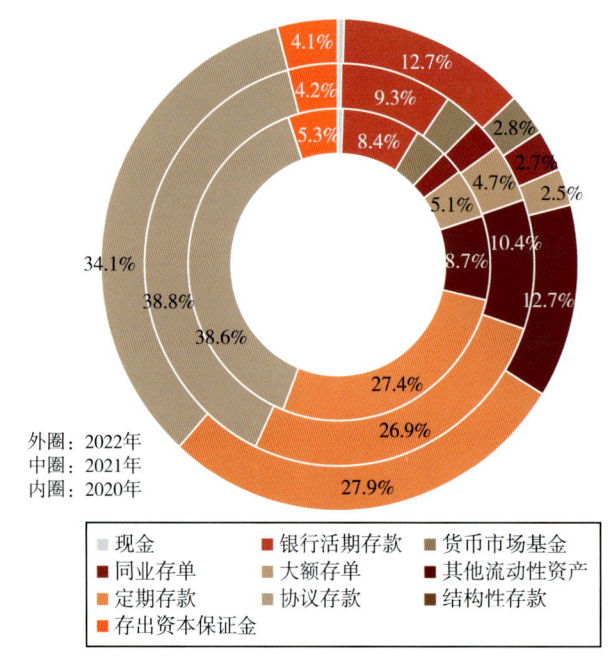

图3-6　2020—2022年现金及流动性资产与银行存款资产配置比例

从债券配置来看，2022年末，国债及（准）政府债占比为65.9%，较上年末上升了3.4个百分点，规模增速17.06%；金融企业（公司）债占比为15.1%，较上年末上升了1.4个百分点，规模增速22.78%；非金融企业（公司）债占比为18.9%，较上年末下降了4.9个百分点，规模下降12.07%（见图3-7、图3-8）。

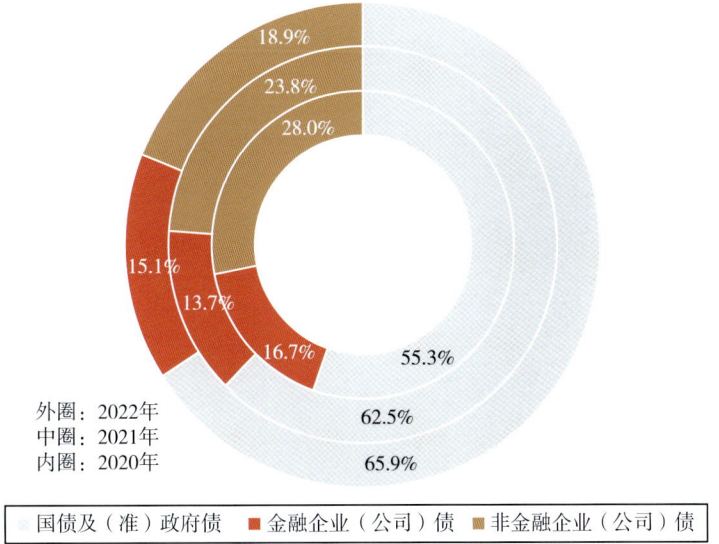

图 3-7 2020—2022 年债券资产配置比例

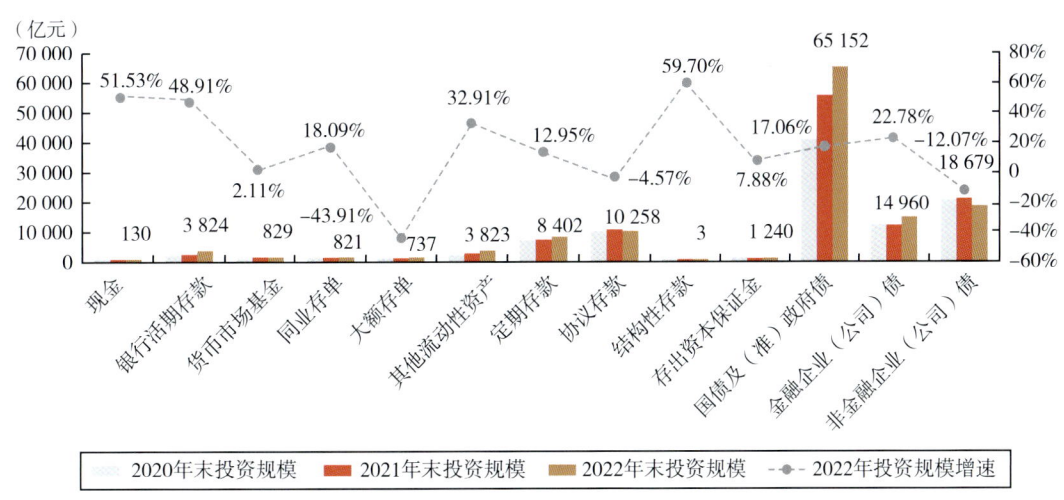

图 3-8 2020—2022 年流动性资产、存款、债券子类资产配置规模及增速

从股票配置来看，2022 年末，上市普通股票占比 77.3%，较上年末上升了 1.9 个百分点，规模增速 18.6%；港股通、沪伦通占比 22.7%，较上年末下降了 1.9 个百分点，规模下降 7.09%（见图 3-9、图 3-12）。

从公募基金（不含货币型基金）配置来看，2022 年末，股票型公募基金规模增长显著，占比为 30.30%，较上年末增加了 2 个百分点，规模增速达到 28.29%；债券型公募基金和混合型公募基金分别较上年末下降了 0.4 个百分点和 1.7 个百分点，连续两年占比下降，规模增速分别为 18.99% 和 12.2%。此外，2022 年末，保险资金投资基础设施公募 REITs 规模约 133 亿元，同比增加 81 亿元，同比增长 156%（见图 3-10、图 3-12）。

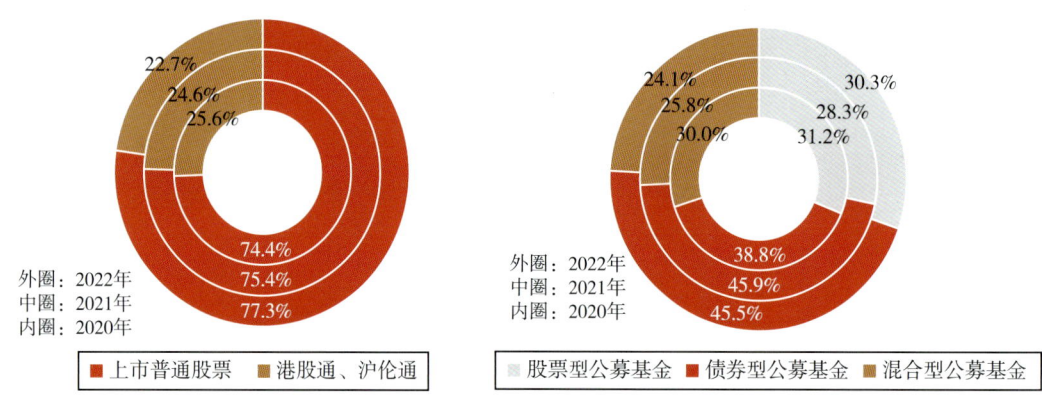

图 3-9 2020—2022 年股票资产配置比例

图 3-10 2020—2022 年公募基金资产配置比例

从组合类保险资产管理产品配置来看，2022 年末，固定收益类组合类产品占比最大（72.2%），较上年末上升了 8.7 个百分点，规模增速 36.52%；权益类组合类产品占比 21.9%，较上年末下降了 10.3 个百分点，规模下降 18.31%；混合类组合类产品占比 5.9%，较上年末上升了 1.7 个百分点，规模增速 66.65%（见图 3-11、图 3-12）。

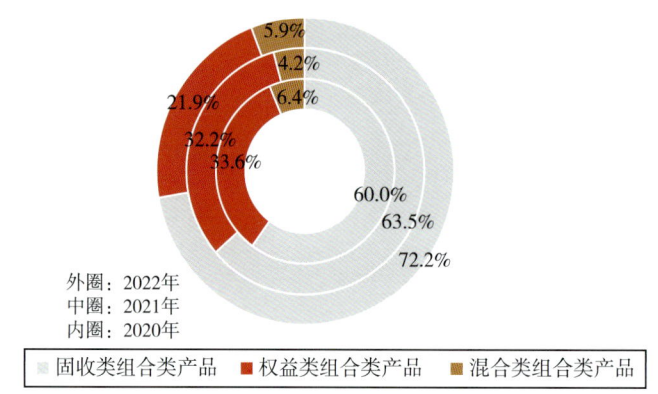

图 3-11 2020—2022 年组合类产品资产配置比例

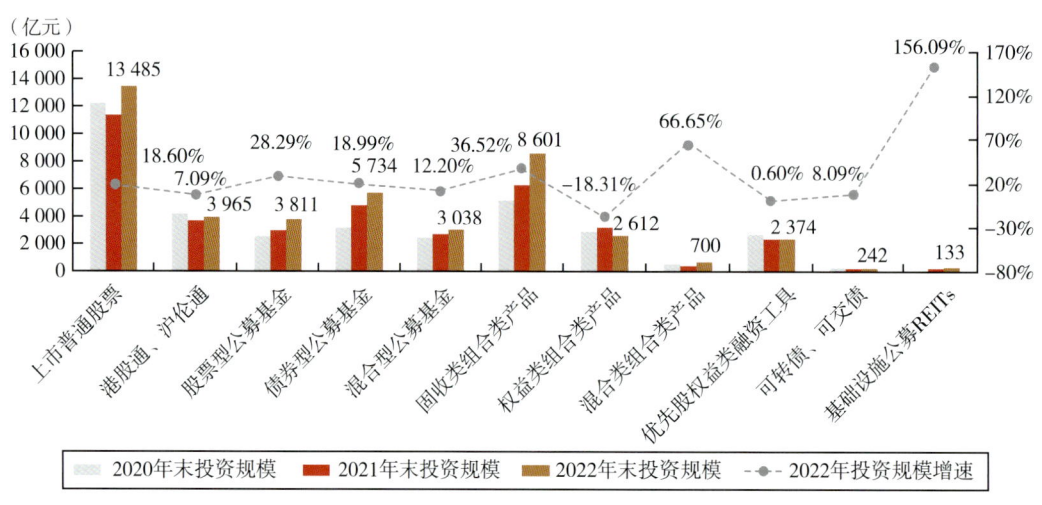

图 3-12 2020—2022 年股票、公募基金与组合类产品资产配置规模及增速

从境外资产[①]配置来看，2022年末，境外普通股占比26%，规模下降4.54%；境外直接股权投资占比24%，境外间接股权投资（私募股权基金）占比14%，境外未上市股权投资规模增速50.87%；境外投资性房地产占比12%，规模下降13.51%（见图3-13、图3-14）。

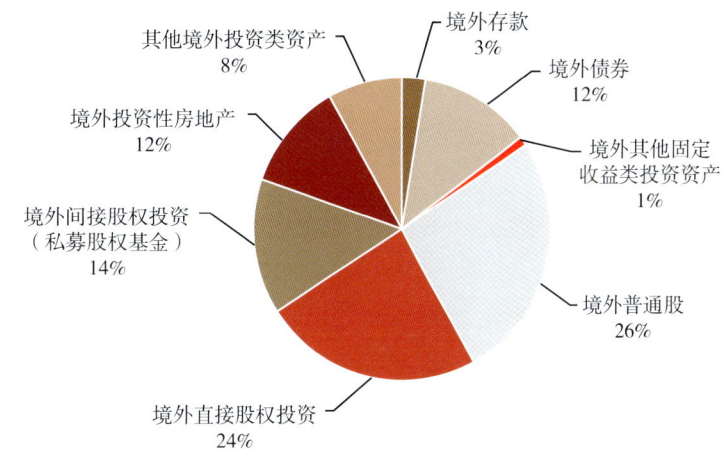

图3-13 2022年境外投资资产配置比例

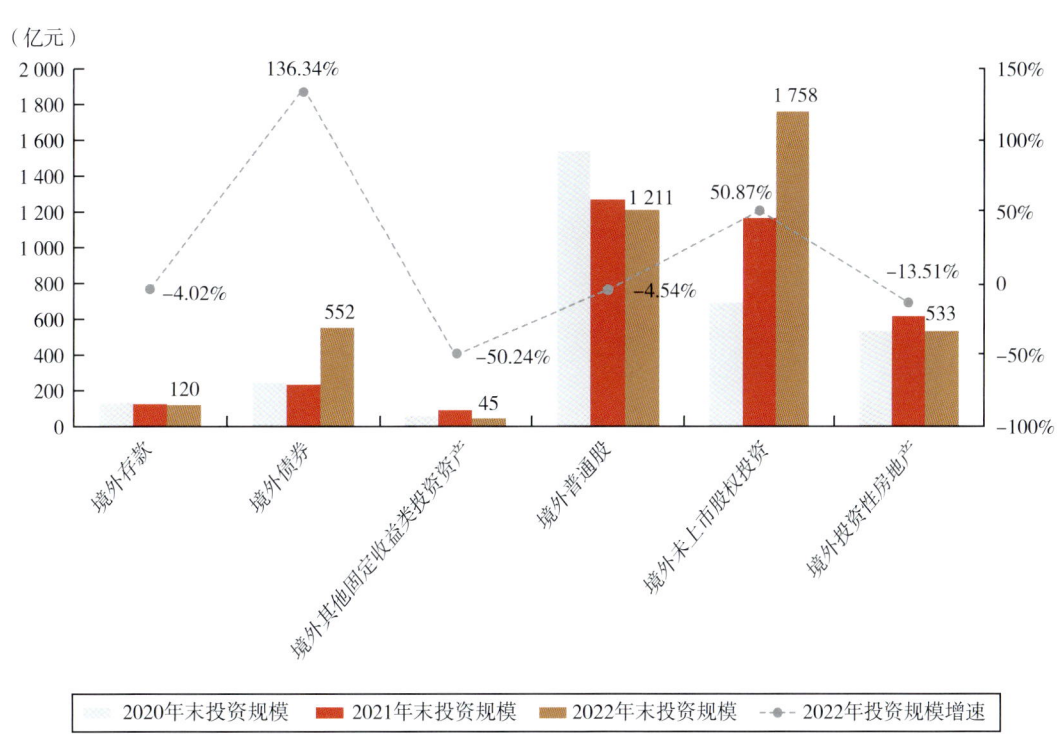

图3-14 2020—2022年境外投资资产配置规模及增速

[①] 境外未上市股权投资为境外直接股权投资与境外间接股权投资（私募股权基金）之和。

（二）资产配置结构差异

1. 不同类型保险公司资产配置差异（见图3-15）。

一是寿险[①]资产配置结构与行业总体结构趋同。寿险资金投资资产规模占行业总投资资产规模的86%，因此行业整体资产配置结构受寿险的影响较大。此外，因寿险资金的长期性与资产负债匹配要求，相比产险、集团和再保险，寿险配置利率债显著（30.7%），配置信用债也相对较高（13.9%）。从年间对比来看，寿险配置利率债、股票、股权投资比例更高，分别较上年末上升了1.9个百分点、0.4个百分点和0.3个百分点。

二是产险[②]配置信用债和银行存款的比例较其他类型保险公司更高，利率债相对较低。2022年末，信用债、银行存款和利率债是产险配置比例最高的三类资产，占比分别为18.7%、14.8%和13.1%，三者合计占比将近一半。从年间对比来看，产险配置利率债较上年末上升了1.7个百分点。

三是保险集团[③]配置股权类资产大幅高出其他类型的保险公司，主要系其持有保险子公司股权，且本级资金投资一般以实现集团整体战略规划、资本管理为目标。2022年末，股权投资、股票和信用债是保险集团配置比例最高的三类资产，占比分别为38.3%、14.4%和12.1%。从年间对比来看，保险集团配置信用债比例较上年末上升了2.6个百分点。

四是再保险[④]债券投资占比将近五成，股票和基金配置比例较低。2022年末，信用债、银行存款和利率债是再保险配置比例最高的三类资产，占比分别为28.5%、15.0%和14.4%。从年间对比来看，再保险配置银行存款和信托计划比例分别较上年末上升了2.1个百分点、0.5个百分点。

2. 不同规模寿险公司资产配置差异。超大型、大型寿险配置利率债和股票比例更高；中型寿险配置债权投资计划、信托计划更高；小型寿险配置信用债、组合类固收类产品、债权投资计划比例更高。具体来看，超大型寿险配置债券的比例保持较高水平，其中2022年末利率债的配置比例34.1%，同比上升2个百分点，连续两年上升较多。此外，配置股票比例同比上升0.6个百分点，配置信用债和信托计划的比例同比分别下降1.7个百分点和1.1个百分点。大型寿险配置比例最高的资产

[①] 为统一数据口径，选取的数据样本为同时参与2020年、2021年和2022年的82家寿险。
[②] 为统一数据口径，选取的数据样本为同时参与2020年、2021年和2022年的81家产险。
[③] 为统一数据口径，选取的数据样本为同时参与2020年、2021年和2022年的12家集团。
[④] 为统一数据口径，选取的数据样本为同时参与2020年、2021年和2022年的10家再保险。

是利率债，占比22.5%，同比上升1.3个百分点；组合类固收类产品同比上升1.7个百分点，信用债和信托计划同比分别下降1.1个百分点和0.2个百分点。中型寿险配置利率债的占比有所提高，同比上升2.0个百分点；信用债、信托计划同比分别下降0.9个、0.6个百分点。小型寿险配置信用债比例最高，占比18.2%，同比下降0.7个百分点；利率债比例低于其他类型的寿险（18.0%），但同比上升6.1个百分点；银行存款、组合类固收类产品占比相对较高，同比分别下降2.6个百分点、上升0.8个百分点（见图3-16）。

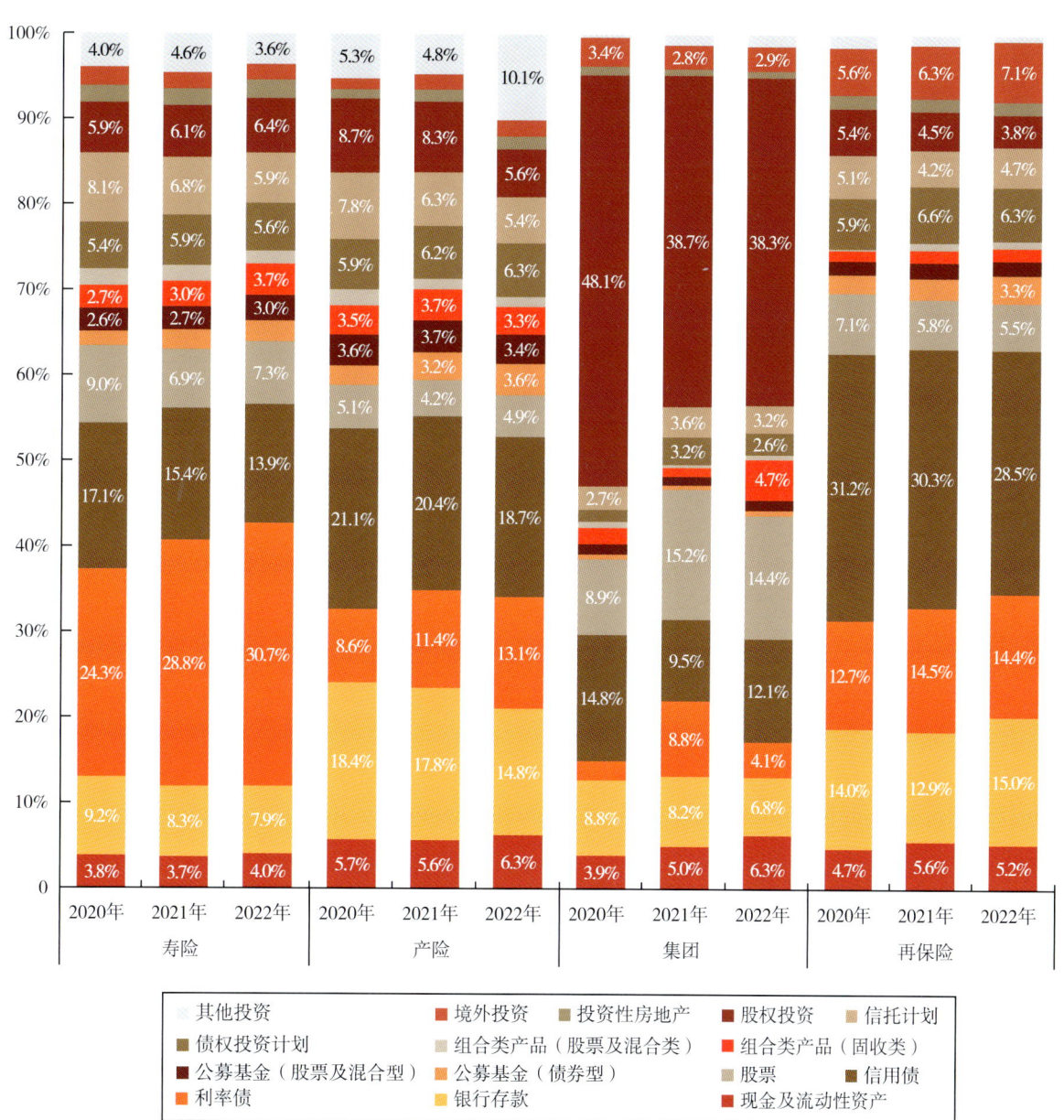

图3-15 2020—2022年不同类型的保险公司资产配置构成

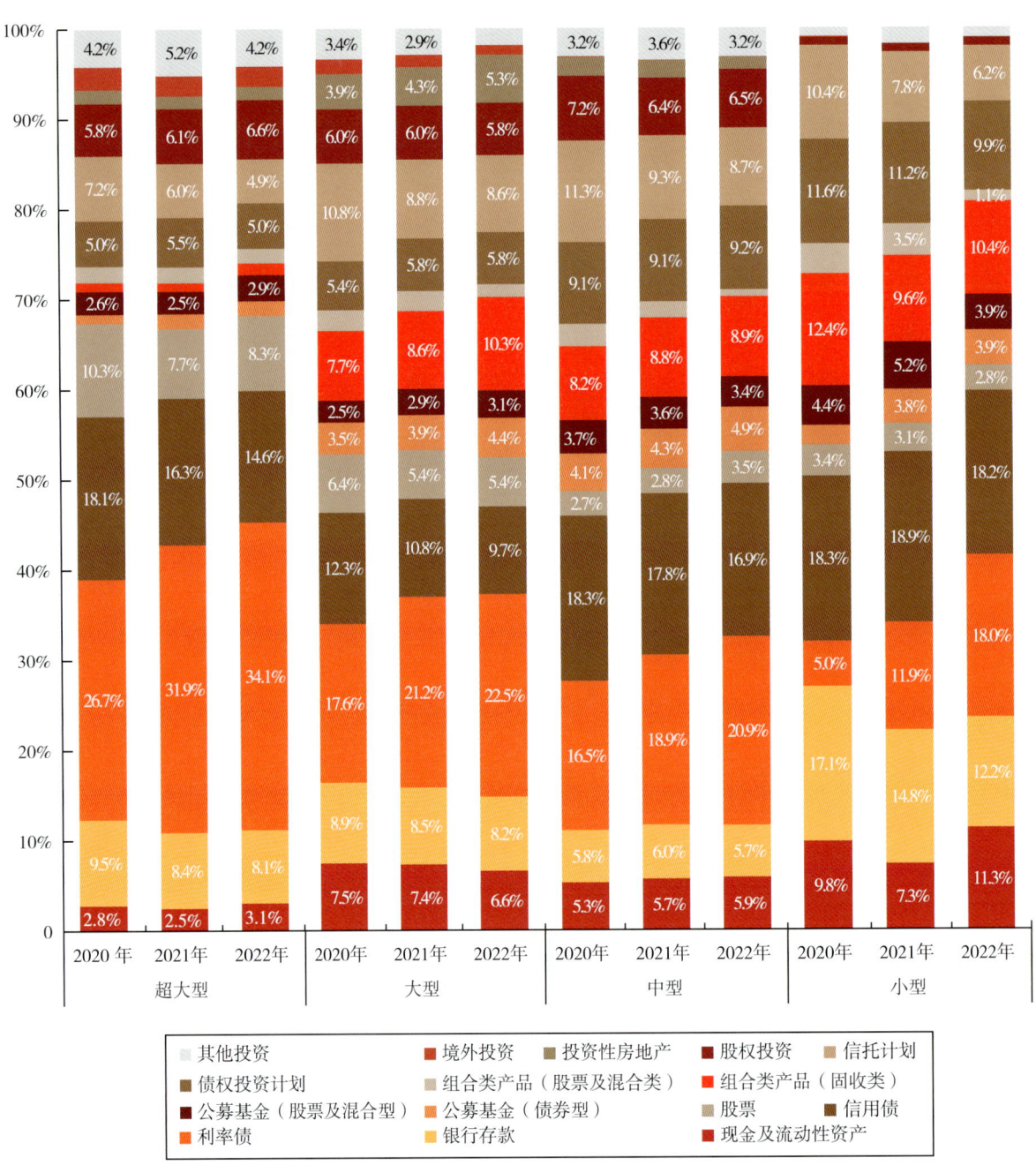

图 3-16　2020—2022 年不同规模寿险资产配置构成

3. 不同规模产险公司资产配置差异。产险公司整体配置信用债占比超过利率债，大型产险配置债券更高（大型产险机构投资规模占产险的 68%），中型产险配置信用债、股票、信托计划更高，小型产险配置银行存款（含流动性资产）和固收类组合类产品更高。具体来看，大型产险配置比例最高的资产是信用债（17.5%）、利率债（16.2%）；从年间对比来看，利率债和股票配置比例同比分别上升 2.2 个和 0.9 个百分点。中型产险配置比例最高的资产是信用债（24.1%）和现金及流动性资产（9.7%）；从年间对比来看，信托计划同比下降 1.3 个百分点，股票同比上升 0.5 个百分点。小型产险配置比例最高的资产是银行存款（23.2%）和现金及流动性资产（19.9%）；从年间对比来看，信用债和组合类固收类产品配置比例同比分别上升1个和0.8个百分点（见图3-17）。

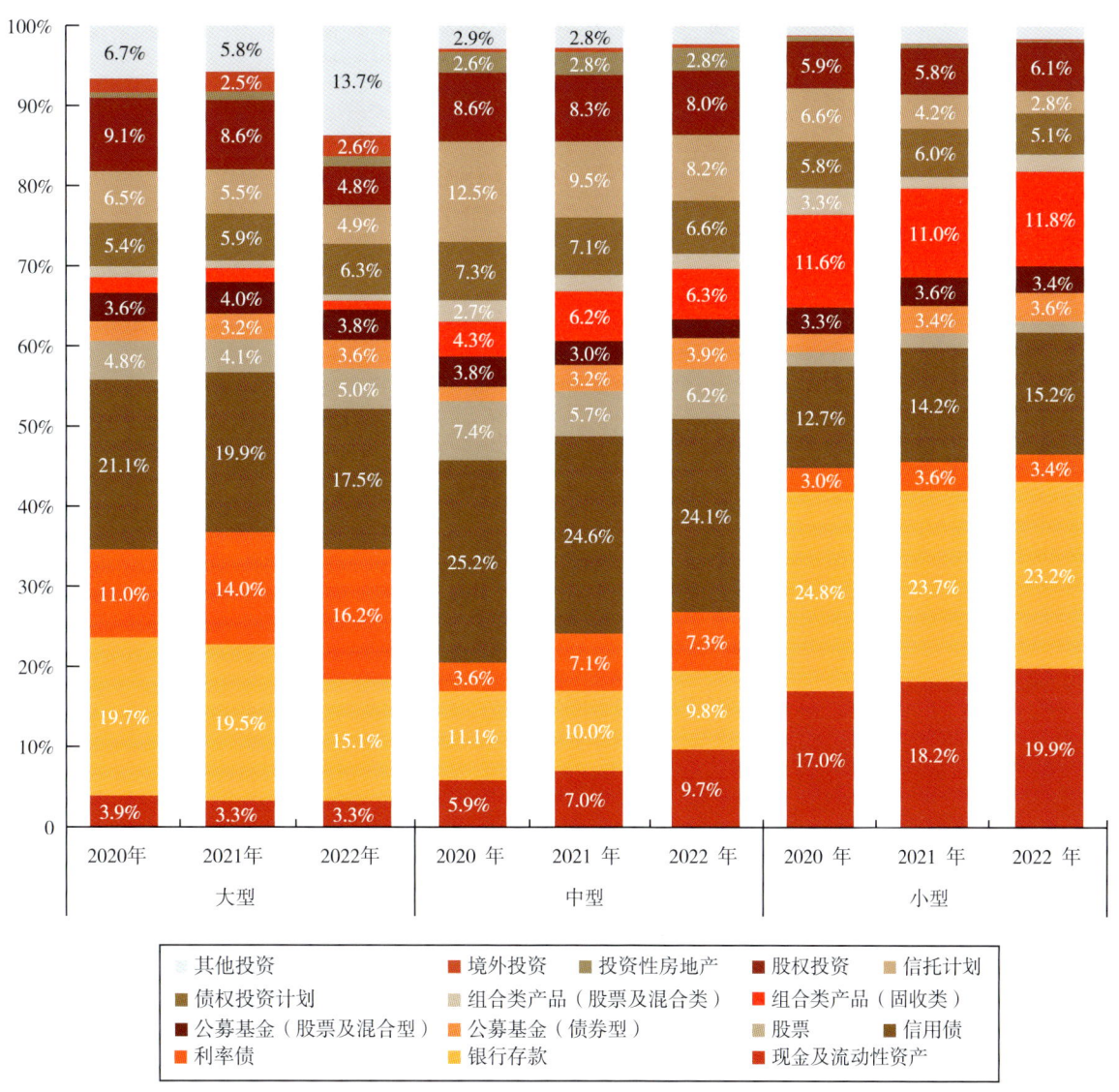

图 3-17 2020—2022年不同规模产险资产配置构成

（三）投资收益情况

1. 整体情况。2022年，保险公司综合/财务投资收益率[①]集中区间较2021年有所下降，且财务投资收益率高于综合收益率（见图3-18至图3-21）。综合收益率方面，2022年行业综合收益率分布整体集中在3%以内，机构数量合计占比75%（2021年

---

① 本小节在历年同比时，使用有效数据为同时参加近三年调研且反馈收益率数据的185家机构。

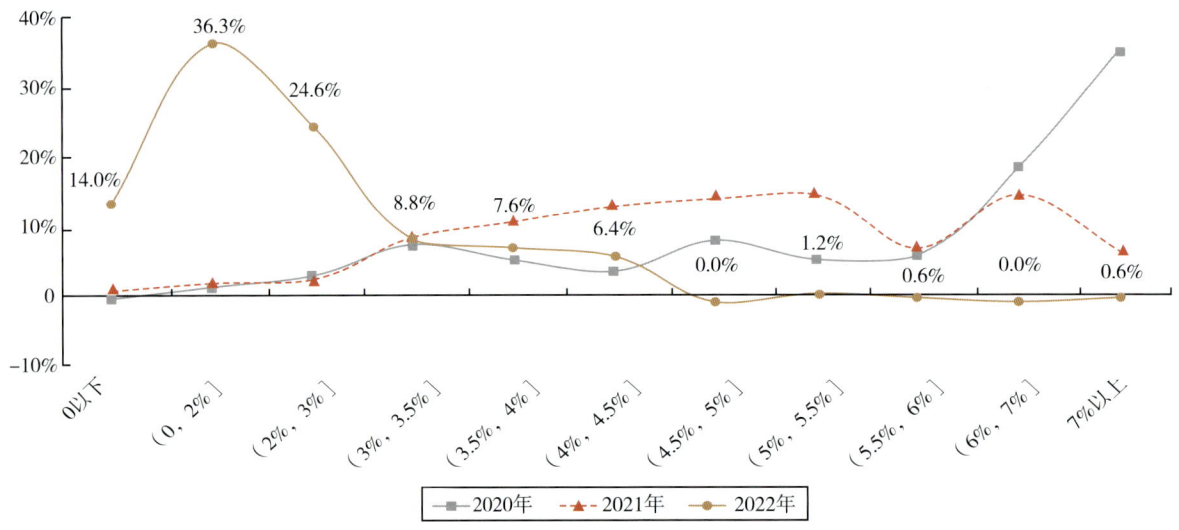

图 3-18 2020—2022 年保险公司的综合投资收益率区间分布

注：有效数据为 171 家保险公司。

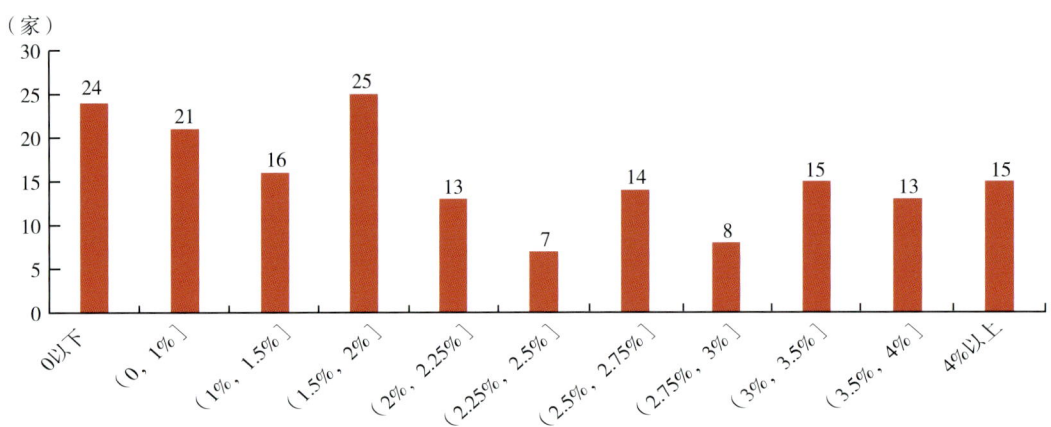

图 3-19 2022 年综合投资收益率区间机构数量分布

注：有效数据为 171 家保险公司。

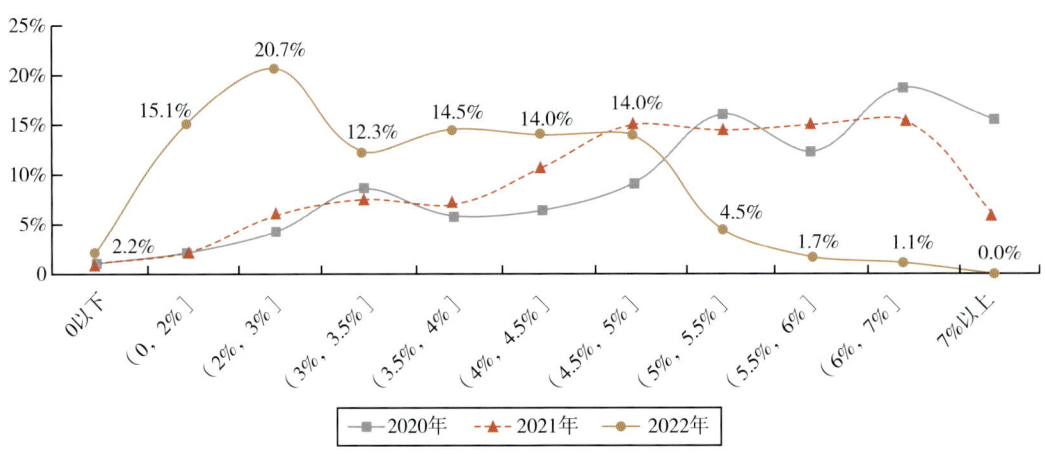

图 3-20 2020—2022 年保险公司的财务投资收益率区间分布

注：有效数据为 178 家保险公司。

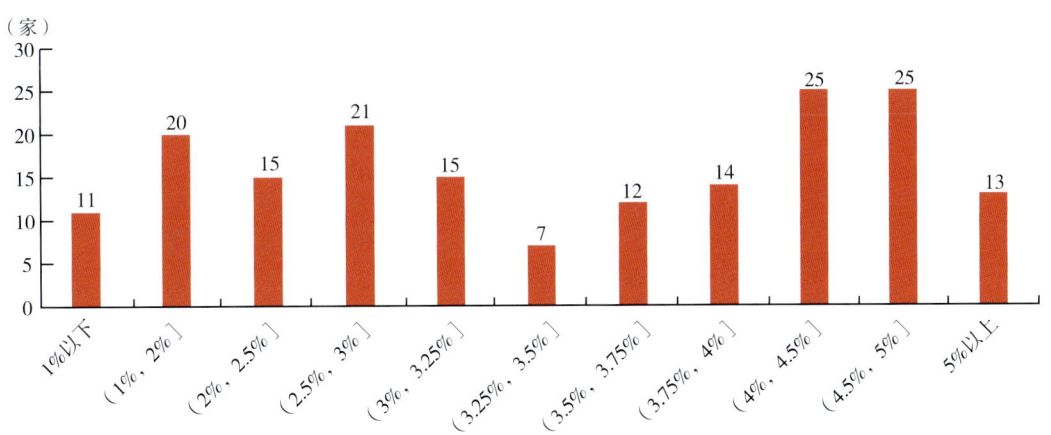

图 3-21 2022 年财务投资收益率区间机构数量分布

注：有效数据为 178 家保险公司。

七成以上的机构综合收益率不超过 5.5%），其中综合收益率中位数位于 1.5% ~ 2% 之间；位于 1.5% ~ 2% 之间的机构数量最多，达到 25 家。财务收益率方面，2022 年行业财务收益率相对较高，整体集中于 0 ~ 4% 之间，机构数量合计近 50%（2021 年 65% 的机构财务收益率集中于 4% ~ 6.5% 之间），其中财务收益率中位数位于 3.25% ~ 3.5% 之间；位于 4% ~ 5% 之间的机构数量最多，达到 50 家。

2. 综合投资收益率与投资资产规模、配置结构的关系。从投资规模看，综合投资收益率不超过 3% 的机构投资规模占比超过 91%（机构数量占比 75%），其中综合投资收益率在 2% ~ 3% 之间的机构，合计投资资产规模最高，占比 58.3%（2021 年综合收益率在 4% ~ 5% 之间的保险公司合计投资资产规模最高，占比 42.5%）。从配置结构看，收益率在 4% 以上的 15 家保险公司配置在利率债、债权投资计划、信托计划相对比例更高（见图 3-22、图 3-23）。

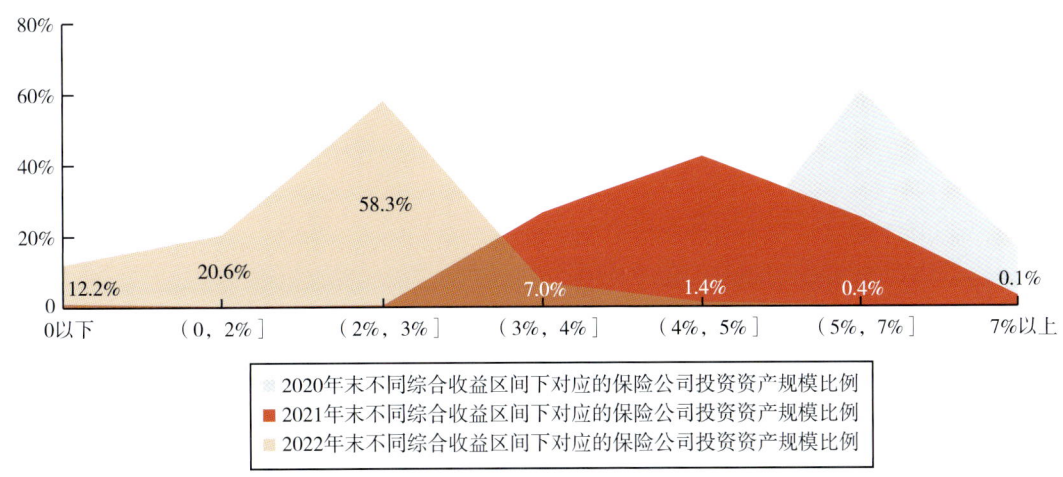

图 3-22 2020—2022 年不同综合收益率区间对应的各保险公司的投资规模

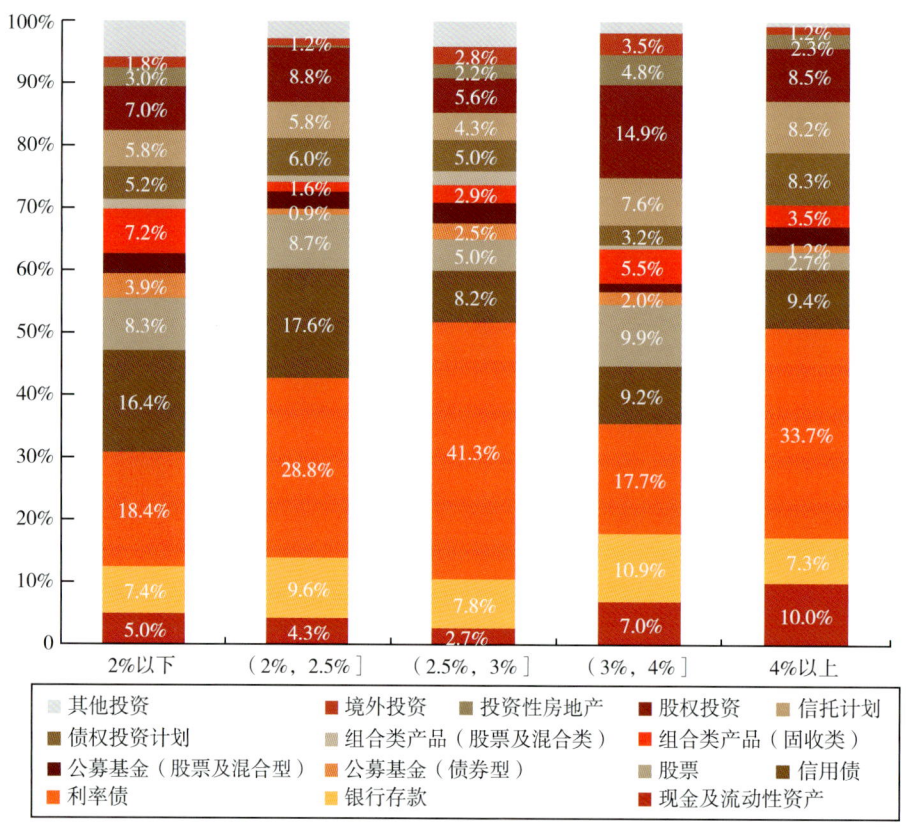

图 3-23 2022 年不同综合收益率区间对应的各类资产配置结构

3. 各类资产的综合投资收益率分布。2022 年，除存款外主要资产的综合投资收益率均有不同程度的亏损。具体来看，权益类资产中，境内上市权益收益率机构集中反馈在 0 以下（2021 年一半机构的权益收益率分布在 6% 以上），境外上市权益收益率半数机构反馈在 0 以下（与 2021 年基本持平）。金融产品中，债权投资计划收益率分布在 3.5%~4.5% 之间的机构数量上升（2021 年集中在 4.5%~6% 之间），信托计划收益率分布在 3.5%~5% 之间的机构数量上升（2021 年集中在 4.5%~6% 之间）。固收类资产中，定期存款及协议存款收益率集中在 3.5%~5% 之间；利率债、信用债和其他固收产品（含债券型基金、固收类组合类产品等）收益率分布在 3.5% 以下的机构数量在显著上升，且均反馈有亏损机构（见图 3-24）。

4. 不同规模保险公司的投资收益率。超大型寿险、大型寿产险的收益率水平相对集中且稳健；中型寿险、小型产险的财务收益率水平较高且相对分散（见图 3-25 至图 3-28）。综合收益率方面，超大型寿险主要集中在 1.5%~3% 之间，机构数量占比 75%；大型寿险峰值出现在 2%~2.5% 之间（5 家）；中型寿险峰值出现在 1.5%~2% 之间（8 家）；小型寿险峰值出现在 0 以下（3 家机构）。大型产险峰值出现在 2.5%~3% 之间（2 家）；中型产险峰值出现在 0 以下（4 家）；小型产险峰值出现在 2.5%~3% 之间（9 家）。

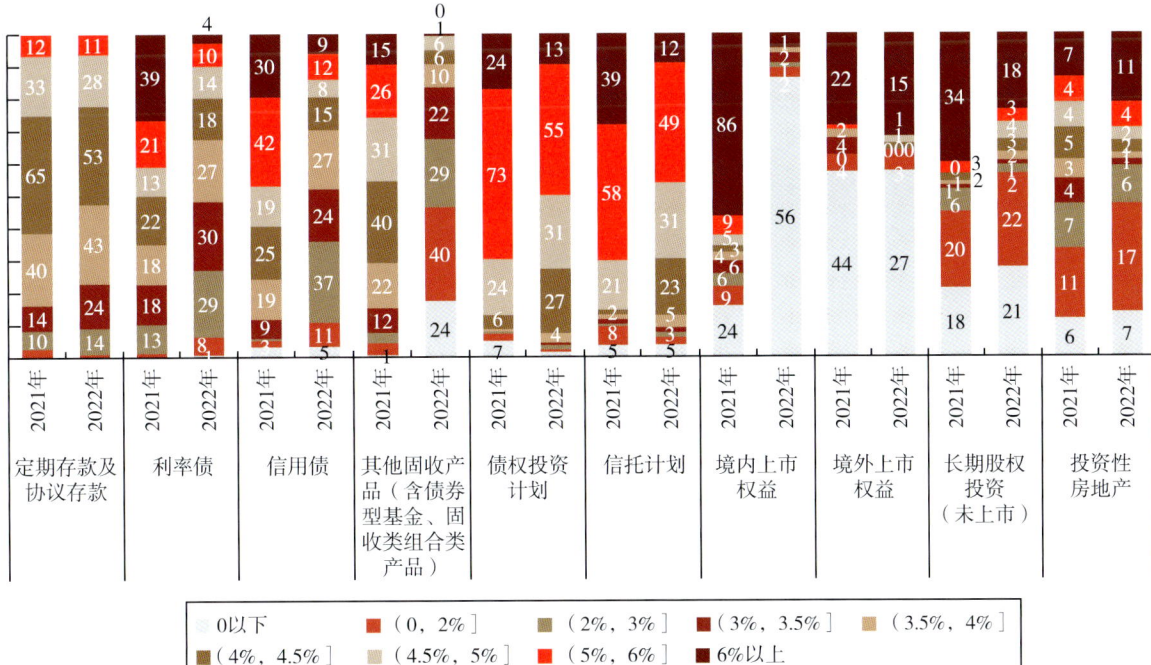

图 3-24 2021—2022 年主要资产的综合收益率区间分布（机构数量：家）

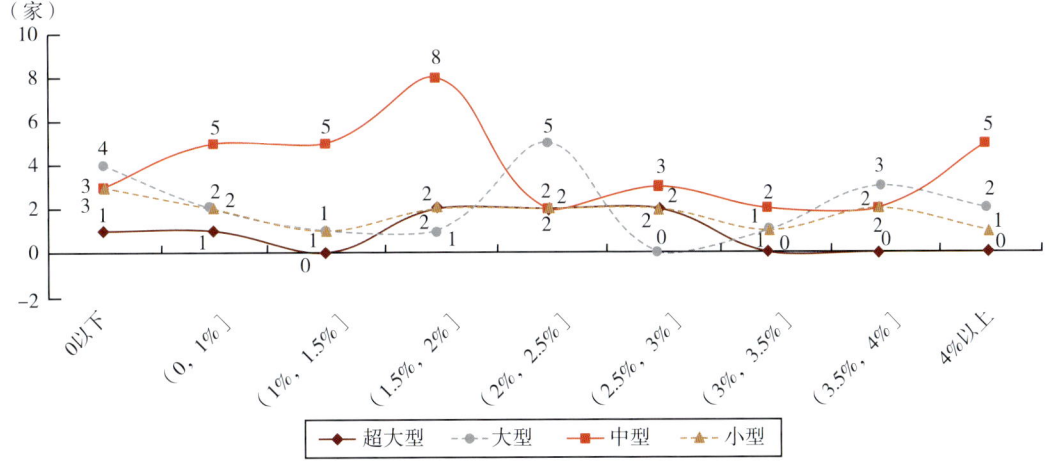

图 3-25 2022 年寿险综合投资收益率区间分布

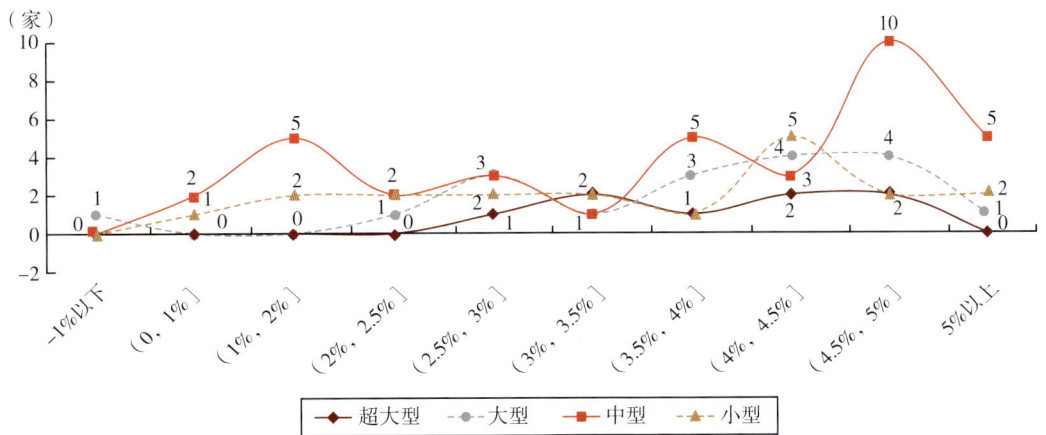

图 3-26 2022 年寿险财务投资收益率区间分布

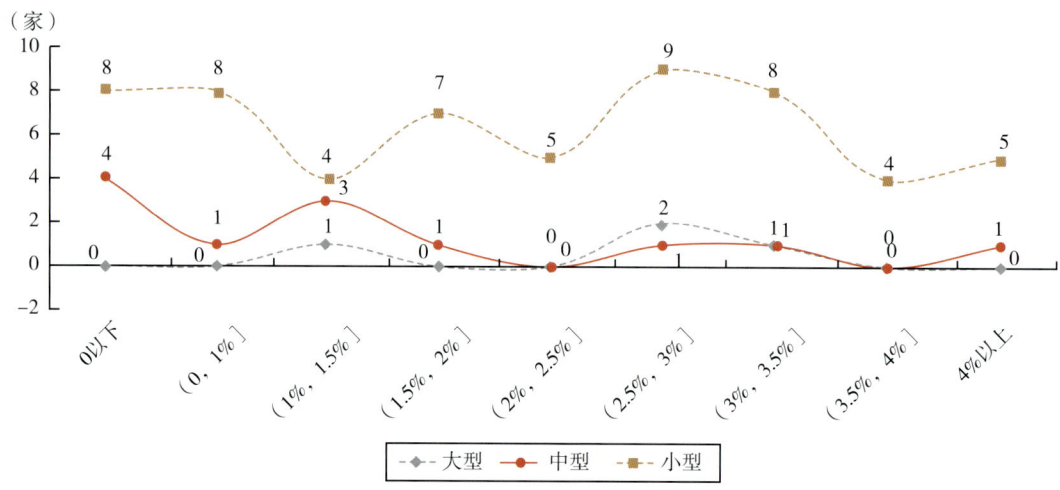

图 3-27　2022 年产险综合投资收益率区间分布

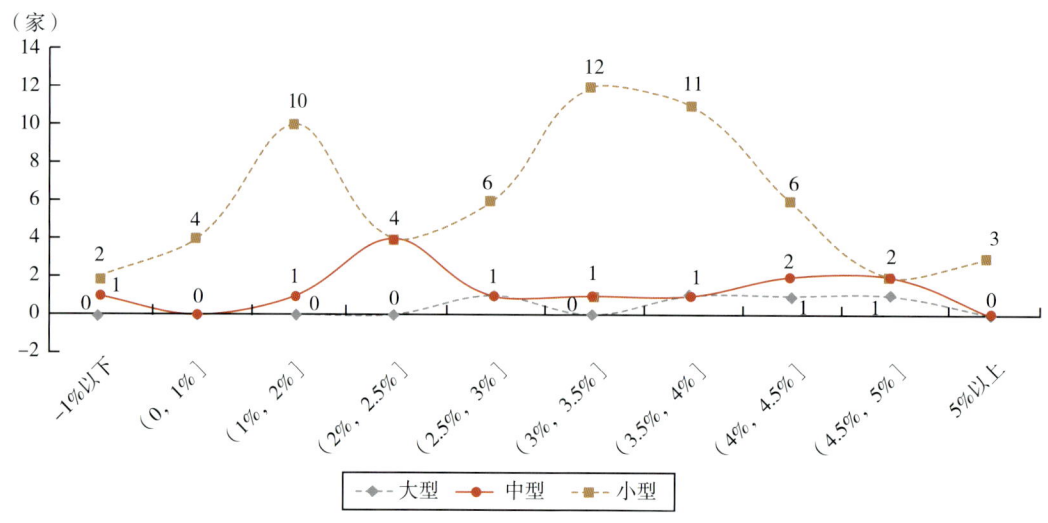

图 3-28　2022 年产险财务投资收益率区间分布

二、投资模式选择

（一）整体情况

1. 行业投资模式选择保持基本稳定。截至 2022 年末，参与调研的 196 家保险公司投资规模合计 23.86 万亿元，其中自主投资 7.71 万亿元（含单一资产管理计划 8 016 亿元），委托关联方保险资产管理公司 16.01 万亿元，委托非关联方保险资产管理公司 1 414 亿元。

近年来，行业保险资金选择各类基本投资模式的占比整体保持稳定，在一定程度上反映出行业保险资金运用的稳定性（见图 3-29）。2018—2022 年，自主投资（不含单一资产管理计划）规模占比整体呈稳步增长态势，其中 2022 年规模占比为 29%；单一资产管理计划投资规模占比基本维持在 3%；委托关联方保险资产管理公司 2022 年规模占比为 67%，是规模最大、占比最高的保险资金投资模式，承担着核心资产配置职能，也是为保险资金提供长期稳定收益的主要来源；委托非关联方保险资产管理公司规模占比基本维持在 1%（其中，寿险公司规模占比 57%，产险公司规模占比 32%，再保险公司规模占比 11%）。

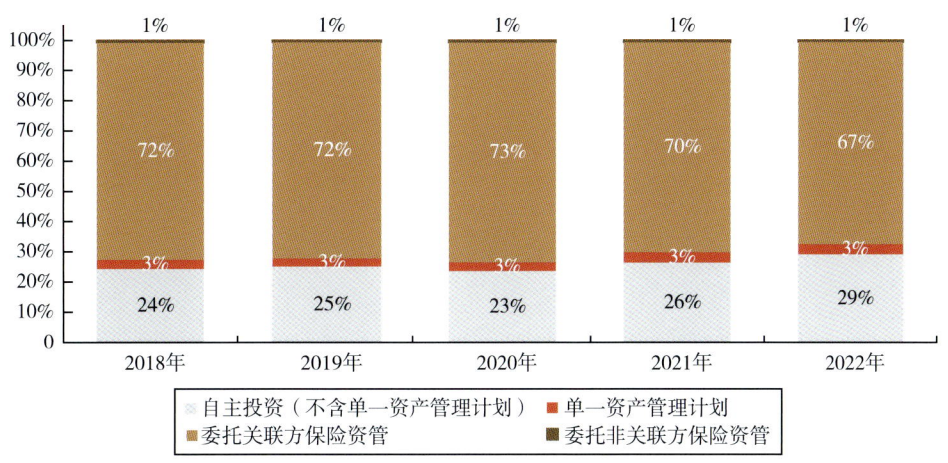

图 3-29 2018—2022 年保险公司自主及委托投资规模占比情况

2020—2022 年，同时参与三年综合调研的 185 家保险公司投资规模增速为 9.96%，三年复合年均增长率为 11.20%。其中自主投资（不含单一资产管理计划）、单一资产管理计划投资[①]、委托关联方保险资产管理公司以及委托非关联方保险资产管理公司的规模增速分别为 22.32%、14.24%、5.67% 和 -12.09%。近三年保险公司自主投资（不含单一资产管理计划）规模保持较高增速（见图 3-30）。

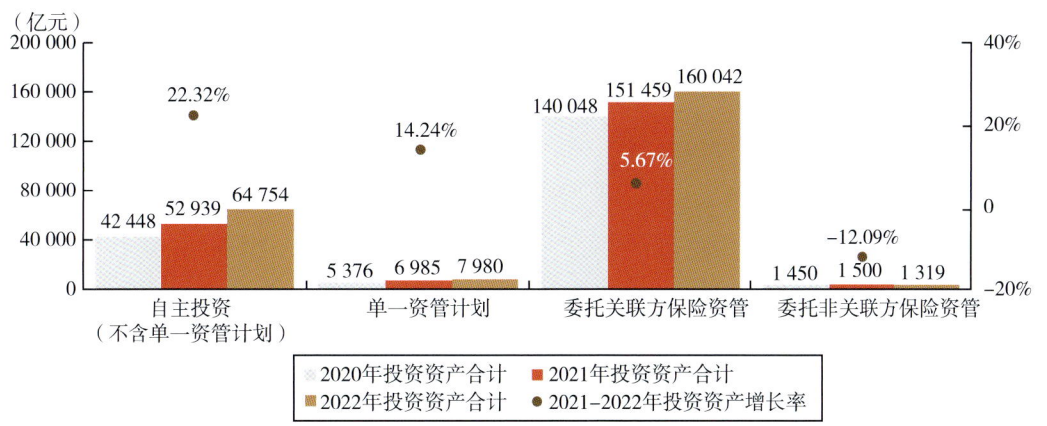

图 3-30 2020—2022 年保险公司自主及委托投资规模增长率情况

注：有效数据为 185 家保险公司。

---

① 根据调研，61.31% 开展单一资产管理计划（公募基金/券商/券商资产管理）投资的公司，2022 年仍然采用委托业外管理人的工作方式。因此本部分报告将单一资产管理计划进行单独分析，2022 年以前保险公司委托业外管理人（券商及券商资产管理、公募基金）的投资规模调整为单一资产管理计划投资规模。

2. 保险公司基本投资模式选择情况。从机构数量占比来看，不同机构类型的保险公司均有超九成机构选择自主投资（不含单一资产管理计划）；寿险和产险投资单一资产管理计划的机构数量占比分别约六成和四成，集团和再保险机构数量占比均超过九成；委托关联方保险资产管理的机构占比约二成至四成，其中有超七成的集团委托关联方保险资产管理公司；寿险和产险委托非关联方保险资产管理公司的机构占比约四成，集团暂未开展委托非关联方保险资产管理业务（见图3–31）。

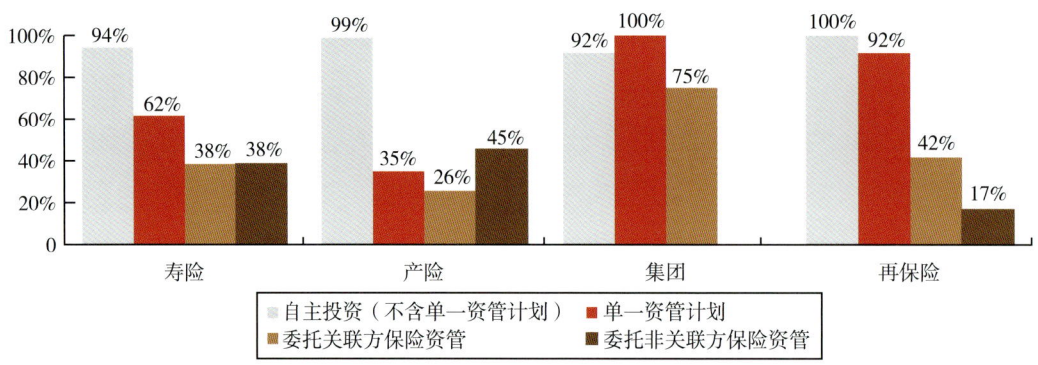

图3–31　2022年保险公司基本投资模式选择情况——机构数量占比

注：有效数据为196家保险公司。

从资产规模占比来看，寿险和产险各类投资模式资产规模占比与行业整体情况相近；集团自主投资（不含单一资产管理计划）规模占比达57%，单一资产管理计划投资规模占比为6%，委托关联方保险资产管理规模占比为38%；再保险单一资产管理计划投资规模占比为6%，委托非关联方保险资产管理规模占比为5%（见图3–32）。

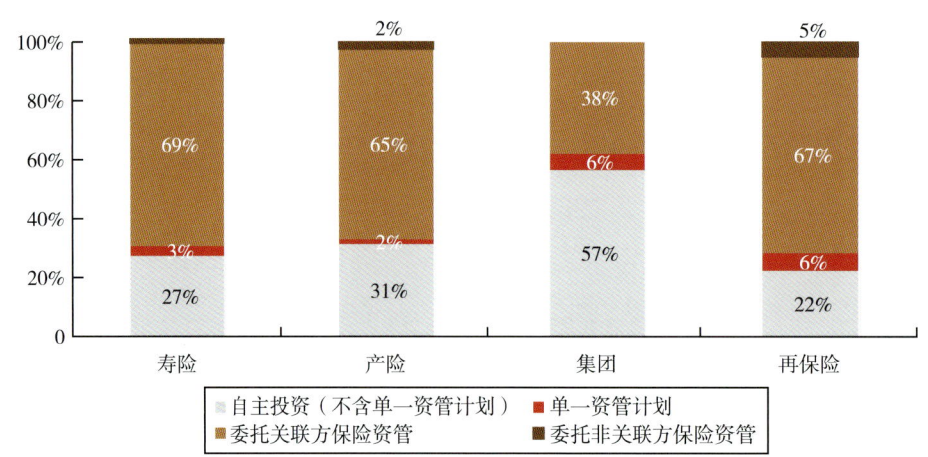

图3–32　2022年保险公司基本投资模式选择情况——资产规模占比

注：有效数据为196家保险公司。

3. 不同投资模式的细分资产品种选择。保险公司采用不同投资模式时，选择的细分投资品种也随之不同（见图3–33）。具体来看，保险公司自主投资（不含单一资产管理计划）时，股权投资、组合类保险资产管理产品、投资性房地产的规模占比相对较高；单一资产管理计划投资中债券和股票占比合计约八成；委托投资中债券、股票、金融产品、境外投资占比更高。

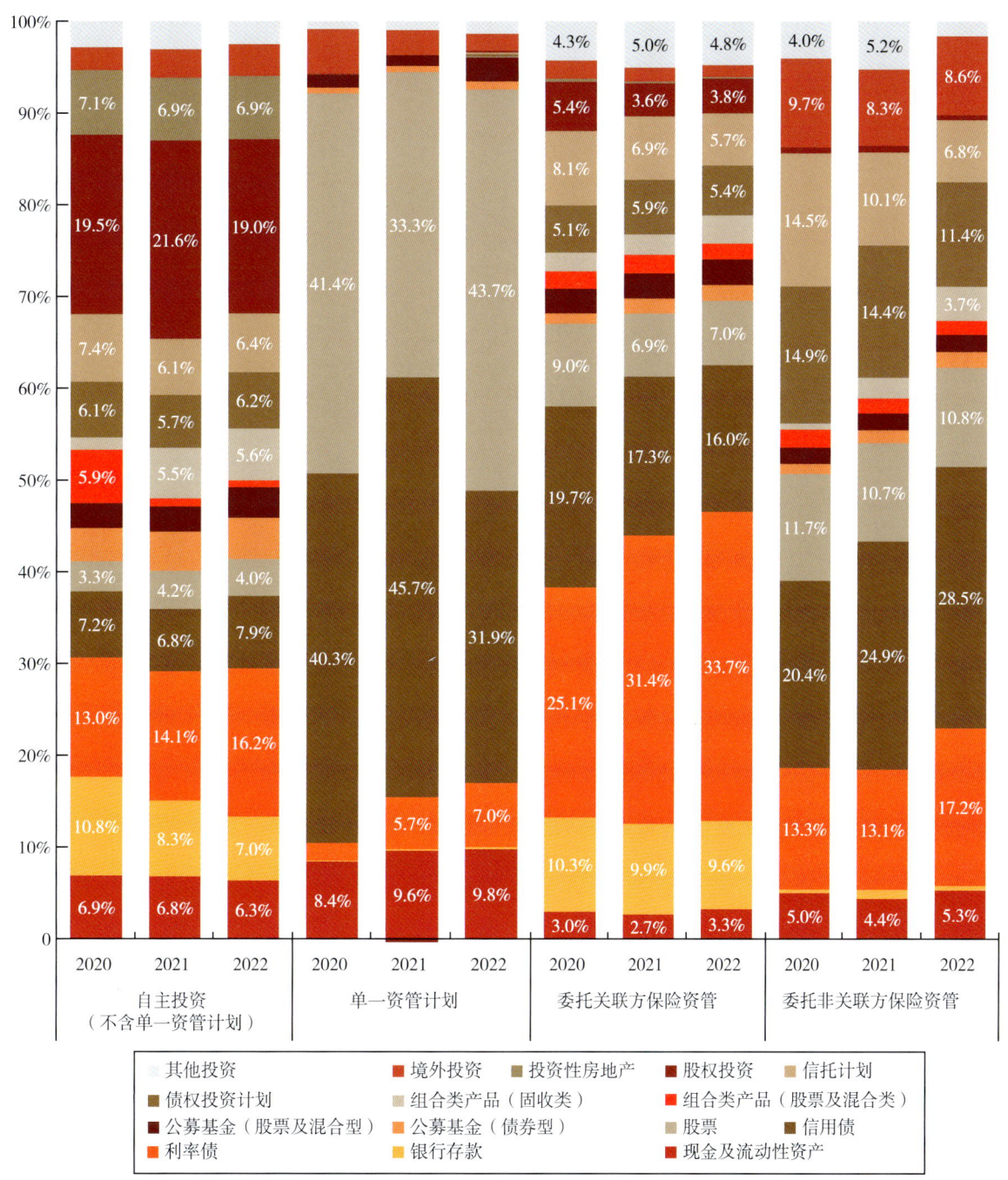

图 3－33 2020—2022 年保险公司各类投资模式各细分品种的资产规模占比情况

注：有效数据为 185 家保险公司。

2022 年，保险公司自主投资（不含单一资产管理计划）时，利率债占比 16.2%，较上年末增加 2.1 个百分点；信用债占比 7.9%，较上年末增加 1.1 个百分点；股权投资占比 19.0%，较上年末减少 2.6 个百分点；银行存款占比 7.0%，较上年末减少 1.3 个百分点。投资单一资产管理计划时，股票占比 43.7%，较上年末增加 10.4 个百分点；信用债占比 31.9%，较上年末减少 13.8 个百分点。委托关联方保险资产管理公司时，利率债占比 33.7%，较上年末增加 2.3 个百分点；信用债占比 16.0%，较上年末减少 1.3 个百分点。委托非关联方保险资产管理公司时，利率债占比 17.2%，较上年末增加 4.1 个百分点；信用债占比 28.5%，较上年末增加 3.6 个百分点；债权投资计划占比 11.4%，较上年末减少 3 个百分点；信托计划占比 6.8%，较上年末减少 3.3 个百分点。

（二）保险公司的投资模式

1. 主要投资模式分类。各类型保险公司根据自身实际需要，选择开展不同形式及比例的自主投资或委托投资，最终形成公司自身的投资模式选择。目前行业中各保险公司投资模式主要分为全自主[①]投资模式、自主+委托[②]投资模式、自主+委托+单一资产管理计划投资[③]模式、自主+单一资产管理计划投资模式、委托+单一资产管理计划投资模式五大类。

2. 保险公司不同投资模式情况。2022 年，参与综合调研的 196 家保险公司投资模式选择情况如下：

（1）全自主投资模式：共有 44 家公司（13 家寿险、24 家产险、3 家集团和 4 家再保险），投资规模合计 1.32 万亿元、占比 5.51%。从是否有关联方保险资产管理公司来看，有 40 家无关联方保险资产管理公司，其余 4 家虽有关联方保险资产管理公司，但由于公司资产规模较小，因此选择全自主投资的模式；从公司规模类别来看，包括 25 家小型寿产险、10 家中型寿产险和 2 家大型寿产险，整体上，选择全自主投资模式的公司主要为中小型机构。

（2）自主+委托投资模式：共有 57 家公司（16 家寿险、31 家产险、5 家集团和 5 家再保险），投资规模合计 2.92 万亿元、占比 12.22%。从公司规模类别来看，有 31 家小型机构、9 家中型机构和 7 家大型机构，以中小型机构为主。

（3）自主+委托+单一资产管理计划投资模式：共有 67 家公司（37 家寿险、25 家产险、3 家集团和 2 家再保险），投资规模合计 18.68 万亿元、占比 78.28%。从公司规模类别来看，包括 25 家小型寿产险、18 家中型寿产险、11 家大型寿产险和 8 家超大型寿险。该类模式所覆盖的基本投资模式最为全面，同时也是历年资金占比最大

[①] 本部分自主投资不包含单一资产管理计划投资。
[②] 委托投资包括委托关联方保险资产管理公司投资和委托非关联方保险资产管理公司投资。
[③] 单一资产管理计划投资即 2022 年以前保险公司委托业外管理人的投资。

的投资模式（主要得益于 8 家超大型寿险选择该类模式）。

（4）自主 + 单一资产管理计划投资模式：共有 20 家公司（14 家寿险、5 家产险和 1 家再保险），投资规模合计 7 314 亿元、占比 3.07%，含 7 家小型、10 家中型和 2 家大型公司。

（5）委托 + 单一资产管理计划投资模式：共有 7 家公司（5 家寿险、1 家产险和 1 家再保险），投资规模合计 2199 亿元、占比 0.92%，含 2 家小型和 4 家中型公司。

2020—2022 年，同时参与三年综合调研的 185 家保险公司机构数量占比和资产规模占比情况见图 3-34 和图 3-35。机构数量方面，2022 年选择不同投资模式的保险公司数量占比与上年末几乎一致；资产规模方面，2022 年选择"自主 + 委托投资"模式的规模占比较上年末增加 5 个百分点，选择"自主 + 委托 + 单一资产管理计划投资"模式的规模占比较上年末减少 6 个百分点。

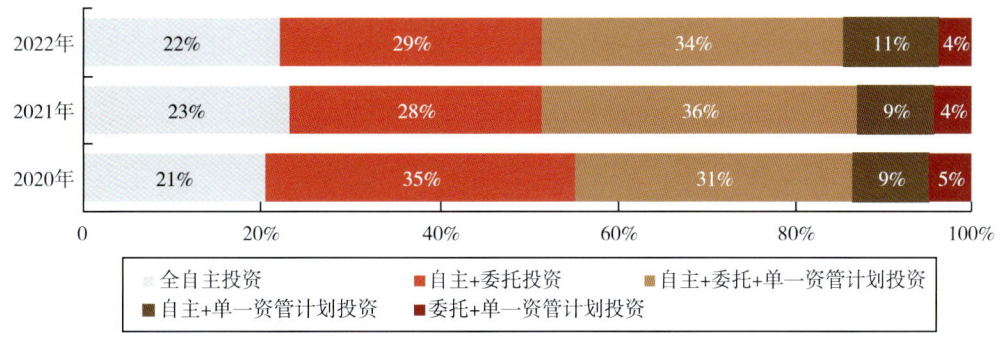

图 3-34　2020—2022 年保险公司不同投资模式情况——机构数量占比

注：有效数据为 185 家保险公司。

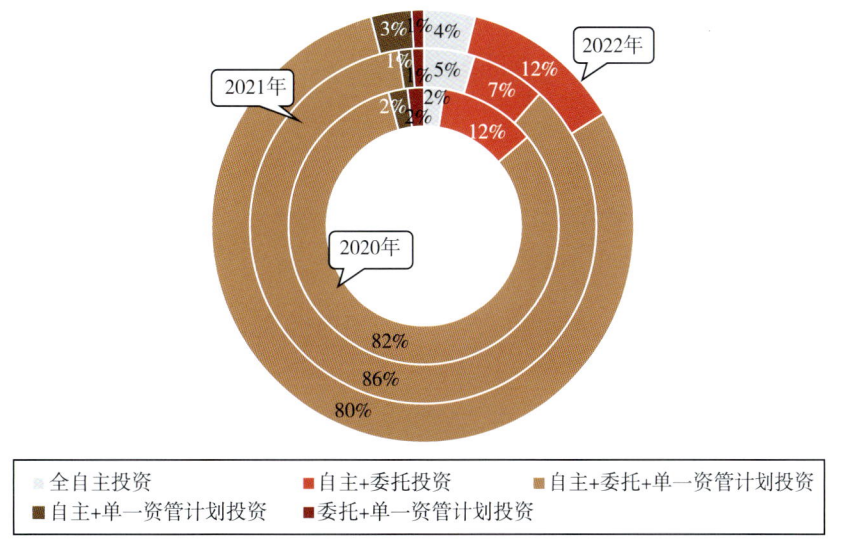

图 3-35　2020—2022 年保险公司不同投资模式情况——资产规模占比

注：有效数据为 185 家保险公司。

3. 不同规模类型保险公司的投资模式。不同规模类型的寿产险选择投资模式时，展现出不同的特点（见图3-36、图3-37）。超大型寿产险全部选择"自主+委托+单一资产管理计划投资"模式；2022年，大型寿产险选择"自主+委托投资"模式的机构数量占比和资产规模占比均较上年增加，选择"自主+委托+单一资产管理计划投资"模式的占比均较上年减少；中型寿产险各类投资模式选择相对均衡；小型寿产险选择"全自主投资"模式的机构数量占比超过其余规模类型。

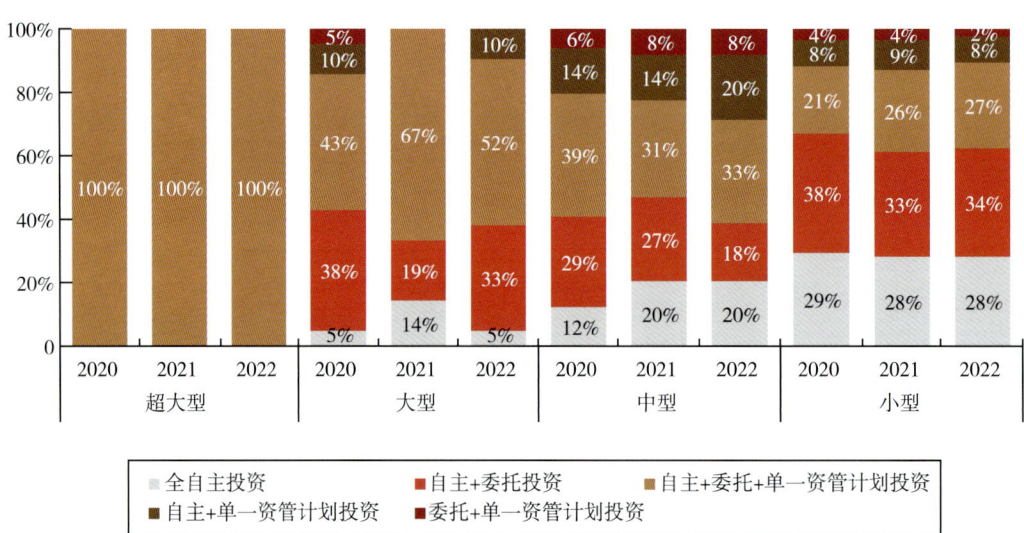

图3-36　2020—2022年不同规模寿产险投资模式选择情况——机构数量占比

注：有效数据为185家保险公司。

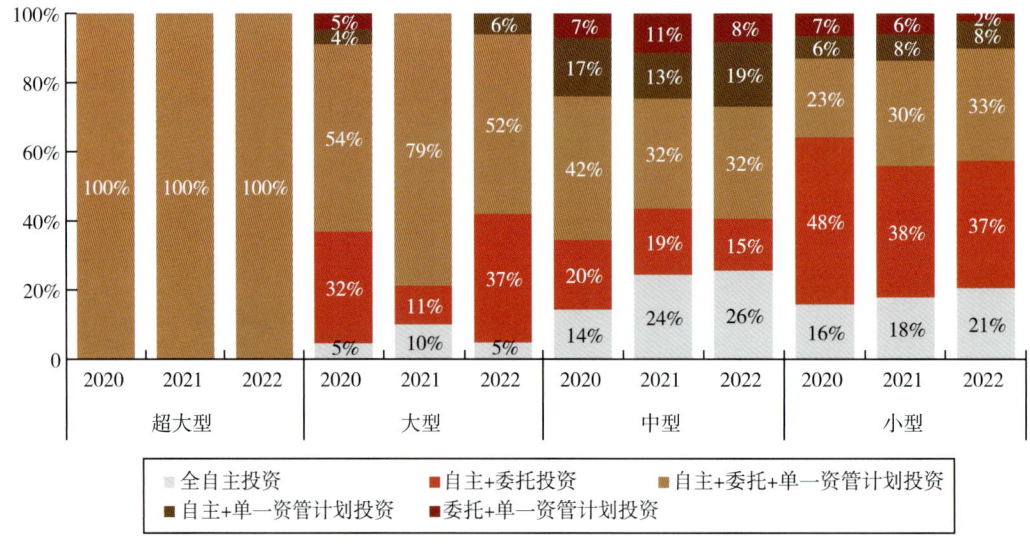

图3-37　2020—2022年不同规模寿产险投资模式选择情况——资产规模占比

注：有效数据为185家保险公司。

4. 不同投资模式的综合收益率情况。2022年，171家保险公司[①]综合收益率中位数为（1.5%，2%］。其中选择"全自主投资"模式综合收益率在中位数以上的机构数量占比为59%；选择"自主+委托投资"模式综合收益率在中位数以上的机构数量占比为46%；选择"自主+委托+单一资产管理计划投资"模式综合收益率在中位数以上的机构数量占比为45%；选择"自主+单一资产管理计划投资"模式综合收益率在中位数以上的机构数量占比为61%；选择"委托+单一资产管理计划投资"模式综合收益率在中位数以上的机构数量占比为34%（见图3-38）。

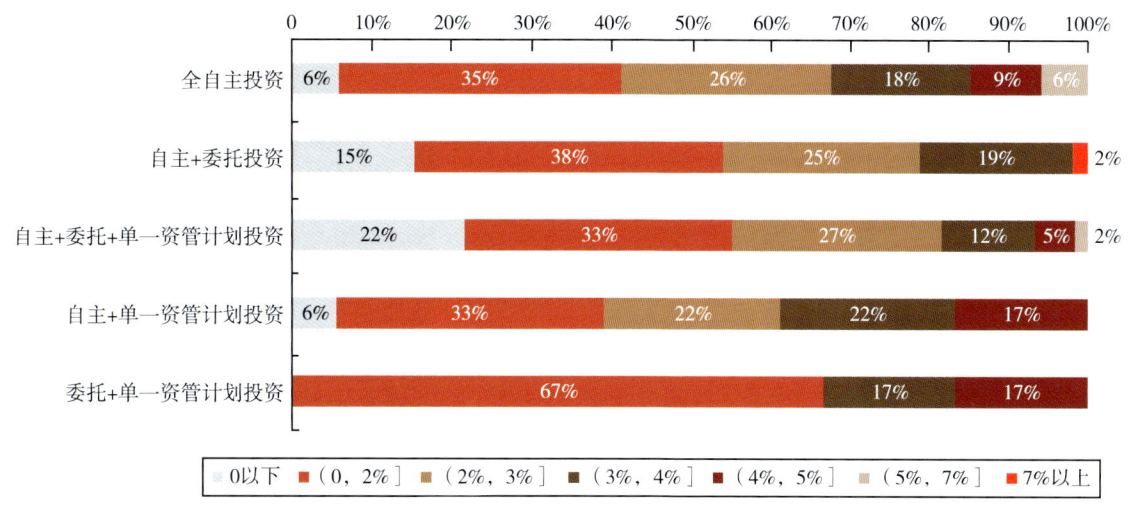

图3-38 2022年不同投资模式选择综合收益率情况——机构数量占比

注：有效数据为171家保险公司。

三、金融产品投资情况

（一）存量金融产品情况

截至2022年末，参与调研的196家保险公司投资金融产品[②]规模合计28 014.77亿元，同比增加290.12亿元，占比11.74%（见图3-39）。近年来合意金融产品供给减少，叠加历史金融产品陆续到期，使得金融产品在保险业投资资产中的占比持续下降，

---

① 2022年，共有171家机构反馈综合收益率。
② 本报告的金融产品包括保险资产管理公司发行的债权投资计划和资产支持计划，以及《关于保险资金投资有关金融产品的通知》（银保监规〔2022〕7号）中所指的集合资金信托计划、商业银行和理财公司的理财产品、信贷资产支持证券、资产支持专项计划（券商发行）、债转股投资计划等，不含单一资产管理计划。

但仍为保险资金配置中规模占比仅次于债券的第二大品种。

图 3-39 2019—2022 年存量金融产品占比持续下降

1. 金融产品投资品种分布。保险公司投资的金融产品以集合资金信托计划、债权投资计划为主,两者合计占比 93.65%（见图 3-40）。其中,集合资金信托计划 13 400 亿元；债权投资计划 12 835 亿元；资产支持计划 1 038.58 亿元,同比增加 253.58 亿元；银行理财产品 37.62 亿元,同比减少 12.53 亿元；债转股投资计划 40.55 亿元（见图 3-41）。

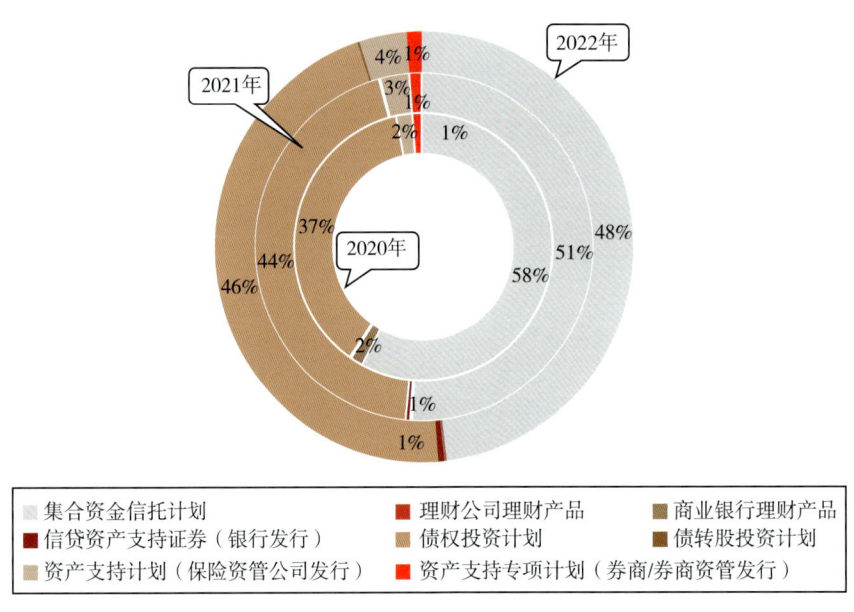

图 3-40 2020—2022 年保险公司存量金融产品配置品种占比

2. 集合资金信托计划。集合资金信托计划是保险资金金融产品投资中占比最高的品种,2022 年规模为 13 400 亿元,但随着融资类信托规模的压降,继 2021 年增速创新低之后,2022 年再次出现负增长,同比增速 -5.09%,相比 2021 年的同比增速下降了 9.11 个百分点,而 2021 年相比 2020 年已下降了 17.75 个百分点（见图 3-42）。

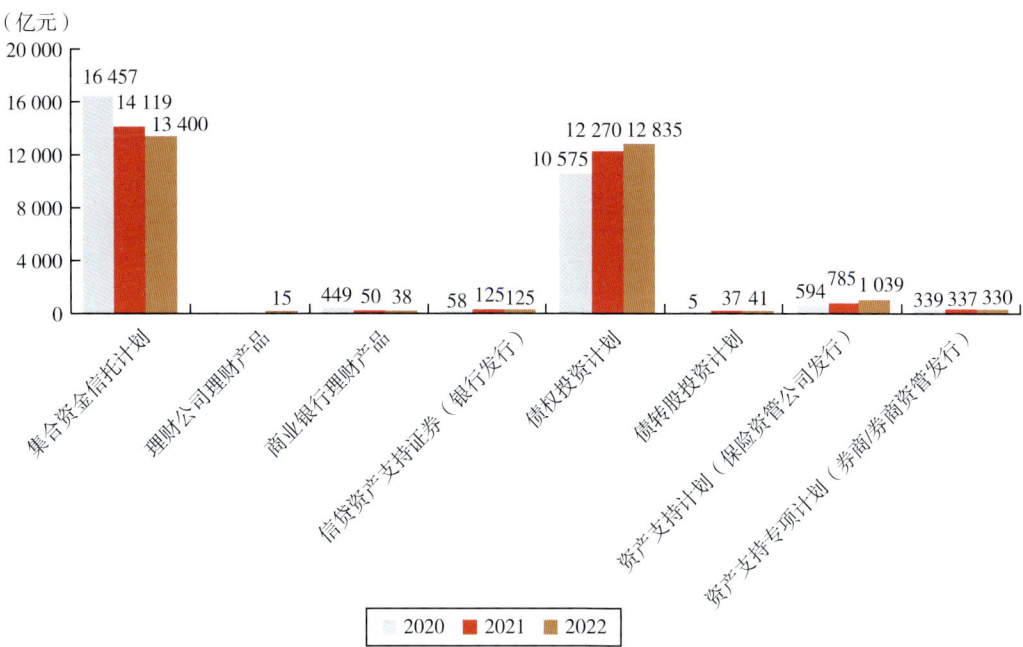

图 3-41 2020—2022 年保险公司存量金融产品配置品种情况

图 3-42 保险公司投资集合资金信托计划的规模和增速

3. 债权投资计划。债权投资计划是保险资金金融产品投资中占比第二大的品种，保险资金配置债权投资计划的存量规模从 2019 年末的 10 880 亿元增长至 2022 年末的 12 835 亿元，增长 17.97%（见图 3-43）。2022 年，投资债权投资计划规模的同比增长 4.61%，增速同比下降 11.42 个百分点。在优质金融产品供不应求的背景下，保险公司配置债权投资计划呈现稳步小幅增长的态势。

4. 不同规模保险公司的投资情况。金融产品投资规模分化较大，具有明显的头部效应。超大型保险公司金融产品投资规模 15 504 亿元，占比 57.55%（同比下降 2.81 个百分点）；大型保险公司金融产品投资规模 7 272 亿元，占比 26.99%（同比上升 3.39 个百分点）；中型保险公司金融产品投资规模 3 775 亿元，占比 14.01%（同比减少 0.5 个百分点）；小型保险公司金融产品投资规模 390 亿元，占比 1.45%（同比减少 0.08 个百分点）（见图 3-44）。

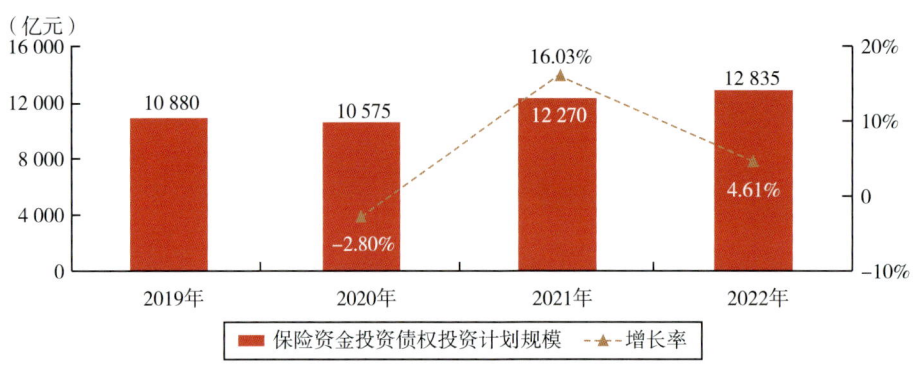

图 3-43 2019—2022 年保险公司投资债权投资计划的规模和增速

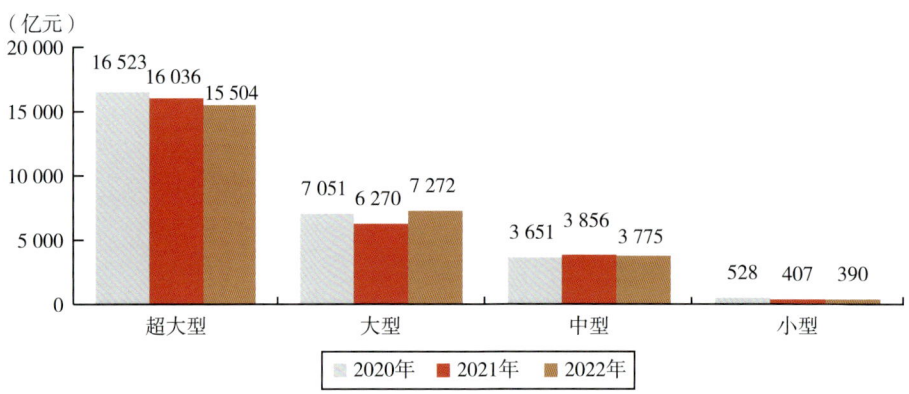

图 3-44 2020—2022 年不同规模保险机构存量金融产品投资规模分布情况

与 2021 年相比,仅大型保险公司配置比例略有上升,其余各规模保险公司配置比例均有所下降,其中超大型、中型和小型保险公司下降较为明显,集团和再保险公司下降幅度较小,各规模保险公司配置比例差异有所缩窄(见图 3-45)。

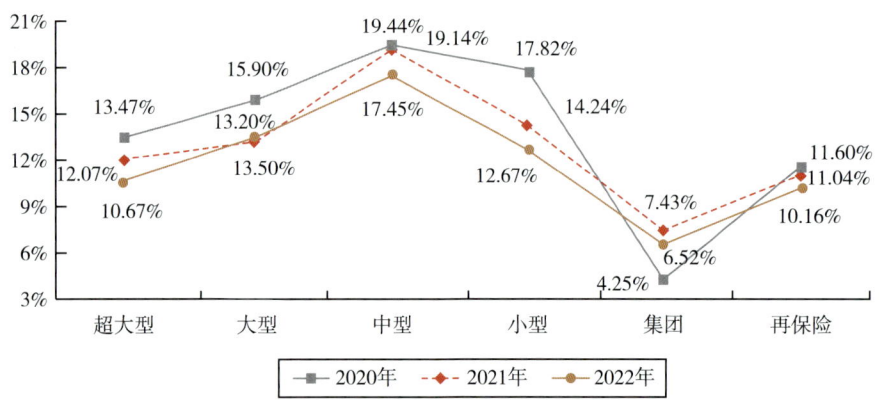

图 3-45 2020—2022 年不同规模保险机构存量金融产品在投资资产中占比情况

5. 不同类型保险公司的投资情况。寿险配置信托计划的比例为 48.50%,略高于产险的 41.34%;配置债权计划比例为 45.59%,略低于产险的 48.53%。集团配置信托计划比例达 49.30%，高于债权计划的比例 39.90%。再保险更偏好配置债权计划，比例为 56.36%，显著高于其他类型公司（见图 3-46）。

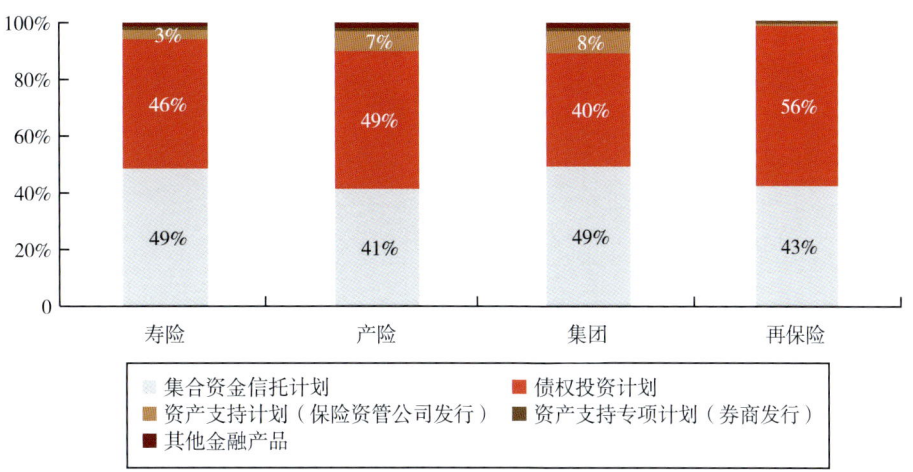

图 3-46　2022 年不同类型保险机构存量金融产品投资品种分布情况

超大型、大型、中型和小型保险公司配置信托计划的比例分别为 45.82%、53.63%、46.68% 和 32.53%，配置债权投资计划的比例分别为 47.31%、40.50%、49.24% 和 55.04%。除中型保险公司信托和债权计划配置比例略有上升外，其余各规模保险公司信托和债权计划配置比例均有所下降。整体看规模越小的保险公司配置信托计划比例越低，配置债权投资计划的比例越高（见图 3-47）。

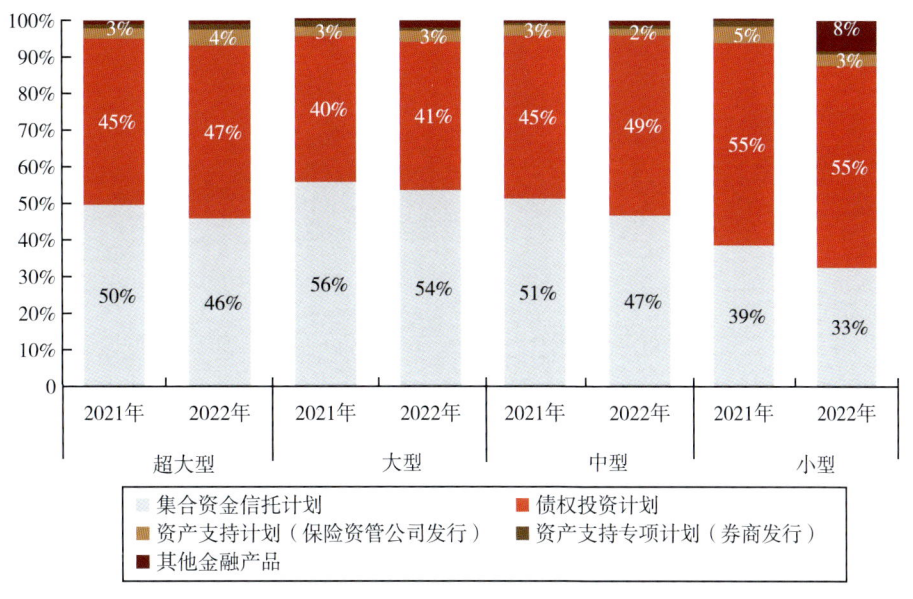

图 3-47　2022 年不同规模保险机构存量金融产品投资品种分布情况

6. 存量金融产品收益情况。2022 年末存量金融产品投资收益率集中分布在 4%~5%，近三年行业整体收益率向低收益率区间迁移特征明显，收益率 5% 以上的高收益产品较前两年整体有所下降。收益率区间为4%以下的保险公司从6家显著上升至27家，收益率区间为4%～5%的保险公司从30家上升至62家，收益率在5%～6%的公司从80家收缩至40家，仅1家保险公司收益率超过8%（见图3-48）。

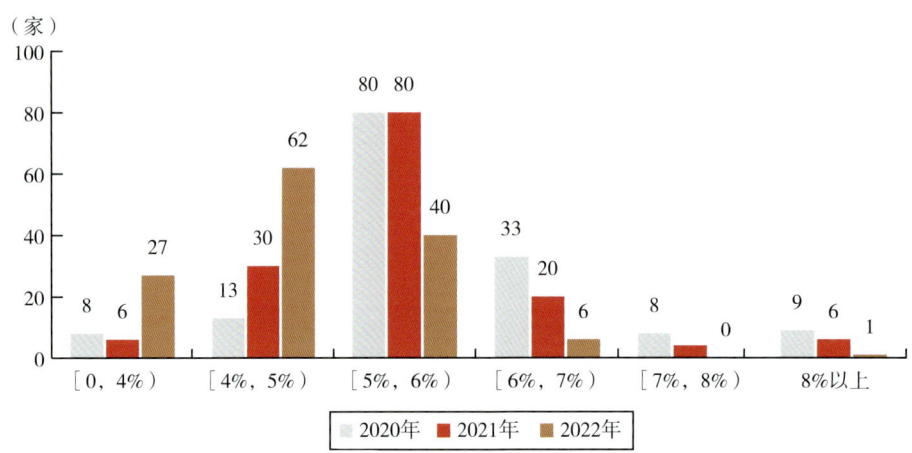

图3-48　2020—2022年存量金融产品配置收益率分布情况——机构数量分布

7. 存量金融产品期限。2022年末存量金融产品剩余期限在1～3年，3～5年和5～8年的机构数量有所减少，未来金融产品到期再投资压力较大（见图3-49）。

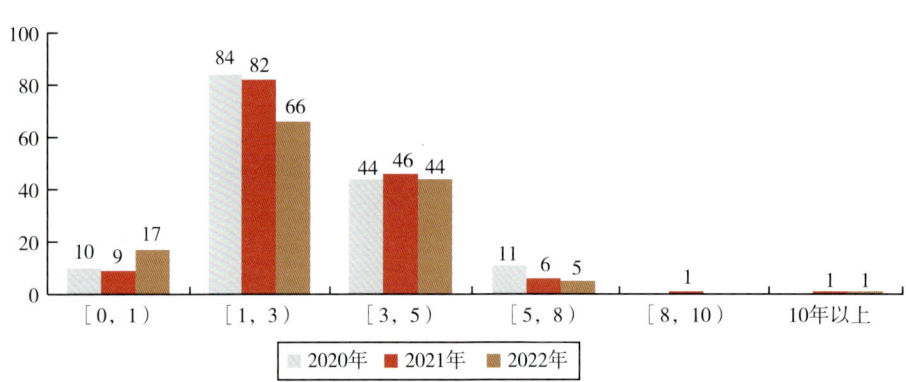

图3-49　2020—2022年存量金融产品配置剩余期限分布情况——机构数量分布（单位：家）

8. 存量金融产品配置领域情况。保险公司金融产品配置主要集中在城投、房地产、金融和交通运输等行业。2022年城投行业配置规模为5 650.78亿元，占比为21.24%；房地产行业配置规模为5 165.21亿元，占比为19.42%；金融行业配置规模为4 081.78亿元，占比为15.34%；交通运输配置规模为3 555.58亿元，占比13.37%（见图3-50）。

9. 投资考核目标。2022年各大保险机构对金融产品及部分保险资产管理产品投资的考核目标设置以绝对收益目标为主，占比为41.26%；其次为"规模目标，绝对收益目标为主，相对收益目标为辅"，占比为34.97%（见图3-51）。

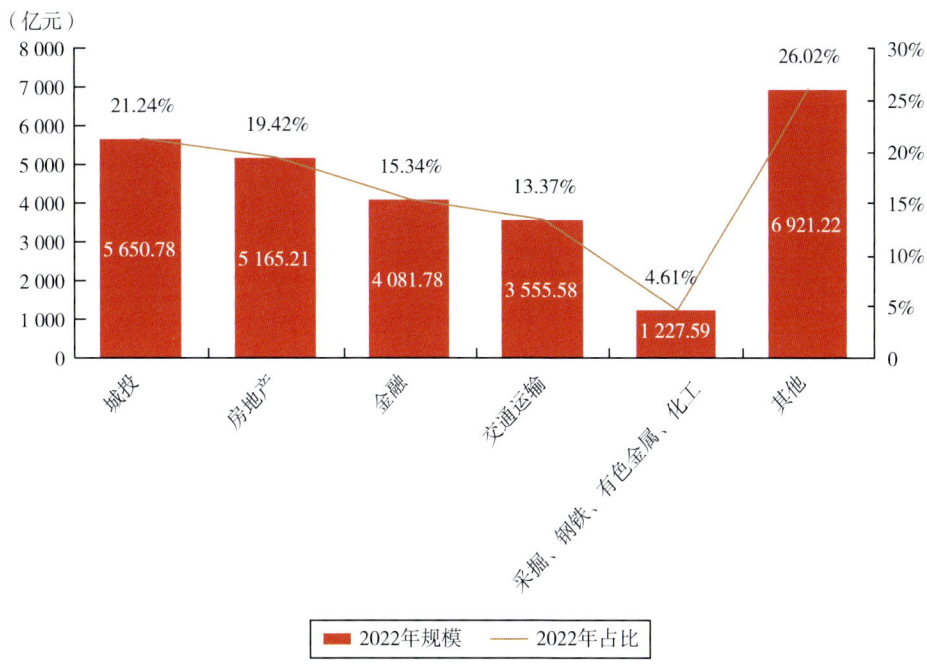

图 3-50 2022 年存量金融产品配置行业分布情况

注：图示金融行业金融产品主要包含银行作担保、四大资产管理公司和消费金融等相关产品。

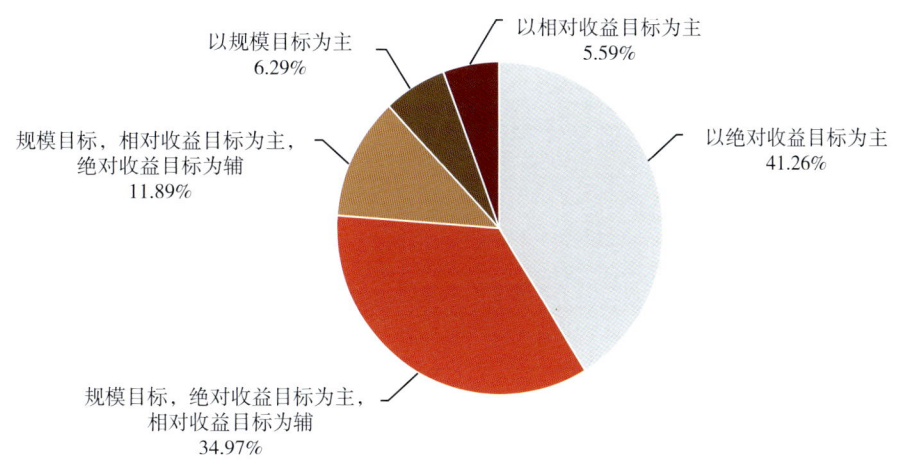

图 3-51 金融产品投资考核目标的设置情况

（二）新增金融产品情况

1. 整体情况。本次参与调研的 196 家保险公司中，共计 162 家保险公司有金融产品投资，其中 128 家保险公司 2022 年金融产品投资新增规模低于 100 亿元；10 家保险公司新增规模超过 100 亿元但不足 500 亿元；新增规模 500 亿元到 1 000 亿元的公司较去年增加 1 家,为 3 家;而超过 1 000 亿元的机构由 2021 年的 1 家减少至 0(见图 3-52、图 3-53)。整体看,2022 年新增金融产品投资规模较上年变化不大。

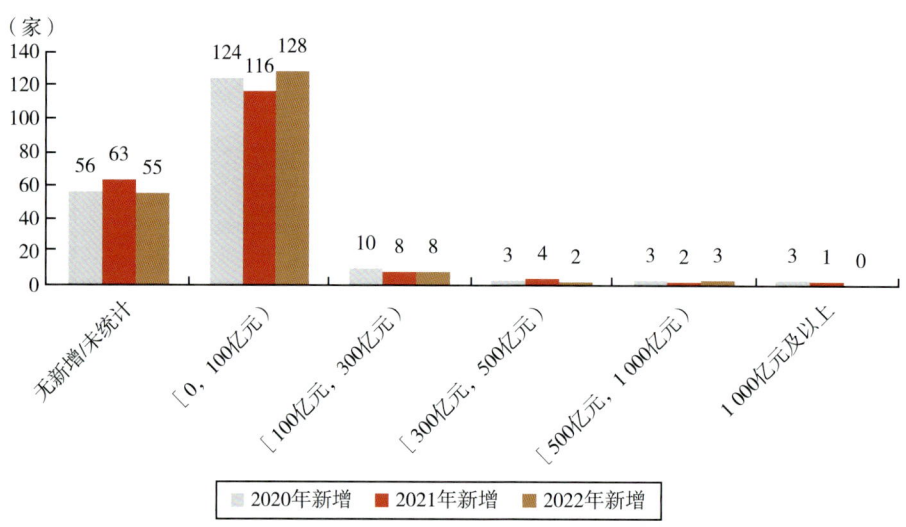

图 3-52　2020—2022 年新增金融产品投资规模的整体分布情况

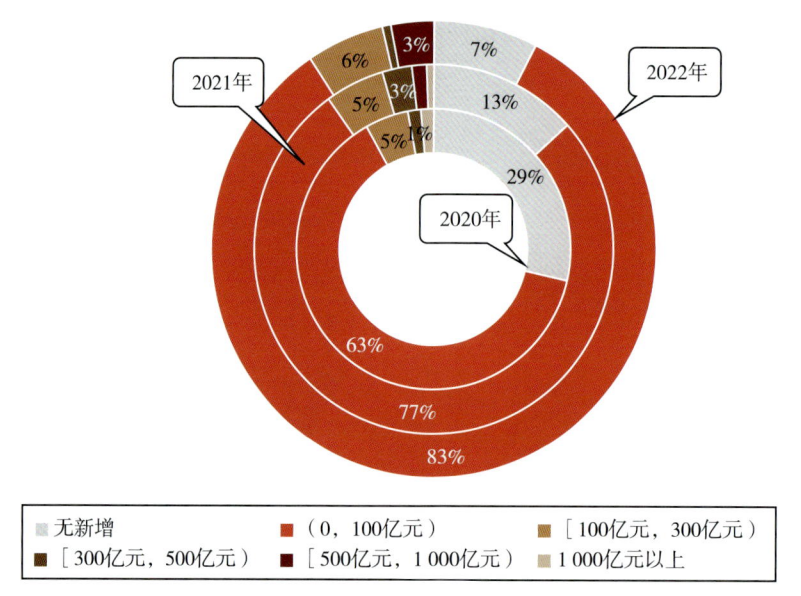

图 3-53　2020—2022 年新增金融产品投资规模分布情况

2. 集中在头部保险公司。金融产品新增投资规模分化较大,具有明显的头部效应。超大型保险公司金融产品投资新增规模超过 300 亿元的机构占超过 60%,在大型保险公司中超过 100 亿元的占比也超过 20%;而中小型保险公司、集团以及再保险公司新增投资规模均不足 100 亿元(见图 3-54)。

3. 新增金融产品配置品种分布。从新增金融产品投资品种偏好看,债权计划仍为第一大配置品种,占比均超一半,其次为信托计划(见图 3-55)。

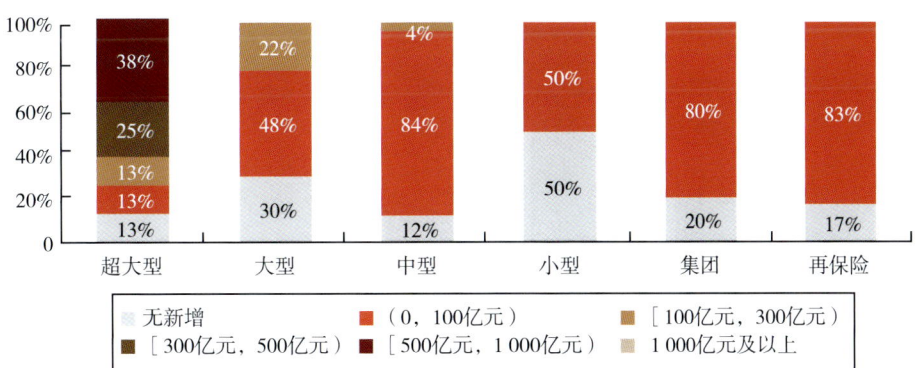

图 3-54 2022 年新增金融产品投资规模分布情况——基于机构规模

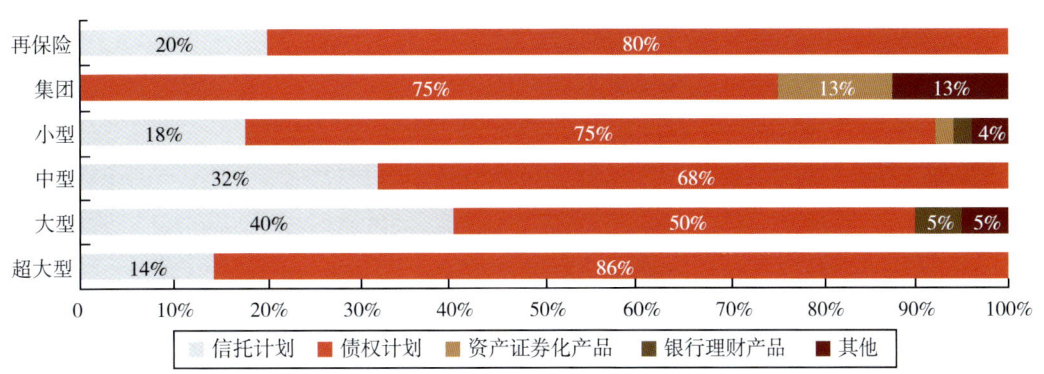

图 3-55 2022 年新增金融产品投资品种偏好的分布情况——基于机构类型

4. 新增金融产品收益及期限。新增金融产品投资收益率大部分集中分布在 4%～5%，收益率较上年整体向低收益率区间迁移。收益率区间为 4%～5% 的保险公司从 60 家提升至 77 家，收益率在 5%～7% 的公司由 2021 年的 53 家萎缩至 30 家，仅 4 家保险公司收益率超过 7%，略少于 2021 年的 5 家（见图 3-56）。

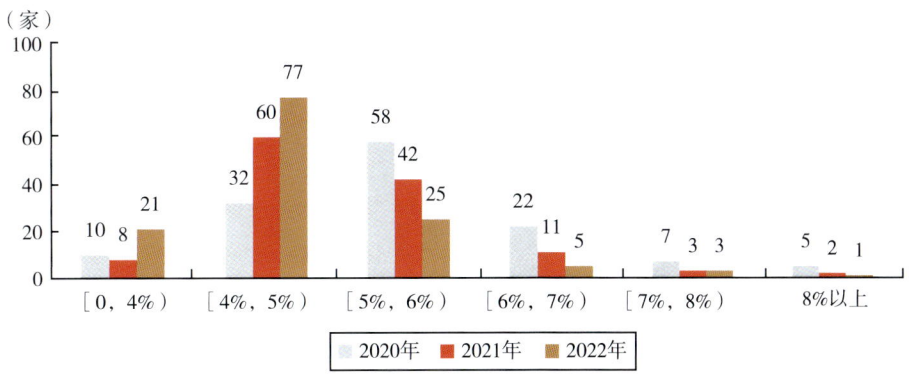

图 3-56 2020—2022 年新增金融产品投资收益率的分布情况

2022 年新增金融产品配置期限集中分布在 1～3 年及 3～5 年，合计占比超过 75%；新增金融产品配置期限在 1～3 年的公司数量由 41 家升至 49 家（见图 3-57）。

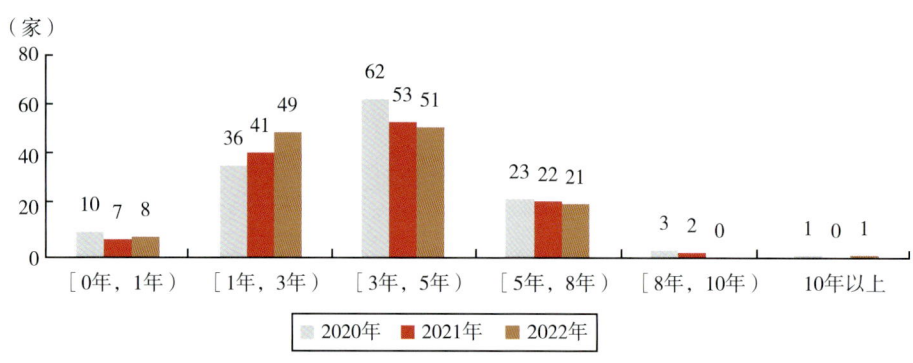

图 3-57 2020—2022 年新增金融产品投资期限的分布情况——机构数量分布

5. 不同规模保险公司新增金融产品收益及期限。不同规模保险公司新增金融产品收益率分布同比都有所下降：对于占比最大的中、小型保险机构，收益率低于 4% 的公司数量增长了 1 倍；收益率在 4%~5% 区间，除集团外，各类型保险公司均有所增长；对于各类保险公司，落入 5%~6% 收益率区间的占比均有所下降；同时，对于高收益率区间的占比，整体向 6%~7% 区间迁移（见图 3-58）。

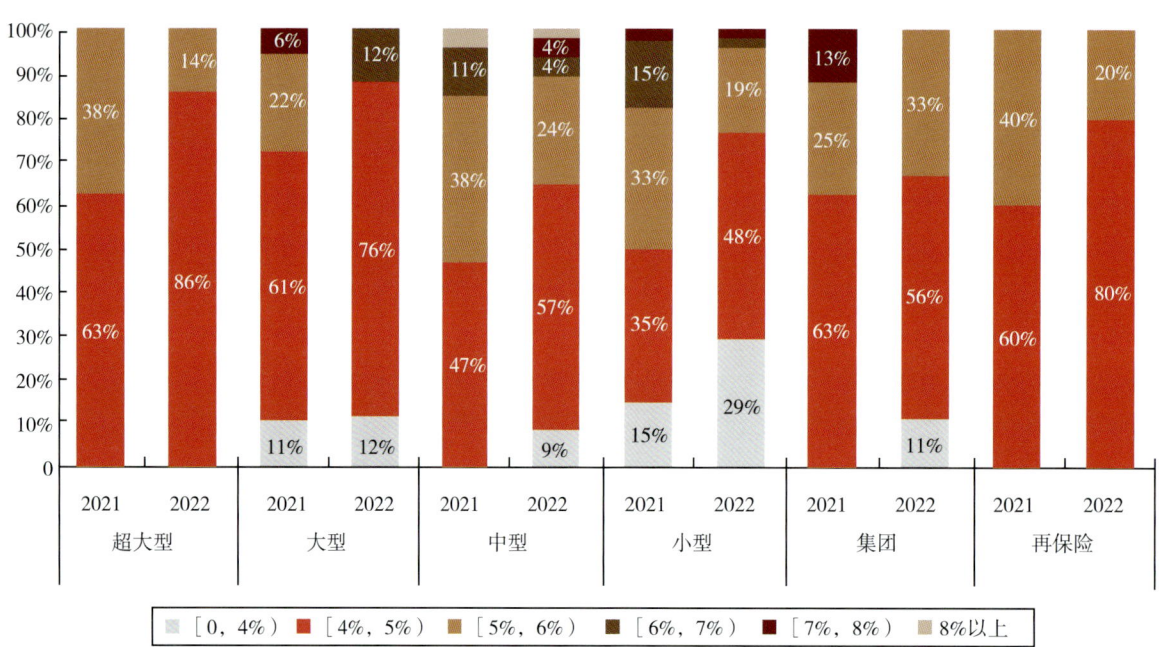

图 3-58 2021—2022 年新增金融产品投资收益率的分布情况

整体来看，不同规模保险公司的期限分布小幅向更短期限迁移：对于 1 年以内的超短期金融产品，大、中、小寿产险公司均有配置，占比约一成；超大、大型保险机构、集团、再保险公司的配置期限集中在 3~5 年及 5~8 年，中小型寿产险则更倾向稍短期限的金融产品；中、小型寿产险公司对于长期限产品（5~8 年）的配置均在 20% 以下；超大及大型保险机构的配置比例则在 30% 左右（见图 3-59）。

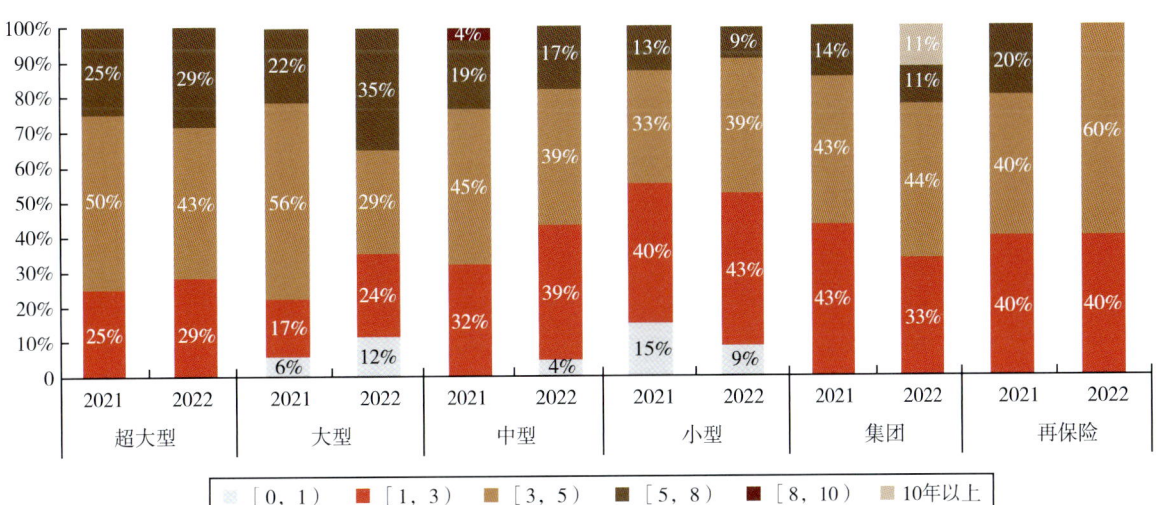

图 3-59 2021—2022 年新增金融产品投资期限的分布情况

四、股权投资情况

（一）整体情况

截至 2022 年末，参与调研的保险公司股权投资资产①规模为 1.86 万亿元，占总投资资产的 7.84%。股权投资资产配置比重排在利率债、信用债和银行存款之后，并已超过股票成为第四大资产配置类别。

从资产类别来看，未上市企业股权中保险类企业和非保险类企业投资规模分别为 2 586.97 亿元和 8 948.16 亿元，占比分别为 13.90% 和 48.06%；股权投资基金中保险系股权投资基金和非保险系股权投资基金规模分别为 961.80 亿元和 4 238.59 亿元，占比分别为 5.17% 和 22.77%；股权投资计划规模为 1881.57 亿元，占比 10.11%（见图 3-60）。

从机构类型来看。寿险公司以未上市企业股权和股权投资基金为主，占比分别为 47% 和 30%；产险公司以非保险类未上市企业股权为主，占比 56%；保险集团（控股）公司几乎全部配置于未上市企业股权，占比达 97%，其中非保险类未上市企业股权占比超过半数；再保险公司股权投资计划占比达 34%（见图 3-61）。

---

① 此章节股权投资统计口径与保险公司大类资产配置数据保持一致，不包含境外股权投资数据。调研所涉及的股权投资资产包括：未上市企业股权（保险类企业）、未上市企业股权（非保险类企业）、股权投资基金（非保险系）、股权投资基金（保险系）和股权投资计划。

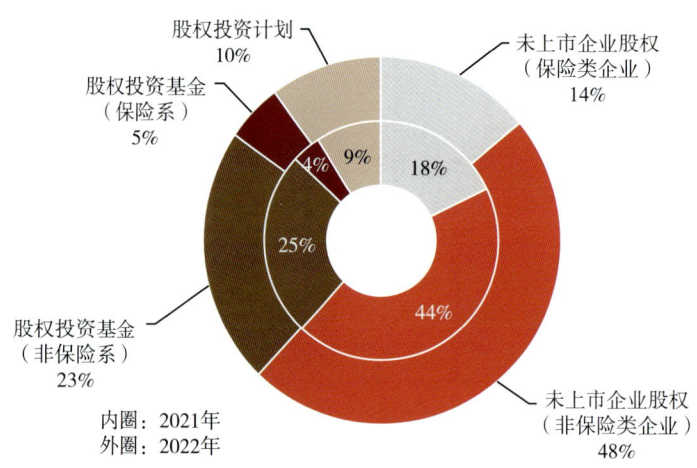

图 3-60 2021—2022 年保险公司股权投资规模及占比

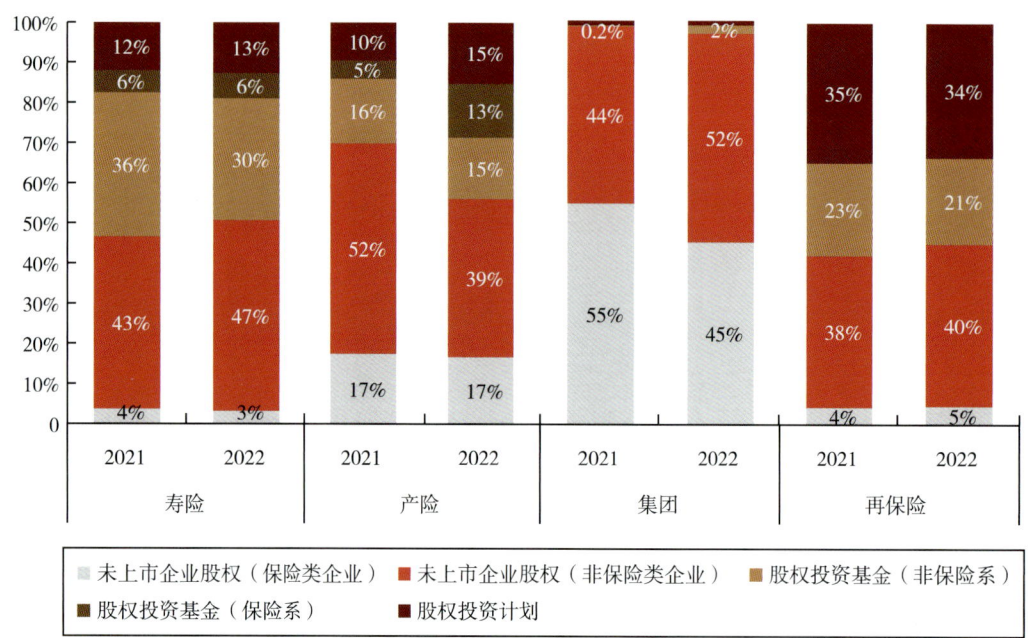

图 3-61 2021—2022 年保险公司各类股权投资资产配置比例——按机构类型划分

从机构规模来看。超大型寿险公司以未上市企业股权（非保险类企业）为主，占比达到57%；大型、中型以及小型寿险公司的股权投资基金（非保险系）占比较高，分别达到61%、67%和79%，变化比较突出的是小型寿险公司的股权投资基金（非保险系）投资基金增长明显，同比增加了23个百分点（见图3-62）。大型产险公司以未上市企业股权（非保险类企业）为主，占比57%；中型产险公司的未上市企业股权（保险类企业）较为突出，占比23%；小型产险公司以未上市企业股权（保险类企业）为主，占比为56%（见图3-63）。

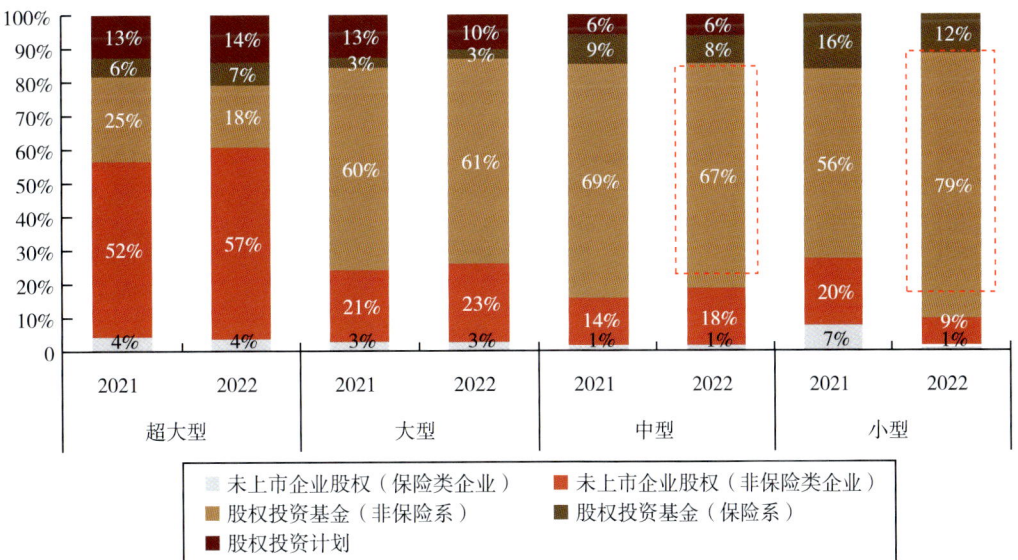

图 3－62　2021—2022 年寿险公司股权投资配置结构

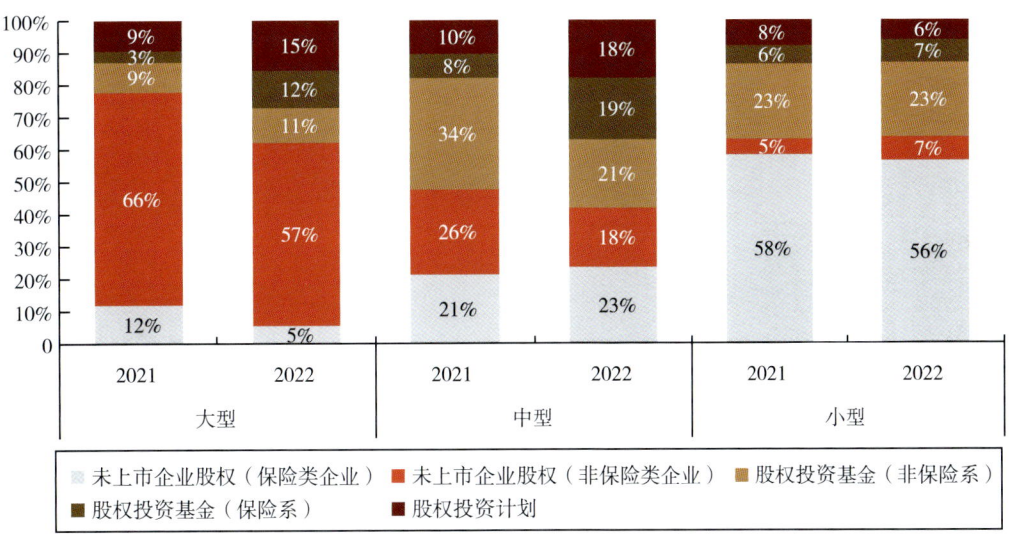

图 3－63　2021—2022 年产险公司股权投资配置结构

（二）直接股权投资[①]

1. 整体情况。截至 2022 年末，行业直接股权投资规模 1.14 万亿元，同比增长 3.01%。其中，财务性股权投资 2 555.04 亿元，同比减少 –9.42%（见图 3－64）。

2. 从不同类型保险公司直接股权投资来看。截至 2022 年末，超大型寿险公司直接股权投资规模为 6 523.38 亿元，同比增长 22.54%；大型寿险公司规模为 664.08 亿

---

① 本节直接股权投资统计口径包含境外股权投资数据。

元,同比增长 42.54%;中型寿险公司规模为 203.66 亿元,同比增长 16.84%;小型寿险公司规模为 1.06 亿元,同比增长 7.68%(见图 3-65)。

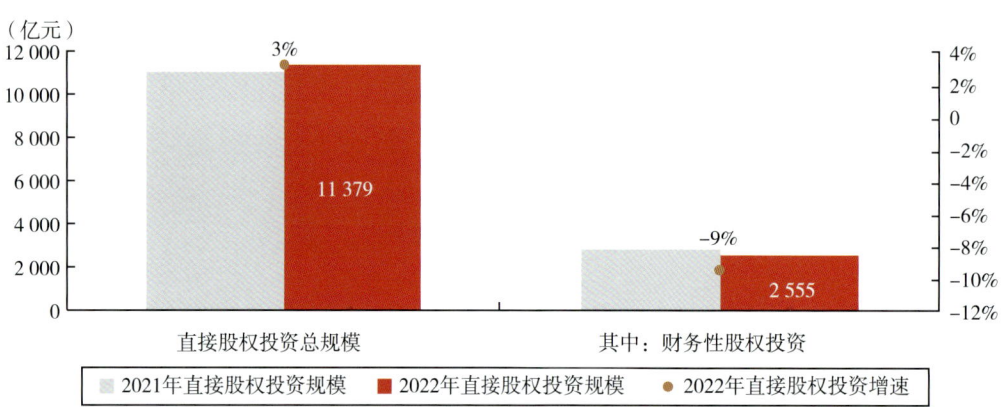

图 3-64 2021—2022 年保险公司直接股权投资规模及增速

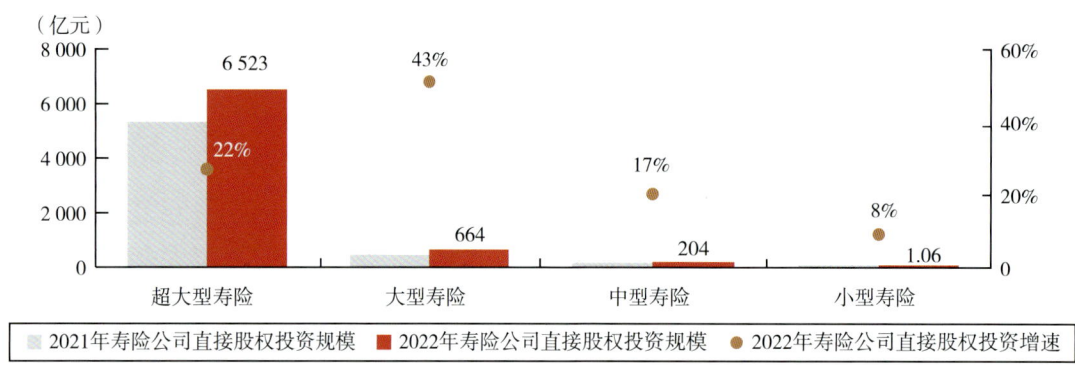

图 3-65 2021—2022 年寿险公司直接股权投资规模及增速

大型产险公司增长较为明显。截至 2022 年末,大型产险公司直接股权投资规模为 896.81 亿元,同比增长 3.95%;中型产险公司规模为 136.26 亿元,同比减少 0.04%;小型产险公司规模为 77.54 亿元,同比增长 0.49%(见图 3-66)。

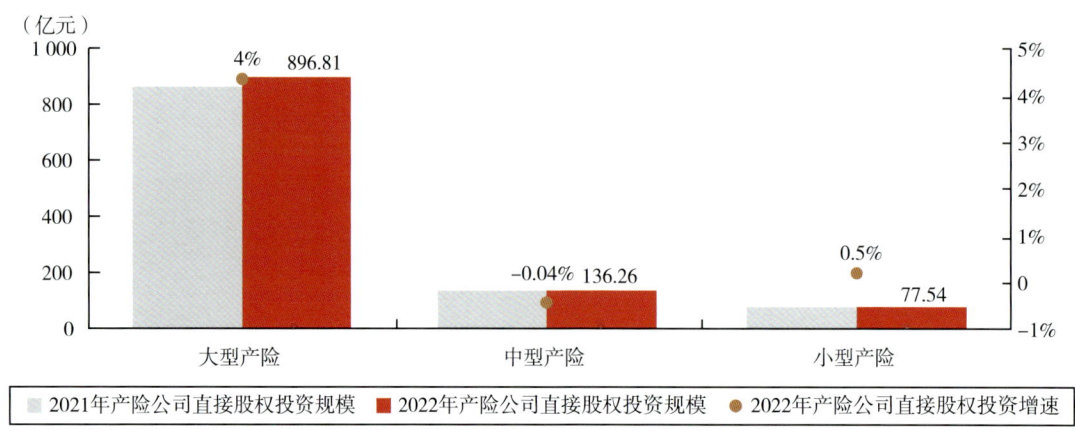

图 3-66 2021—2022 年产险公司直接股权投资规模及增速

3. 直接股权投资收益率区间分布情况。77 家机构反馈，已实现退出的直接股权投资项目投资收益率区间在 5% 及以下的有 31 家机构，占比 40%，同比有所上升；5%～10%（含 10%）的有 21 家，占比 27%；10%～15%（含 15%）的有 5 家，占比 6.5%；15%～20%（含 20%）的有 5 家，占比 6.5%；20% 以上的有 4 家（见图 3-67）。

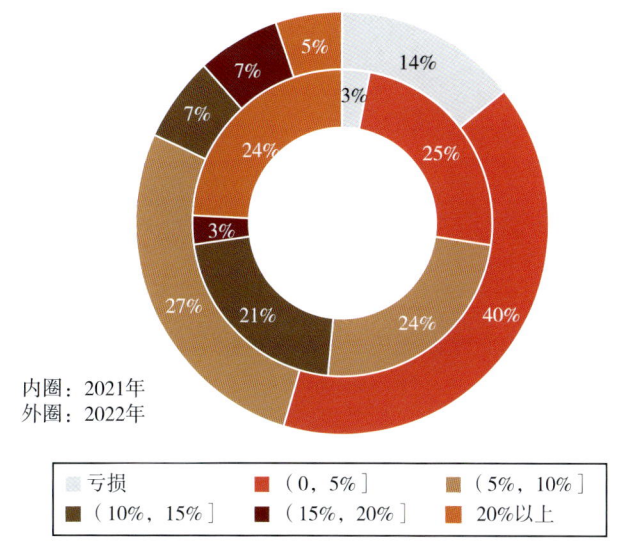

图 3-67　2021—2022 年保险公司已实现退出的直接股权投资项目收益率区间情况

4. 被投企业所处阶段。超大型和大型寿险公司所投资的企业多处于成熟期和成长期阶段；中小型公司所投资的企业多处于成长期和初创期（见图 3-68）。

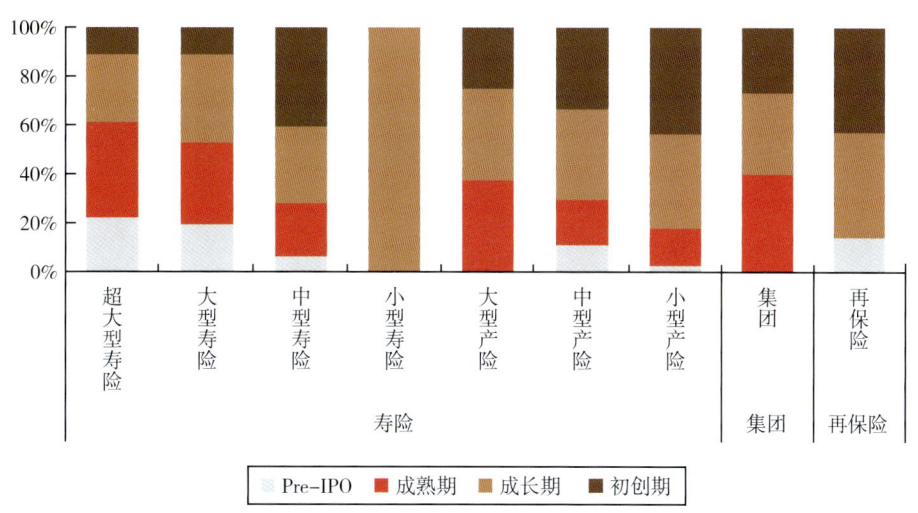

图 3-68　2022 年保险公司直接股权投资被投企业所处阶段情况——机构视角

5. 投资领域。根据 111 家机构反馈，直接股权投资已投领域中保险类企业和非保险类金融企业占比较高，分别为 68% 和 40%；金融科技/互联网金融/大数据和企业服务及医疗健康领域并列排在第三，占比均为25%；汽车服务领域排在第四，占比20%（见图3-69）。

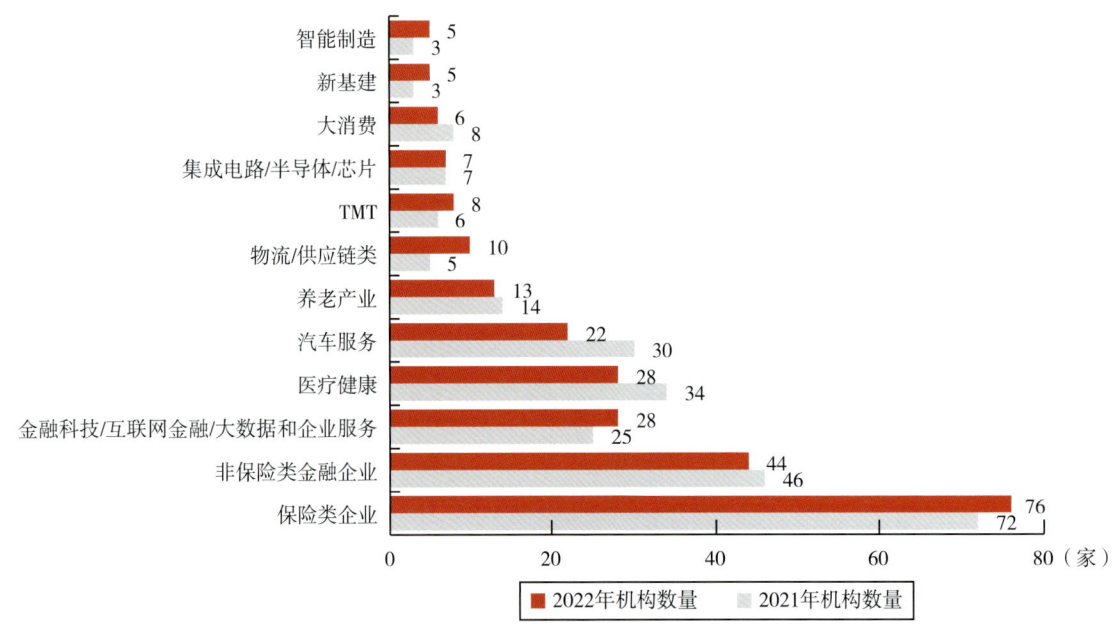

图3-69 2021—2022年保险公司直接股权投资已投领域情况

（三）间接股权投资

1. 整体情况。间接股权投资规模稳定增长，私募股权基金规模占比近八成。截至2022年末，间接股权投资规模为7 374.22亿元，同比增长16.01%。其中私募股权基金规模5 661.20亿元，占比76.77%，规模同比增长11.96%；股权投资计划规模1 713.02亿元，占比23.23%，规模同比增长20.24%（见图3-70）。

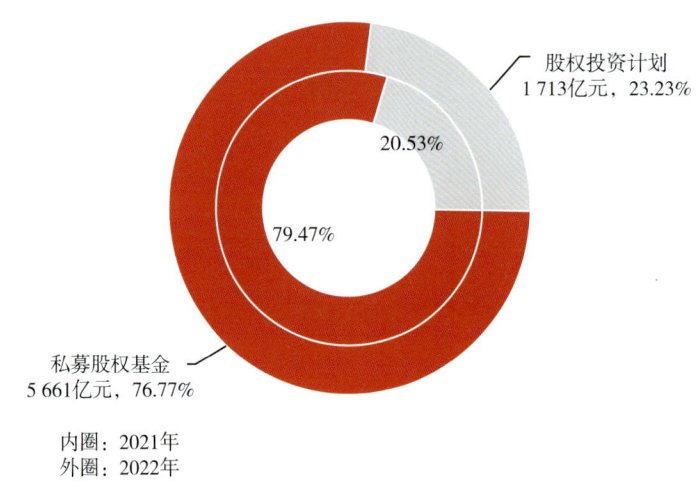

图3-70 2021—2022年保险公司间接股权投资规模及占比

2. 股权投资计划。从寿险公司来看，超大型寿险公司股权投资计划投资规模 1 310.86 亿元，同比增长 50.04%；大型寿险公司规模 147.88 亿元，同比下降 3.79%；中型寿险公司规模 64.38 亿元，同比下降 6.55%（见图 3－71）。

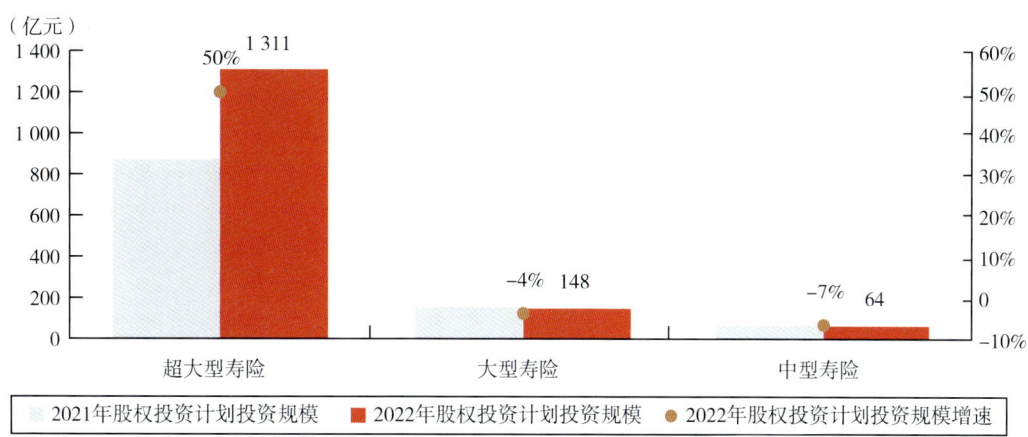

图 3－71　2021—2022 年寿险公司股权投资计划规模及增速

从产险公司来看，大型产险公司股权投资计划投资规模 88.70 亿元，同比下降 11.57%；中型产险公司规模 48.90 亿元，同比下降 7.66%；小型产险公司规模 9.19 亿元（见图 3－72）。

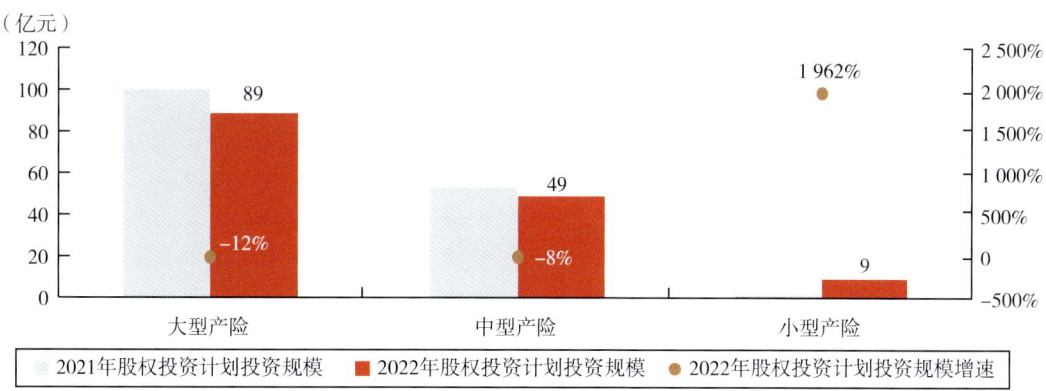

图 3－72　2021—2022 年产险公司股权投资计划规模及增速

3. 私募股权基金。从寿险公司来看，超大型寿险公司私募股权基金规模 2 891.87 亿元，同比增长 19.96%；大型寿险公司规模 1 503.26 亿元，同比增长 16.04%；中型寿险公司规模 810.54 亿元，同比增长 1.54%；小型寿险公司规模 9.90 亿元，同比增长 29.21%（见图 3－73）。

从产险公司来看，大型产险公司私募股权基金规模 219.90 亿元，同比增长 12.23%；中型产险公司规模 101.84 亿元，同比下降 23.56%；小型产险公司规模 35.38 亿元，同比增长 4.22%（见图 3－74）。

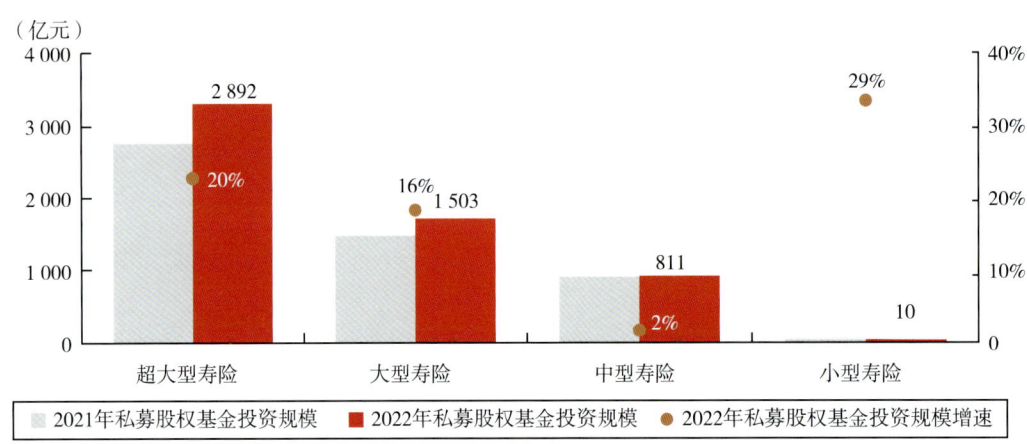

图 3-73 2021—2022 年寿险公司私募股权基金实缴规模及增速

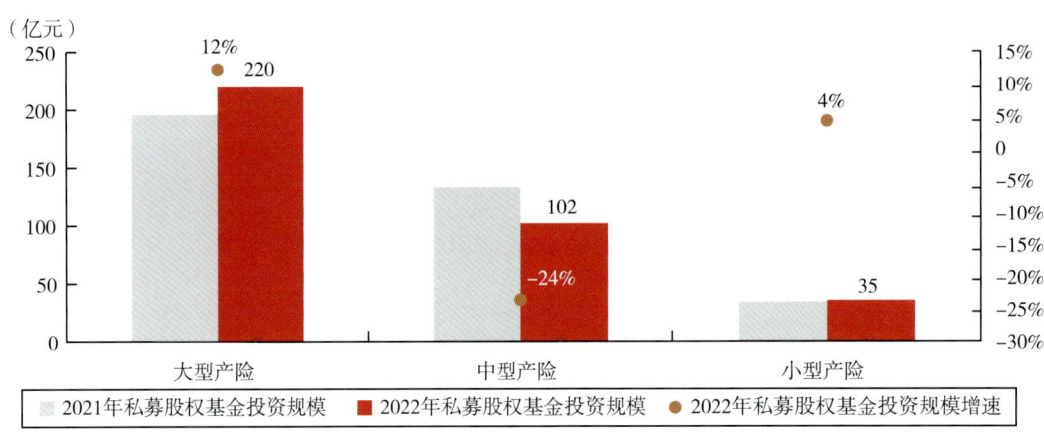

图 3-74 2021—2022 年产险公司私募股权基金实缴规模及增速

五、投资治理情况

保险资金作为资本市场最大的机构投资者之一，在支持资本市场稳健运行、优化投资者结构方面发挥了重要作用。随着监管改革的深入推进，保险资金投资自主权和决策空间进一步放开，保险机构主体责任全面压实，风险管控持续加强，保险资金运用市场化改革不断深化，投资管理能力稳步提升，为保险公司的稳健经营与高质量发展保驾护航。

（一）投资管理

1. 股东情况。保险公司第一大股东行业分布情况。非银金融为保险公司大股东主要分布行业。保险公司第一大股东所处行业中,非银金融行业占比56.19%,其余,综合、银行、房地产、交通运输、社会服务、计算机等行业占比相对较高(见图3-75)。

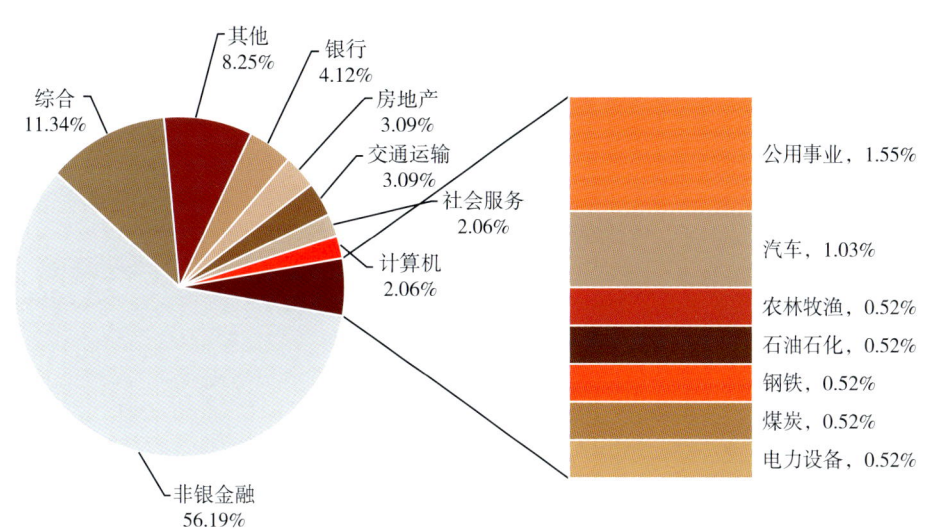

图3-75 保险公司第一大股东行业分布

保险公司法人持股情况。一是近半数机构国有法人持股50%以上。保险公司法人持股分布方面,国有法人、社会法人、境外法人100%持股公司占比相当,三者合计约占行业四成。国有法人持股50%(含)以上和100%持股的机构合计占比接近行业五成(见图3-76)。二是社会法人青睐寿险公司。从法人类型看,国有法人在保险集团、产险公司持股比例相对较高;社会法人在寿险公司持股占比较高;半数再保险公司由境外法人100%持股(见图3-77)。

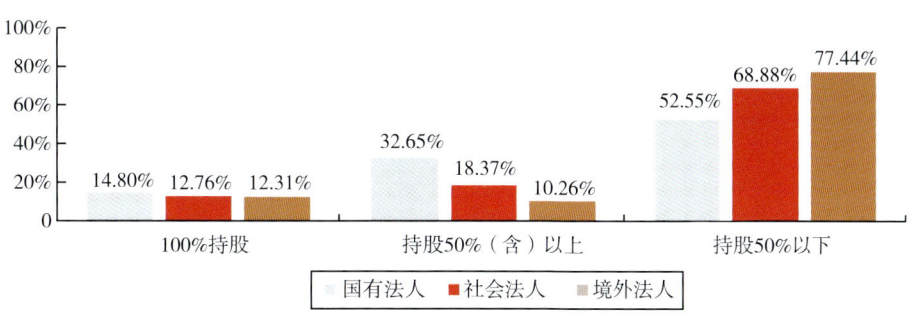

图3-76 保险公司不同类型法人持股情况机构占比

2. 组织架构。保险公司投资管理职能部门的组织形式及下设二级组织建设情况。一是投资管理部/资产管理部为保险公司投资管理部门主要组织形式。超七成保险公司投资管理组织形式为部门制。全行业43家公司设置投资管理中心,占比21.88%(见图3-78、图3-79)。二是各类型机构投资管理部门职能细化程度存在差异。超六成保险公司投资管理职能部门下设二级组织,其中集团、寿险投资职能细化程度较高

(见图3-80)。三是不同类型保险公司投资部门人员配置差异明显。超五成寿险、超三成集团投资人员在20人以上，超四成产险、近六成再保险投资人员在5人以下（见图3-81）。

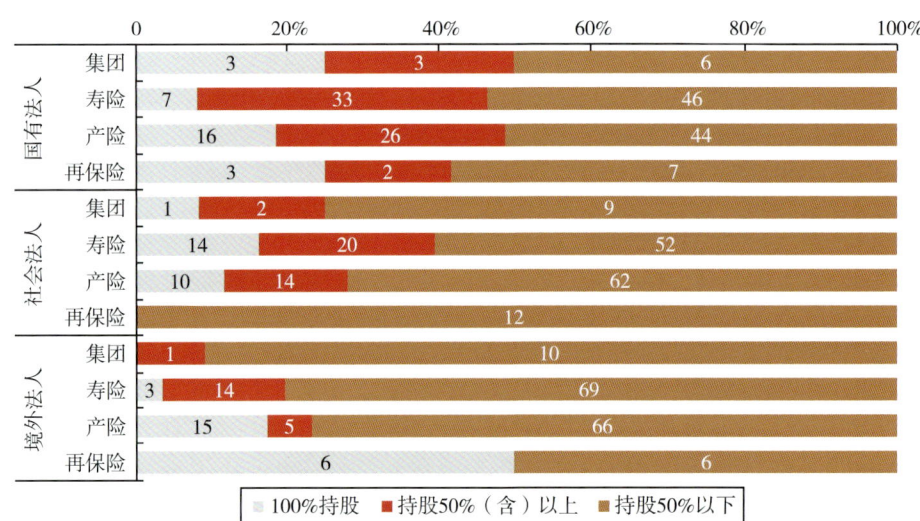

图3-77　各类型保险公司不同类型法人持股情况机构数量分布

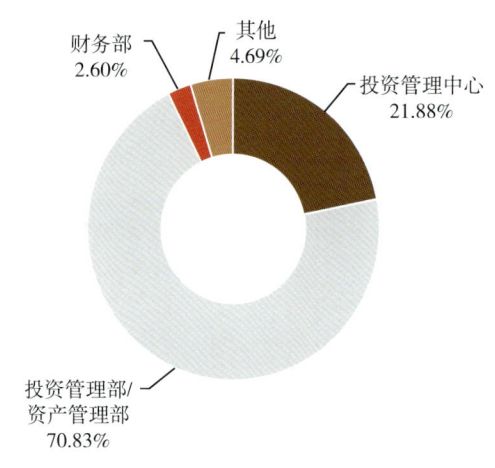

图3-78　2022年保险公司投资管理部门组织形式机构占比

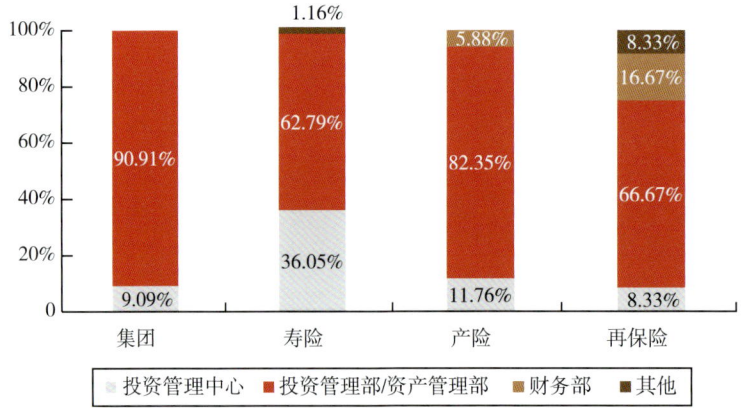

图3-79　2022年各类型保险公司投资管理部门组织形式机构占比

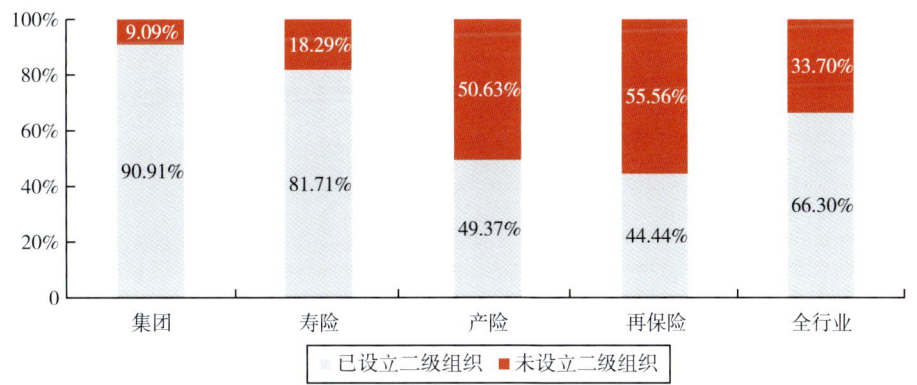

图 3－80 2020—2022 年保险公司投资管理职能部门下设二级组织情况

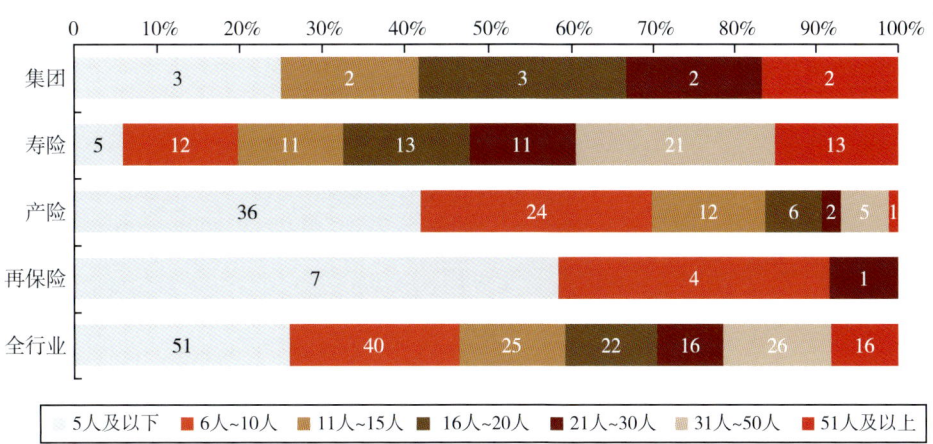

图 3－81 2022 年保险公司投资管理职能部门人员数量分布情况

3. 决策授权。一是在董事会下设专委会参与决策方面，2022 年保险公司董事会决策权限进一步下沉，下设专委会作用有所提升。超六成机构专委会具有决策权，各类型机构专委会权限存在差异（见图 3－82）。

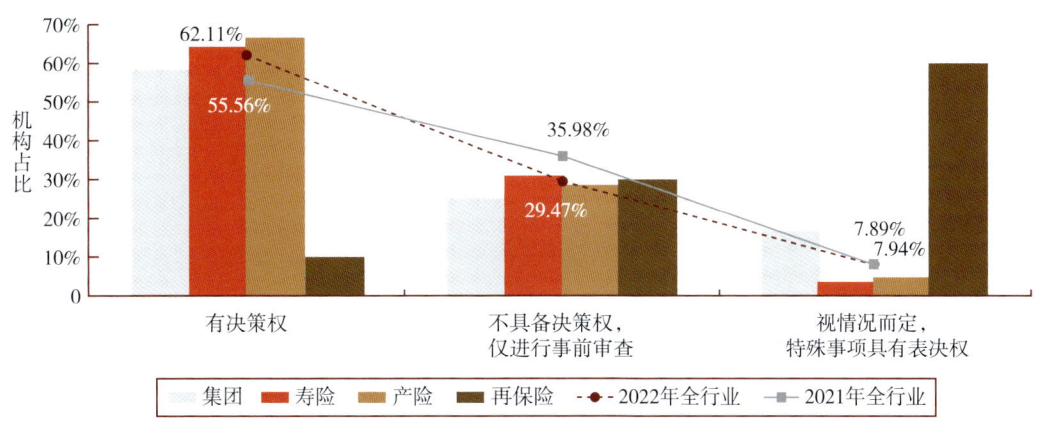

图 3－82 2021—2022 年保险公司董事会下设投资相关专业委员会参与决策机构占比

二是在管理层表决机制方面,管理层有关投资事项的表决采用"一人一票,多数通过制"为主,采用"全票通过制"机构占比较上一年度有所下降(见图3-83)。

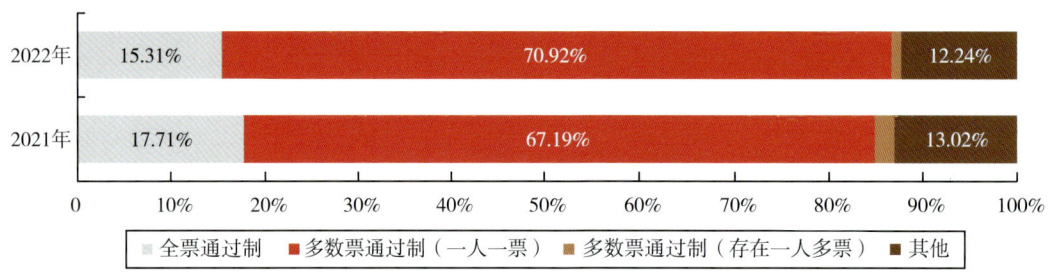

图3-83　2021—2022年保险公司董事会下设投资相关专业委员会参与决策机构占比

4. 风险管控。保险公司资产管理中心/部的风控二级部门（岗位）管理情况。一是从投资管理职能部门下设二级风控部门/岗位汇报形式看,超六成公司采取双线汇报形式,1/4公司仅向风险管理部汇报,一成公司仅向本部门汇报(见图3-84)。二是在保险公司风控、合规职能部门/人员参与重要项目的主要途径方面,全行业风控、合规人员参与公司重要投资项目以前期、中期介入为主。不同规模公司风控、合规人员介入阶段呈明显差异(见图3-85)。

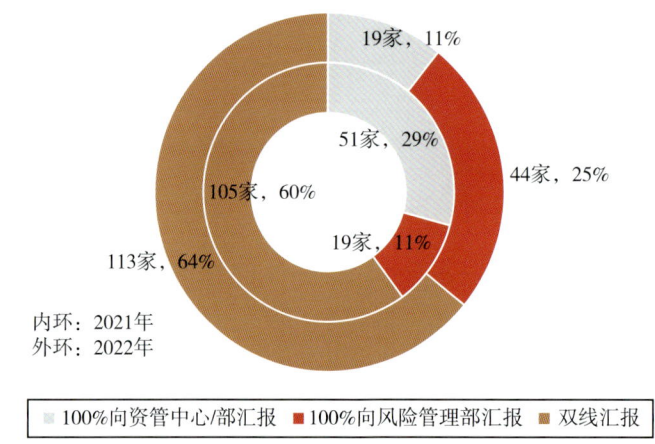

图3-84　2021、2022年保险公司资产管理中心/部的风控
二级部门（岗位）交叉管理机构分布情况

保险公司资金运用风险、合规、法律岗位设置情况。整体来看,保险资金运用风控、法律、合规职能多独立于投资管理部门,在总公司同级职能部门占比较高。从投资部下设专职岗位设置看,设置专职合规岗位机构数量及人数较上年度有所减少,风控、法律条线较上年有所提升。其中,设置风险、合规、法律专职岗位机构占比分别为59.69%、31.12%和12.37%(见图3-86)。此外,保险资金运用专职风险、合规岗位人员普遍集中在1~2人(见图3-87、图3-88)。

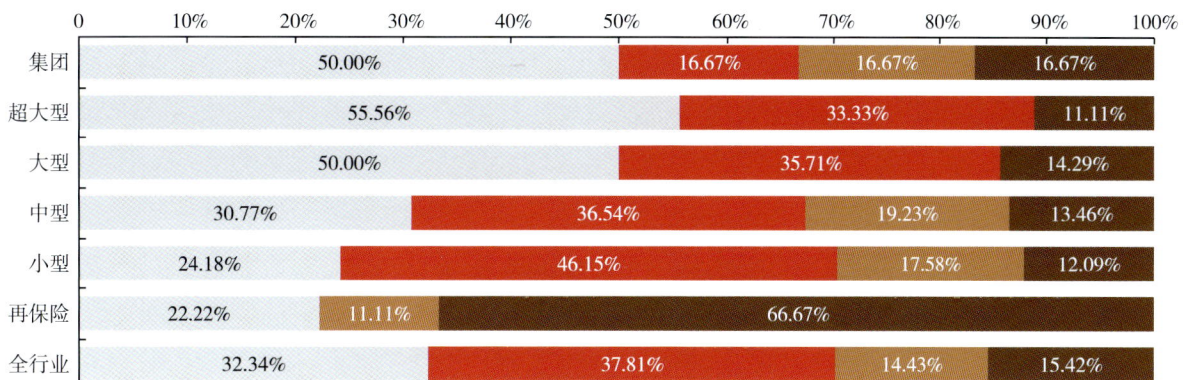

图 3-85 保险公司风控、合规职能部门/人员参与重要项目的主要途径机构占比情况

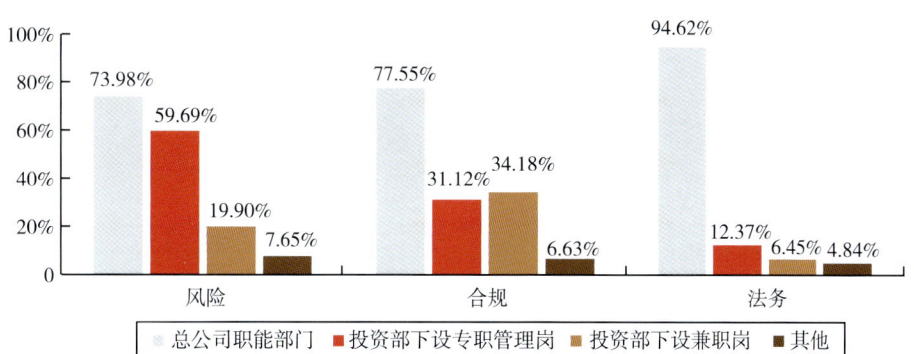

图 3-86 保险公司资金运用风险、合规、法律职能隶属情况

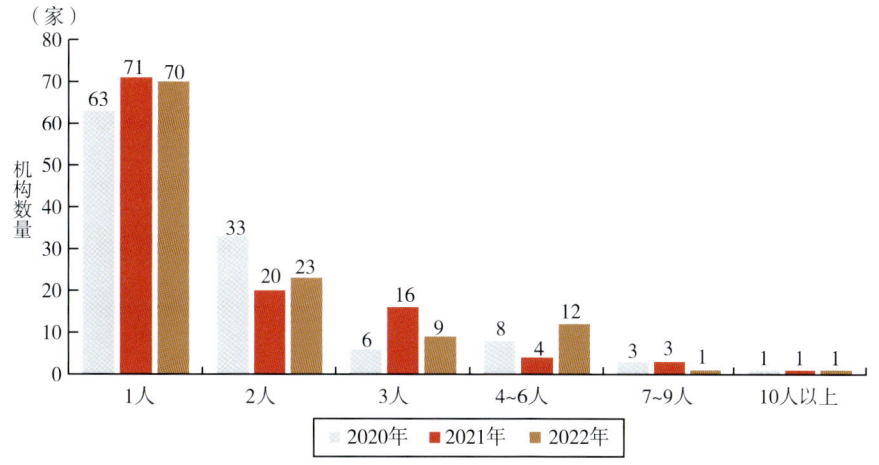

图 3-87 2020—2022 年保险公司资金运用专职风险管理岗位人员情况

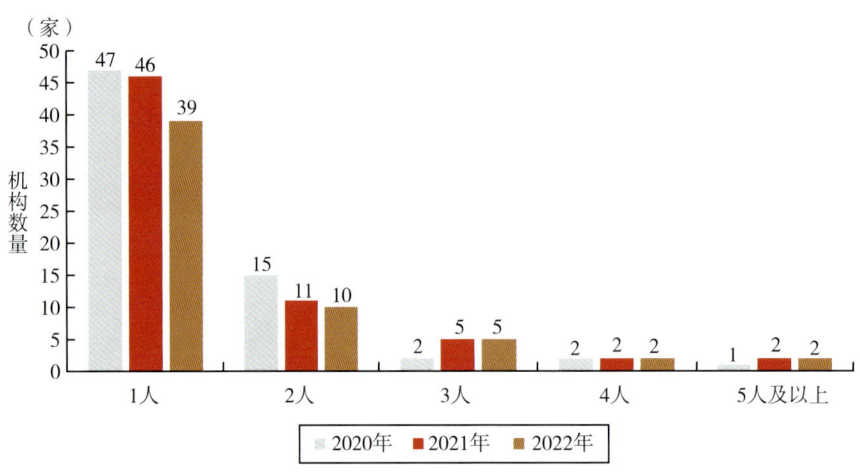

图 3-88 2020—2022 年保险公司资金运用专职合规岗位人员情况

保险公司大类资产风险五级分类情况。反馈有效数据的 172 家公司样本中，需要进行风险分类的资产合计超 8 万亿元，占样本总投资资产的 37%。从资产规模看，中型机构不良资产占比较高。从资产类别看，需进行风险分类的固收类、权益类、不动产类资产分别约为 6.5 万亿元、1 万亿元和 0.4 万亿元（见图 3-89、图 3-90）。

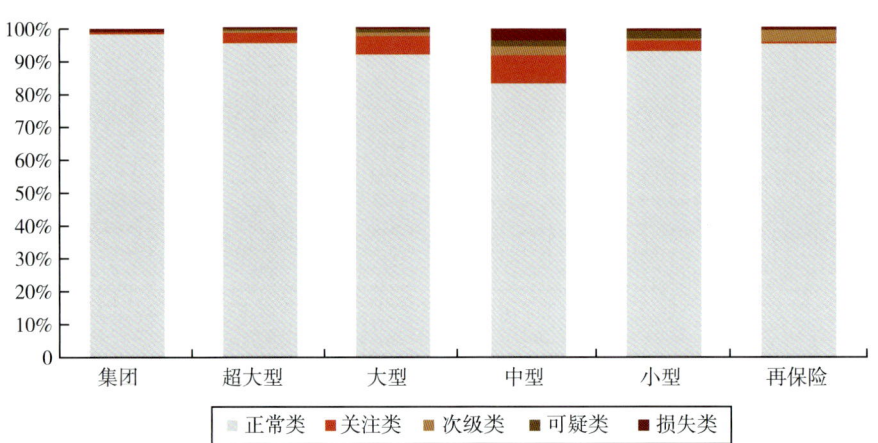

图 3-89 2022 年末各规模保险公司大类资产风险五级分类账面余额占比情况

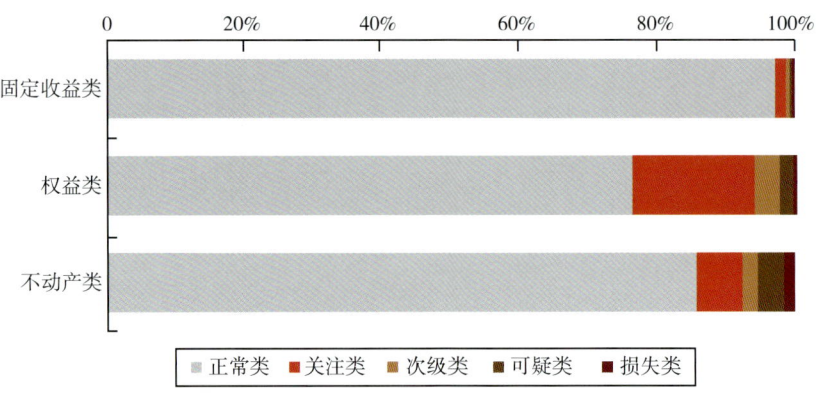

图 3-90 2022 年末保险公司大类资产风险五级分类账面余额占比情况

5. 绩效考核。考核周期方面，不同规模机构投资收益目标考核期限存在差异。全行业按年考核机构占比66%，较上年同期增长0.5个百分点。超五成保险集团、超八成超大型机构以中长期考核为主。2020—2022年，超大型、大型机构按中期以上考核机构占比有所增加，大、中、小机构考核周期有所缩短（见图3-91至图3-94）。

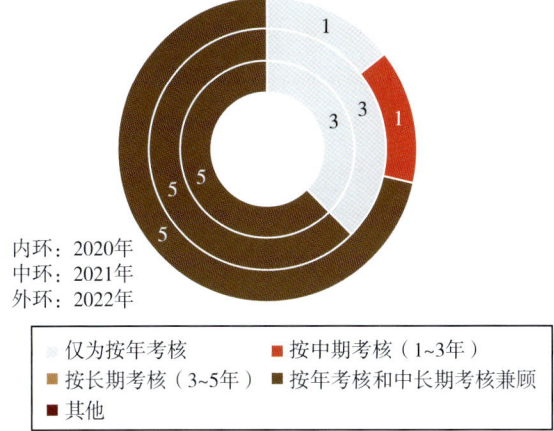

图3-91 超大型机构投资收益目标考核周期分布（家）

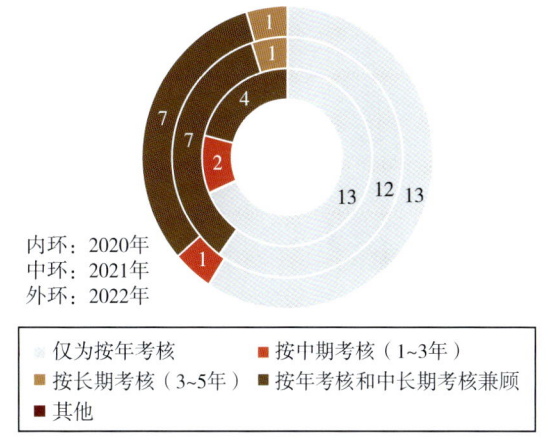

图3-92 大型机构投资收益目标考核周期分布（家）

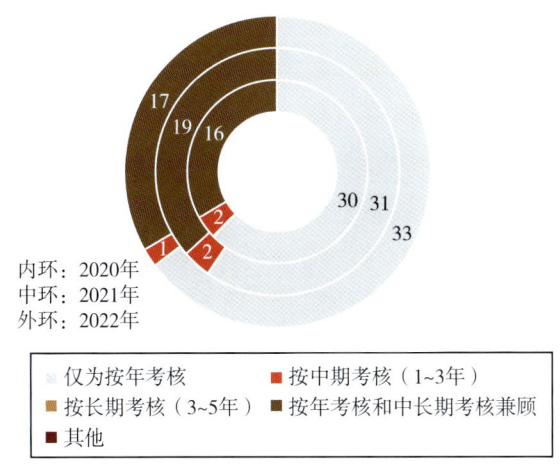

图3-93 中型机构投资收益目标考核周期分布（家）

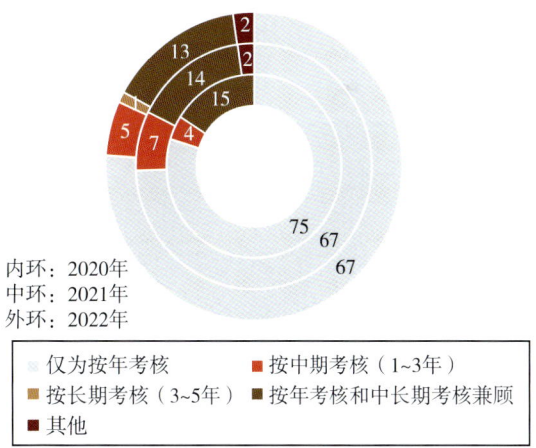

图3-94 小型机构投资收益目标考核周期分布（家）

六、人才建设情况

（一）整体情况

一是行业投资人员数量同比基本持平。人才总量方面，截至2022年末，参与调研的 196 家保险公司共有投资人员 3 726 人。2020—2022 年有三年同比数据的机构共 185 家，截至 2022 年末人员合计 3 569 人，增速为 -0.06%（见图 3-95）。人才变化方面，2022 年，在有三年同比数据的 185 家机构中，寿险、再保险公司人数有所下降，其他机构类型人员数量均有增长（见图 3-96）。人才分布方面，2022 年参与调研的保险公司中，集团、寿险、产险、再保险人员占比分别为 6.58%、69.27%、22.28%、1.88%（见图 3-97）。

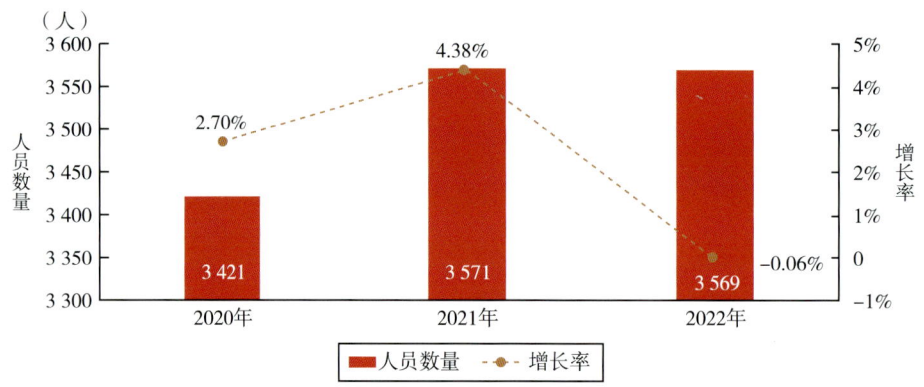

图 3-95　2020—2022 年保险公司投资人才数量及增速情况（185 家机构）

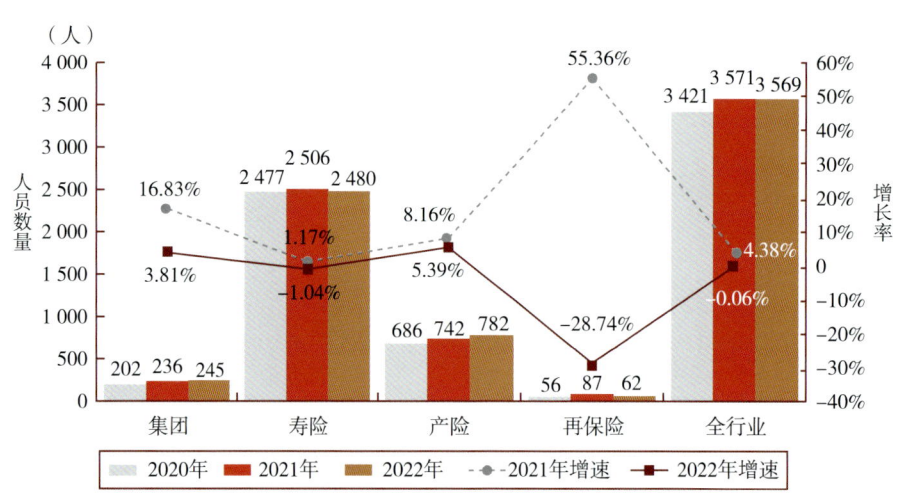

图 3-96　2020—2022 年各类型保险公司投资人才数量变化（185 家机构）

二是行业投资人才前中后台人员数量呈梯队分布。2022 年，保险公司投资人员前中后台人员占比分别为 44.41%、32.22% 和 15.91%。前台人员数量约为后台人员 3 倍（见图 3-98）。

三是大型、中型机构前台人员配置充足。大型、中型公司前台人员明显高于中后台人员，且前中后台人员数量呈阶梯分布。超大型机构因全部由关联方保险资产管理，前台投资人员占比相对较少。集团、再保险中台人员占比较高（见图 3-99）。

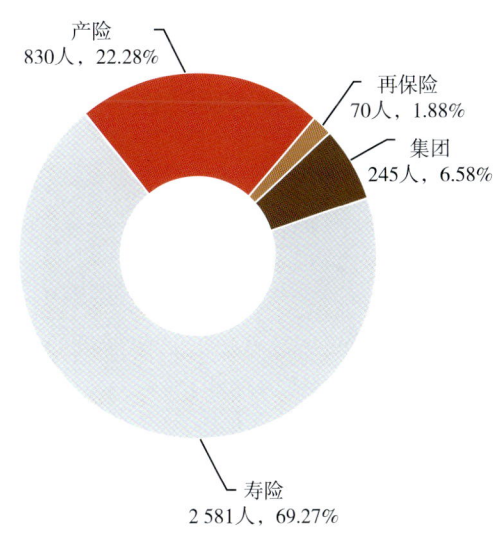

图 3-97 2022 年保险公司投资人才分布情况（全口径：196 家机构）

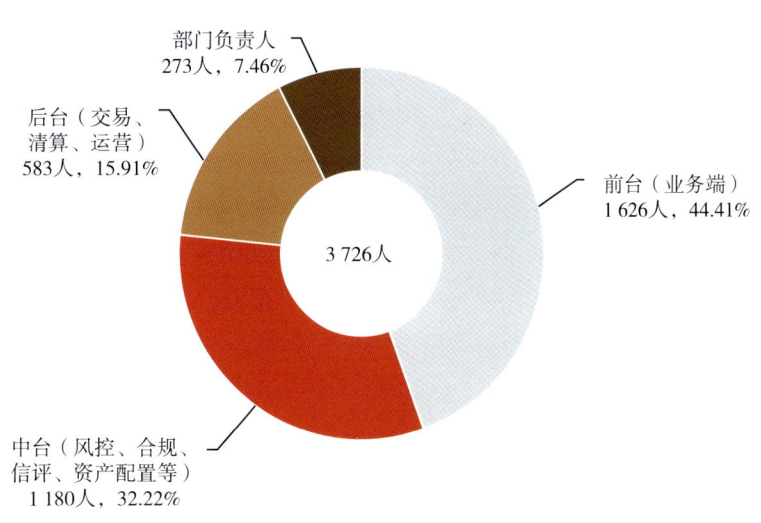

图 3-98 2022 年保险公司前、中、后台人员数量分布情况

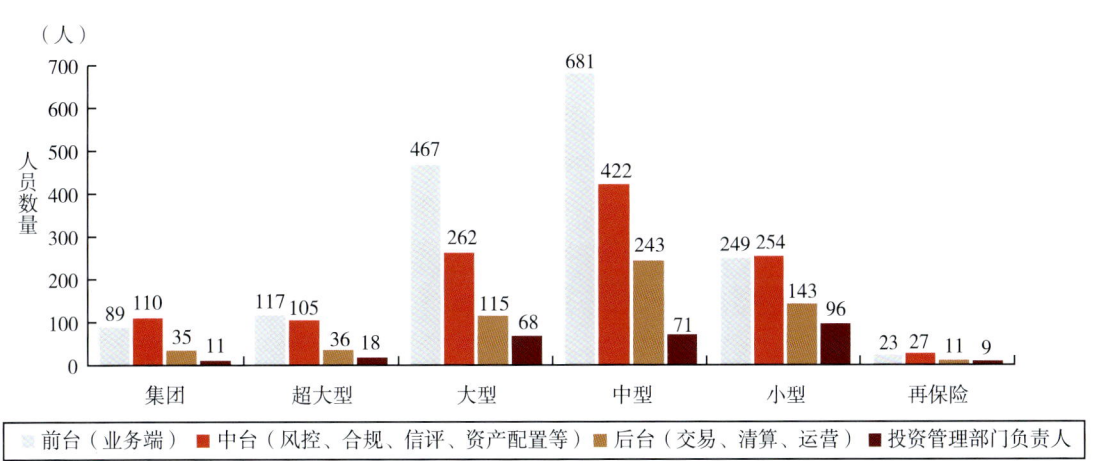

图 3-99 2022 年不同规模保险公司投资人员前中后台人员数量分布情况

(二)人才缺口情况

一是行业人才整体缺口略有收缩。从各机构人才配置需求看,与上年同期相比,2022年保险公司人员配置充足机构占比有所提升,各区间存在人员缺口机构占比较上年度均有下降。保险集团和再保险人员缺口相对较大(见图3-100)。

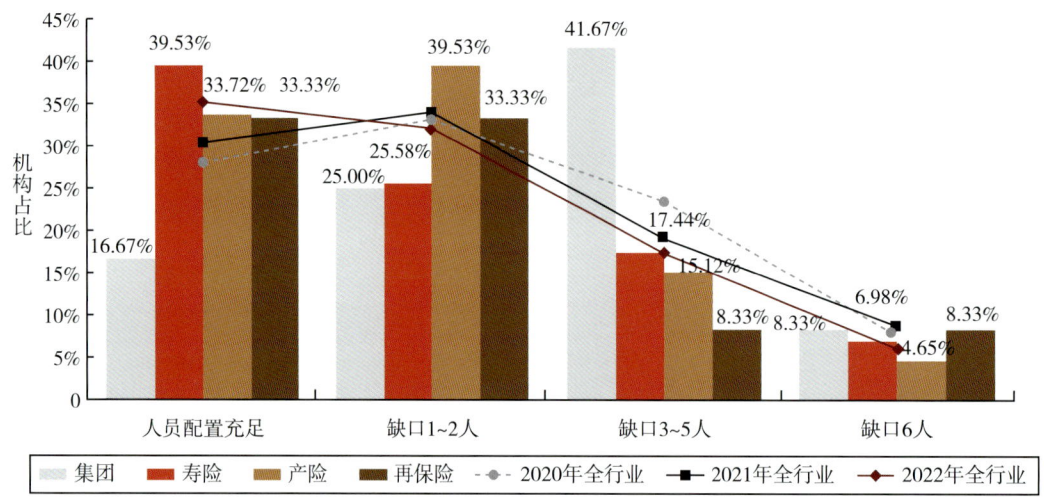

图3-100 2022年保险公司投资人才各缺口程度机构占比

二是绝大多数领域人才需求下降。仅风险管理和委托管理存在缺口机构数量较上一年有所增加,其他领域人才需求均有下降(其他需求类型主要包括运营、清算、投后管理、交易、不动产投资等)(见图3-101)。

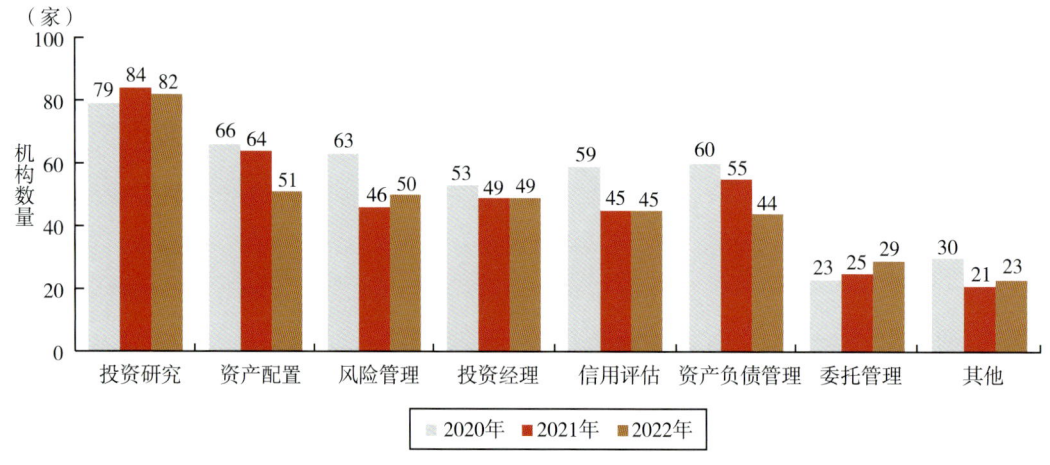

图3-101 2020—2022年保险公司各领域投资人才缺口机构数量对比

三是不同机构类型保险公司在人员缺口方面差异显著。保险集团人才需求较为突出,集中在资产配置、委托管理、投资研究等领域(见图3-102)。

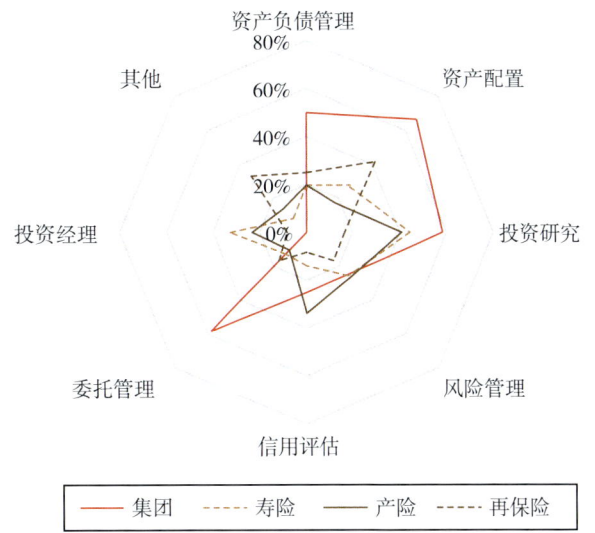

图 3-102　2022 年各类型保险公司不同领域投资人才缺口机构占比

（三）人力效能

2022 年，全行业人均投资资产规模稳步增长。2020—2022 年，有同比数据的 185 家机构人均投资资产规模逐年提升，增速为 9.9%，较上一年度上升 1.19 个百分点。从 2022 年参与调研的 196 家保险公司口径看，人均投资资产规模为 64.04 亿元。从机构类型看，除保险集团外，其他类型公司人均投资资产规模均有所增长，且增速同比有所提升（见图 3-103）。

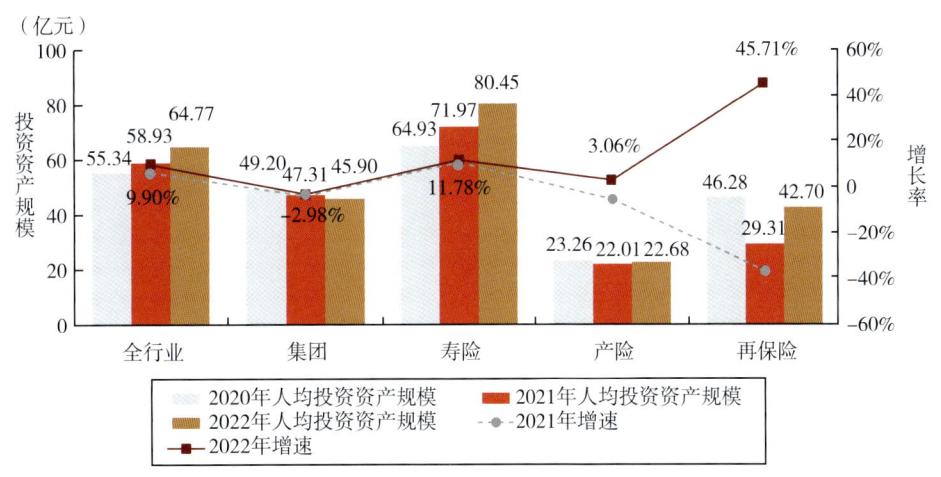

图 3-103　2020—2022 年各类型机构人均投资资产规模（185 家机构）

从机构规模看，超大型机构人均投资资产规模涨势强劲，大型、中型机构增速较上年度有所下降（见图 3-104）。

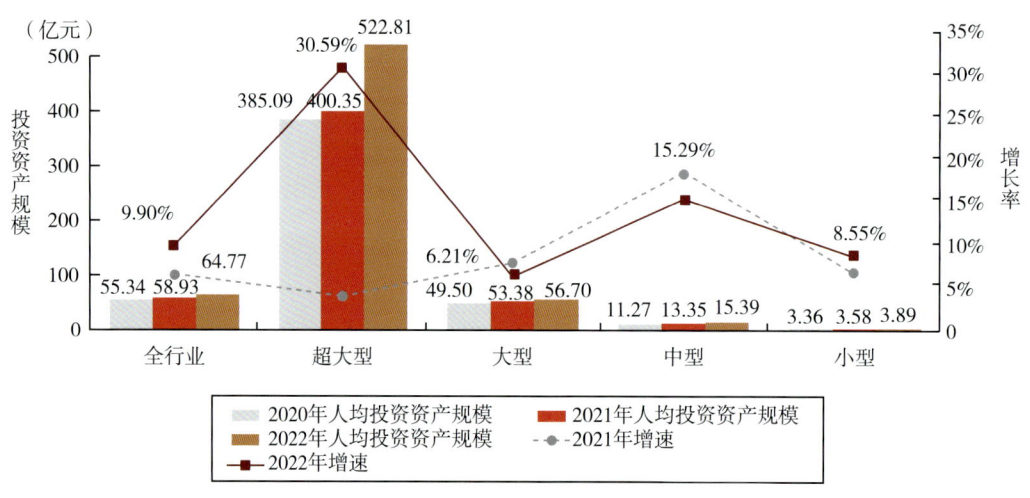

图3-104　2020—2022年各规模机构人均投资资产规模（185家机构）

（四）信评人才情况

参与调研机构中，105家机构设置独立信评岗位，其中80家设置独立信评部门。超大型、中型机构设置信评岗位占比远超行业均值，中型机构设置信评部门占比最高（见图3-105）。

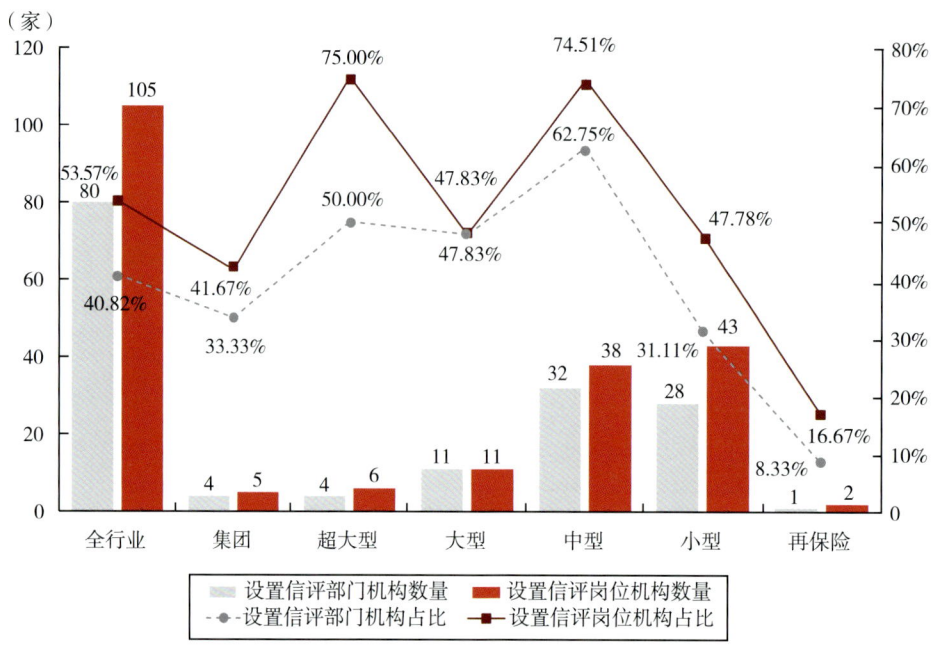

图3-105　2022年保险公司信评部门及岗位设置情况

从信评人员数量看，信评人员数量连续三年有所增长。截至2022年末，全行业共有专业信用评估人员419人，较2021年末新增5人，增长率1.21%。信评人员配置最多的机构,共配备 14 名专业信评人员。此外,分机构类型看,寿险公司信评人员最多,共计 294 人,保险集团增速最快,增速为 61.9%(见图 3-106)。

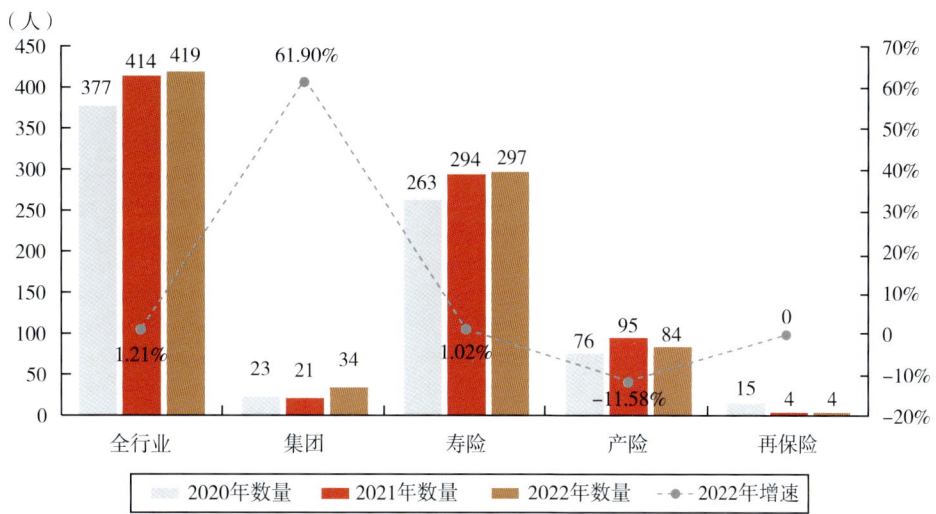

图 3-106　2020—2022 年保险公司信评人员数量

第四章
2022 年保险资产管理行业专题报告

【专题一】保险资产管理行业重大监管政策分析

一、优化保险资金运用监管

（一）精简保险资金运用监管报告事项

为进一步落实国务院"放管服"改革要求，整合监管资源，聚焦风险监管，提高监管质效，2022年1月19日，原银保监会印发《关于精简保险资金运用监管报告事项的通知》（银保监规〔2022〕1号）（以下简称《通知》）。

《通知》共3条，主要规定取消、合并报送的监管报告事项，进一步规范保险资金运用监管报告的报送行为。一是取消34项监管报告。根据保险资金运用业务实际和市场形势变化，取消已通过监管信息系统报送的报告和公司内部投资管理事务等事项，压实机构主体经营管理责任，提高风险监管质效。二是将6项监管报告合并为1项。整合不同资产类别，将股权、不动产、金融产品等投资情况报告合并为保险资金运用季度报告，减少分散化、碎片化信息，提高报告的系统性。三是进一步规范监管报告报送行为。要求保险公司严格按照监管规定报送监管报告，杜绝迟报、错报、漏报、瞒报等情形，切实提高报送质量。

《通知》的发布实施是原银保监会贯彻落实党中央、国务院关于深化"放管服"改革要求的重要举措，有利于深化监管改革，发挥信息技术优势，聚焦保险资金运用风险监管，减轻市场主体不必要的报送负担，提升监管的质量和效率，防范相关业务风险。

原中国银保监会发布《关于精简保险资金运用监管报告事项的通知》（银保监规〔2022〕1号）

（二）保险资金委托投资

为进一步规范保险资金委托投资行为，强化保险机构主体责任，防范委托投资风险，2022年5月13日，原银保监会修订发布《保险资金委托投资管理办法》（银保监规〔2022〕9号）（以下简称《办法》）。

《办法》共26条。主要内容包括：一是明确委托投资适用主体和投资范围。保险资金委托投资是受托人以委托人名义开展的主动投资管理业务，适用于符合条件的保险资产管理机构。同时，进一步明确保险资金委托投资范围，并对受托人开展相关投资提出了明确的投资能力管理要求，有助于提高保险资金权益类资产投资效率，加大对资本市场和实体经济的支持力度。二是压实委托人责任。要求保险公司开展委托投资应当充分履行制定资产配置计划和委托投资指引、选择受托人、监督受托人执行情况、评估受托人投资绩效等职责。三是强化受托人主动管理责任。要求受托人设置资产配置专业岗位，加强大类资产配置能力建设。明确受托管理保险资金的禁止行为，要求受托人应当按照监管规定和投资指引要求，独立进行风险判断并履行完整的投资决策流程，全面落实主动管理要求。此外，《办法》明确了受托人受托管理保险资金，可以聘请符合条件的专业机构提供独立监督、信用评估、投资顾问等服务；增加保险公司与受托人及托管人建立信息共享和沟通机制等要求，及时解决委托资产管理与运用中的相关问题。

《办法》的修订是深化保险资金运用市场化改革的重要举措，进一步厘清了保险资金运用涉及的委托代理关系和信托关系的边界，进一步增补完善了委/受托双方的权责义务和禁止行为，全面压实机构主体责任，有利于规范保险资金委托投资行为，防范保险资金运用风险。同时，《办法》有利于进一步发挥保险资产管理机构的专业投资优势，提升保险资金长期投资运作水平，为资本市场和实体经济高质量发展提供更多长期资金支持。

原中国银保监会发布《保险资金委托投资管理办法》（银保监规〔2022〕9号）

（三）保险资金投资金融产品

为进一步优化保险资产配置结构，提升保险资金服务实体经济质效，防范投资风险，2022年5月13日，原银保监会修订发布《关于保险资金投资有关金融产品的通知》（银保监规〔2022〕7号）（以下简称《通知》）。

1. 修订背景

金融产品是保险资产配置的重要组成部分。近年来，保险资金运用领域按照制度先行的原则，逐步拓宽可投资金融产品的范围和品种，特别是2012年原投资金融产品政策发布实施以后，保险资金投资金融产品规模不断增加。截至2021年12月末，保险资金投资金融产品规模1.72万亿元，占资金运用余额的7.39%，品种覆盖商业银行理财产品、集合资金信托、信贷资产支持证券、资产支持专项计划等，保险资产配置结构得到进一步完善。

随着我国金融市场快速发展，理财公司理财产品等金融产品不断涌现，其风险收益特征符合保险资金配置需求，行业有较强的配置意愿。同时，随着《关于优化保险机构投资管理能力监管有关事项的通知》等政策的发布实施，对金融产品投资集中度比例、投资管理能力等监管要求发生了调整，需要从制度上明确。此外，原政策在金融产品决策流程、投后管理等方面监管要求有待进一步强化。因此，有必要结合新的情况和形势，对《通知》进行修订。

2. 修订思路

一是坚持问题导向和目标导向相结合。聚焦行业面临的资产配置压力和问题，根据金融市场发展，将风险收益特征符合保险资金需求的金融产品纳入投资范围，满足分散投资需要，提升服务实体经济质效。二是坚持落实主体责任和完善监管要求相结合。一方面，压实机构主体责任，引导加强投资能力建设，审慎稳健开展投资；另一方面，完善对交易对手、基础资产、关联交易等方面监管要求，防范投资风险。三是坚持制度创新和统筹协调相结合。注重加强制度建设的顶层设计，强化同委托投资管理、保险资产管理产品、集合资金信托、投资监管比例等政策的协调，提升监管质效。

3. 产品范围

《通知》规范保险资金投资非保险类金融机构发行的金融产品行为，涉及的产品包括商业银行或理财公司、信托公司、金融资产投资公司、证券公司、证券资产管理公司、证券投资基金管理公司等金融机构依法发行的资产管理产品和资产证券化产品等。

相较于修订前，《通知》删除了保险资金投资保险资产管理公司发行的基础设施投资计划、不动产投资计划、资产支持计划及其相关要求。主要考虑是近年来监管部门陆续出台《保险资产管理产品管理暂行办法》《关于印发组合类保险资产管理产品实施细则等三个文件的通知》《资产支持计划业务管理暂行办法》等政策，进一步完善了相关产品的管理运作规定。同时，根据监管要求，保险资产管理公司发行产品应当具备相应的产品管理能力。因此，对于保险资产管理公司发行的产品，保险机构在符合产品管理规定中关于投资者资质等要求的情况下即可开展投资，这有利于理顺保险资金投资保险资产管理产品和其他金融产品的监管机制。

4. 修订内容

一是拓宽可投资金融产品范围。将理财公司理财产品、单一资产管理计划、债转股投资计划等纳入可投资金融产品范围，进一步完善保险资产配置结构。二是落实主体责任。明确保险资产管理公司受托投资金融产品，应当承担尽职调查、投资决策、投后管理等主动管理责任。取消对保险资金投资信贷资产支持证券、资产支持专项计划等产品外部信用评级要求，引导机构落实风险管理主体责任。三是强化穿透监管要求。针对部分金融产品，要求保险机构依据产品基础资产的性质穿透具备相应投资管理能力，并按基础资产类别分别纳入相应投资比例进行管理，真实反映投资资产风险。四是规范投资单一资产管理产品行为。对于保险公司投资单一资产管理计划和面向单一投资者发行的私募理财产品，要求完善投资管理人选聘标准和流程，审慎制定投资指引，维护资产安全。五是完善投后管理要求。要求保险机构明确投资金融产品投后管理责任，配备专业投后管理人员，定期跟踪投资状况，采取有效措施控制相关风险。

5. 业务衔接

2012 年发布的《保险资金委托投资管理暂行办法》规定，符合条件的证券公司、基金管理公司等可以受托保险资金开展相关资产管理业务。资管新规和证券期货经营机构私募资产管理业务监管规则发布后，证券公司、基金管理公司等通过设立私募资产管理计划开展私募资产管理业务。为适应市场形势的发展，《通知》在可投资金融产品范围中增加了单一资产管理计划，并同步在修订发布的《保险资金委托投资管理办法》中删除了证券公司、基金管理公司等作为投资管理人的有关要求。

《通知》中规定了证券资产管理公司管理保险资金应当具备的条件。在实践中，部分证券公司新设立了证券资产管理公司开展资产管理业务。为推动相关业务平稳过渡，加大对资本市场的支持力度，对于经国务院证券监督管理机构依法核准设立、展业尚不满三年的证券公司资产管理子公司，其资产管理业务资格年限、管理规模可以与证券公司母公司连续计算；因并购重组、风险处置等原因，新设公司承接原证券公司私募资产管理业务资格的，资产管理业务资格年限、管理规模可与原公司连续计算。

原中国银保监会发布《关于保险资金投资有关金融产品的通知》（银保监规〔2022〕7 号）

（四）保险资金运用关联交易监管

为进一步加强保险机构资金运用关联交易监管工作，规范保险资金运用关联交易行为，防范投资风险，2022 年 6 月 2 日，原银保监会发布《关于加强保险机构资金运用关联交易监管工作的通知》（银保监规〔2022〕11 号）（以下简称《通知》）。

《通知》共四章十九条，主要内容包括：一是总体要求。明确《通知》的指导思想、工作原则、工作目标。二是压实保险机构主体责任。要求保险机构开展资金运用关联交易要坚持党建引领，明确开展保险资金运用关联交易的基本原则、职责分工和禁止行为，要求机构加强关联方、合作机构、审批决策、信息披露管理，建立资金运用关联交易的问责、举报机制。三是加强监督管理。《通知》进一步明确监管重点、丰富监管手段，鼓励机构自查与社会举报，要求加大惩处力度、形成监管合力。四是充分发挥行业自律组织作用。要求行业自律组织加强自律管理、营造合规文化、充分沟通协调。《通知》的发布实施，是进一步健全保险机构资金运用关联交易管理的重要举措，对遏制资金运用违法违规关联交易，防范资金运用风险，维护市场运行秩序具有重要意义。

原中国银保监会发布《关于加强保险机构资金运用关联交易监管工作的通知》
（银保监规〔2022〕11号）

二、规范保险机构监管

（一）关联交易管理

为进一步加强关联交易监管，规范银行保险机构关联交易行为，防范利益输送风险，2022年1月14日，原银保监会发布《银行保险机构关联交易管理办法》（中国银行保险监督管理委员会令2022年第1号）（以下简称《办法》）。

1. 出台背景

近年来，随着我国银行业保险业快速发展，银行保险机构关联交易引发风险暴露的情况不断显现，通过隐匿关联关系、设计复杂交易结构、利用子公司违规提供资金等方式规避监管、套取利益等问题时有发生，甚至引发重大风险，为弥补制度短板，有必要进一步修订完善关联交易的有关监管规定。《办法》制定之前，银行机构关联交易监管依据2004年制定的《商业银行与内部人和股东关联交易管理办法》（下称《银行办法》），制定时间较早，需要根据当前市场发展和监管实际修订完善。综上，为统筹规范银行业保险业关联交易监管，提升机构关联交易管理水平，修订并发布《办法》。

2. 主要内容

《办法》共七章六十八条，包括总则、关联方、关联交易、关联交易的内部管理、报告和披露、监督管理、附则等。《办法》顺应行业发展需要，注重借鉴国内外制度经验，覆盖原银保监会监管的各类银行保险机构。主要内容包括：一是统筹规范监管。吸收整合银行业保险业两方面制度优势，既统一关联交易管理规则，又兼顾不同类型机构特点，力争实现监管标准一致性基础上的差异化监管。二是明确总体原则。银行保险机构应当维护公司经营独立性，提高市场竞争力，控制关联交易的数量和规模，重点防范向股东及其关联方进行利益输送风险，避免多层嵌套等复杂安排。三是坚持问题导向。对通过复杂交易结构或借助通道业务向关联方进行利益输送、规避监管等违规行为，设置禁止性规定，要求机构按照实质重于形式和穿透监管原则，优化关联方和关联交易识别，加强对表外、资产管理、同业等重点领域关联交易管理。四是明确管理责任。压实机构在关联交易管理方面的主体责任，建立层层问责机制，强化关联交易控制委员会职能，在管理层面设立跨部门的关联交易管理办公室，明确牵头部门、设置专岗，落实关联方识别和关联交易日常管理工作。五是丰富监管措施。明确对机构及董事、监事、高级管理人员违规行为的处理措施，对公司治理监管评估结果为E级的银行保险机构，不得开展授信类、资金运用类、以资金为基础的关联交易。对违规人员可以采取行业通报、责令机构予以问责等措施。

3. 关联方识别认定

《办法》采取直接认定和实质重于形式认定相结合的方式，合理界定关联方范围，层层穿透认定关联方。借鉴国内外通行做法，根据重要性和风险大小，对关键关联方采取直接认定方式，主要股东向上穿透至控股股东、实际控制人，向下穿透至其控制的法人，重点防范向股东输送利益风险。同时，将子公司纳入关联方，防范借道子公司进行利益输送风险。将有关联关系的商业银行纳入关联方，防范大股东通过隐性持股多家银行股份，套取银行资金的风险。

4. 差异化监管

一是按照机构风险程度实施监管。《办法》明确监管部门可以根据银行保险机构的公司治理状况、关联交易风险状况、机构类型特点等对银行保险机构适用的关联交易监管比例进行设定或调整，在防范风险前提下，增强监管的针对性和有效性。二是加强重点领域监管，对银行授信类、保险资金运用类、信托资金投资等与资金相关的高风险关联交易分别设定比例限额，调降了保险资金运用类比例上限，部分指标降幅达到40%，着力防范向大股东提供融资的乱象问题。三是加强表外业务和资产管理业务管理，明确银行机构特定目的载体投资，以及其他实质上由银行机构承担信用风险的业务，纳入授信监管比例予以规范，防范通过设计复杂交易结构规避监管。

5. 加强关联交易管理

《办法》在管理机制、穿透识别、资金来源与流向、动态评估等方面提出了具体要求，全面加强银行保险机构关联交易管理。一是针对管理中面临的关联关系隐蔽，关联交易结构复杂，规避监管手段多样等问题，要求机构主动穿透识别关联交易，动态监测交易资金来源和流向，及时掌握基础资产状况，动态评估对风险暴露和资本占用的影响程度，建立有效的关联交易风险控制机制，及时调整经营行为。二是强化机构对子公司的关联交易风险管控，要求机构明确管理机制，对其控股子公司与机构关联方发生的关联交易事项进行管理，明确管理机制，加强风险管控。三是有效发挥关联交易控制委员会作用，建立日常管理机制，要求机构在管理层面设立跨部门的关联交易管理办公室，明确牵头部门、设置专岗，加强关联方识别维护、关联交易管理等日常事务。四是提高关联交易管理信息化水平，机构在通过关联交易监管相关信息系统向监管部门报送数据的同时，要加强自身信息化建设，强化大数据管理能力。五是加强信息披露要求，将公司网站和年报两个渠道作为抓手，在公司网站中披露关联交易信息，在公司年报中披露当年关联交易的总体情况。六是强化内部问责，明确机构按照内部问责制度对违规人员进行问责，并将问责情况报关联交易控制委员会。

原中国银保监会发布《银行保险机构关联交易管理办法》（中国银行保险监督管理委员会令2022年第1号）

（二）保险资产管理公司管理规定

为进一步深化金融供给侧结构性改革，强化保险资产管理公司监管，促进保险资产管理行业高质量发展，2022年8月5日，原银保监会修订发布《保险资产管理公司管理规定》（中国银行保险监督管理委员会令2022年第2号）（以下简称《规定》）。

1. 出台背景

自2003年以来，我国先后设立了33家保险资产管理公司。目前各保险资产管理公司通过发行保险资产管理产品、受托管理资金等方式，管理总资产超过20万亿元。经过近二十年的发展，保险资产管理公司在长期资金管理、大类资产配置、长久期资产创设和绝对收益获取等方面积累了丰富经验，已经成为保险资金等长期资金的核心管理人、资本市场的主要机构投资者和服务实体经济的重要力量。

为了规范保险资产管理公司发展，监管部门于2004年发布了《保险资产管理公司管理暂行规定》（以下简称"原规定"）。2011年和2012年，先后印发《关于调整〈保险资产管理公司管理暂行规定〉有关规定的通知》《关于保险资产管理公司有关事项的通知》。这些制度共同构成保险资产管理公司的机构监管法规体系并运行至今。随着金融供给侧结构性改革的深入推进，资管新规的落地实施，居民养老保障和财富管理需求的不断增长，相关监管制度的滞后性、适用性等问题愈发突出，亟需修订完善。

《规定》修订的总体原则：一是贯彻党中央、国务院关于金融改革发展的有关精神，落实"资管新规"等法律法规的要求。二是坚持问题导向。全面梳理保险资产管理公司发展中存在的问题和原规定中的滞后、缺位等内容，统筹考虑未来一段时期保险资产管理公司的发展方向，提高法规的针对性和前瞻性。三是体现市场化、专业化改革方向。重点修订股东资质、高管资格、业务规则等关键环节监管要求，做好事中事后监管。四是坚持从严监管导向。细化监管要求，明确违规情形，完善监管手段机制，加大对违法违规行为的制约和惩处力度。

2. 主要内容

《规定》共计7章、85条，在篇章结构和条款内容方面进行了大幅修订，主要内容包括以下几个方面：

一是新增公司治理专门章节。结合近年来监管实践，从总体要求、股东义务、激励约束机制、股东会及董事会监事会要求、专门委员会设置、独立董事制度、董事监事履职、高管兼职管理等方面明确了要求，提升保险资产管理公司经营运作独立性，全面强化公司治理监管的制度约束。二是将风险管理作为专门章节，从风险管理体系、风险管理要求、内控审计、子公司风险管理、关联交易管理、从业人员管理、风险准备金、应急管理等方面进行全面增补，着力增强保险资产管理公司风险管理能力，切实维护保险资金等长期资金安全。三是优化股权结构设计要求。落实国务院金融委扩大对外开放决策部署，对保险资产管理公司的境内外保险公司股东一视同仁，取消外资持股比例上限。此外，对所有类型股东设定了统一适用的条件，严格非金融企业股东的管理。四是优化经营原则及相关要求。原规定主要从受托管理保险资金角度规定了保险资产管理公司的基本经营原则。本次修订细化了保险资产管理公司业务范围，增加了受托管理各类资金的基本原则，明确要求建立托管机制，完善资产独立性和禁止债务抵消表述，严禁开展通道业务，并对销售管理、审慎经营等作了规定。五是增补监管手段和违规约束。增补了分级监管、信息披露、重大事项报告等内容，丰富了监督检查方式方法和监管措施，增加了违规档案记录、专业机构违规责任、财务状况监控和自律管理等内容，进一步提升机构监管质效。

3. 落实扩大对外开放

全面贯彻落实国务院金融委办公室关于"取消境内保险公司合计持有保险资产管理公司的股份不得低于75%的规定，允许境外投资者持有股份超过25%"举措，不再限制外资保险公司持有保险资产管理公司股份的比例上限，同时，设置境内外股东统一适用的股东资质条件，有助于吸引国际优秀保险公司和资产管理机构参与中国保险资产管理行业发展。

4. 促进保险资产管理公司高质量发展

保险资产管理公司是保险资金运用专业化发展的产物。从过往实践看，大部分保险资产管理公司股权结构较为集中，以受托管理母公司或系统内保险资金为主，在公司治理、业务规范、风险管理等方面主要参照保险公司或保险资金运用的监管规则，缺乏相对独立、成体系的监管制度，一定程度上束缚了发展。

本次修订在系统整合相关制度基础上，形成了体系相对完备、特色更加鲜明的机构监管制度框架，有利于进一步增强保险资产管理公司独立性，提升市场化、专业化水平，推动实现高质量发展。具体来看：

一是优化股权结构设计，明确机构功能定位。适当降低保险公司总体持股比例上限，要求境内外保险公司合计持有保险资产管理公司的股份不得低于50%，在明确保险资产管理公司是保险资金核心管理人的同时，为吸引包括境外优秀保险公司和资产管理机构在内的各类股东提供制度空间。在业务范围上，除受托管理保险资金外，丰富开展保险资产管理产品业务、受托管理其他中长期资金和合格投资者资金等的表述，促进多元化发展。

二是加强股权管理，规范股东行为。要求保险资产管理公司主要发起人、控股股东及实际控制人书面承诺长期持有保险资产管理公司股权。要求股东须通过股东（大）会依法行使权利，不得直接干预保险资产管理公司经营运作。要求保险资产管理公司建立与股东之间有效的风险隔离机制，通过隔离资金、业务、管理、人员、系统、营业场所和信息等措施，防范风险传染、内幕交易、利益冲突、利益输送等，实现更加独立的经营运作。

三是完善公司治理要求，加强关键人员管理。进一步明确了保险资产管理公司股东会、董事会、监事会的权责义务、运作要求和禁止行为。梳理符合保险资产管理公司特色和发展需要的高管范围及董事、监事和高管任职资格条件，强化独立董事制度建设，从严加强董事长这一关键岗位的任职资格管理。同时，将近年来实施的首席风险管理执行官的监管实践通过制度化方式再次予以明确,推动提升公司风险管理水平。

四是坚持市场化导向,优化业务经营规则。明确保险资产管理公司自有资金运用、风险管理等基本规则,要求保险资产管理公司一视同仁对待保险资金和管理的其他资金,按照公平、合理、市场化原则签署合同、明确费率,强化信息披露管理和投资者权益保护。同时,列明"负面清单",比如严禁提供担保、严禁利用受托管理资产和保险资产管理产品资产为他人牟利等,压实保险资产管理公司主动管理职责。

五是丰富监管工具手段,全面提升监管质效。《规定》明确分类监管思路,在增补监管评级、违规记录、财务状况监控等监管手段基础上,进一步强调发挥信息披露、外部审计和自律组织管理作用,推动形成社会监督合力。

5. 加大对资本市场支持力度

监管部门历来高度重视维护和促进资本市场长期健康稳定发展。《规定》引导保险资产管理公司坚守保险资金、企业年金等长期资金核心管理人定位,鼓励保险资产管理公司巩固和发挥长期投资优势,更好地发挥机构投资者作用,为资本市场长期健康稳定发展提供稳定的长期资金支持。

一是引导保险资产管理公司立足长期投资。在机构定位上,明确保险资产管理公司"以实现资产长期保值增值为目的",支持、鼓励和引导保险资产管理公司立足长期投资、稳健投资、价值投资,实现与其他资产管理机构的差异化发展。

二是引导保险资产管理公司专业化运作,夯实长期投资能力。一方面,允许符合条件的保险资产管理公司投资设立从事资产管理业务或与资产管理业务相关的子公司,实现精细化管理和专业化运作。另一方面,明确分级分类监管要求,强化监管评级结果运用,支持监管评级较高、经营运作稳健的机构开展创新型业务,引导机构不断加强自身专业化建设。

三是鼓励保险资产管理公司提升市场化运作水平,积极参与资本市场发展建设。《规定》结合保险资产管理行业实践和长期资金需求,进一步细化保险资产管理公司的经营范围,支持和引导保险资产管理公司全面提升综合服务能力,为保险资金、企业年金、职业年金等长期资金投资运作提供更加全面、优质、高效的服务,助力提升直接融资比重。

此外,《规定》强化了对保险资产管理公司内控审计、关联交易管理、从业人员管理、公平对待投资者等方面的监管要求,引导保险资产管理公司更加审慎稳健地开展投资运作,有利于为资本市场平稳健康运行培育更多稳健型的机构投资者。

6. 制度衔接

在保险资产管理公司的股东股权管理、高级管理人员范围和任职资格条件、自有资金运用等方面，原规定缺乏专门的管理要求，实践中主要参照保险公司和保险资金运用的规定执行。本次修订结合行业实践和发展需要，对上述内容进行了专门规范，构建了以《规定》为主体、其他监管制度为补充的符合保险资产管理公司特点的机构监管制度体系。对于《规定》中未明确、原银保监会其他监管制度有要求的，保险资产管理公司继续参照适用。

原中国银保监会修订发布
《保险资产管理公司管理规定》
（中国银行保险监督管理
委员会令 2022 年第 2 号）

（三）保险公司非现场监管

为建立健全保险公司非现场监管体系，明确非现场监管的职责分工，规范非现场监管的工作流程，提高非现场监管的工作效率，2022 年 1 月 20 日，原银保监会发布《保险公司非现场监管暂行办法》（中国银行保险监督管理委员会令第 3 号）（以下简称《暂行办法》）。

1. 出台背景

原银保监会成立后，机构监管部门迫切需要通过非现场监管全面跟踪、评估保险公司的经营情况和风险状况，为开展市场准入、采取监管措施、制定监管政策等提供基础性的支持。但在原有的保险监管制度框架下，缺乏适应机构监管、全面覆盖保险公司经营环节的非现场监管制度。银保监局也普遍反映缺乏统一的非现场监管工作标准，希望出台相关规定指导其对保险公司分支机构的非现场监管工作。特别是将部分保险公司法人机构的监管职权下放银保监局后，也需要统一的保险公司非现场监管制度用以指导银保监局开展相关非现场监管工作。

2. 主要思路

总结既往保险公司非现场监管工作经验，结合当前监管工作职责划分，制定《暂行办法》时遵循了以下思路：一是强调以机构监管为主导。制定《暂行办法》主要目的是服务于机构监管，因此强调机构监管部门作为非现场监管的牵头部门，并围绕机构监管部门的职责明确相关非现场监管工作要求。二是突出对工作流程和机制的规范。非现场监管制度可以分为两方面：第一是工作流程和机制，第二是监管评估的指标和方法。考虑到财险公司、再保险公司和人身险公司在业务范围和经营模式，以及风险方面存在较大差异，需要单独制定针对性的监测指标和评估指引，且相关内容较多。因此《暂行办法》主要规范明确非现场监管工作流程和机制，用于指导非现场监管监测和评估工作的指引另行制定下发。

3. 与偿付能力风险综合评级的关系

非现场监管服务于机构监管，强调定量与定性分析相结合，是覆盖保险公司经营全流程和全环节的全面监管。偿付能力风险综合评级是偿二代的组成部分，服务于偿付能力监管，基本采用量化评价。偿付能力监管本质上是资本监管，监管重点是资本充足性。总的来看，两者各有侧重，互为补充。

4. 形成监管合力

《暂行办法》第八条规定，各监管部门之间要加强联动、推动实现监管信息共享。《暂行办法》第九条强调，非现场监管应当与行政审批、现场检查等监管手段形成有效衔接，与公司治理、偿付能力、资金运用和消费者权益保护等重点监管领域实现合作互补。《暂行办法》第二十八条明确，根据非现场监管评估结果提出立项建议，并在项目立项后向现场检查部门提供非现场监管的相关数据资料，及时跟踪检查进展和结果。《暂行办法》第三十条规定，在开展非现场监管过程中，分析认为监管法规、监管政策等方面存在需要关注的事项的，应当及时在监管机构内部进行通报。

原中国银保监会发布《保险公司非现场监管暂行办法》
（中国银行保险监督管理委员会令第 3 号）

三、引导行业高质量发展

（一）数字化转型

为加快数字经济建设，全面推进银行业和保险业数字化转型，推动金融高质量发展，更好服务实体经济和满足人民群众需要，2022 年 1 月 26 日，原银保监会印发《关于银行业保险业数字化转型的指导意见》（银保监办发〔2022〕2 号）（以下简称《指导意见》）。

1. 出台背景

党的十九届五中全会和"十四五"规划对"打造数字经济新优势"作出了专门部

署,提出"迎接数字时代,激活数据要素潜能,推进网络强国建设,加快建设数字经济、数字社会、数字政府,以数字化转型整体驱动生产方式、生活方式和治理方式变革",明确了数字化的发展前景和目标。在新的发展阶段,银行业保险业开展数字化转型,是构建银行业保险业新发展格局、打造高质量发展新引擎的现实需要,是更好支持实体经济发展、更好满足人民群众日益增长美好生活需要的内在要求。但是,当前银行保险机构在数字化转型过程中还面临诸多挑战,需要强化顶层设计,加强政策规范,通过制定《指导意见》进一步统一认识、促进发展,在机制、方法和行动步骤等方面予以规范和指导。

2. 主要内容

一是"战略规划与组织流程建设"要求银行保险机构加强顶层设计和统筹规划,改善组织架构和机制流程。二是"业务经营管理数字化"要求银行保险机构积极发展产业数字金融,大力推进个人金融服务数字化转型,提升金融市场交易业务数字化水平,建设数字化运营服务体系,构建安全高效、合作共赢的金融服务生态,着力加强数字化风控能力建设。三是"数据能力建设"要求银行保险机构健全数据治理体系,增强数据管理能力,加强数据质量控制,提高数据应用能力。四是"科技能力建设"要求银行保险机构加大数据中心基础设施弹性供给,提高科技架构支撑能力,推动科技管理敏捷转型,提高新技术应用和自主可控能力。五是"风险防范"要求银行保险机构加强战略风险、创新业务的合规性、流动性风险、操作风险及外包风险等管理,同时防范模型和算法风险,强化网络安全防护,加强数据安全和隐私保护。

3. 转型方向

《指导意见》要求银行保险机构大力推进业务经营管理数字化转型。一是积极发展产业数字金融,打造数字化金融服务平台,推进开放银行建设,加强场景聚合、生态对接。二是大力推进个人金融服务数字化转型,拓展线上渠道,丰富服务场景,完善数字化经营管理体系,提高金融产品和服务可获得性,推动解决"数字鸿沟"问题。三是提升金融市场交易业务数字化水平,加强线上交易平台建设,有效提升投资交易效率和风险管理水平。四是建设数字化运营服务体系,不断提高服务内容运营、市场活动运营和产品运营能力。五是构建安全高效、合作共赢的金融服务生态,强化系统集成,加强内外部资源整合,建立健全面向开放平台的安全管理机制。六是加强数字化风控能力建设,提升风险监测预警智能化水平。

4. 提升数据能力

《指导意见》要求银行保险机构全面提升数据治理与应用能力。一是健全数据治理体系,制定发展战略,加强制度建设和考核评价。二是增强数据管理能力,构建覆盖全生命周期的数据资产管理体系。三是加强数据质量控制，建立企业级数据标准体系，形成以数据认责为基础的数据质量管控机制。四是提高数据应用能力，通过数据驱动催生新产品、新业务、新模式，提高大数据分析对实时业务应用、风险监测、管理决策的支持能力。

5. 科技能力建设

《指导意见》要求银行保险机构加强自身科技能力建设。一是加大数据中心基础设施弹性供给，提高基础设施资源弹性和持续供给能力，推进数据中心绿色转型。二是提高科技架构支撑能力，推进传统架构向分布式架构转型，加快技术服务能力建设，推进创新技术的前台应用。三是推动科技管理敏捷转型，建立能够快速响应需求的敏捷研发运维体系，通过精益生产管理方法，提高复杂技术工程的管理能力。四是坚持关键技术自主可控原则，不断提高自主研发能力，加强技术供应链安全管理。

6. 风险要求

《指导意见》要求银行保险机构强化在数字化转型中的风险防控。一是加强战略风险管理，确保数字化转型目标和实施进程与机构自身经营发展需要、技术实力、风险控制能力相匹配。二是加强创新业务的合规性管理，建立稳健的业务审批流程，加强消费者保护、数据安全、合规销售等管理流程建设。三是加强数字化环境下的流动性风险管理，加强与新产品、新业务、新模式相关的资金流动监测。四是加强操作风险及外包风险管理，提高完善风险精细化管理水平，有效管控价值链中与第三方合作企业相关的集中度风险和供应链风险，增强运营韧性。五是防范模型和算法风险，建立对模型和算法风险的全面管理框架，制定管理制度，对模型数据准确性和充足性进行交叉验证和定期评估。模型管理核心环节不得外包。六是强化网络安全防护，构建云环境、分布式架构下的技术安全防护体系，做好网络安全边界延展的安全控制，持续提高网络安全风险监测、预警和应急处置能力。七是加强数据安全和隐私保护，强化对数据的安全访问控制，建立数据全生命周期的安全闭环管理机制。

7. 解决"数字鸿沟"

《指导意见》要求银行保险机构坚持以人民为中心的发展思想，切实解决老年、残障、少数民族等客户群体在金融领域运用智能技术方面遇到的困难。聚焦日常生活涉及的服务场景和高频事项，加强大字版、语音版、民族语言版、简洁版等应用软件功能建设，增强对无网点地区及无法到达网点客群的服务覆盖，提高金融产品和服务可获得性，提供更周全、更

原中国银保监会印发《关于银行业保险业数字化转型的指导意见》（银保监办发〔2022〕2号）

贴心、更直接的便利化服务，推动解决"数字鸿沟"问题，增强人民群众获得感、幸福感、安全感。

（二）绿色金融

为贯彻落实党中央、国务院关于推动绿色发展的决策部署，引导银行业保险业发展绿色金融，积极服务兼具环境和社会效益的各类经济活动，更好助力污染防治攻坚，有序推进碳达峰、碳中和工作，2022年6月2日，原银保监会印发《银行业保险业绿色金融指引》（银保监发〔2022〕15号）（以下简称《指引》）。

1. 出台背景

党中央、国务院高度重视推动绿色低碳发展工作，《中共中央关于制定国民经济和社会发展第十四个五年规划和二〇三五年远景目标的建议》明确提出"强化绿色发展的法律和政策保障，发展绿色金融"。中央经济工作会议强调"引导金融机构加大对实体经济特别是小微企业、科技创新、绿色发展的支持"。原银保监会认真贯彻落实党中央、国务院的决策部署，持续构建银行业保险业绿色金融政策体系，引导银行保险机构发展绿色金融，加大对绿色发展的支持，出台《指引》主要有以下几方面考虑：

一是进一步强化绿色金融政策的指导性。根据党中央、国务院相关决策部署，建立健全银行业保险业绿色金融管理制度，有利于指导银行保险机构从战略高度推进绿色金融，加大对绿色、低碳、循环经济的支持，防范环境、社会和治理风险，提升自身的环境、社会和治理表现，有效提升绿色金融服务质效，促进经济社会发展全面绿色转型，更好助力污染防治攻坚，有序推进碳达峰、碳中和工作。

二是进一步拓宽绿色金融政策的覆盖面。近年来我国银行业逐步建立了涵盖监管指引、统计制度、指标评价的绿色金融制度体系，保险业在发展环境污染责任保险等绿色保险方面也取得了积极成效。建立银行业保险业统一适用的绿色金融指引，有利于完善绿色金融政策体系，补齐制度短板，引导银行保险机构切实加强绿色金融管理，推动保险业在绿色投融资和风险管理等方面进一步发挥积极作用。

三是进一步提升绿色金融政策的有效性。当前已出台一系列金融支持绿色发展的政策文件，银行保险机构在重视程度和执行效果上还存在差异。建立具有规范性的绿色金融指引，有利于指导银行保险机构加强绿色金融组织管理、制度建设和流程管理，完善内控管理和监督机制，进一步推动各项绿色金融政策落地见效。

2. 重点内容

《指引》要求银行保险机构深入贯彻落实新发展理念，从战略高度推进绿色金融，加大对绿色、低碳、循环经济的支持，防范环境、社会和治理风险，提升自身的环境、社会和治理表现，促进经济社会发展全面绿色转型。银行保险机构应将环境、社会、治理要求纳入管理流程和全面风险管理体系，强化环境、社会、治理信息披露和与利益相关者的交流互动，完善相关政策制度和流程管理。

《指引》明确银行保险机构董事会或理事会承担绿色金融主体责任，负责确定绿色金融发展战略，高级管理层负责制定绿色金融目标，建立机制和流程，明确职责和权限。要求银行保险机构建立绿色金融工作领导和协调机制，鼓励在依法合规、风险可控前提下开展绿色金融体制机制创新。

《指引》强调银行保险机构应当坚持稳中求进，调整完善信贷政策和投资政策，积极支持清洁低碳能源体系建设，支持重点行业和领域节能、减污、降碳、增绿、防灾，实施清洁生产，促进绿色低碳技术推广应用，落实碳排放、碳强度政策要求，先立后破、通盘谋划，有保有压、分类施策，防止"一刀切"和运动式减碳。在保障能源安全、产业链供应链安全的同时，渐进有序降低资产组合的碳强度，最终实现资产组合的碳中和。

《指引》要求银行保险机构加强投融资流程管理，做好授信和投资尽职调查，加强授信和投资审批管理，通过完善合同条款督促客户加强环境、社会和治理风险管理，完善贷后和投后管理。鼓励银行保险机构提升绿色金融管理水平，采取差异化、便捷化的管理措施，优化对小微企业融资、线上融资等业务的环境、社会和治理风险管理。引导银行保险机构积极支持"一带一路"绿色低碳建设。

《指引》要求银行保险机构加强内控管理和信息披露，建立绿色金融考核评价体系，落实激励约束措施，完善尽职免责机制，确保绿色金融持续有效开展。明确原银保监会及其派出机构的绿色金融监管职责，加强对银行保险机构绿色金融业务的指导和评估。

3. 重点问题

一是正确认识和把握碳达峰碳中和。实现碳达峰碳中和是贯彻新发展理念、构建新发展格局、推动高质量发展的内在要求。银行保险机构应当深入贯彻落实中央经济工作会议精神，坚持稳中求进，把握系统观念，处理好发展和减排、整体和局部、长远目标和短期目标、政府和市场的关系，科学把握金融服务的节奏和力度，先立后破、通盘谋划，有保有压、分类施策，在积极支持绿色低碳产业发展的同时，切实保障能源安全、产业链供应链安全，严格按照各行业、各地区碳达峰时间表和路线图，平稳有序调整优化投融资结构，防止"一刀切"和运动式减碳。

二是认真落实绿色金融政策要求。《指引》提出推进绿色金融工作的总体要求主要包括加大对绿色、低碳、循环经济的支持，防范环境、社会和治理风险，提升自身的环境、社会和治理表现三个方面。加大对绿色发展的支持是金融服务实体经济的重要内容，银行保险机构应当根据国家绿色低碳发展规划和相关政策，将更多金融资源投入绿色低碳发展领域，切实提升绿色金融服务质效。环境、社会和治理（ESG）作为国际通行的投融资理念，是绿色金融管理的一个重要支柱，银行保险机构要将环境、社会和治理要求纳入业务管理流程和风险管理体系，持续完善相关政策制度和流程管理。在支持实体经济绿色发展的同时，银行保险机构也应重视自身的环境、社会和治理表现，实现绿色低碳转型发展。

三是立足经营实际完善绿色金融管理。《指引》适用范围涵盖了不同性质、类型和规模的金融机构，提出了一些具有指导性、原则性的政策要求。银行保险机构在政策执行过程中要结合自身职能定位和经营实际，实事求是、因地制宜开展绿色金融管理工作。银行机构应将绿色金融政策要求融入信贷管理全流程，加大对绿色发展的信贷支持，加强风险管理。保险机构要从资产端和负债端两方面着手，积极开展绿色保险和资金运用，加大对绿色低碳发展的风险保障和资金支持。

原中国银保监会印发《银行业保险业绿色金融指引》（银保监发〔2022〕15号）

此外，为确保政策平稳有序实施，《指引》附则中专门设置了政策过渡期，银行保险机构应当按照政策要求，在1年内建立和完善相关管理制度和流程。

【专题二】保险资产管理公司产品登记情况

一、整体情况

2022 年，中国保险资产管理业协会（以下简称协会）坚持以习近平新时代中国特色社会主义思想为指导，在监管部门的正确领导下，深入贯彻党的二十大精神，统一思想认识，深刻领会、准确把握重点工作部署，积极转变思想，落实"放管服"改革精神，紧紧围绕"保障效率、优化机制、推动发展"总体目标，平稳有序开展相关工作。一是持续依法合规开展债权投资计划、股权投资计划及保险私募基金的登记工作，从思想理念、工作机制、系统建设、人员配置等方面全面贯彻落实产品登记有关要求，深化改革，落实登记制内涵，压实受托人职责，提升工作质效，引导保险资产管理产品多层次、多维度支持国家战略和重大工程。二是提升事中事后风险监测力度，及时、快速总结行业风险现状和风险敞口情况。在稳步开展登记工作的同时，切实发挥产品风险报警职能，加强风险预警效能。三是建立并持续完善产品创新工作机制，鼓励和引导行业通过产品结构和功能创新，有效增加对国家重点领域和薄弱环节的产品和资金供给。制定《产品创新实验室管理办法》，推进产品创新实验室进入实际运行状态；积聚行业创新动力与能力，对具备创新示范效应的保险资产管理产品予以推介，为行业创新提供思路。

二、2022 年产品登记基本情况

（一）产品登记情况

2022 年 1—12 月，协会共登记债权投资计划、股权投资计划、保险私募基金 529 只，同比减少 5.37%，登记规模 10 507.21 亿元，同比减少 6.78%。其中，债权投资计划 485 只，规模 8 711.78 亿元，数量、规模同比分别减少 8.14%、9.90%（见图 4-2-1）；股权投资计划 23 只，规模 577.15 亿元，数量、规模同比分别增加 64.29%、8.76%（见图 4-2-2）；保险私募基金 21 只，规模 1 218.28 亿元，数量、规模同比分别增加 23.53%、13.75%（见图 4-2-3）。

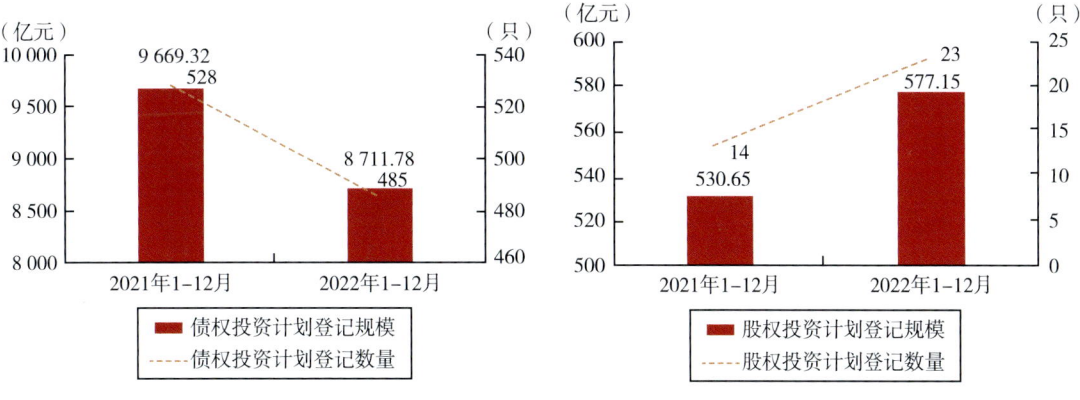

图 4－2－1 债权投资计划登记情况

资料来源：中国保险资产管理业协会

图 4－2－2 股权投资计划登记情况

资料来源：中国保险资产管理业协会

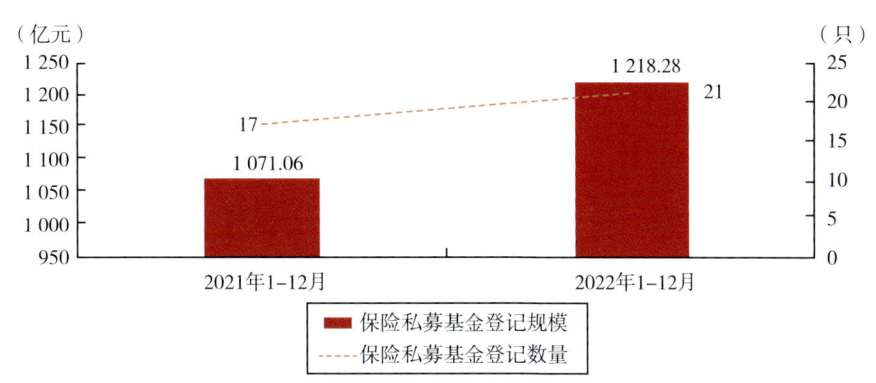

图 4－2－3 保险私募基金登记情况

资料来源：中国保险资产管理业协会

截至2022年末，债权投资计划、股权投资计划和保险私募基金共登记（注册）2 882只，登记（注册）规模63 337.82亿元。其中，债权投资计划登记（注册）2 698只，规模53 399.05亿元，占登记（注册）产品的84.31%；股权投资计划登记（注册）109只，规模4 447.19亿元，占登记（注册）产品的7.02%；保险私募基金登记（注册）75只，规模5 491.58亿元，占登记（注册）产品的8.67%（见图4－2－4）。

（二）产品发行及存续情况

2022年1—12月，新发行缴款债权投资计划共433只，发行缴款规模4 093.17亿元。其中，2022年登记的债权投资计划发行设立259只，发行缴款规模2 576.15亿元，分别占当年登记数量的53.40%和规模的29.57%。截至2022年末，债权投资计划存量1 354只，余额18 937.08亿元，较2021年增加6.81%（见图4－2－5）。

图 4-2-4 截至 2022 年末保险资产管理产品登记（注册）数量及规模情况

资料来源：中国保险资产管理业协会

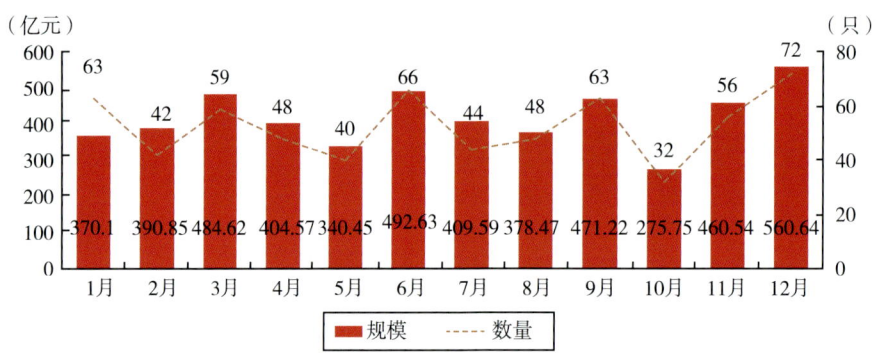

图 4-2-5 2022 年债权投资计划发行情况

资料来源：中国保险资产管理业协会

2022 年，新发行缴款股权投资计划 23 只，发行缴款规模 350.35 亿元。截至 2022 年末，股权投资计划存量 67 只，余额 1 911.60 亿元，较 2021 年增加 14.05%（见图 4-2-6）。

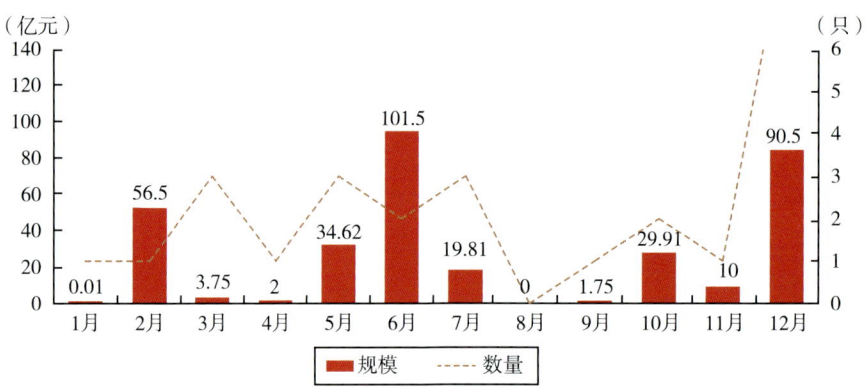

图 4-2-6 2022 年股权投资计划发行缴款情况

资料来源：中国保险资产管理业协会

2022年，新发行缴款保险私募基金22只，认缴规模924.96亿元。截至2022年末，保险私募基金存量49只，管理资产余额1 456.09亿元，较2021年增加28.68%。

（三）产品登记效率

2022年，协会持续做好产品登记服务工作。一方面，确保登记时效和服务质量。对外设置登记应急机制，助力公司发起设立产品；对内通过人员轮岗、远程办公等应急机制，确保产品登记时效，持续推进产品登记工作有效运行。另一方面，建立产品登记服务绿色通道机制。积极支持债权投资计划、股权投资计划以及保险私募基金投向水利、水运、公路、物流等基础设施建设和重大项目，对符合条件的产品予以优先受理和登记，加快产品设立和发行。

2022年，协会出具登记结果整体平均用时为2.95个工作日，与2021年3.14个工作日相比，登记时效进一步提升。

三、债权投资计划产品登记主要特点

（一）产品登记规模、发行规模均呈现下降趋势

受新冠疫情、国际局势变化等多重超预期因素冲击，我国经济发展三重压力持续演化、金融市场波动加大、"资产荒"加剧，导致2022年度债权投资计划登记、发行规模均有所下降。

（二）产品收益率继续下降，产品期限小幅增加

2022年，债权投资计划登记的平均投资收益率为4.86%，较2021年减少33BP（见图4-2-7）；产品平均投资期限为7.09年，同比增加0.96年，基础设施类产品期限长于非基础设施类（见图4-2-8）。

（三）资金投向基本保持稳定

2022年，债权投资计划主要投向交通、市政、商业不动产、能源等领域。从规模来看，投向交通行业3 204亿元，投向市政行业2 264.16亿元，投向商业不动产1 987.6亿

元，投向能源行业788.99亿元（见图4-2-9）。从占比来看，交通占比36.78%，同比上升6.78个百分点；市政占比25.99%，商业不动产占比22.82%，同比分别下降约1.73、1.05个百分点。

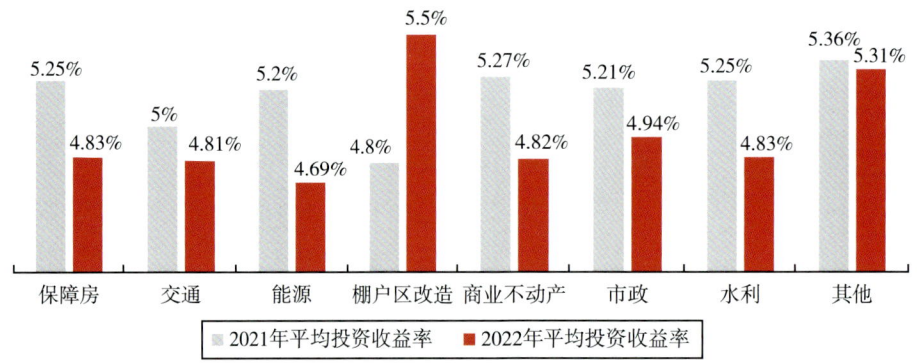

图4-2-7 债权投资计划登记的平均投资收益率

资料来源：中国保险资产管理业协会

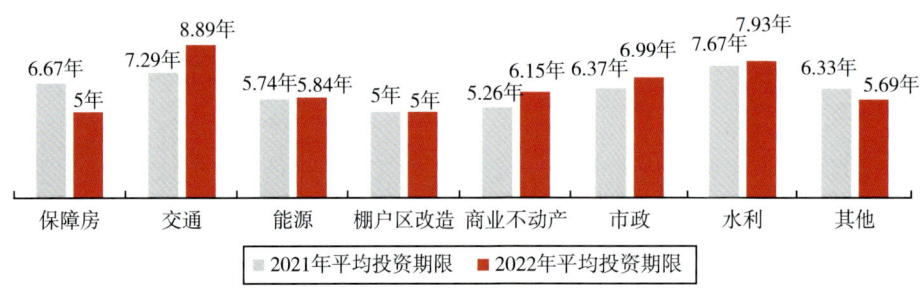

图4-2-8 债权投资计划登记的平均投资期限

资料来源：中国保险资产管理业协会

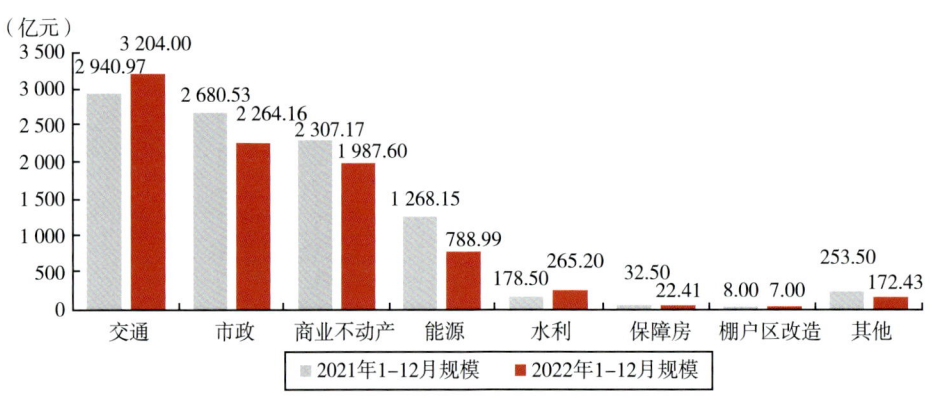

图4-2-9 2022年债权投资计划分投向登记规模

资料来源：中国保险资产管理业协会

(四)产品增信方式以保证担保为主,免增信为辅,部分为抵质押增信

2022年,增信方式为保证担保的产品299只,规模4 125.56亿元,数量占比61.65%,同比下降0.85个百分点;免增信184只,规模4 563.22亿元,数量占比37.94%,同比上升1.95个百分点;抵质押2只,规模23亿元,数量占比0.41%,同比下降1.1个百分点。

(五)产品债项信用等级略有下降,融资主体信用等级略有上升

产品债项方面:AAA级产品425只,数量占比约87.63%,同比下降3.66个百分点;AA+级产品59只,数量占比约12.16%,同比上升3.45个百分点。融资主体方面:AAA主体196只,数量占比40.41%,同比上升1.4个百分点;AA+主体28只,数量占比5.77%,同比上升0.09个百分点;AA及以下261只,数量占比53.81%,同比下降1.49个百分点。

(六)投资区域集中度基本持平

从投资项目所属区域来看,2022年登记债权投资计划投向地区前五大省份依次为浙江、湖北、江苏、广东、河南,登记规模合计4 210.56亿元,占比50.1%,集中度与上年基本持平(见图4-2-10)。

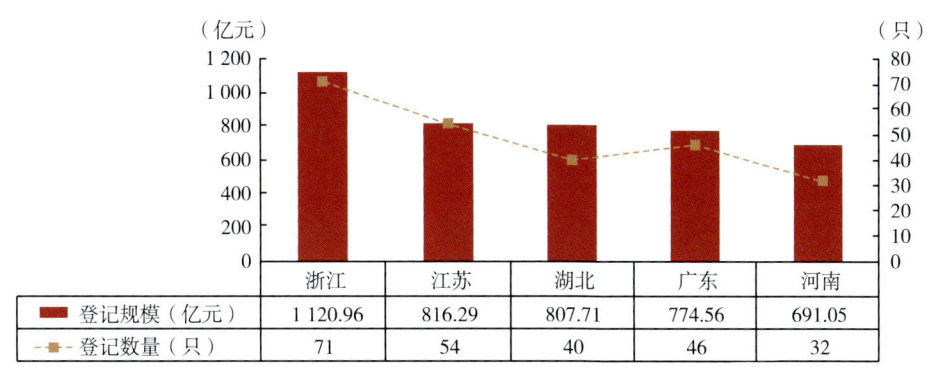

图4-2-10 2022年债权投资计划登记规模前五位投资区域

资料来源:中国保险资产管理业协会

(七)受托人集中度有所下降,受托管理费呈下降趋势

从发行主体来看,债权投资计划登记规模前五位为平安资管、招商信诺资管、华

泰资产、泰康资产、中意资产，登记规模合计 3 465.56 亿元，占比 39.78%，集中度同比小幅下降 6.74 个百分点（见图 4－2－11）。2022 年，平均受托管理费为 28.91BP，同比下降 3.61BP。

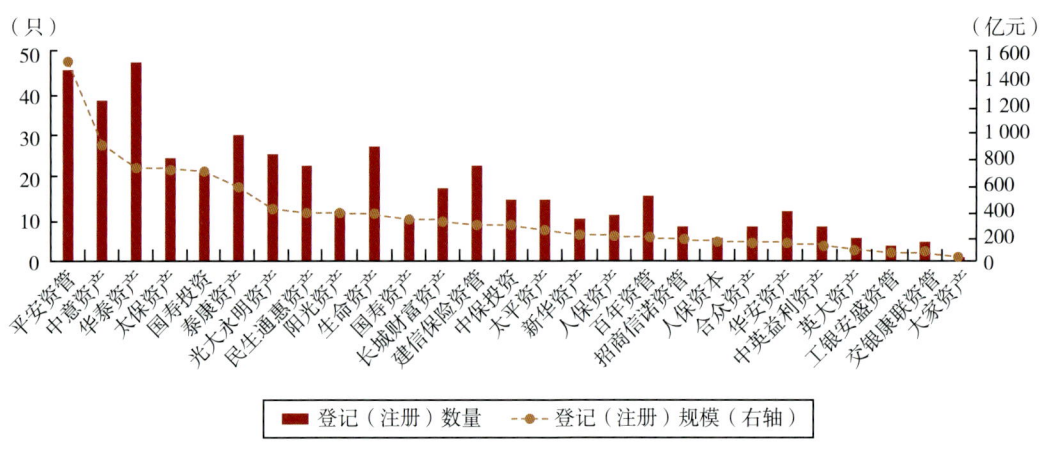

图 4－2－11　2022 年受托人情况——按债权投资计划登记数量和规模

资料来源：中国保险资产管理业协会

四、下一步工作

下一步，协会将继续围绕产品登记、风险监测和服务实体经济的主线，重点开展以下工作：一是落实登记制要求，压实受托人职责，支持保险资产管理产品高质量发展，积极引导保险资金充分发挥期限长、规模大等优势，加大对重大项目和国家战略支持力度；支持保险资金加大股权投资力度，发挥保险资金作为长期资金的独特优势。二是通过完善系统建设、优化登记流程、细化材料规范等方式，持续提升登记工作质效。三是持续强化产品风险监测力度和质效，为监管、行业提供及时有效的风险预警，并在风险监测和产品登记之间做好联动。四是在监管部门的指导下，有序推进产品创新相关工作，依托行业资源推进创新实验室运行，构建行业产品创新常态化机制和平台。

【专题三】保险机构个人税收递延养老保险投资经理及组合经理注册情况

中国保险资产管理业协会（以下简称协会）根据《个人税收递延型商业养老保险资金运用管理暂行办法》（银保监发〔2018〕32号，简称"32号文"）相关要求，认真落实个人税收递延养老保险投资经理和组合经理的注册及后续培训工作，并对个人税延养老保险投资经理和组合经理的注册、后续培训及其所管理的投资账户情况进行了全面总结和深度分析。

一、整体情况

经过近5年试点，税延养老保险产品市场稳定发展。受全球新冠疫情反复、国际局势变化等多重超预期因素冲击，发展环境的不确定性大幅上升，行业整体收益率受到了一定程度的影响。

（一）投资经理与组合经理

截至2022年末，共有37家机构合计注册了180名个人税延养老保险投资经理和组合经理。

（二）投资账户情况

具有试点资格的23家保险公司中，有19家公司合计设立了55个单独的投资账户，并由保险公司或保险公司委托的保险资产管理公司的已注册投资经理和组合经理对投资账户进行专业化投资管理。本年无新增投资账户。

（三）保费规模

55个投资账户累计收取个人税收递延商业养老保险原始保费收入8.56亿元，账户中累计用于投资的税延养老保费为8.64亿元。

（四）投资收益

税延养老保险 A、B 类账户市值收益率中位数为 3.39%；C 类账户投资收益率中位数为 -2.64%。

二、投资经理和组合经理注册情况

（一）业务试点机构、投资管理人投资经理和组合经理注册人数大部分满足监管要求

截至 2022 年末，37 家保险及保险资产管理机构登记注册的税延养老保险资金投资经理和组合经理共 180 人。其中，投资经理 133 名，组合经理 40 名，组合经理兼投资经理 7 名。对比 2021 年度，注册投资经理和组合经理总人数同比减少 23 人。

截至 2022 年末，取得个人税延养老保险业务试点资格的 23 家保险公司中，注册了 2 名及以上税延养老保险投资经理和组合经理的有 20 家；受托管理税延养老保险资金的 17 家投资管理人中，注册了 10 名及以上投资经理和组合经理的有 11 家。

（二）投资经理和组合经理从业年限及相关经验达标

已注册的 180 名投资经理和组合经理，均符合 32 号文中对金融从业年限、投资管理经验年限及长期资金资产配置经验最低年限的资质要求。总体而言，组合经理（含组合经理兼投资经理）金融从业平均年限、投资经验平均年限高于投资经理，组合经理长期资金资产配置平均年限与投资经理大致相当（见表 4-3-1、图 4-3-1 至图 4-3-3）。

表 4-3-1　　　　　　　　　投资经理和组合经理从业年限统计表　　　　　　　　　（单位：年）

	金融从业年限			投资经验年限			长期资金资产配置年限		
	最低	平均	最高	最低	平均	最高	最低	平均	最高
组合经理（含组合经理兼投资经理）	10	17	27	4	12	21	5	11	20
投资经理	6	15	31	4	11	29	2	11	20

注：根据"32 号文"，投资经理未涉及"长期资金资产配置及投资管理经验"要求项目，表中该项为选填项目，部分投资经理进行了填报，协会对该项所填报的人员进行数据统计与展现。

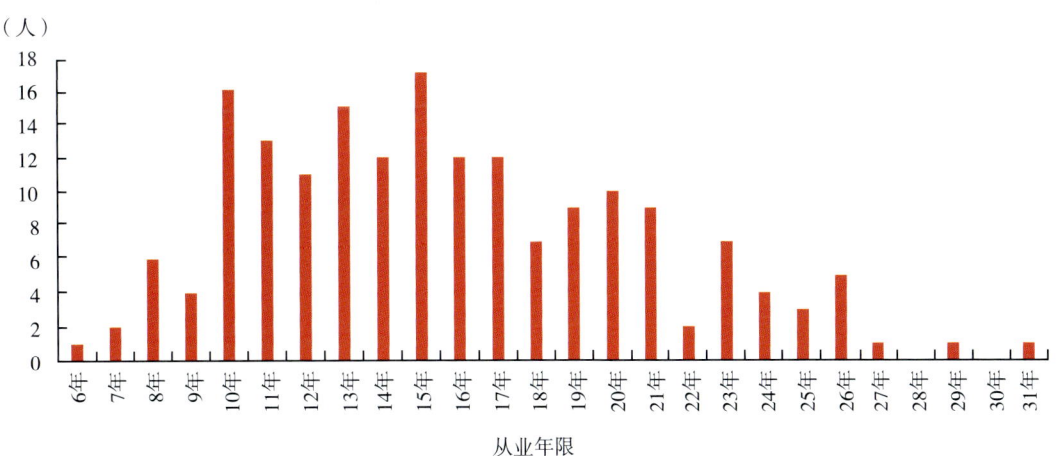

图 4－3－1　投资经理和组合经理金融从业年限分布图

资料来源：中国保险资产管理业协会

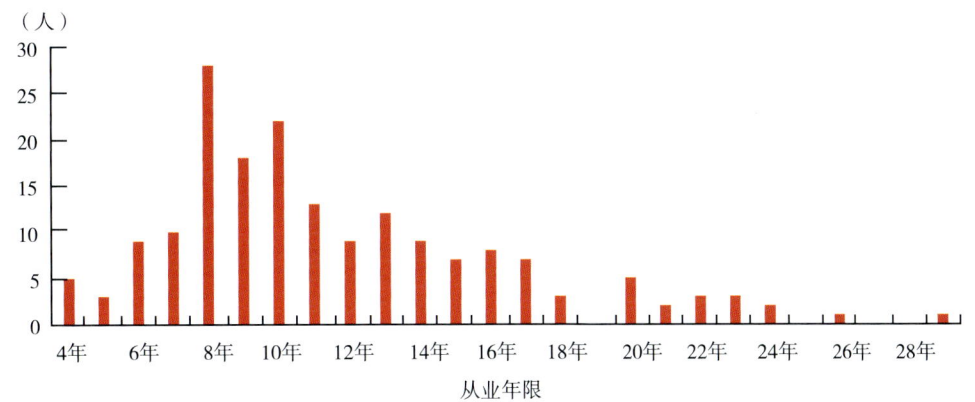

图 4－3－2　投资经理和组合经理投资经验年限分布图

资料来源：中国保险资产管理业协会

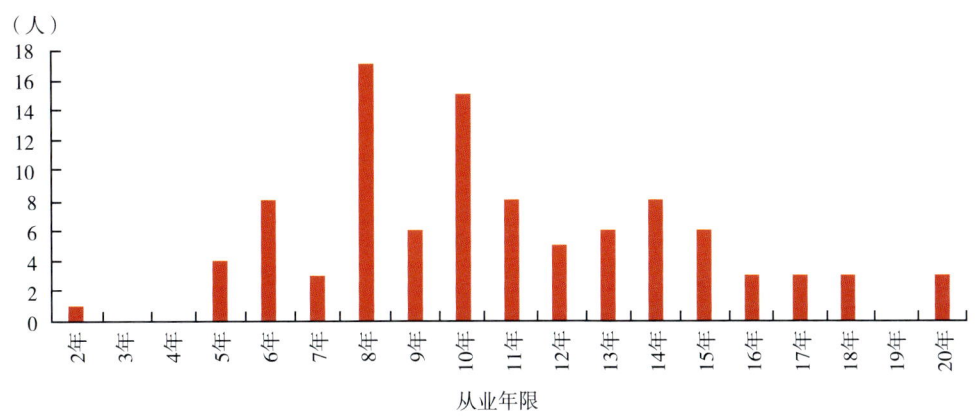

图 4－3－3　投资经理和组合经理长期资金资产配置经验年限分布图

注：不包含未报送该项目人员数据。
资料来源：中国保险资产管理业协会

（三）投资经理和组合经理的教育背景较为深厚

已经登记注册的投资经理和组合经理[1]中，有博士研究生 14 人、硕士研究生 146 人、本科 20 人；毕业于中国高等院校[2]的有 138 人、占比 77%，毕业于海外高等院校的有 42 人、占比 23%。

（四）投资经理和组合经理的专业资格多元

42 位组合经理和投资经理具有金融领域的一项或多项专业资格。在主要的金融专业资格领域，特许金融分析师（CFA）11 人，金融风险分析师（FRM）6 人，注册会计师（CPA）4 人，具有精算师资格的 2 人。此外，在市场从业资格方面，具有证券从业资格 21 人、基金从业资格 8 人、期货从业资格 6 人、银行间本币市场交易员资格 4 人，其他类 9 人。

三、后续培训完成情况

（一）丰富课程体系，满足投资从业人员后续培训多样需求

2022 年，受新冠疫情影响，培训方式主要采用线上直播培训。为适应广大会员及税延养老保险投资经理和组合经理的需求，协会持续丰富完善在线教育平台，2022 年为投资经理与组合经理提供了 843 个学时内容，占报送总学时 9.2%。其中，72% 学时来自协会在线教育平台线上视频课程，为投资经理和组合经理的持续学习及多元学习需求提供了保证。

在养老金融方面，协会组织了"国际经验视角下养老金融系列培训"第二期（英国篇）、第三期（德国篇）、第四期（日本篇）、第五期（中国香港篇）。该专题系列培训重点分享了成熟养老市场的养老金体系与政策机制、养老相关金融产品设计、养老金投资管理经验以及养老金融投资顾问服务，为投资经理与组合经理开展业务提供经验借鉴。

在保险资产管理政策及核心业务方面，协会推出了《保险公司偿付能力监管规则

---

[1] 以下组合经理口径均为组合经理（含组合经理兼投资经理），除非另行说明只指"组合经理"。
[2] 含港澳台地区。

（Ⅱ）》《保险资金委托投资管理办法》《关于保险资金投资有关金融产品的通知》《关于加强保险机构资金运用关联交易监管工作的通知》《保险资产管理公司管理规定》等系列政策解读，以及新金融工具会计准则下的保险资产管理发展专题培训和保险资金运用全面风险管理等系列培训，为投资经理和组合经理不断熟悉保险资金运用新政策、管理控制风险提供了知识保障。

在行业交流需求方面，协会组织了"IAMAC领航计划"系列、公开市场投资业务、资产配置与投资策略、保险资产管理业综合调研成果工作交流会等线上交流活动，更好满足了投资经理和组合经理的业务交流需要。

（二）税延养老保险投资经理和组合经理后续培训完成情况好

从学习达标情况看。截至2022年末，已注册的180位组合经理及投资经理，合计报送9117个学时；其中179名投资经理和组合经理的学时和内容均达到了30个学时的后续培训要求[①]，培训达标率为99.4%，比2020年度上升2个百分点。

从培训来源看。除参加协会组织的专业培训与交流会外，投资经理和组合经理还在保险机构及投资管理人组织的内部培训、分析会以及自身搭建的培训平台上进行后续培训，国寿资产、光大永明资产、泰康资产、新华资产、中意资产、泰康人寿都为其投资经理和组合经理提供了100多个学时内容。

从培训内容看。一方面重点关注世界地缘政治不确定性下的市场趋势和投资策略，另一方面更加关注监管政策的变化以及法律合规信用等风险管理内容。尤其是，协会举办的政策解读、新金融工具会计准则下的保险资产管理发展专题培训和保险资金运用全面风险管理等培训，受到了投资经理、组合经理的一致好评，充分满足了行业的业务发展需要。

四、个人税延养老保险投资情况[②]

（一）保费规模及账户数量

1. 账户情况。协会共收集了19家[③]具有个人税延养老保险试点资格的保险公司的

[①] 关于印发《个人税延养老保险投资经理和组合经理登记注册及其后续培训规则》的通知（中资协发〔2018〕55号）。
[②] 根据机构报送的个人税延养老保险产品及投资账户相关数据，协会进行了统计分析。
[③] 具有试点资格的23家保险公司中，4家机构尚未发行产品。

55 个账户的相关信息。截至 2022 年末，行业自个人税延养老保险试点以来，累计收到个人税收递延商业养老保险原始保费收入 8.56 亿元，账户中累计用于投资的税延养老保费为 8.64 亿元。

2. 产品情况。截至 2022 年末，55 个账户中，共有 A 类产品投资账户 19 个，B1 类产品投资账户 19 个，B2 类产品投资账户 9 个，C 类产品投资账户 8 个。除 C 类投资账户是独立账户，其他均为普通账户。B1 类产品账户累计资金最多，且同比增速也是处于较高水平；C 类产品虽然只有 8 个账户，但是同比增幅超过了其他类产品。

3. 市场集中度高。根据各公司的保费数据显示，产品市场份额分布较为集中，主要原因可能是试点城市区域分布较集中，或寿险头部机构和养老险公司的销售能力较强。

（二）投资业绩及资产配置

1. 试点公司以委托投资管理为主，少数选择自主投资管理。截至 2022 年末，19 家开展个人税延养老保险业务的试点公司中，有 16 家通过委托 1 家或 2 家投资管理人（保险资产管理公司或养老险公司）投资管理税延养老保险资金，仅有 3 家选择自主投资管理。

2. 普通账户投资采取高固定收益类配置策略，业绩差异较小。A、B 类产品为普通账户，具有固定收益或保底收益，纳入保险公司偿付能力管理。个人税延养老保险普通账户整体而言投资采取高固定收益类、低权益类资产的配置策略，投资审慎稳健。

截至 2022 年末，普通账户的资产配置比例（见图 4-3-4）为：境内债券资产占比最高达到 40.88%，其次是境内不动产类资产占比 15.66%，境内流动性资产占比 13%，境内其他金融资产[①]占比 12.3%，境内银行存款/存单占比 10.86%，境内公开市场股票类资产占比 7.03%，未投资资金 0.20%，境内私募股权资产 0.11%，境外权益类资产 0.03%。回购杠杆[②]整体保持较低水平，加权平均为 2.14%。

2022 年，普通账户费后市值收益率最高为 5.03%，中位值为 3.39%，平均值为 2.57%，最低值为 -4.03%。2022 年，A 类账户的费后市值收益率平均值为 2.66%，收益率中位值 3.39%，A 类账户中市值收益率低于固定的结算收益率 3.50% 的账户有 10 个，同比增加 4 个；B 类账户费后市值收益率平均值 2.50%，收益率中位值 3.30%，B 类账户中市值收益率低于 2.50% 保底结算利率的账户有 10 个，同比增加 9 个。

---

① 根据《中国保监会关于加强和改进保险资金运用比例监管的通知》（保监发〔2014〕13 号），境内其他金融资产含商业银行理财产品、银行业金融机构信贷资产支持证券、信托公司集合基金信托计划、证券公司专项资产管理计划、保险资产管理公司项目资产支持计划、其他保险资产管理产品等。

② 同业拆借、债券回购等杠杆资金。

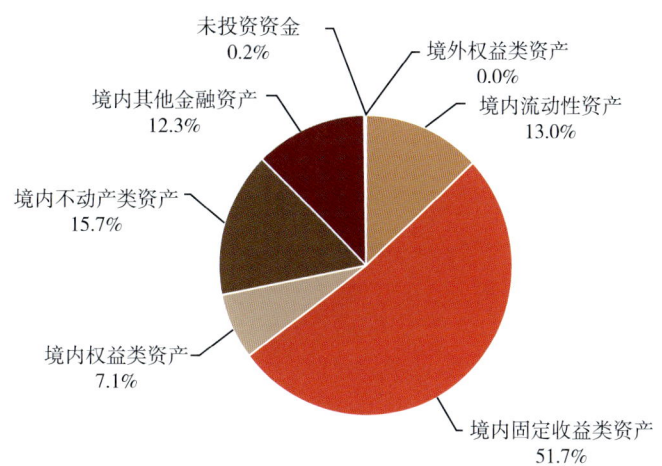

图 4-3-4　2022 年末个人税延养老保险普通账户资产配置比例

注：本专题中的流动性资产、固定收益类资产、权益类资产、不动产类资产、其他金融资产范围及大类资产可投资品种见《中国保监会关于加强和改进保险资金运用比例监管的通知》（保监发〔2014〕13 号）。

资料来源：中国保险资产管理业协会

3. 独立账户受宏观经济、疫情等因素影响，各机构投资收益不佳。C 类产品账户是独立账户，收益和风险均由个人税延养老保险持有人承担，为净值型账户，资产配置相对灵活。2022 年，受宏观经济、疫情等因素影响，各机构独立账户的投资收益不佳，8 个账户中只有 2 个账户获得了正收益。

截至 2022 年末，C 类账户资金未投资境外市场，大类资产配置比例详见图 4-3-5。进一步对 C 类账户中加权平均配置境内资产比例进行细分，权益类资产占比 40.1%，固定收益类资产占比 25.0%，流动性资产、不动产类资产、其他金融资产占比分别为 18.1%、12.5%、4.2%。2022 年，C 类账户最高收益率 1.50%，平均收益率 -4.84%，收益率中值 -2.64%，最低收益率 -17.25%。

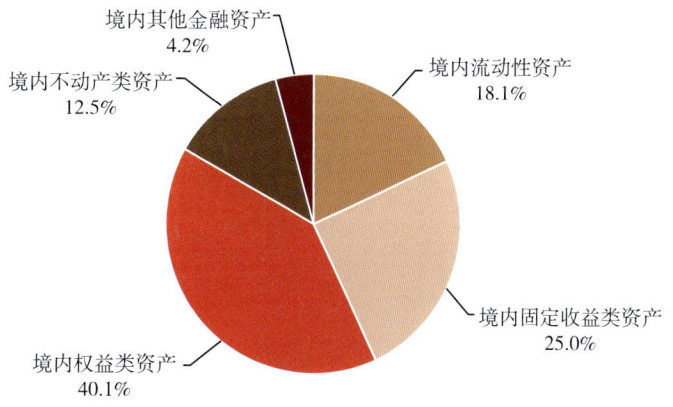

图 4-3-5　2022 年末独立账户资产配置比例

资料来源：中国保险资产管理业协会

【专题四】保险机构投资管理能力情况

一、监管要求

根据《关于优化保险机构投资管理能力监管有关事项的通知》（银保监发〔2020〕45号，以下简称《通知》），投资管理能力是保险机构开展债券、股票、股权、不动产等投资管理业务的前提和基础。保险机构自行或受托开展各类投资管理业务，应具备相应的投资管理能力。

保险机构投资管理能力包括以下七类：（1）信用风险管理能力；（2）股票投资管理能力；（3）股权投资管理能力；（4）不动产投资管理能力；（5）衍生品运用管理能力；（6）债权投资计划产品管理能力；（7）股权投资计划产品管理能力。其中，（1）至（5）项适用于保险集团（控股）公司和保险公司，（1）、（2）、（5）、（6）、（7）项适用于保险资产管理机构。

保险资产管理机构具备债权投资计划产品管理能力的，可以提供不动产投资咨询服务和技术支持；具备股权投资计划产品管理能力的，可以提供股权投资咨询服务和技术支持。

保险机构购置自用性不动产、投资保险类企业股权、设立从事专项资产管理业务的子公司，应当按照有关监管规定履行相应程序，不作投资管理能力要求。

二、保险机构投资管理能力建设情况[①]

（一）保险资产管理公司

根据《通知》规定，保险资产管理公司适用五类共6项投资管理能力（以下简称"信用风险能力""股票投资能力""衍生品—股指期货能力""衍生品—国债期货能力""债权计划能力""股权计划能力"）。截至2023年1月31日，共33家保险资产管理公司完成年度披露155项，无年度披露不及时情况。

[①] 根据《通知》及《关于修改保险资金运用领域部分规范性文件的通知》（银保监发〔2021〕47号）要求，保险机构投资管理能力年度披露时间为每年1月31日前，本专题相关数据截至2022年1月31日。

从投资管理能力类型上看，33家全部披露信用风险能力，占比100%；30家披露股票投资能力，占比90.91%；28家披露衍生品—股指期货能力，占比84.85%；10家披露衍生品—国债期货能力，占比30.30%；32家披露债权计划能力，占比96.97%；22家披露股权投资计划能力，占比66.67%（见图4-4-1）。

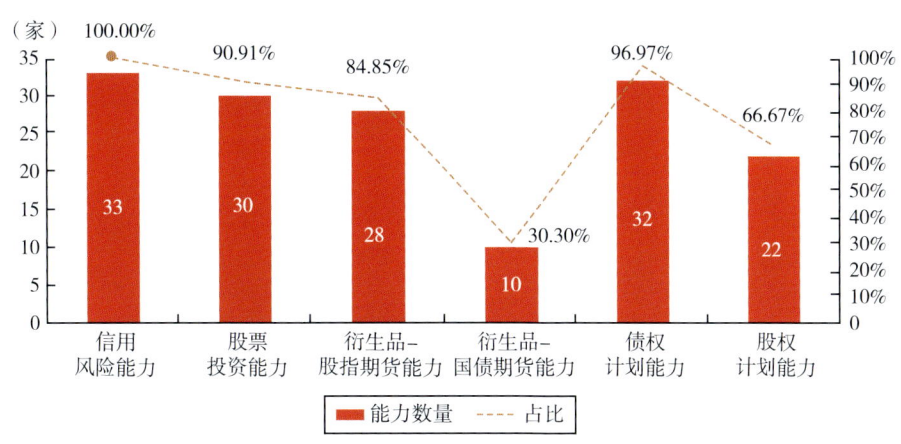

图4-4-1 2022年保险资产管理公司具备的投资能力（33家）

资料来源：中国保险资产管理业协会

从各公司投资管理能力建设情况来看，披露全部五类6项投资管理能力的公司有10家，占比30.30%；披露全部五类5项投资管理能力的公司9家，占比27.27%；披露四类投资管理能力的公司8家，占比24.24%；合计81.81%的保险资产管理公司披露四类及以上投资管理能力（见图4-4-2）。

图4-4-2 2022年保险资产管理公司具备的投资能力数量分布（33家）

资料来源：中国保险资产管理业协会

（二）保险集团（控股）公司

从投资管理能力数量来看，具有4项投资管理能力的公司有1家，具有2项投资管理能力的有6家（见图4-4-3）。

从投资能力分布来看，具备信用风险管理能力的保险集团（控股）公司有3家，具备股票投资管理能力的有 1 家；具备股权投资管理能力的有 7 家；具备不动产投资管理能力的有 6 家（见图 4-4-4）。

图 4-4-3　2022 年保险集团（控股）公司具备的投资能力数量分布（8 家）

资料来源：中国保险行业协会官网

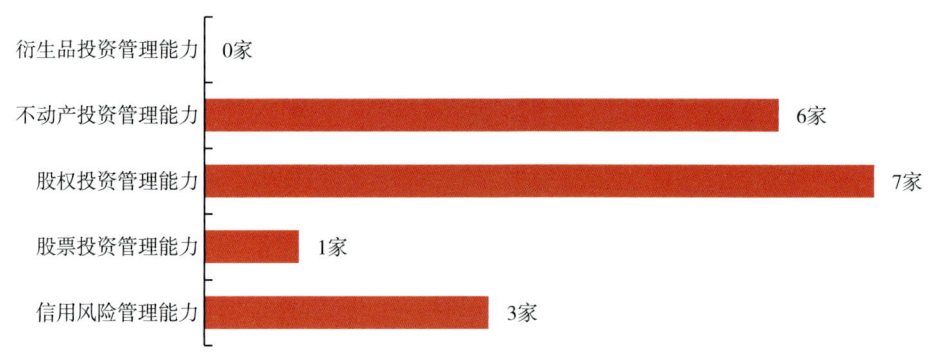

图 4-4-4　2022 年保险集团（控股）公司具备的不同投资能力（8 家）

资料来源：中国保险行业协会官网

（三）财产险公司

从投资管理能力数量来看，具有 4 项投资管理能力的财产险公司为 3 家；具有 3 项投资管理能力的有 3 家；具有 2 项投资管理能力的有 13 家（见图 4-4-5）。

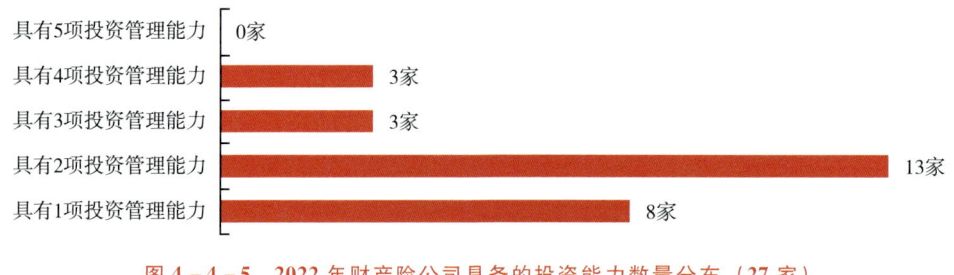

图 4-4-5　2022 年财产险公司具备的投资能力数量分布（27 家）

资料来源：中国保险行业协会官网

从投资能力分布来看，具备信用风险管理能力的财产险公司有 16 家，具备股票投资管理能力的有 5 家；具备股权投资管理能力的公司有 21 家；具备不动产投资管理能力的公司有 13 家（见图 4-4-6）。

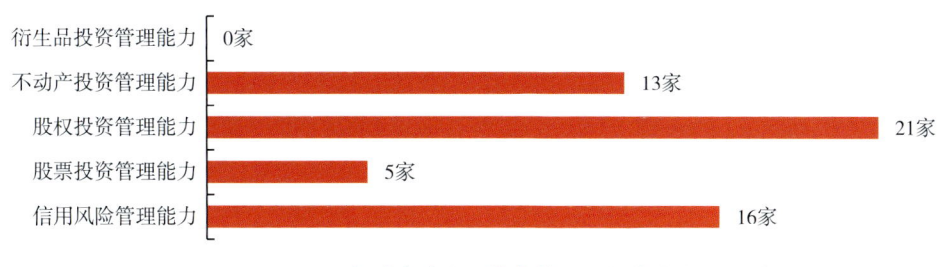

图 4-4-6　2022 年财产险公司具备的不同投资能力（27 家）

资料来源：中国保险行业协会官网

（四）人身险公司

从投资管理能力数量来看，具备 2 项及以上的投资能力的人身险公司有 62 家。其中，具有 5 项和 4 项投资管理能力的人身险公司分别为 1 家和 13 家；具有 3 项投资管理能力的有 18 家；具有 2 项投资管理能力的有 30 家（见图 4-4-7）。

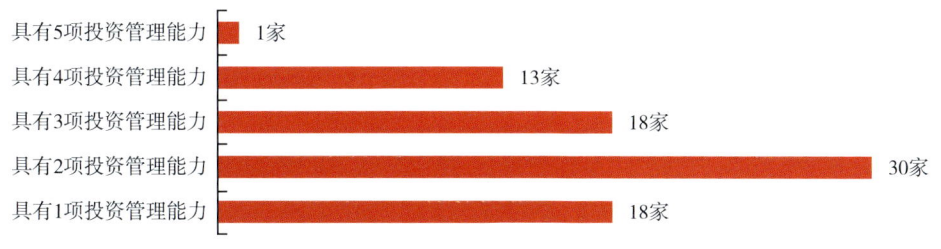

图 4-4-7　2022 年人身险公司具备的投资能力数量分布（80 家）

资料来源：中国保险行业协会官网

从投资能力分布来看，具备信用风险管理能力的人身险公司有 60 家，具备股票投资管理能力的有 31 家；具备股权投资管理能力的有 57 家；具备不动产投资管理能力的有 37 家；具备衍生品投资管理能力的有 4 家（见图 4-4-8）。

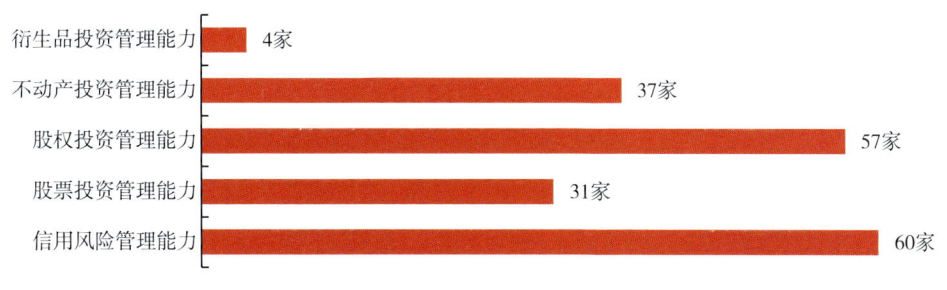

图 4-4-8　2022 年人身险公司具备的不同投资能力（80 家）

资料来源：中国保险行业协会官网

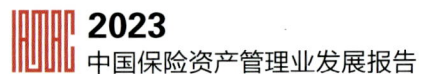

【专题五】保险资产管理行业定点帮扶情况

2022 年是党的二十大胜利召开之年，是迈上全面建设社会主义现代化国家新征程、向第二个百年奋斗目标进军的关键之年。中国保险资产管理业协会和中国精算师协会联合委员会（以下简称联合党委）在原银保监会党委的坚强领导下，坚持以党的二十大精神为指引，深入学习贯彻落实党中央、国务院和原银保监会党委关于实施乡村振兴战略和开展定点帮扶工作的决策部署，扛起政治责任、践行使命担当，积极引导行业迎难而上，克服疫情反复等不利影响，推动一系列切实举措扎实落地。

一、以党的二十大精神为指引，全面推进乡村振兴

一是坚持以习近平新时代中国特色社会主义思想为指引，用党的二十大精神统一思想、统一意志、统一行动，学深悟透党的二十大有关全面推进乡村振兴的重要精神，切实在弄懂做实上下功夫，组织理论中心组集中学习研讨"三农"工作、乡村振兴等专项内容 3 次，通过党委会、专题会等专题研究部署定点帮扶工作 5 次，始终以高度的政治责任感使命感紧迫感，全力以赴促进各项工作任务高质量协同落实。二是持续深化拓展定点帮扶工作，联合党委积极与察右后旗旗委旗政府就定点帮扶工作举行座谈，精准对接帮扶工作诉求，共同研究帮扶工作新思路、新对策；派扶贫干部赴察右中旗挂职，紧密联系帮扶地区，"战"在帮扶最前沿；与察右后旗乌兰哈达苏木党委开展联学共建，锚定目标需求，实现有效对接；根据原银保监会党委安排，转拨 10 万元专项党费，围绕党建引领、改善党员教育办公设施等方面进行补助修缮，提升服务群众能力和水平。三是连续第五年发布"中国保险资产管理业助力乡村振兴定点帮扶工作倡议书"，聚焦乡村振兴重点领域，稳扎稳打，坚持把凝聚行业力量助力乡村振兴作为强有力的工作抓手，持续落实好"一个巩固、五个助力"定点帮扶举措，促进行业帮扶重心向全面推进乡村振兴聚焦，彰显行业责任担当。

二、以克服疫情困难为首任，狠抓落实攻坚突破

一是落实专项帮扶资金。联合党委划拨 40 万元专项资金支持苏木各项帮扶工作，

其中：30万元帮助乌兰哈达苏木党群服务中心维修改造，改善办公条件，提升服务群众能力；10万元投入察右后旗"防贫保险"公益性扶贫项目，确保对定点扶贫地区临贫易贫人群提供持续服务保障。在完成全年任务基础上，投入10万元专项资金协助临洮县五爱幼儿园提升改造，改善教育教学基础条件。二是守住疫情防控防线。在乌兰察布市察右后旗、察右中旗疫情防控态势严峻时刻，联合党委向当地及时捐赠包括防护服、N95口罩、橡胶手套、消毒用品等近3万元防疫物资，为定点帮扶地区疫情防控工作提供帮助，守好筑牢疫情防线。三是提升信息化建设水平。向察右中旗和察右后旗乌兰哈达苏木捐赠电脑设备50套，进一步提升定点帮扶地区政务信息化办公和信息化服务综合水平。四是开展"送知下乡"活动。捐赠包括基层党建、乡村振兴、旅游农业、法律法规、数字经济等具有知识性、科学性、正能量内容的助农书籍，宣传推广普及农业科学知识，提升农民科学素质。

三、以动员凝聚力量为路径，聚集资源融合创新

一是开展消费助农。动员超过10家行业机构参与采买定点扶贫地区特色农牧产品金额73万元，缓解疫情期间当地农牧产品滞销困难，推动农牧民保产保收。二是做实产业赋能。积极沟通引导行业机构参与乌兰哈达苏木西后坊村委会、石灰图村委会、巴音高勒嘎查村容村貌人居环境整治项目，争取保险资产管理行业专项资金45万元，帮助解决资金缺口。着力提升农村人居环境水平，推动以环境美促进生态美、乡村美、产业美，激发乡村振兴的内生动力和活力。加快苏木人居环境治理转型升级，预计直接受益人数近900人。三是服务实体经济。重点引导保险资金通过保险资产管理产品加大服务欠发达地区实体经济的力度，积极探索债权投资计划、股权投资计划和保险私募基金登记注册助力脱贫攻坚和服务乡村振兴绿色通道机制。截至2022年10月末，涉及脱贫攻坚、乡村振兴项目的债权投资计划等保险资产管理产品登记注册41个，规模660.07亿元，为四川、云南、贵州等多个省份欠发达地区的基础设施建设和特色产业发展提供有力支持。

四、下一步工作思路

联合党委将按照中国式现代化新道路、新视野，持续巩固脱贫攻坚成果，增强定

点帮扶地区群众内生发展动力，提高乡村基础设施和公共服务水平，建设宜居宜业和美乡村，把党的二十大精神真正落实到定点帮扶的实际工作中去，奋力谱写新时代乡村振兴新篇章。

一是强化服务保障措施。要以高度的政治责任感投身帮扶工作，聚焦"守底线、抓发展、促振兴"目标，全面贯彻党中央的决策部署，把支持乡村振兴工作放在突出位置，集中资源和力量支持定点帮扶地区发展。

二是强化持续增收支持。积极应对疫情影响，巩固拓展脱贫攻坚成果，大力宣传推介定点帮扶地区农牧产品，凝聚多方合力，畅通帮扶产品销售渠道，为乡村振兴增添动能。

三是强化乡村建设支持，坚持产业助力，聚焦强化产业支撑带动，持续引导行业投入资金，围绕打造绿色生态宜居美丽乡村，推进农业农村绿色发展。

四是强化动态监测帮扶机制。要以落实监管要求为契机，不断深化多方合作，创新合作模式，积极引导更多金融资源流入农业农村，强化防止返贫动态监测和帮扶工作，守住不发生规模性返贫底线。

【专题六】保险资产管理行业服务实体经济情况

为深入贯彻落实党中央、国务院和原银保监会支持实体经济工作部署，充分发挥保险资金在国家战略部署和经济增长转型中的作用，中国保险资产管理业协会（以下简称协会）自成立以来，以支持实体经济为己任，立足协会职责定位，从行业发展和市场需求出发，积极推进行业创新服务实体经济新形式，践行保险资金支持国家战略、服务实体经济和民生建设使命，实现经济效益与社会效益的有机统一。

一、深挖机制优势潜能，提升服务实体经济质效

2022年，协会围绕"保障效率、优化机制、推动发展"这一基本准则，持续深化登记制改革成果，为提升产品服务实体经济效能保驾护航。为确保债权投资计划、股权投资计划、保险私募基金登记工作规范有序运行，加强产品登记日常管理，结合产品登记业务实际情况，对《债权投资计划产品登记管理规则》《股权投资计划产品登记管理规则》以及《保险私募基金登记管理规则》进行了修订。

登记情况方面，2022年全年登记债权投资计划485只，规模8 711.78亿元，数量及规模同比减少8.14%、9.90%；登记股权投资计划23只，规模577.15亿元，数量及规模同比增加64.29%、8.76%；登记（注册）保险私募基金75只，规模5 491.58亿元，登记时效4.19个工作日，与注册制相比提升约9个工作日，有效激发了保险私募基金市场活力。

组织召开2022年度保险资产管理产品创新工作会议，鼓励引导保险资金在支持国家重点战略工程、交通基础设施建设、制造业高质量发展、"双碳"及绿色金融、民生工程建设、保障性安居工程、新型基础设施建设、"专精特新"企业、中小微企业及普惠金融、农林水利工程建设等领域开展业务创新，持续增强对国家重点领域、薄弱环节的产品及资金供给，共同促进保险资金和保险资产管理更好地服务实体经济。

二、深化服务实体经济合作，有力服务国家重大战略

协会作为全国性保险资产管理行业自律组织，在保险资金服务实体经济的过程中，

通过产品注册登记、组织行业活动、项目对接合作、科技平台建设等多个工作维度，深化与地方政府和有关部门的战略合作，多种举措推动保险资产管理行业支持实体经济发展。

截至 2022 年末，协会累计与 27 个省市区签署服务实体经济战略合作备忘录，2022 年新增与海南省、温州市、福州市人民政府的战略合作。充分发挥行业资源匹配职能，联合地方政府组织开展保险资金与优质实体企业的项目对接会、政策宣导会等服务实体活动累计达 62 场。通过战略引领推进保险资金支持国家战略，收集实体经济和民生建设项目 2 488 个，融资规模达 6.86 亿元。

积极推动保险资产管理产品参与"一带一路"、京津冀、长三角、大湾区、长江经济带建设、供给侧结构性改革、"碳达峰""碳中和"等国家重大战略，以多元化的产品模式对接各类实体经济项目，为实体经济提供长期稳定优质资金。2022 年全年协会登记的债权投资计划中，122 只投向于交通领域，登记规模共计 3 204 亿元；140 只投向于市政领域，登记规模共计 2 264.16 亿元；31 只投向于能源领域，登记规模共计 788.99 亿元；14 只投向于水利领域，登记规模共计 265.2 亿元；2 只投向于保障性住房领域，登记规模共计 22.41 亿元；1 只投向于棚户区改造领域，登记规模 7 亿元。

三、科技平台赋能助力，推动项目精准对接

协会积极推动指导下属资管通金融科技服务（宁波）有限公司（以下简称资管通公司）紧扣服务实体经济主线，开发科技综合服务平台"资管汇"APP 和资产端战略覆盖平台"企业投融资报送平台"，为各地方政府部门提供个性化管理界面，集合项目库搭建、企业联系人管理、项目上下架等功能，形成了连接地方实体企业与保险机构的"信息直通车"。资管汇 APP 累计发布融资项目 322 个，规模合计 3 674.5 亿元，发布金融产品 106 个，规模合计 2 936.8 亿元，有效引导保险资金参与和支持各地方经济建设。

资管通公司以"提前布局、精准推动、同频共振、合作共赢"为主要思路，深度挖掘银行、政府、金融产品联席会等渠道特点，明确各方利益机制，发挥不同渠道优势，扩大投融项目对接机会；优化私募基金服务机制，以融资项目发布、召开线上对接会、组织精准对接闭门会等形式开展服务，多渠道发挥投融资对接优势，实现投融资双方的精准对接，累计对接资金规模近 800 亿元，做好"十四五"规划重点领域和重大项目融资支持。

【专题七】保险资产管理行业数据治理情况

一、政策动向

在过去几年中，数字战略无论从国家层面还是各行业层面都在以前所未有的速度蓬勃发展，数据要素作为继资本、劳动、技术等传统生产要素之外的新兴生产要素，正成为数字经济时代大环境下居于核心地位的基础生产要素。而数据要素具备不同于传统生产要素的非稀缺性、非均质性和非排他性特点，并与大数据人工智能存在天然的紧密联系，使得数据治理的重要性不断加强，并在数据战略中处于居中地位。在此背景下，国家和行业层面也推出了一系列新的制度和政策。

（一）国家层面——《数字中国建设整体布局规划》等

2023年，中共中央、国务院印发了《数字中国建设整体布局规划》（以下简称《规划》），并发出通知，要求各地区各部门结合实际认真贯彻落实。《规划》坚持以习近平新时代中国特色社会主义思想特别是习近平总书记关于网络强国的重要思想为指导，深入贯彻党的二十大精神，促进数字经济和实体经济深度融合，以数字化驱动生产生活和治理方式变革。主要目标是到2025年，基本实现横向打通、纵向贯通、协调有力的一体化推进格局，到2035年，实现数字化发展水平进入世界前列。在具体落地方面，《规划》建立了"2522整体布局"，其中最需要关注的是强化数字技术创新体系和数字安全屏障的"两大能力"，其对于各行业的基本要求是：在保障数据安全的前提下加强行业展业安全合规制度建设，实现可控的数据共享和业务数字化创新，提高经济效率，创造经济价值。需注意到，《规划》是对中共中央、国务院于2022年末发布的《关于构建数据基础制度更好发挥数据要素作用的意见》（数据"二十条"）的进一步细化和扩展，为国家的数字战略定下了基调，标志着未来十年数字化战略的全面铺开和高速发展的开端。此外，2023年拟组建国务院直属机构国家数据局，负责协调推进数据基础制度建设，统筹推进数字中国、数字经济、数字社会规划和建设，这也标志着数据战略从顶层设计、完善数商生态、激励市场主体等方面即将进行全面布局。对于保险资产管理行业而言，也需在新的政策要求和管理规范下逐步完善自身数字化转型举措，落实数据治理工作。

（二）行业层面——《银行保险监管统计管理办法》等

为加强银行业保险业监管统计管理，规范监管统计行为，提升监管统计质效，原银保监会于 2022 年末发布《银行保险监管统计管理办法》（以下简称《办法》）。《办法》统一升级了原银行业、保险业统计管理规定，明确监管、机构归口职责，明确机构的监管统计数据应纳入数据治理的要求，实施问责与激励。在数据层面，首次明确提出银行保险机构应保证同一指标在监管报送与对外披露的一致性，并在机构归口管理部门职责层面做出细化要求，包括明确归口管理主体、明确数据质量责任、加强数据安全保护、对接数据治理要求、提出报送披露一致、强化机构归口职责六大方面。

2023 年，原银保监会发布《中国银保监会保险业监管数据标准化规范（保险资产管理公司版）》（以下简称《规范》）。此次《规范》的发布，是继对保险集团（控股公司）、人身保险公司、财产险公司（再保险公司）的相关规范发布后，对于保险业整体监管数据报送规范（EAST 规范）的补充，是原银保监会推行银行保险数据标准一体化的最新要求，制定了报送相关的数据采集技术、数据结构、检核规则、业务代码等一系列标准，涉及 70 余个数据模型、1 800 余个数据字段，涵盖保险资产管理行业的主要业务范围。

对于保险资产管理行业而言，《办法》和《规范》的前后发布，同步了银行业和保险业的统一数据报送标准，加强了保险资产管理行业与整体金融行业的数据标准对接，标志着保险资产管理行业监管统计数据工作进入新的阶段。同时，在落地监管数据报送规范要求的过程中，保险资产管理机构也必须从组织架构、制度流程、技术方案、人员协调等方面全面开展数据治理工作，对于业务条线复杂的大型机构和数据治理基础薄弱的小型机构而言均构成一定挑战。后续，随着银保监会组织架构向国家金融监督管理总局的迁移，与数据相关的监管举措和对接要求在未来或将迎来新的转变，各机构应持续密切关注。

二、行业举措

近年来，为响应国家数字战略和行业监管要求，中国保险资产管理业协会（以下简称协会）联合业内各机构，统筹启动了包括数据治理相关问题调研、行业数据标准探讨与发布、行业数据治理发展报告编纂等工作，有力且深刻地推动了保险资产管理机构数据治理的进程，提升了各机构的数据治理能力和业务数字化能力。

（一）初步制定《保险资产管理产品债权投资计划数据元》等行业数据标准

自 2021 年起，协会牵头业内各机构开展了《保险资产管理产品债权投资计划数据元》《保险资产管理产品股权投资计划数据元》的制定工作，在进行了多轮现场集中讨论、分组审议、意见反馈和修改后，目前已完成报批稿审议并提交全国金融标准化技术委员会。此外，协会也牵头发起了《组合类保险资产管理产品数据元》《保险私募基金数据元》《保险资产管理股票投资类数据元》《资产管理产品介绍要素第 4 部分：保险资产管理产品》的标准制定工作，目前已完成机构反馈意见收集并修改完成初稿。这些标准覆盖了保险资产管理机构主要的展业范围，同时涉及标准化和另类投资产品，具有极强的实践价值。各机构在标准制定工作过程中进行了广泛交流，形成了较为统一的行业认知和判断。随着保险资产管理机构 EAST 报送规范的落地，相关的数据标准制定工作也应对齐监管要求，并形成横向补充。

（二）持续开展数据治理行业调研，完成数据治理行业发展报告初稿编纂

两年来，协会组织开展了保险资产管理机构数据治理进程的专项调研，不断更新和跟踪监测保险资产管理行业机构的数据治理现状和进展情况。2022 年，协会牵头完成了新一期的数据治理行业调研，收集的信息对于协会和保险资产管理归口监管机构均具有较强的政策制定参考价值。同时，协会于 2022 年开展了数据治理相关工作，经组织业内机构进行探讨和研究，决定以编纂《保险资产管理行业数据治理发展报告》（以下简称《发展报告》）的形式形成保险资产管理行业关于数据治理的首份专项指导文件，从行业层面形成保险资产管理数据治理的行动手册。在协会牵头组织和多家机构参与编撰下，目前《发展报告》已形成具有保险资产管理行业特色、理论清晰、实践案例丰富的初稿，将适时发布。

三、机构现状

协会专项调研结果显示，近几年，各保险资产管理机构都在持续开展数据治理和数字化转型工作，基于 DAMA 数据管理知识体系、DCMM 数据管理能力成熟度评价框

架、DGI 数据治理框架等理论体系的融合并结合自身业务需求和发展规划，普遍形成了主体大致相同、细节各有侧重的数据治理方法论。

（一）数据治理战略广泛建立、架构普遍完整、制度流程基本规范

多数机构已充分认识到数据治理的重要性并将其纳入了公司治理范畴，建立组织架构健全、职责边界清晰的数据治理架构，明确了董事会、监事会、高级管理层和相关部门的职责分工，确定并授权数据归口管理部门牵头负责实施数据治理体系建设，制定了全面科学有效的数据管理制度，包括但不限于组织管理、部门职责、协调机制、安全管控、系统保障、监督检查和数据质量控制等方面，并根据监管要求和实际需要，持续评价更新数据管理制度。

（二）数据安全和质量成为数据治理的关注重点

多数机构已建立数据安全管理体系和数据分级分类管理制度，明确保护策略，落实技术和管理措施，相关制度覆盖对外发布数据、外部数据源和第三方处理数据。大部分机构建立了数据质量管控机制，并在业务制度中充分考虑数据质量需要，明确源头数据的质量要求，并基于系统或工具运行数据质量检验规则。数据质量的问题统一收集和管理、较为完善的管理流程、数据质量检查机制、人员绩效考核挂钩也逐步成为数据质量管控的落实方向。

（三）数据资产目录完整性不足、数据开发技术支撑有限、数据管理基础设施落后

数据孤岛、数据质量参差不齐的现象在行业中仍普遍存在，机构缺乏统一的数据视图和数据资产目录，用户不知道从何处获取自身需求的数据。数据仓库、数据集市尚未得到普遍的应用，多数机构尚未建立统一的数据中台和集中的数据开发体系，OLAP 和 OLTP 系统仍旧零散分布于业务部门中，系统开发也多为业务—IT 的点对点烟囱模式，数据的集中清洗、加工和分发困难，数据管理仍旧存在较大的技术难度，机器学习等技术在数据开发和管理中的应用有限，总体仍处于探索之中。

（四）数据治理进程不均衡，大机构和小机构数据治理水平差异较大

全面开展数据治理对机构的各项资源均有较高要求，且其效果体现需要一定时间，故小型机构普遍采用从某个具体业务领域（通常是监管数据报送）切入，逐步扩展数

据治理范畴的方案，表现为在特定业务领域的数据治理程度较深，但在其他领域则较为缺失。与此相对，大型机构通常采用全面铺开的方式，数据治理的各领域细项工作同时开展，且普遍采购或自研了大型的统一数据开发平台和主数据管理、质量管理等核心功能平台。从行业视角看，大小机构的差异有马太效应的趋势，但实际上，大机构在数据治理过程中积累的经验和沉淀的技术与小机构在业务发展上的灵活性、易部署特点存在互相适配的空间，如何建立互利共赢的数据生态也成为各机构共同关注的话题。

四、发展建议

（一）以数据治理行业发展报告和各项数据标准制定为契机，推动行业数据治理标准建设

数据治理标准具有很强的正外部性，只有形成行业层面的数据治理共识和良好的数据生态环境，才有可能将数据治理"书同文，车同轨"的价值进行充分释放，从而推动整个行业的数字化转型进程。各机构在进行内部数据治理的同时，也应积极参与行业数据治理标准的建设，发挥自身优势，吸收外部经验，在充分交流的基础上形成公认的数据治理行业价值观和实践方法论，从而推动数据要素在行业层面的流转和价值创造。各机构的数据治理工作应以行业标准为基础，同时输出自身经验反哺行业，在具体领域应寻求合作，发挥比较优势，互补互利，从而实现"事半功倍"的效能。

（二）以数据资产透明化为目标，推动数据资产目录和权责体系建设

数据治理工作必须落地于具体的数据项，其中的重点抓手是元数据，机构应进一步深化数据资产盘点工作，通过手工向系统化转移的方式和可视化、多维度的分析框架，搭建机构内部的数据资产目录，并推动数据资产确权认责工作，框定数据治理的客体（数据项）和主体（数据权责角色）范畴并厘定其相互关系，最终实现数据资产透明化。这对于进一步开展数据权限、质量等治理工作的开展具有基础性意义，也是数据业务价值实现的先决条件。

（三）以数据质量全面提升为方向，夯实数据质量管理机制建设

数据质量是数据治理的核心落脚点，是数据治理价值发挥的重要出口，也是依托数据治理配套机制、落地数据标准治理成果、提高数据要素内在价值的关键标的，为此需不断夯实以组织协同、闭环管理、工具落地为主要内容的数据质量管理机制建设。数据质量管理是全方位、多层次的，对于数据治理水平的要求较高，也是数据治理成果的试金石，只有将组织、流程、工具进行有效结合才能实现数据质量的全面提升。

（四）以数据治理价值实现为抓手，加强数据基础设施建设

数据治理工作要满足数字化转型的需求，就必须打破传统信息化进程中遗留下的数据孤岛和烟囱式开发形成的数据壁垒，实现可控的数据共享和流转。为此，数据开发和管理都应逐步集中在统一的中台进行。数据中台应建立在计算快、存储大、部署灵活、开发简便的数据技术架构之上，形成符合企业发展需求的数据模型体系，归拢数据接入、清洗和存储，输出数据分析中间结果和最终结果，且应与BI工具、看板工具、报表工具、系统前端等输出端口进行联通，提供有质量保障的、标准化的数据服务。此外，应搭建作为数据资产管理门户的管理平台、承载质量监控功能的数据质量平台、管理主数据流转和标准化的主数据管理平台等特定的数据治理职能平台，通过系统化的方式将数据治理的价值通过可触达业务端的方式进行释放。数据治理实现的是普遍的数据要素价值，并不是特定场景下的业务价值，在建设过程中应与传统IT前端系统架构和机构形成有机结合和搭配，相互赋能。

据治理范畴的方案，表现为在特定业务领域的数据治理程度较深，但在其他领域则较为缺失。与此相对，大型机构通常采用全面铺开的方式，数据治理的各领域细项工作同时开展，且普遍采购或自研了大型的统一数据开发平台和主数据管理、质量管理等核心功能平台。从行业视角看，大小机构的差异有马太效应的趋势，但实际上，大机构在数据治理过程中积累的经验和沉淀的技术与小机构在业务发展上的灵活性、易部署特点存在互相适配的空间，如何建立互利共赢的数据生态也成为各机构共同关注的话题。

四、发展建议

（一）以数据治理行业发展报告和各项数据标准制定为契机，推动行业数据治理标准建设

数据治理标准具有很强的正外部性，只有形成行业层面的数据治理共识和良好的数据生态环境，才有可能将数据治理"书同文，车同轨"的价值进行充分释放，从而推动整个行业的数字化转型进程。各机构在进行内部数据治理的同时，也应积极参与行业数据治理标准的建设，发挥自身优势，吸收外部经验，在充分交流的基础上形成公认的数据治理行业价值观和实践方法论，从而推动数据要素在行业层面的流转和价值创造。各机构的数据治理工作应以行业标准为基础，同时输出自身经验反哺行业，在具体领域应寻求合作，发挥比较优势，互补互利，从而实现"事半功倍"的效能。

（二）以数据资产透明化为目标，推动数据资产目录和权责体系建设

数据治理工作必须落地于具体的数据项，其中的重点抓手是元数据，机构应进一步深化数据资产盘点工作，通过手工向系统化转移的方式和可视化、多维度的分析框架，搭建机构内部的数据资产目录，并推动数据资产确权认责工作，框定数据治理的客体（数据项）和主体（数据权责角色）范畴并厘定其相互关系，最终实现数据资产透明化。这对于进一步开展数据权限、质量等治理工作的开展具有基础性意义，也是数据业务价值实现的先决条件。

（三）以数据质量全面提升为方向，夯实数据质量管理机制建设

数据质量是数据治理的核心落脚点，是数据治理价值发挥的重要出口，也是依托数据治理配套机制、落地数据标准治理成果、提高数据要素内在价值的关键标的，为此需不断夯实以组织协同、闭环管理、工具落地为主要内容的数据质量管理机制建设。数据质量管理是全方位、多层次的，对于数据治理水平的要求较高，也是数据治理成果的试金石，只有将组织、流程、工具进行有效结合才能实现数据质量的全面提升。

（四）以数据治理价值实现为抓手，加强数据基础设施建设

数据治理工作要满足数字化转型的需求，就必须打破传统信息化进程中遗留下的数据孤岛和烟囱式开发形成的数据壁垒，实现可控的数据共享和流转。为此，数据开发和管理都应逐步集中在统一的中台进行。数据中台应建立在计算快、存储大、部署灵活、开发简便的数据技术架构之上，形成符合企业发展需求的数据模型体系，归拢数据接入、清洗和存储，输出数据分析中间结果和最终结果，且应与 BI 工具、看板工具、报表工具、系统前端等输出端口进行联通，提供有质量保障的、标准化的数据服务。此外，应搭建作为数据资产管理门户的管理平台、承载质量监控功能的数据质量平台、管理主数据流转和标准化的主数据管理平台等特定的数据治理职能平台，通过系统化的方式将数据治理的价值通过可触达业务端的方式进行释放。数据治理实现的是普遍的数据要素价值，并不是特定场景下的业务价值，在建设过程中应与传统 IT 前端系统架构和机构形成有机结合和搭配，相互赋能。

【专题八】保险资产管理行业自律评价情况

一、基本情况

2022年是中国保险资产管理业协会（以下简称协会）自律评价工作的承上启下之年。根据国务院金融稳定发展委员会办公室印发的《关于发挥自律组织作用 规范行业发展的指导意见》（金融委办发〔2021〕12号）等要求，协会制定了《自律评价管理办法》，进一步提升了自律评价工作的专业性、规范性、可操作性，加强了评价结果与自律管理协同。同时，按照最新监管要求，结合历年自律评价工作实践，充分吸收各方意见建议，协会对信用评级机构、管理保险资金的基金、证券和证券资产管理公司以及保险资金投资的私募股权投资基金管理人的评价规则进行了修订。在此基础上，协会连续第9年组织行业开展自律评价工作。

二、评价规则

（一）制定自律评价管理办法

在监管部门的指导下，协会持续开展自律评价工作，协助监管部门加强保险资金运用风险防范，为监管部门评估保险资金交易对手风险提供信息支持，评价结果已成为保险机构选择交易对手的重要参考。2022年4月至7月，按照监管要求，在协会章程以及自律管理办法的框架下，协会起草了《中国保险资产管理业协会自律评价管理办法（征求意见稿）》，共收集到34条反馈意见，涉及评价范围、机制、类型、评价结果的沟通、复核、运用等14个条款，经逐一研究、吸收后，形成修改稿。经相关程序审议，并报监管部门备案后，于2022年12月27日发布实施。

《中国保险资产管理业协会自律评价管理办法》

自律评价管理办法共6章26条，对协会自律评价工作的依据、定义、原则、监督机制、程序、结果运用等方面进行了明确和规范。

（二）修订信用评级机构评价规则

2022年4月至7月，协会就《信用评级机构评价规则（修订征求意见稿）》向会员机构征求意见，共收到31家机构反馈的各类意见151条，主要涉及1项条款和6个二级评价指标。协会对各项意见逐条研究、吸纳，经相关程序审议，并报监管部门备案后，《信用评级机构评价规则（2022年修订）》于2022年8月5日发布实施。

本次修订主要调整了以下方面：一是根据信用评级行业发展情况，优化了参评机构范围的表述，涵盖了符合监管规定的能力条件，为保险资金投资债务工具、金融产品提供信用评级服务的评级机构以及其他自愿参加评价的评级机构。二是将评价方法中定量分析与定性评估相结合的方式进一步优化，明确定量分析基于数据统计分析，包括但不限于公开市场数据、评级机构提交的数据；定性评估基于评审专家评议，以及保险行业问卷调查统计数据等；调整监管部门参与评价工作的方式，明确监管部门对评价工作的全程监督和指导。三是结合协会评价工作实践经验，在组织实施评价工作环节中增设评审顾问，进一步提升评价工作的专业性；明确评审顾问的选聘条件与专家的一致性，评审顾问不参与评分，仅独立提供专业意见。四是综合考虑各保险机构对评级机构的了解程度、评价资料获取渠道，适当调升专家评分在基本素质评价中所占比重，进一步提升评价工作的专业性和公允性。五是进一步强化以违约率为核心的评级质量验证机制以及评价指标的量化和标准化。其中，信评质量（二级指标）增加对违约率和利差分析的检验，明确了违约率和利差的计算公式，并适当提升信评质量和报告质量（二级指标）所占比重。

《中国保险资产管理业协会信用评级机构评价规则（2022年修订）》

（三）修订单一资产管理计划管理人评价规则

2022年5月至6月，协会组织行业专家，依据《中国银保监会关于保险资金投资有关金融产品的通知》（银保监规〔2022〕7号），对《保险资金业外受托管理人评价规则（试行）》进行修订，形成《保险资金投资的单一资产管理计划管理人评价规则（修订征求意见稿）》，向会员单位征求意见。2022年7月，协会对5家保险机构、16家单一资产管理计划管理人反馈的88条意见（涉及10项条款）逐一研究，就评审专家回避、参评材料信息保密等条款，以及公司治理结构、公司资质、投资资产规模、投资决策及执行能力、沟通服务能力的评价指标进行相应优化。经相关程序审议，并报监管部门备案后，《保险资金投资的单一资产管理计划管理人评价规则（2022年修订）》于2022年9月23日发布实施。

本次修订后主要调整了以下方面：一是聚焦对担任单一资产管理计划管理人的证券公司、证券资产管理公司、证券投资基金管理公司（以下简称"产品管理人"）的最新监管要求，将委托人对受托人进行评价的视角调整为投资人对产品管理人的评价。二是加强评价工作的严肃性，及时贯彻落实最新监管要求，进一步加强监管部门对评价工作的监督和指导；加强评价与自律管理的协调联动，明确对无正当理由未参与评价的产品管理人的处理方式。三是优化评价方式，细化定量、定性指标内容和评分模式，在保持公司总体情况评价和险资产管理情况评价指标框架稳定的基础上，将公司总体情况与险资产管理情况得分合并后形成评价结果，提升评价结果的直观性。

《中国保险资产管理业协会保险资金投资的单一资产管理计划管理人评价规则（2022年修订）》

（四）修订私募股权投资基金管理人评价规则

2022年4月至7月，协会就《保险资金投资的私募股权投资基金管理人评价规则（修订征求意见稿）》向会员机构征求意见，共收到33家机构反馈的各类意见125条，主要涉及7项条款和12个评价指标。协会对各项意见逐条研究、吸纳，经相关程序审议，并报监管部门备案后，《保险资金投资的私募股权投资基金管理人评价规则（2022年修订）》于2022年8月5日发布实施。

本次修订主要调整了以下方面：一是明确保险机构根据管理人在评价年度的表现进行评分，评审委员会对评分进行核实。同时，进一步优化监管部门监督指导评价工作的方式，由专项评分调整为对评价工作的整体监督与指导。二是结合协会评价工作实践经验，在组织实施评价工作环节中增设评审顾问，进一步提升评价工作的专业性；明确评审顾问的选聘条件与专家的一致性，评审顾问不参与评分，仅独立提供专业意见。三是落实监管要求，加强行业自律管理，在评价规则评价结果和管理中，

《中国保险资产管理业协会保险资金投资的私募股权投资基金管理人评价规则（2022年修订）》

增加协会根据评价结果实施自律管理;对于连续 2 年无正当理由未参与评价的,协会可采取行业内通报、风险提示等措施。

三、评价结果

(一)信用评级机构评价

2022 年,参评的信用评级机构与上年一致,均为 11 家。为进一步加强结果导向,评价标准中增加了"违约率检验""利差分析检验"定量指标,并将评级质量评价板块的整体权重由 45% 提升至 70%。评价结果显示,6 家信用评级机构的得分同比有不同程度下降,相应的整体平均得分亦延续了下降趋势,由 2021 年的 66.42 分,下降至 64.98 分。

建议评级机构进一步加强内部控制和合规管控;完善评级方法和模型的研究,提升评级序列合理性和评级质量;继续加强对评级报告质量的管理,提升评级报告的专业性和可参考价值;加强信用分析师队伍建设,提升从业人员的稳定性专业素养;优化服务投资者的能力和水平。

(二)单一资产管理计划管理人评价

协会向实际管理保险资金的 78 家管理人发出评价工作通知,除 2 家管理人分别因产品已完成清算及疫情封控原因未参评外,共有 76 家管理人参加了本次评价。其中,2 家管理人因投资人与其已无业务往来未评分,实际取得总分的管理人 74 家,参评管理人管理保险资金规模占比为 99%。

评价结果以星级等级呈现,星级分档为 85 分及以上为 5 星,70 分~84 分为 4 星,60 分~69 分为 3 星,50 分~59 分为 2 星,50 以下为 1 星。本次评价 5 星管理人 31 家,占比 42%;4 星管理人 37 家,占比 50%;3 星管理人 6 家,占比 8%。

建议管理人持续加强与保险资金投资人的沟通交流,持续关注监管政策,加强合规管理,逐步优化绩效管理,细化投委会的授权机制、流程及相关分工安排,着力提升外部监督质量。

(三)私募股权投资基金管理人评价

根据协会股权投资信息报告系统数据统计,截至 2021 年末实际管理保险资金的境内、非保险系私募基金管理人 210 家,属于评价对象范围且提交参评资料的 171 家,其中 6 家管理人合并参评;39 家管理人未参与本年度评价,其中 19 家存在无法联系或未提供合理理由的情况。

评价结果分为 A、B、C、D 四类。A 类(80 分及以上)100 家,B 类(70 分到 80 分)37 家,C 类(60 到 70 分)1 家,D 类(60 分以下)2 家。

本次评价强化了数据交叉校验,对监管部门关注、备案信息存在异常的管理人进行了重点评估和核查。按照评价规则,对存在问题的管理人采取了评价结果降为 D 类,或不予评价结果等方式。

四、下一步工作计划

按照协会《自律评价工作规划(2022—2024 年)》,2022 年已完成评价机制优化的阶段目标,初步形成了具有一定公信力的自律评价品牌。2023 年,自律评价工作将聚焦评价体系优化,稳妥推进评价模式向程序化、系统化、数字化的转变。同时,根据监管要求和市场需求,在评价业务范围、评价产品种类方面尝试进一步拓展。2024 年,将聚焦自律评价精品化,为监管和市场提供更优质的自律服务:一方面,继续做强做精现有评价产品,不断提升产品附加值;另一方面,加强自律评价结果的运用范围,提升自律约束效力。

【专题九】保险资产管理行业最受欢迎投资业务合作机构推介情况

2014 年协会成立之初，秉承"竭诚服务监管、贴身服务会员"宗旨和"依法合规、审慎严谨"理念，协会组织开展了"IAMAC 推介——保险资产管理行业最受欢迎投资业务合作机构"（以下简称 IAMAC 推介）。IAMAC 推介致力于协助保险机构发现、发掘、发展优秀的合作伙伴和交易对手，鼓励支持保险资产管理行业发展的机构，共同推动资产管理业健康高质量发展。

一、推介机制

按照公平、公正、非营利的原则，IAMAC 推介由相关市场机构自愿报名，保险机构主要就报名机构的投资、研究、服务情况等参与调查投票。协会通过统计机构报名信息、保险机构投票情况和协会调研数据等，多维度加权产生最终结果，并向全行业推介优秀机构。

二、推介构成

协会面向与保险机构在公开市场和境外投资领域有业务往来的合作伙伴和交易对手开展推介活动。目前，主要涵盖四类机构推介：证券机构推介、公募基金公司推介、期货公司推介和境外投资机构推介。

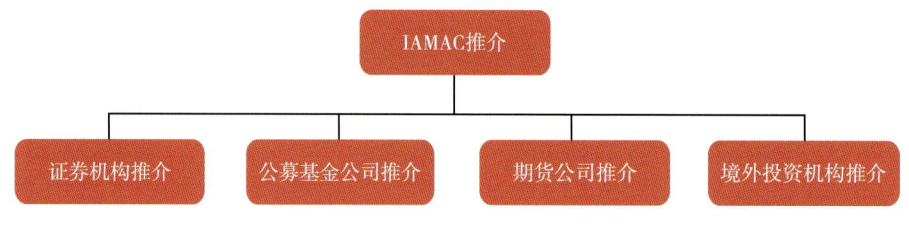

图 4-9-1 IAMAC 推介构成图

资料来源：中国保险资产管理业协会

三、推介回顾

2014年至2022年，协会已组织开展八届IAMAC推介，累计150余家机构报名，其中证券机构40余家，公募基金公司50余家，期货公司10余家，境外投资机构50余家，约200家保险机构参与了调查投票（包含所有保险资产管理公司），参与推介活动的业界精英超2 500人次，得到行业和市场的广泛认可。

四、2022年推介项目

2022年面向证券机构、公募基金公司、期货公司和境外投资机构共设置19个推介项目，其中，4个证券机构推介项目，6个公募基金公司推介项目，4个期货公司推介项目，5个境外投资机构推介项目。

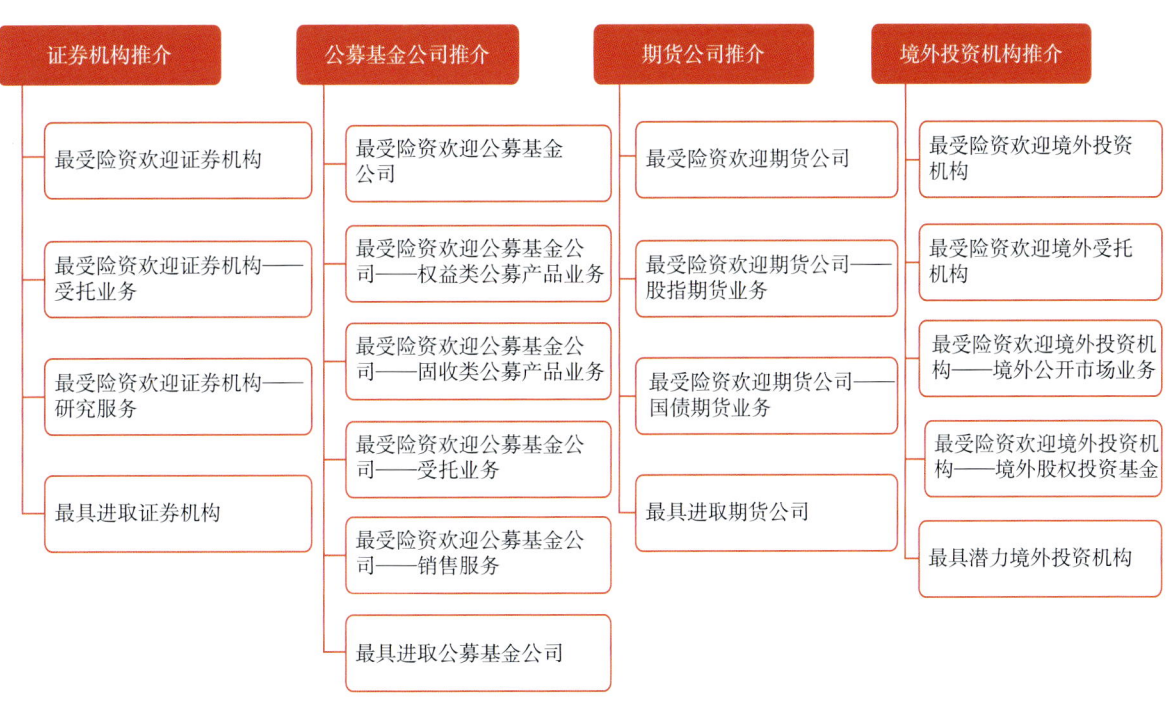

图4-9-2　2022年IAMAC推介项目图

资料来源：中国保险资产管理业协会

五、2022 年推介结果

（一）证券机构推介

1. 最受险资欢迎证券机构

- 中信建投证券股份有限公司
- 中信证券股份有限公司
- 广发证券股份有限公司
- 华泰证券股份有限公司
- 天风证券股份有限公司

2. 最受险资欢迎证券机构——受托业务

- 中信证券股份有限公司
- 中信建投证券股份有限公司
- 上海东方证券资产管理有限公司

3. 最受险资欢迎证券机构——研究服务

- 中信建投证券股份有限公司
- 广发证券股份有限公司
- 长江证券股份有限公司

4. 最具进取证券机构

- 开源证券股份有限公司
- 华金证券股份有限公司
- 华泰证券（上海）资产管理有限公司

（二）公募基金公司推介

1. 最受险资欢迎公募基金公司

- 易方达基金管理有限公司
- 富国基金管理有限公司
- 广发基金管理有限公司
- 汇添富基金管理股份有限公司
- 中欧基金管理有限公司
- 景顺长城基金管理有限公司
- 平安基金管理有限公司
- 鹏华基金管理有限公司
- 华夏基金管理有限公司
- 工银瑞信基金管理有限公司

2. 最受险资欢迎公募基金公司——权益类公募产品业务

- 富国基金管理有限公司
- 中欧基金管理有限公司
- 广发基金管理有限公司
- 易方达基金管理有限公司
- 华夏基金管理有限公司
- 工银瑞信基金管理有限公司

- 汇添富基金管理股份有限公司
- 国泰基金管理有限公司
- 景顺长城基金管理有限公司
- 嘉实基金管理有限公司

3. 最受险资欢迎公募基金公司——固收类公募产品业务

- 易方达基金管理有限公司
- 鹏华基金管理有限公司
- 富国基金管理有限公司
- 广发基金管理有限公司
- 招商基金管理有限公司
- 博时基金管理有限公司
- 工银瑞信基金管理有限公司
- 南方基金管理股份有限公司
- 景顺长城基金管理有限公司
- 汇添富基金管理股份有限公司

4. 最受险资欢迎公募基金公司——受托业务

- 汇添富基金管理股份有限公司
- 中欧基金管理有限公司
- 易方达基金管理有限公司
- 平安基金管理有限公司
- 广发基金管理有限公司
- 富国基金管理有限公司
- 博时基金管理有限公司
- 兴证全球基金管理有限公司
- 景顺长城基金管理有限公司
- 工银瑞信基金管理有限公司

5. 最受险资欢迎公募基金公司——销售服务

- 富国基金管理有限公司
- 广发基金管理有限公司
- 中欧基金管理有限公司
- 易方达基金管理有限公司
- 华泰柏瑞基金管理有限公司

6. 最具进取公募基金公司

- 海富通基金管理有限公司
- 中信保诚基金管理有限公司
- 中银基金管理有限公司
- 汇丰晋信基金管理有限公司
- 华商基金管理有限公司

（三）期货公司推介

1. 最受险资欢迎期货公司

- 中信期货有限公司
- 上海东证期货有限公司
- 国泰君安期货有限公司
- 银河期货有限公司
- 中粮期货有限公司

2. 最受险资欢迎期货公司——股指期货业务

- 中信期货有限公司
- 银河期货有限公司
- 上海东证期货有限公司

3. 最受险资欢迎期货公司——国债期货业务

- 中信期货有限公司
- 上海东证期货有限公司
- 国泰君安期货有限公司

4. 最具进取期货公司

- 招商期货有限公司
- 华泰期货有限公司
- 海通期货股份有限公司

（四）境外投资机构推介

1. 最受险资欢迎境外投资机构

- KKR 投资集团 ［Kohlberg Kravis Roberts & Co. L. P.］
- 摩根资产管理（J. P. Morgan Asset Management）
- 中国平安资产管理（香港）有限公司
  ［Ping An of China Asset Management（Hong Kong）Company Limited］
- 贝莱德资产管理北亚有限公司
  ［BlackRock Asset Management North Asia Limited］
- 中再资产管理（香港）有限公司
  ［China Re Asset Management（Hong Kong）Co. LTD.］
- 中国人保香港资产管理有限公司
  ［PICC Asset Management（Hong Kong）Company Limited］
- 高盛资产管理（香港）有限公司
  ［Goldman Sachs Asset Management（Hong Kong）Limited］
- 施罗德投资管理（香港）有限公司
  ［Schroder Investment Management（Hong Kong）Limited］
- 黑石集团（香港）有限公司 ［The Blackstone Group（HK）Limited］
- 中国人寿富兰克林资产管理有限公司
  （China Life Franklin Asset Management Co. Limited）

2. 最受险资欢迎境外受托机构

- 中国平安资产管理（香港）有限公司
  ［Ping An of China Asset Management（Hong Kong）Company Limited］
- 中再资产管理（香港）有限公司
  ［China Re Asset Management（Hong Kong）Co. LTD.］

- 中国人保香港资产管理有限公司

  [PICC Asset Management (Hong Kong) Company Limited]

- 中国人寿富兰克林资产管理有限公司

  (China Life Franklin Asset Management Co. Limited)

- 景顺投资管理有限公司（Invesco Hong Kong Limited）

3. 最受险资欢迎境外投资机构——境外公开市场业务

- 摩根资产管理（J. P. Morgan Asset Management）
- 贝莱德资产管理北亚有限公司

  (BlackRock Asset Management North Asia Limited)

- 高盛资产管理（香港）有限公司

  [Goldman Sachs Asset Management (Hong Kong) Limited]

- 中国人保香港资产管理有限公司

  [PICC Asset Management (Hong Kong) Company Limited]

- 景顺投资管理有限公司（Invesco Hong Kong Limited）
- 中国平安资产管理（香港）有限公司

  [Ping An of China Asset Management (Hong Kong) Company Limited]

- 中再资产管理（香港）有限公司

  [China Re Asset Management (Hong Kong) Co. LTD.]

- 易方达资产管理（香港）有限公司 [E Fund Management (HK) Co. Ltd.]
- 施罗德投资管理（香港）有限公司

  [Schroder Investment Management (Hong Kong) Limited]

- 惠理基金管理香港有限公司（Value Partners Hong Kong Limited）

4. 最受险资欢迎境外投资机构——境外股权投资基金

- KKR投资集团（Kohlberg Kravis Roberts & Co. L. P.）
- 黑石集团（香港）有限公司 [The Blackstone Group (HK) Limited]
- 凯雷投资集团（The Carlyle Group）
- 中国平安资产管理（香港）有限公司

  [Ping An of China Asset Management (Hong Kong) Company Limited]

- 高盛资产管理（香港）有限公司

  [Goldman Sachs Asset Management (Hong Kong) Limited]

5. 最具潜力境外投资机构

- 橡树资本（香港）有限公司 [Oaktree Capital (Hong Kong) Limited]

- 瑞银资产管理（香港）有限公司

  ［UBS Asset Management（Hong Kong）Limited］
- DWS 德银资产管理（DWS Group GmbH & Co KGaA）
- 行健资本集团（StepStone Group）
- 威灵顿管理香港有限公司（Wellington Management Hong Kong Limited）
- 霸菱资产管理（亚洲）有限公司［Baring Asset Management（Asia）Limited］
- GMO（Grantham，Mayo，Van Otterloo & Co. LLC）
- 普徕仕集团（T. Rowe Price Group）

随着市场不断发展和业务需求变化，协会将对推介设置和推介项目不断优化、创新，更好地契合保险资金特点和保险机构个性化需求，并将继续通过推介路演、业务交流等活动，持续推动各机构间深度沟通与合作。

第五章
2022 年中国保险资产管理业协会专项工作情况

【专项一】中国保险资产管理业协会风险监测情况

为深入贯彻落实党中央、国务院关于防范化解重大经济金融风险的决策部署，积极配合监管部门有效防控保险资金运用风险，保障广大投保人切实利益，中国保险资产管理业协会（以下简称协会）组织开展风险监测相关工作，切实履行好行业风险监测职责。

一是优化方案，提升风险监测的针对性和前瞻性。2020年，协会为落实监管工作要求，履行预警报警职责，研究形成《行业风险监测与评价工作方案（试行）》。2022年，为进一步加强风险监测与评价工作的针对性和前瞻性，提高工作质效，结合试行情况，从落实监管要求、明确组织协调机制、细化业务分类、丰富成果转化等方面对工作方案进行修订。

二是持续履行预警报警职能，提升风险报送质效。2022年，协会组织开展了信用风险监测、登记产品监测、舆情监测以及债券投资、金融衍生品投资、境外投资、投资者信心和投资信心指数等专题调研，全年形成IAMAC参考1期，向监管部门报送信用风险周报和专项风险分析报告51期、登记产品监测报告和专项报告26期、舆情日报和专项报告253期。

三是完善自律评价规则，加强交易对手风险监测。根据国务院金融稳定发展委员会办公室印发的《关于发挥自律组织作用 规范行业发展的指导意见》（金融委办发〔2021〕12号）等要求，协会制定了《自律评价管理办法》，进一步提升自律评价工作的专业性、规范性、可操作性。按照监管要求，结合历年自律评价工作实践，充分吸收各方意见和建议，对信用评级机构、管理保险资金的基金、证券和证券资产管理公司以及保险资金投资的私募股权投资基金管理人的评价规则进行修订。探索建设"黑白灰"名单监测机制，形成相关论证材料5份，协助核查相关机构数1 419条，撰写工作报告并上报监管部门。

四是进一步丰富监测手段，加强重点领域风险监测。加强债权投资计划产品违约和违约处置情况监测，2022年新增监测15项重大风险事项，向监管部门报送9期报表及2期重大风险事项报告。探索建立非标资产风险监测机制，全年累计监测4 161条非标风险信息。研究不当关联交易风险监测，落实监管要求，开展保险资金运用关联交易相关课题研究，形成报告上报监管部门。协助监管部门持续完善保险公司资金运用风险监测体系研究，推进风险监测系统开发，累计完成四个季度170余家保险公司资金运用风险监测，向监管报送4套监测报告。

五是全面发挥专业委员会作用，拓宽风险监测维度。协会信用风险管理专业委员会定期开展信用风险调研，研判信用风险形势，分享风险处置经验。为配合监管部门加强保险机构信用风险管理能力建设，助力保险机构做好信用风险管理能力自评估和信息披露工作，提升行业信用风险管理能力，2018年协会对200家保险机构开展信用风险管理能力建设情况摸底调研，结果显示行业信用风险管理能力建设成效明显，多数保险机构已具备相应的信用风险管理能力，但是保险机构间的信用风险管理能力差异较大，内部评级体系实际效用尚需进一步检验。2022年，协会进一步对33家保险资产管理公司开展相关能力调研，结果显示整体具备较强的信用风险管理能力，信用风险管理团队经验较为丰富，系统建设和应用较为成熟，内部评级结果的质量得到了一定检验。

六是组织培训落实监管政策，提升行业风险管理能力。2022年，协会持续开展"保险资金运用全面风险管理"系列培训班2期，就公司治理、股权投资、担保业务、气候风险、ESG等主题进行专题培训。根据原银保监会《关于加强保险机构资金运用关联交易监管工作的通知》（银保监规〔2022〕11号）要求，联合中国保险行业协会举办"保险资金运用关联交易政策专题培训"，帮助行业更好理解政策，做好关联交易管理及信息披露工作。

【专项二】中国保险资产管理业协会服务会员情况

中国保险资产管理业协会（以下简称协会）自成立以来，深入贯彻落实党中央、国务院和原银保监会相关指示精神和工作部署，积极践行"服务监管、服务会员"理念，切实履行自律、服务、创新、维权四大职能，致力于成为提升行业能力、推动行业发展的重要力量。截至2022年末，协会会员超过840家，构建了以保险资产管理和保险资金运用为核心的生态圈。协会围绕保险主业需求，积极探索建立沟通联动机制，优化服务举措，提升服务质效。

一是做精做专产品登记。全面落实债权投资计划、股权投资计划、保险私募基金三类产品登记制，修订登记管理规则，提升登记工作质效，对受疫情影响严重地区部分机构提供产品登记便捷服务。优化登记流程，引导保险资金服务实体经济。研究制定债权投资计划分类登记工作机制，制定产品登记内部规程和产品登记工作人员管理办法，提升人员专业能力水平和登记工作质效。2022年，三类产品共登记529只、同比减少5.37%，登记规模10 507.21亿元、同比减少6.78%。其中，债权投资计划485只、规模8 711.78亿元，同比分别减少8.14%和9.90%；股权投资计划23只、规模577.15亿元，同比分别增加64.29%和8.76%；保险私募基金21只、规模1 218.28亿元，同比分别增加23.53%、13.75%。

二是做细做优会员服务。修订会员管理办法、会费管理办法等制度，立足保险资产管理主责主业优化会员结构和会员分类。连续7年开展保险资产管理业综合调研，全面记录年度保险资产管理和保险资金运用的全景图，召开两次专题分享会，发布2021—2022年中国保险资产管理行业运行调研报告，形成4篇保险资产管理机构情况报告和5篇保险公司投资管理情况报告、超8万字篇幅；搭建行业数据库，积累行业运行数据45万条。开展会员服务评价，强化12类69项会员服务的量化匹配。持续开展会员需求专项调研，实现各类会员精准化服务。联合主流媒体围绕学习贯彻党的二十大精神、助力资本市场健康发展、防范不当关联交易风险等主题开展宣传报道，刊发稿件21篇，树立良好行业形象。

三是做深做透行业研究。协会坚持以行业研究赋能业务创新，围绕保险资产管理全业务领域，形成"行业年报、杂志刊物、综合调研、监管内参专报、课题征文活动、各类成果专著"等六大研究品牌，为监管决策和行业发展提供扎实的研究基础。2022年，举办协会研究成果发布会，发布《中国保险资产管理业发展报告（2022）》，以及《保险问道之养老金融体系建设》《保险问道之保险资产管理数字化探索》《保险问道之债券投资风险管理》《保险问道之公司治理研究》《保险问道之新形势配置探索》

《保险问道之行业战略布局》等最新成果专著；召开形势分析会 3 期，开展养老财富储备调查、IAMAC 资产管理百人问卷调查、投资者信心调查等，形成各类调查报告、养老金融双周评、养老成本指数、保险资产管理行业投资信心指数等 20 余项（期）。出版《中国保险资产管理》（双月刊）7 期，累计刊发文章 118 篇、近 90 万字。发布金融行业首份 ESG 尽责管理倡议书。

四是做强做实跨业交流。围绕证券出借、金融衍生品、股票投资等主题，举办投研圆桌、领行计划、投资业务交流会等 IAMAC 品牌交流活动 57 期。连续第八年开展 IAMAC 推介，设置 19 个推介项目，吸引证券、公募基金、期货和境外投资机构 107 家机构参与，发布"IAMAC 推介——2021 年度中国保险资产管理业最受欢迎投资业务合作机构"调查结果，通过双向调查为保险机构推介优秀的业外合作机构，促进保险等各类金融机构在投资、研究、销售等多领域的合作共赢。召开第二届 IAMAC 资产管理发展论坛、保险资产管理业扩大对外开放座谈会，汇集境内外资产管理业思路经验，为中国保险资产管理行业扩大高水平对外开放提出政策建议。探索建立行业 ESG 投资披露标准和评价机制。

五是做新做好教育培训。2022 年，协会聚焦政策形势与行业需求，累计举办线上线下培训 15 场。推出保险资金运用系列政策培训 5 期，涉及公募 REITs、证券出借、债券评级、偿二代二期、关联交易、保险资产管理公司管理等领域的最新政策。推出政策与业务专题培训，涉及新会计准则、全面风险管理、保险资产负债管理等热点专题，并与基金业协会合作推出"保险资金+私募基金"培训，联合北交所针对保险机构参与上市企业投资开展专题培训。与院校合作打造保险资产管理 ESG 基础课程体系。升级在线培训平台，上线视频课程 58 门，服务机构用户 4 家，利用 AI 技术实现课程内容的精准推送，有效服务行业 1.3 万余人次，综合培训体系日益完善。

六是继续加强行业舆论引导。联合新华社、金融时报、银行保险报、21 世纪经济报道等主流媒体围绕学习宣传贯彻党的二十大精神，聚焦保险资金这十年、服务实体经济、稳定资本市场、防范不当关联交易风险等主题进行广泛宣传报道，树立行业良好形象。综合运用传统媒体和新媒体扩大保险资产管理业的影响力，树立良好行业形象，营造良好舆论环境。

七是着力推进数字化融合。完成协会数据中心二期一阶段建设，实现应用系统与数据统计分析的协同与整合，PC 端与移动端的相互补充。推动行业数据治理工作的深化与分享，组织行业专家编制中国保险资产管理业数据治理白皮书；推动行业数字化转型及科技发展，组织行业科技创新实践分享沙龙；推动行业数据标准化工作，完成保险资产管理产品债权投资计划数据元、保险资产管理产品股权投资计划数据元；推动行业科技创新，改组中国保险资产管理业协会金融科技创新实验室。

【专项三】中国保险资产管理业协会自律管理情况

自律是中国保险资产管理业协会（以下简称协会）的核心主业，是规范市场秩序、提升行业竞争力的重要抓手。2022年，协会进一步完善自律规则体系、加强行业自律管理、提升自律服务质效，推动行业持续健康发展。

一、健全自律规则体系，推动自律职能纵深发展

2022年，在监管部门指导下，协会主要从三个方面完善行业自律。一是根据监管工作要求，结合市场变化与行业反馈，制定了《自律监督检查工作暂行办法》《自律评价管理办法》《保险资产管理业从业人员职业操守和行为准则》等3项基础性自律规则，以及《货币市场类组合类保险资产管理产品自律指引》《保险私募基金管理指引第1号：基金登记材料规范》《保险私募基金管理指引第2号：基金存续期信息报送规范》等3项业务类自律规则，进一步丰富自律管理工具，完善自律规则体系。二是根据监管政策调整以及相关业务实践，修订了《保险资金投资的单一资产管理计划管理人评价规则》《信用评级机构评价规则》《保险资金投资的私募股权投资基金管理人评价规则》等3项评价规则，进一步促进相关机构提升服务能力、改善服务质量。三是为加强产品登记日常管理，保障登记工作规范有序运行，修订了《债权投资计划产品登记管理规则》《股权投资计划产品登记管理规则》《保险私募基金登记管理规则》《产品管理指引第1号：产品登记材料规范》等4项业务类自律规则，并发布《关于建立产品登记服务绿色通道机制的通知》，建立产品登记绿色通道服务机制，服务重大项目和国家重大战略融资需求。

此外，协会持续推进保险资产管理业"规范化、数据化、信息化"。一是进一步促进保险资金委托投资规范运作，及时响应市场委托投资管理业务需求，开展《保险资金委托投资管理协议》范本研究制定工作；二是为贯彻落实党中央、国务院关于推动绿色发展的决策部署，配合落实《银行业保险业绿色金融指引》相关要求，把握"双碳"目标及绿色转型所带来的投资机遇，组织起草行业尽责管理准则；三是推进行业数据治理和数据标准制定，完成《保险资管产品债权投资计划数据元》《保险资管产品股权投资计划数据元》等数据标准报批稿，同时开展《组合类保险资管产品数据

元》《保险私募基金数据元》《保险资管股票投资类数据元》《资管产品介绍要素第 4 部分：保险资管产品》等标准的编写工作，推进行业数据标准化建设。

二、发挥行业协同效应，建立自律服务长效机制

（一）高效服务监管，发挥桥梁沟通作用

一是深度参与相关监管法规政策研究制定。其中，《保险资产管理公司管理规定》《保险资金委托投资管理办法》《关于加强保险机构资金运用关联交易监管工作的通知》均已正式发布；保险资金运用管理相关法规的研究起草形成阶段性成果；《保险资金运用内控指引》（4～6 号）经过进一步论证修改，已发行业征求意见。

二是配合监管部门开展"黑名单"管理工作。协会配合提供相关论证材料，协助核查相关机构数据。《保险资金领域私募股权基金管理人不良记录名单》于 2022 年 11 月向行业公布。

三是圆满完成关联交易专项工作。根据监管工作安排，组织 10 家会员机构 22 位专家开展保险资金运用关联交易相关主体责任研究，召集工作会议 19 次，完成法规检索分析 65 件，收集案例 190 个，形成相关报告报送监管部门。

（二）优质服务行业，助力机构能力提升

一是加强行业自律文化建设，引导会员机构加强保险资金运用关联交易合规管理。组织行业专家在《金融时报》发表关联交易专题文章 6 篇；组织内控专委会、法律专委会委员参加"提升关联交易管理能力 强化风险防控意识"征稿活动，相关文章在《中国保险资产管理》2022 年第 2 期刊发。

二是开展清廉金融文化建设，持续营造风清气正、廉洁从业的良好环境。协会按照党的建设和纪检监察工作要求，搭建纪检监察工作交流平台，促进行业机构相互学习借鉴、相互促进提高，推进行业清廉文化建设倡议深入贯彻、落地见效，为行业高质量发展做出新的贡献。

三是建立多元化自律评价体系。完成信用评级机构、私募基金管理人、单一资产管理计划管理人三项评价规则及指标的修订发布，按照修订后的规则开展评价工作并公布评价结果。其中，信用评级机构评价与监管政策相配套，进一步强化对评级机构

评级结果质量的检验；私募基金管理人评价将监管部门关注名单等数据信息纳入评价依据；单一资产管理计划管理人评价配合监管部门，将最新的管理能力要求纳入评价指标，督促管理人及时了解执行最新的监管要求；实现评价工作与监管及自律管理的协调联动。

（三）强化交流协作，推动联动机制建设

组织会员机构研究论证银行业协会《托管银行证券资金结算协议》，及时反馈行业声音；与中国证券投资基金业协会建立数据和信息沟通机制，加强私募基金管理人评价指标研究与数据校验合作；积极参与中国国际经济贸易仲裁委员会、北京仲裁委员会、北京金融街商会等组织的相关活动，探索行业多元化争议解决机制建设。

【专项四】保险资产管理行业标准化建设情况

标准助推创新发展，标准引领时代进步。党中央高度重视标准化工作，习近平总书记深刻指出：标准决定质量，只有高标准才有高质量，要以标准助力创新发展、协调发展、绿色发展、开放发展、共享发展。党的二十大报告也为新时代标准化工作指出了明确方向、提供了根本遵循。2022年，中国人民银行、原银保监会等部门陆续出台了《金融标准化"十四五"发展规划》《金融科技发展规划（2022—2025年）》和《关于银行业保险业数字化转型的指导意见》，就金融机构的数字化转型提出了具体要求和指引。金融标准作为金融治理体系和数字化转型的基础工程，要更有效地适应金融数字化转型发展，在数字时代发挥基础性和引领性作用，保险资产管理作为金融行业重要组成部分，需要提升标准化来加强自身资产管理能力和内生动力。

中国保险资产管理业协会（以下简称协会）大力推进行业标准化建设，于2021年成功立项"保险资产管理产品股权投资计划数据元"（以下简称"股权计划数据元"）和"保险资产管理产品债权投资计划数据元"（以下简称"债权计划数据元"）两项行业标准，现已完成报批审议，即将发布。上述标准的成功编制对行业标准化工作具有里程碑意义，是行业积极落实党中央加快金融机构数字化转型要求的重要举措，对促进行业提升规范化水平、提供更高质量更有效率的金融服务、有效防控系统性风险将发挥重要作用。

一、勇于担当服务大局，打造金融标准引领行业发展

与保险资产管理行业发展相比，保险资产管理标准化建设仍处于空白阶段。截至2022年末，我国已发布金融国家标准95项，其中保险标准1项、保险资产管理标准0项；已发布金融行业标准共340项，其中保险行业标准37项、保险资产管理标准0项。近年来，随着保险资金运用范围不断拓展、产品更加丰富，保险资产管理行业迫切需要发挥"标准"在支持金融服务实体经济、防控金融风险、深化金融改革中的基础性、引领性作用。

协会在监管部门的指导下，在行业机构的支持下，勇于承担打造保险资产管理行业标准的重担。在具体制定过程中：

坚持党管标准，提高标准化编制工作政治站位。保险资产管理标准化必须始终坚

持党的全面领导，确保党总揽全局、协调各方，坚决贯彻习近平总书记重要讲话精神，增强"四个意识"，坚定"四个自信"，做到"两个维护"，不折不扣地把党中央关于经济金融和标准化工作的部署落到实处。坚持服务大局，牢记"国之大者"，坚决服从和服务国家发展战略，为中国特色社会主义金融事业贡献标准力量。始终坚持标准为民，践行党的群众路线，强化金融标准化工作人民性和普惠性，确保标准化工作始终服务于人民群众根本利益。

坚持依法合规，推进行业标准制定工作的规范发展。落实《中华人民共和国标准化法》，根据国家标准化有关规章制度，推进行业标准工作依法合规开展，确保与监管标准一致，确保标准建设符合国家标准化发展总体布局。搭建以协会领导为核心的工作组织架构，夯实组织决策保障基础。与监管部门、标准编制上级部门建立常态化汇报渠道，接受监督指导，为体系搭建提供支撑。与行业机构、第三方等外部机构等保持紧密联系，确保标准源于实践服务实体。高标准成立工作组，建立3+N（领导组、工作组、专家组和模块组）的治理架构模式，统筹规划，分步实施，制定科学合理的工作安排，提升标准化保障能力。

坚持创新驱动，助力金融高质量发展。一是顺应金融创新发展趋势、服务金融治理主线。在标准编制过程中，从业务实际出发，着力解决发展中的难点和痛点，提升保险服务实体经济效率和水平。二是强化服务金融监管与风险防控。标准涵盖监管所需主要数据字段，为构建更高效信息披露和统计监测框架提供技术支撑，有助于营造包容审慎的创新环境，筑牢金融风险防控技术底座。三是助推行业数字化转型。通过标准制订，统一行业专业语言，基础设施信息共享和互联互通水平显著提升，让保险资管数字化转型有标可依。

二、锚定目标笃行不怠，构建保险资产管理标准体系基石

在构建行业标准过程中，协会坚持标准服务监管、助力行业发展目标不动摇，勇毅前行、久久为功，持之以恒推进金融标准为民利企、走深走实，从标准体系、标准知识库、标准工作机制和标准化意识等方面加速推进，标准化工作格局全面展开。

（一）行业标准体系初步成形

全面落实《金融标准化"十四五"发展规划》，构建科学适用、结构合理、开放

兼容的保险标准体系。目前，协会已完成制定债权计划数据元、股权计划数据元两项保险资产管理行业数据标准成果报批稿审议，提交全国金融标准化技术委员会，并获得标号并进入正式发布流程。2022年，协会还启动了"组合类保险资产管理产品数据元""保险资产管理股票投资类数据元""保险私募基金数据元""资产管理产品介绍要素第 4 部分：保险资产管理产品"四项行业数据标准编制工作，目前已经基本完成征求意见。

（二）行业标准知识库初步搭建

在各项标准化工作成果推进的过程中，协会对过去形成的工作成果进行反复验证，对工作方法进行规划总结，对相关理论举行专家论证，对工作团队进行规范管理，最终对行业标准化建设形成了宝贵的工作经验。通过整理相关监管政策、共享编制机构的研究成果以及参考科技厂商的流程指标，在标准化专家的评审把关下，深入理解监管文件的精神和要义，利用最新的研究成果和科技厂商流程指标，明确标准化的边界、细化框架流程和完善监管指标与数据字典映射关系。

（三）行业标准工作机制和方法论初步建立

结合过去的标准化建设经验，目前已经初步形成了保险资产管理标准管理体系，形成可复制推广的良好经验。主要包括：数据标准化管理组织、数据标准管理策略、数据标准管理流程和标准化管理技术工具。数据标准化管理组织由行业协会领导层、同业机构共同建设，负责统筹同业机构共同制定并颁布行业统一的数据标准与制度，协调数据治理过程中可能出现的争议处理。数据标准管理流程旨在建立适用行业内标准化编制管理流程，包括数据标准发布、修订等流程过程成果（监管制度、政策口径）。标准化管理技术工具包括业务术语、基础数据、参考数据、统计数据以及监管政策指标等标准基础指标，规范标准化系统体系建设。

（四）行业标准化意识明显增强

随着行业机构参与标准制订全过程，金融机构对标准的认可度明显提高，逐步成为保险资产管理领域规章制度和监管规则落地实施的有效抓手，金融标准为民利企理念更加深入人心，知标准、守标准、用标准的行业共识全面形成。行业标准工作人才队伍初步形成，目前已经建立百余人规模的标准化专家库，通过储备培训高水平专业人才、提升行业积极性和参与度。协会加强研究部门沟通合作，专注标准化研究成果转化。目前已形成的标准化著作研究包括：标准化建设助力保险资产管理行业高质量发展、保险资产管理行业标准化的工作思考与探索等。

三、继往开来乘势而上，把握金融标准化工作新形势

在新的历史起点，保险资产管理标准化工作必须始终紧扣金融业发展时代脉搏，为服务金融业高质量发展提供制度保障和技术支撑，为中国式现代化贡献力量。

（一）充分认识标准建设是建设国家基础性制度的重要方面

2021年10月中共中央、国务院印发的《国家标准化发展纲要》提出，标准是经济活动和社会发展的技术支撑，是国家基础性制度的重要方面。这一论断确立了标准化在中国特色社会主义现代化建设全局中的地位，明确了标准在国家治理体系和治理能力现代化中的基础性、引领性作用。为此，我们要持续推进行业标准建设，夯实高质量发展基础。一是积极推动债权和股权2项标准贯标进程。依托金标和保标平台，积极开展培训工作，重点向相关保险资产债权、股权投资计划数据标准编制及使用者开展培训和推广。同时，做好标准实施效果和实施问题的收集整理，建立标准实施信息反馈和评估机制，对标准实施情况进行跟踪，不断推进标准在全行业的推广，保证标准科学性、可操作性和适用性。二是组合类保险资管产品等4项标准编制推进。持续推进组合类保险资管产品、保险私募基金、保险资金股票投资、保险资管产品介绍要素四项标准征求意见、送审、报批审议等阶段工作。三是2023年2项新标准立项申请。《保险资产管理行业投资术语》统一保险资管投资类名称和描述，夯实行业标准基础架构。《保险资管债券投资类数据元》进一步完善保险资管非标类产品标准体系。

（二）充分认识标准建设是赋能金融数字化转型的技术支撑

支持加快构建以数据为关键要素的数字经济，不仅对金融业数字化转型提出了紧迫要求，同时为标准化发展提供了新的广阔空间。一是让标准引领创新。以创新提升标准水平、以标准助推创新发展，共同促进数字技术在保险资管行业深入应用，带动保险资管机构科技创新、业务模式拓展和运营模式再造，构建协同发展的金融数字基础设施体系。二是让标准提升治理。强化标准对金融数据全流程合规和监管规则体系

的技术支撑，丰富金融数据治理工具箱，从数据的需求端和供给端两方面规范金融数据的采集、加工、整理与共享。三是让标准保障安全。防范风险是金融业数字技术应用的永恒主题，要发挥标准柔性规范作用，从业务流程、监管报送、信息披露等方面强化数据在风险防范方面的作用，加强事前事中事后全链条全领域监管，为金融数字化转型保驾护航。

（三）充分认识标准建设是金融高质量发展的重要抓手

保险资产管理行业标准建设要全面领会共同富裕的深刻内涵和时代逻辑，把人民至上贯穿于工作全过程和各领域。让所有人平等地享受优质金融服务，是金融业矢志不渝的奋斗目标，也是保险资产管理行业标准建设的行为准绳。一是以标准支持科技向善，着眼于维护金融消费者长远和根本利益，规范金融领域科技应用，创造公平公正、安全放心的行业环境。二是以标准促进金融普惠，围绕各群体需求定制差异化服务标准，赋能普惠金融降本增效，让保险资管成为全方位、多层次、有温度的数字普惠金融服务体系的一部分。三是以标准支持绿色金融发展。金融是做好绿色资源合理配置的关键工具，标准则是保障经济社会绿色低碳转型的基础性制度。下一步，保险资产管理行业标准要纳入 ESG 相关要素，明确"绿色"相关概念涵义，确保市场主体在统一标准约束下开展绿色金融活动。四是以标准助力保险资产管理交流联通。随着金融业对外开放格局更加深入多元，全面提升标准国际化水平既是把握制度型开放新机遇的必然选择，也是支持金融服务构建新发展格局的职责所在。保险资产管理标准在制订之初就坚持与国际标准接轨，在未来仍然要加强国际交流，为国际和区域金融标准化发挥建设性作用。

党的十八大以来，建设数字中国成为推进中国式现代化重要引擎。协会将继续按照国家金融标准化总体工作规划，深入贯彻落实党中央决策部署，积极对标新时期经济金融发展要求，紧扣国家标准化建设主线，坚持以人民为中心，坚持服务监管引领行业，持续推进保险资产管理标准化工作，为支持行业高质量发展做出积极贡献。

【专项五】IAMAC 资产管理百人问卷调查

一、调研背景和意义

建立宏观经济和资产配置景气度预测调查机制,是发挥中国保险资产管理业协会"IAMAC 资产管理百人"智库作用的积极探索,有助于引导资产管理行业专家关注宏观形势,倡导资产管理机构履行服务经济大局的社会责任。

二、调研内容

问卷活动每半年开展一次。问卷内容实现宏观经济、大类资产配置、权益市场、债券市场以及当前热点的"全覆盖",包含单选题、多选题和主观题。问卷调查对象邀请来自证券、基金、银行、保险、信托机构和高校智库的 100 余位专家共同参与填写。对象选取做到"三个面向",即面向大资产管理、面向不同层级、面向专家个人;同时做到"六个兼顾",即买方和卖方兼顾、研究和投资兼顾、权益和固收兼顾、中资和外资兼顾、学界和业界兼顾、理论与实践兼顾。截至 2022 年末,已连续开展 3 期问卷调查。现将"资产管理百人问卷调查报告(第 3 期)——2023 年宏观形势展望"主要观点摘编如下:

从第 3 期问卷的受访者结构来看,从事领域分布显示,111 名受访者中,投资管理(高管)领域 41 人,占比 37%;宏观研究领域 30 人,占比 27%;资产配置领域 14 人,占比 13%;权益投研领域 15 人,占比 13%;固收投研领域 6 人,占比 5%(见图 5-5-1)。从业年限分布显示,5 年以下、[5,10 年)、[10,15 年)、[15,20 年)和 20 年及以上分别占比 2%、16%、25%、24% 和 33%(见图 5-5-2)。

从受访者所属机构分布来看,券商研究所、公募基金、保险资产管理公司、保险公司(含保险集团)、资产管理公司分别 27 人、22 人、11 人、17 人、5 人,分别占比 24%、20%、10%、15%、5%;其他机构共 29 人,占比 26%,包含商业银行及理财子公司、信托、私募基金、券商投资部门和高校智库等机构(见图 5-5-3)。机构属性分布显示,中资机构、中外合资机构和外资机构分别占比 77%、8% 和 15%(见图 5-5-4)。

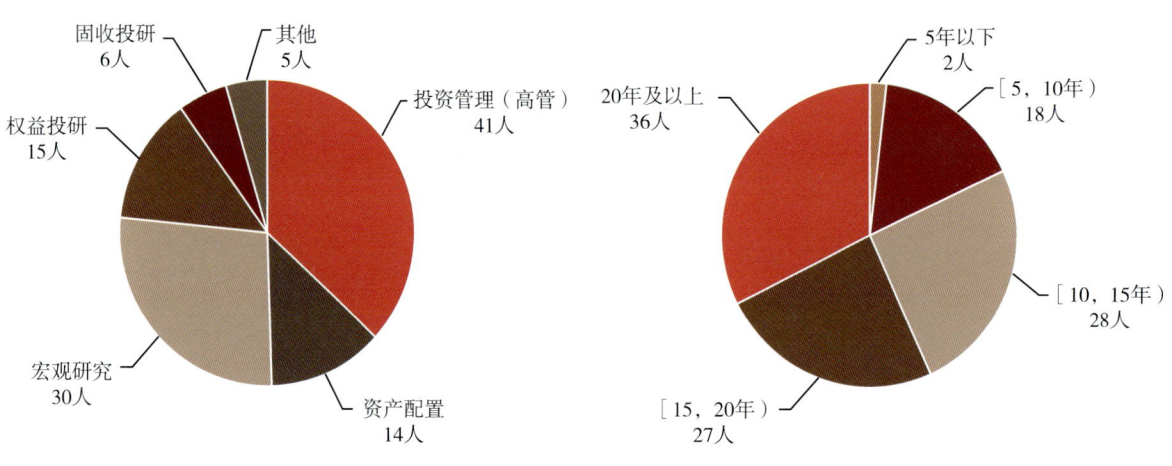

图 5-5-1 受访者从事领域分布　　　图 5-5-2 受访者从业年限分布

资料来源：《中国保险资产管理业协会 – 中国人寿"资产管理百人问卷"调查报告（第3期）》

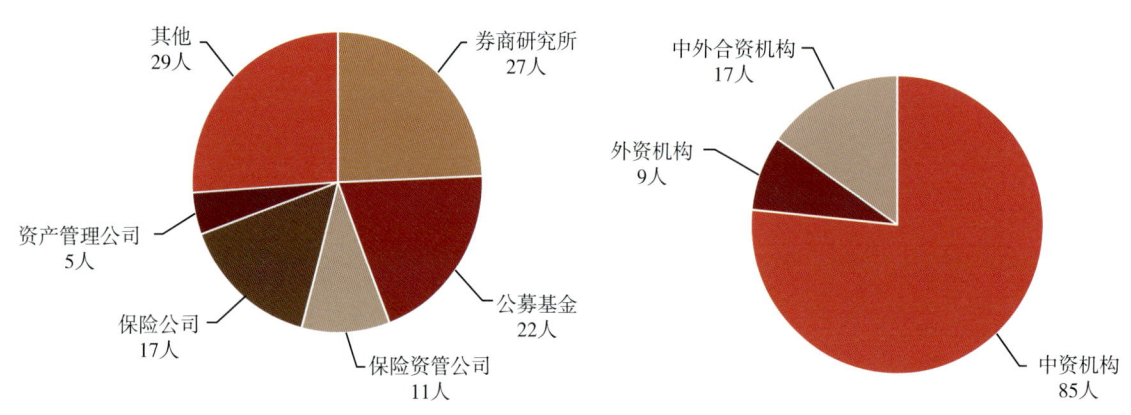

图 5-5-3 受访者所在机构类别　　　图 5-5-4 受访者所在机构属性

资料来源：《中国保险资产管理业协会 – 中国人寿"资产管理百人问卷"调查报告（第3期）》

三、调研结果

第3期调查显示：一是2023年基建投资、消费和制造业投资备受期待，财政政策发力有望成为支撑经济的重要抓手，出口和房地产投资走向值得关注。二是CPI有望温和可控，PPI预期存在分歧。三是货币政策预计维持稳健偏宽松的总基调，更加侧重稳增长、保就业；积极财政政策持续发力。四是预计流动性总体平稳，A股或呈振荡上行走势，外资有望小幅净流入，国内债市或呈振荡走势，预期人民币汇率或小幅升值。五是2023年仍需关注全球经济衰退、海外流动性紧缩、出口增速放缓与房地产市场走向和资产配置难度加大等。

(一) 2023 年宏观形势展望

对 2023 年宏观经济走势总体判断，52% 的受访者持中性观点，M2 增速预期有较大概率在 10.0%～11.9%，社融增速有较大概率在 10.0%～10.9%（见图 5-5-5、图 5-5-6、图 5-5-7）。

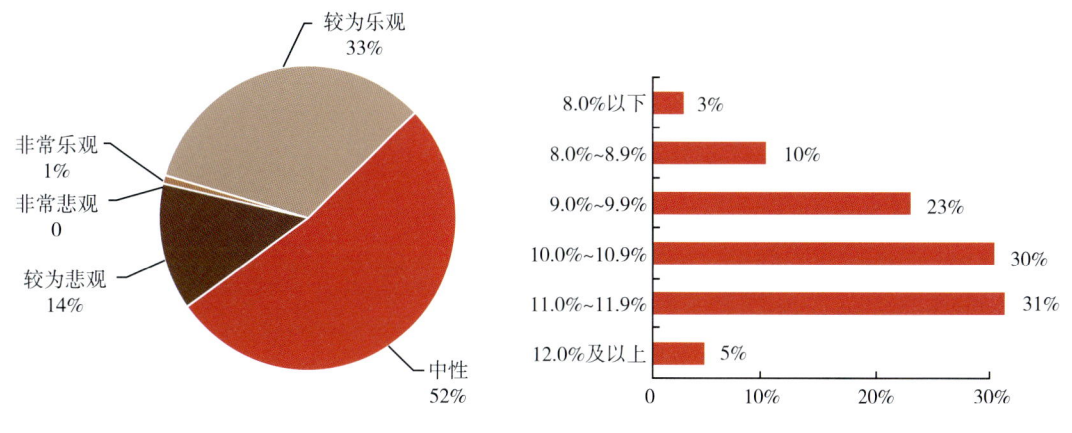

图 5-5-5　2023 年全年宏观经济走势总体判断　　图 5-5-6　2023 年末 M2 增速预期

资料来源：《中国保险资产管理业协会–中国人寿"资产管理百人问卷"调查报告（第 3 期）》

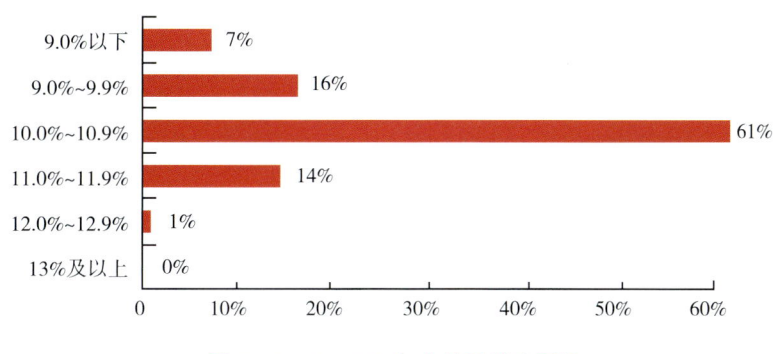

图 5-5-7　2023 年末社融增速预期

资料来源：《中国保险资产管理业协会–中国人寿"资产管理百人问卷"调查报告（第 3 期）》

对于 2023 年可能促进经济上行因素的判断中，受访者选择最多的前三位分别是基建投资、消费和制造业投资，分别占比 56%、48% 和 44%（见图 5-5-8）。

对于 2023 年央行货币政策基调的判断，67% 的受访者认为稳健偏宽松，另有 22% 认为稳健中性；对于 2023 年财政政策（含准财政政策）发力主要途径的判断中，受访者选择最多的前三位分别是：增加地方政府专项债额度、增加财政赤字、减税降费，分别占比 64%、50% 和 43%（见图 5-5-9、图 5-5-10）。

对于 2023 年人民币对美元汇率平均水平的判断，53% 的受访者认为人民币兑美元汇率将小幅升值，22% 的受访者认为人民币兑美元汇率将小幅贬值，还有 20% 的受访者认为人民币兑美元汇率将运行平稳。对于2023年美联储货币政策走向预期的判断，高达60%的受访者认为美联储货币政策紧缩幅度减弱，还有23%的受访者认为美联储货币政策转向宽松（见图5-5-11、图5-5-12）。

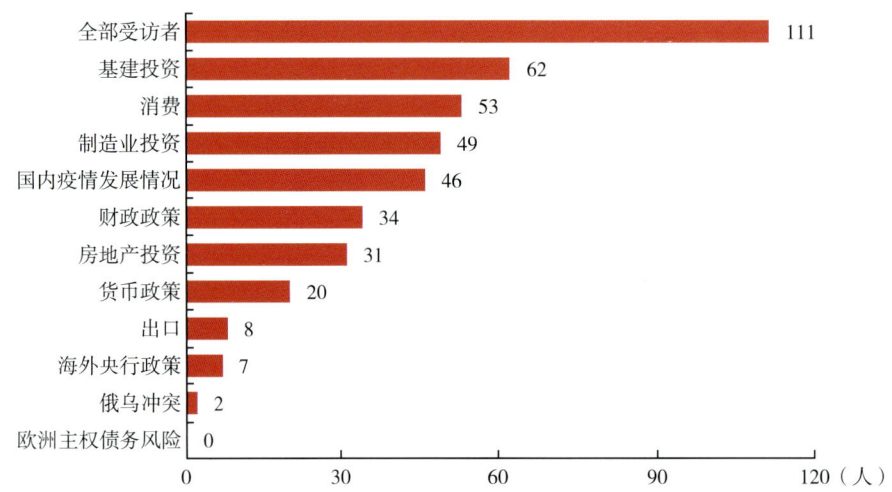

图5-5-8 可能推动2023年经济上行的因素判断

资料来源：《中国保险资产管理业协会-中国人寿"资产管理百人问卷"调查报告（第3期）》

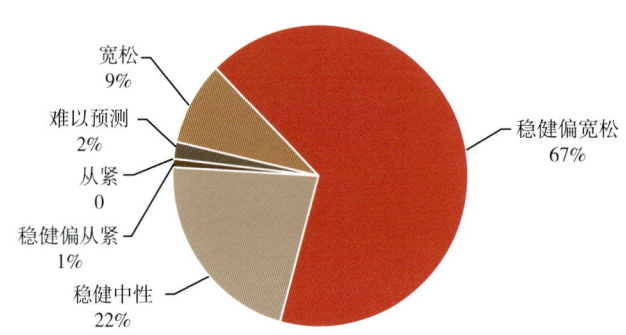

图5-5-9 2023年央行货币政策基调预期

资料来源：《中国保险资产管理业协会-中国人寿"资产管理百人问卷"调查报告（第3期）》

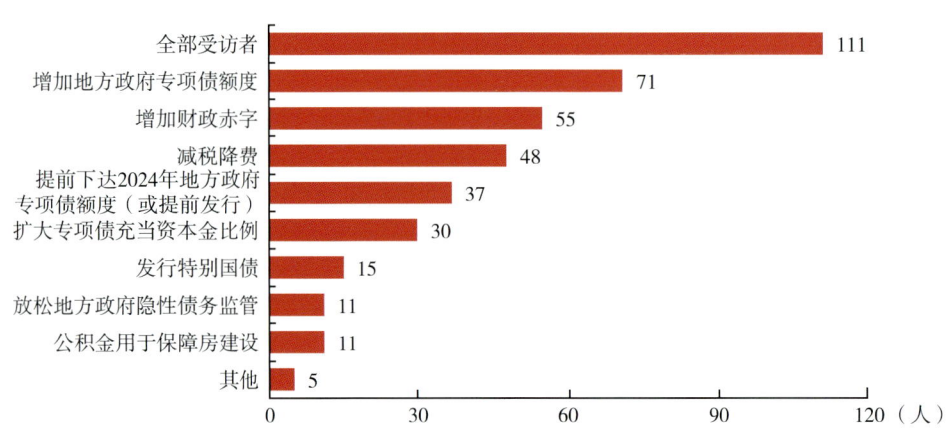

图5-5-10 2023年财政政策发力的主要途径判断

资料来源：《中国保险资产管理业协会-中国人寿"资产管理百人问卷"调查报告（第3期）》

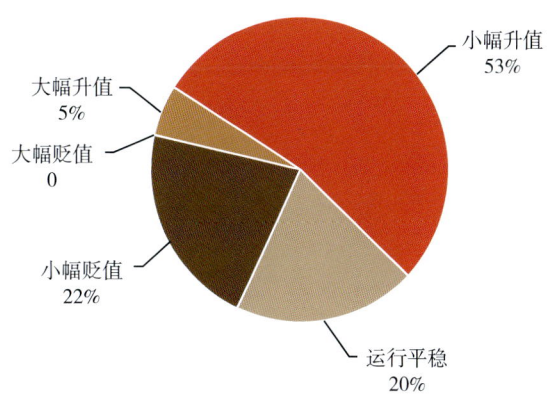

图 5–5–11　2023 年人民币对美元汇率平均水平判断

资料来源：《中国保险资产管理业协会－中国人寿"资产管理百人问卷"调查报告（第 3 期）》

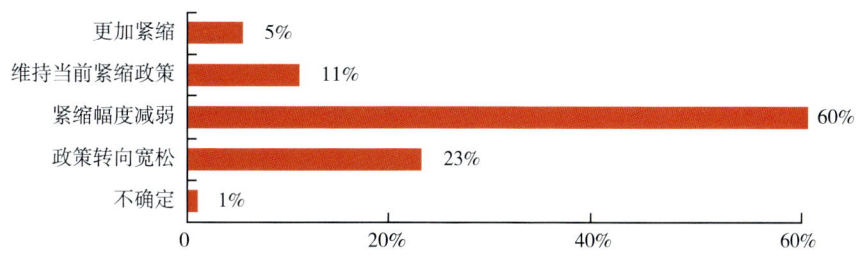

图 5–5–12　2023 年美联储货币政策走向预期

资料来源：《中国保险资产管理业协会－中国人寿"资产管理百人问卷"调查报告（第 3 期）》

从受访者最看好的境内外投资品种来看，较为看好 A 股、美债。对于 2023 年投资收益率表现最好的境内外资产判断，境内资产中，受访者选择最多的前三位分别是 A 股，一、二线核心城市不动产，黄金，分别占比 83%、34% 与 27%；境外资产中，受访者选择最多的前三位分别是：美债、港股、黄金，分别占比 49%、43% 与 41%（见图 5–5–13、图 5–5–14）。

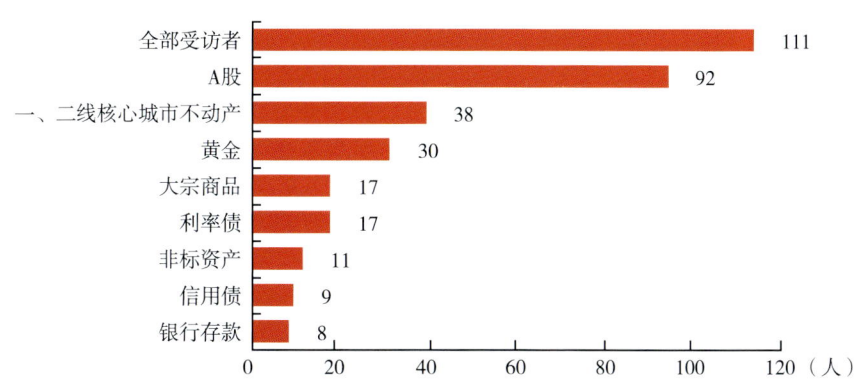

图 5–5–13　2023 年投资表现最好的境内资产判断

资料来源：《中国保险资产管理业协会－中国人寿"资产管理百人问卷"调查报告（第 3 期）》

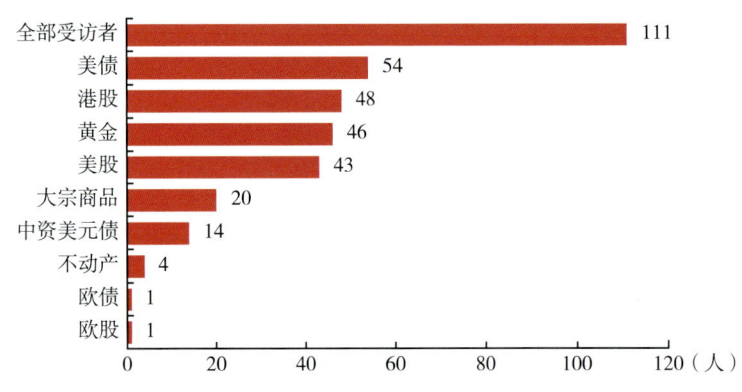

图 5-5-14 2023 年投资表现最好的境外资产判断

资料来源:《中国保险资产管理业协会－中国人寿"资产管理百人问卷"调查报告（第3期）》

从全球宏观形势来看，重点关注俄乌冲突、中美关系和欧洲主权债务。2023 年全球宏观形势中对大类资产配置影响最大的不确定因素判断中，受访者选择最多的前三位分别是：俄乌冲突的演进、中美关系调整和欧洲主权债务风险，分别占比 55%、36% 和 35%（见图 5-5-15）。

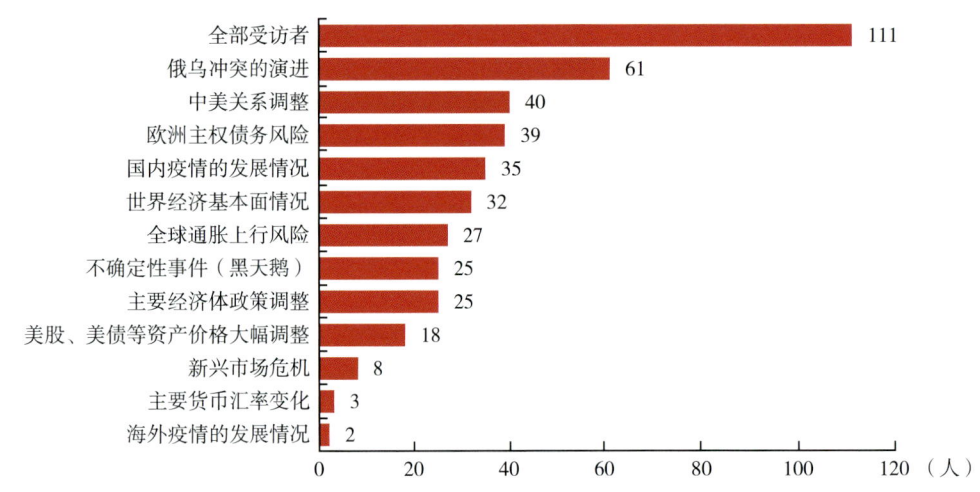

图 5-5-15 2023 年全球宏观形势中对大类资产配置影响最大的不确定因素

资料来源:《中国保险资产管理业协会－中国人寿"资产管理百人问卷"调查报告（第3期）》

（二）2023 年债券市场研判

受访者普遍认为，2023 年境内外债券市场走势趋于分化。对 2023 年中国债券市场整体走势的判断，38% 的受访者认为中国 10 年期国债收益率将窄幅振荡，30% 的受访者认为将上行，16% 的受访者认为将下行，14% 的受访者认为将宽幅振荡（见图 5-5-16）。对 2023 年美国债券市场整体走势的判断，50% 的受访者认为美国 10 年期国债收益率将下行,23%的受访者认为将宽幅振荡,17%的受访者认为将上行,8%的受访者认为将窄幅振荡(见图5-5-17)。

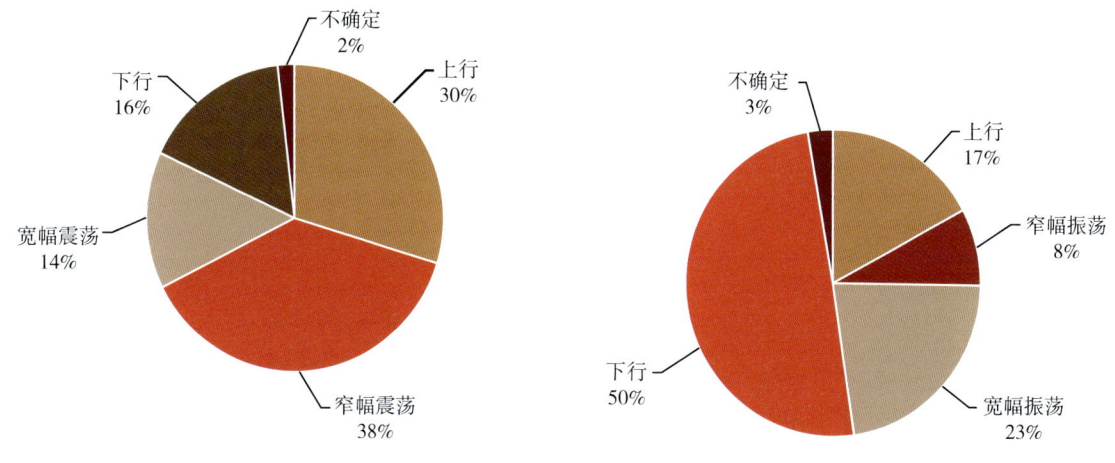

图5-5-16 中国10年期国债收益率判断　　图5-5-17 美国10年期国债收益率判断

资料来源:《中国保险资产管理业协会－中国人寿"资产管理百人问卷"调查报告(第3期)》

从2023年信用利差与期限利差变化预测来看,对于高等级信用债,44%的受访者认为信用利差将振荡,33%认为将收窄,15%认为将走阔;对于低等级信用债,47%的受访者认为信用利差将走阔,认为振荡和收窄的受访者分别占比29%和16%;对于10-1年期国债期限利差,受访者认为将收窄、振荡和走阔的比例分别43%、29%和20%(见图5-5-18、图5-5-19、图5-5-20)。

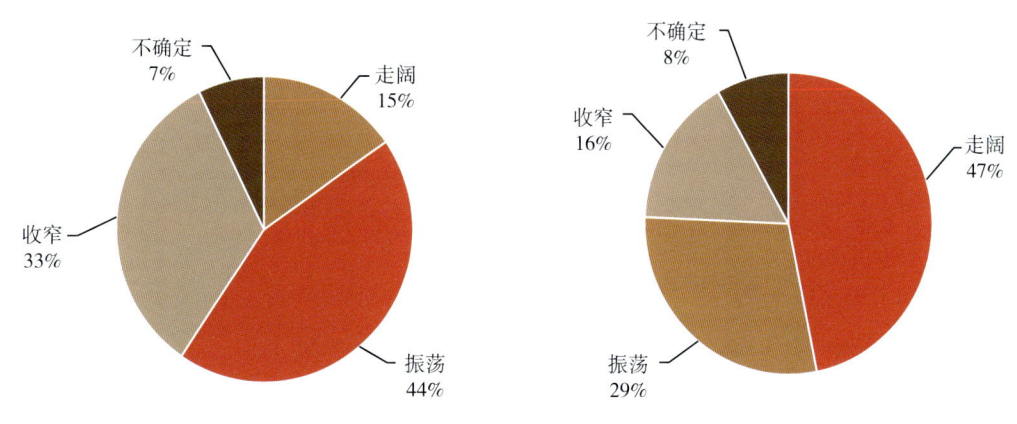

图5-5-18 高等级信用利差变化判断　　图5-5-19 低等级信用利差变化判断

资料来源:《中国保险资产管理业协会－中国人寿"资产管理百人问卷"调查报告(第3期)》

从交易角度看,对未来一年最看好的债券市场投资品种,受访者选择最多的四个选项是短期利率债、可转债、中长久期利率债和高等级产业债(见图5-5-21)。从配置角度看,对未来一年最看好的债券市场投资品种,受访者选择最多的四个选项是超长期利率债、高等级产业债、高等级城投债、银行永续债和二级资本债(见图5-5-22)。

对2023年信用违约风险值得关注的领域，受访者选择最多的是房地产、欠发达地区城投平台和民营企业（见图5-5-23）。

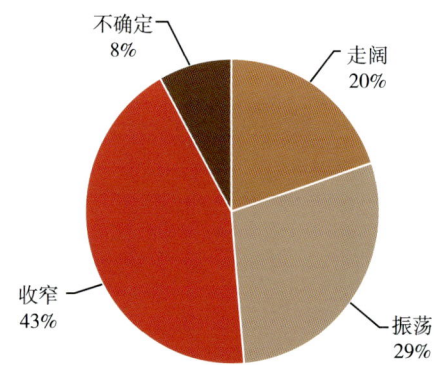

图5-5-20　10-1年期国债期限利差判断

资料来源：《中国保险资产管理业协会-中国人寿"资产管理百人问卷"调查报告（第3期）》

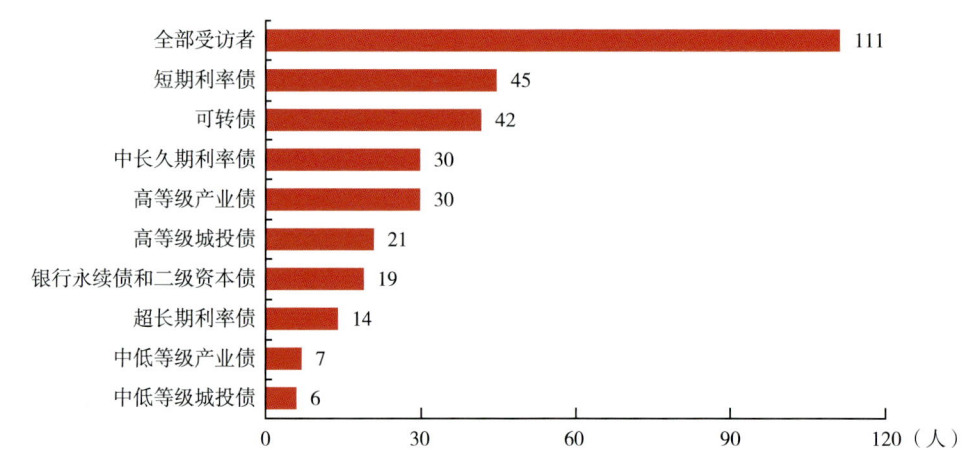

图5-5-21　2023年最看好的债券品种（交易角度）

资料来源：《中国保险资产管理业协会-中国人寿"资产管理百人问卷"调查报告（第3期）》

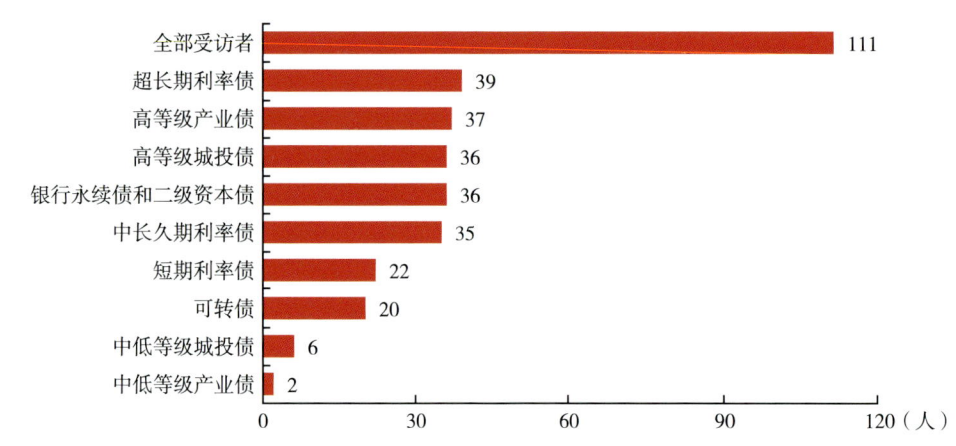

图5-5-22　2023年最看好的债券品种（配置角度）

资料来源：《中国保险资产管理业协会-中国人寿"资产管理百人问卷"调查报告（第3期）》

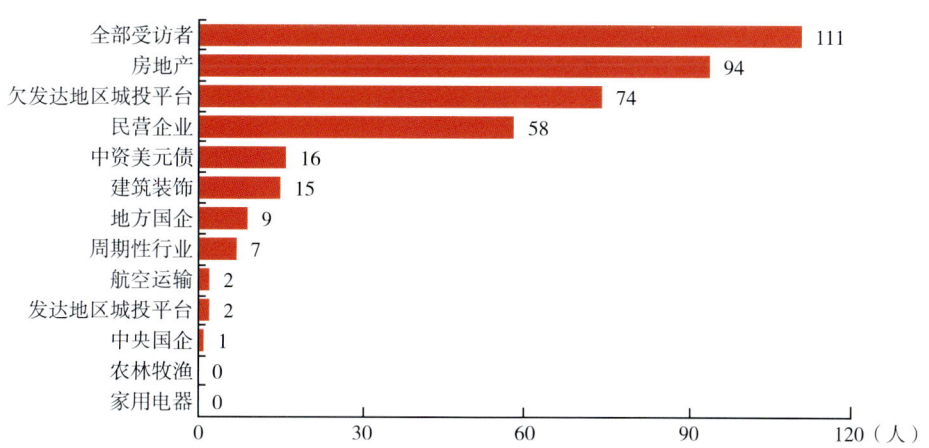

图 5-5-23 2023 年信用风险值得关注的领域

资料来源：《中国保险资产管理业协会-中国人寿"资产管理百人问卷"调查报告（第 3 期）》

（三）2023 年股票市场研判

对 2023 年 A 股走势的判断中，69% 的受访者选择振荡上行，21% 选择宽幅振荡，4% 选择窄幅振荡；对美股走势的判断中，34% 的受访者选择宽幅振荡，31% 选择振荡上行，18% 选择振荡下行；对港股走势的判断中，55% 的受访者选择振荡上行，19% 选择宽幅振荡，各有 9% 选择窄幅振荡和振荡下行（见图 5-5-24）。

对 A 股估值及外资流动的判断中，受访者认为当前估值较低、明年外资有望小幅净流入。对当前 A 股整体估值水平的判断，有 51% 的受访者认为较低，28% 认为基本合理，16% 认为很低（见图 5-5-25）。对 2023 年 A 股外资流动的判断，有 59% 的受访者认为将小幅净流入，19% 认为将小幅净流出，14% 认为将大幅净流入。（见图 5-5-26）。

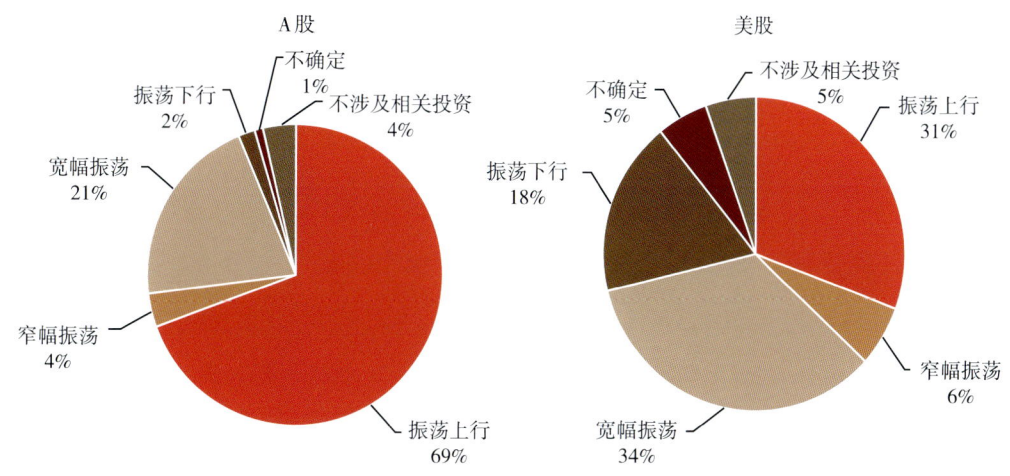

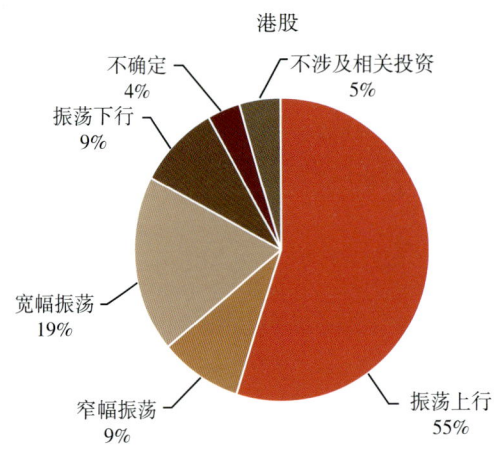

图 5-5-24　2023 年主要股票市场走势判断

资料来源：《中国保险资产管理业协会－中国人寿"资产管理百人问卷"调查报告（第 3 期）》

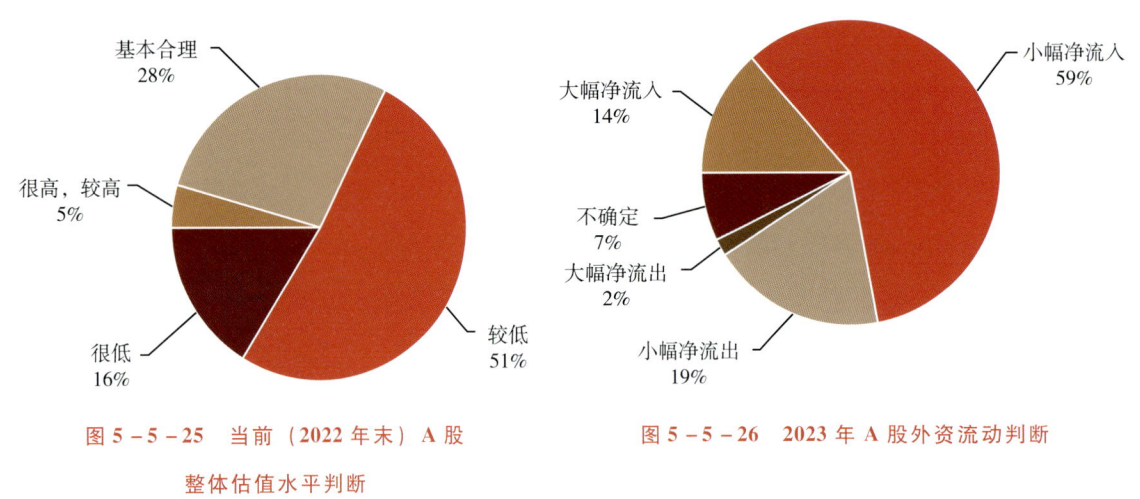

图 5-5-25　当前（2022 年末）A 股　　　图 5-5-26　2023 年 A 股外资流动判断
整体估值水平判断

资料来源：《中国保险资产管理业协会－中国人寿"资产管理百人问卷"调查报告（第 3 期）》

对 2023 年可能推动权益市场上行因素的判断中，受访者选择最多的三个选项是企业盈利增速、中美关系走势和境内疫情变化（见图 5-5-27）。对 2023 年 A 股市场最看好指数判断中，选择沪深 300 的受访者占比为 23%，选择创业板指的占比为 17%，选择中证 1000 占比为 16%，选择科创 50 和中证 500 各占比 15% 和 14%（见图 5-5-28）。

对 2023 年权益市场最看好主题的判断中，选择最多的四个主题为"疫情修复""国防装备""高端装备制造""自主可控和新能源"（见图 5-5-29）。对于目前 ESG 相关投资在受访者管理（或所在公司）的投资组合中占比，35% 的受访者表示不涉及相关投资，26% 的受访者表示占比 5% 及以下，13% 的受访者表示占比 6% ~ 10%，10% 的受访者表示占比 16% ~ 20%（见图 5-5-30）。对于预期 2023 年末 ESG 相关投资占比，34% 的受访者表示不涉及相关投资，还有 20% 表示占比将在 5% 及以下，12% 表示占比将在 11% ~ 15%（见图 5-5-31）。

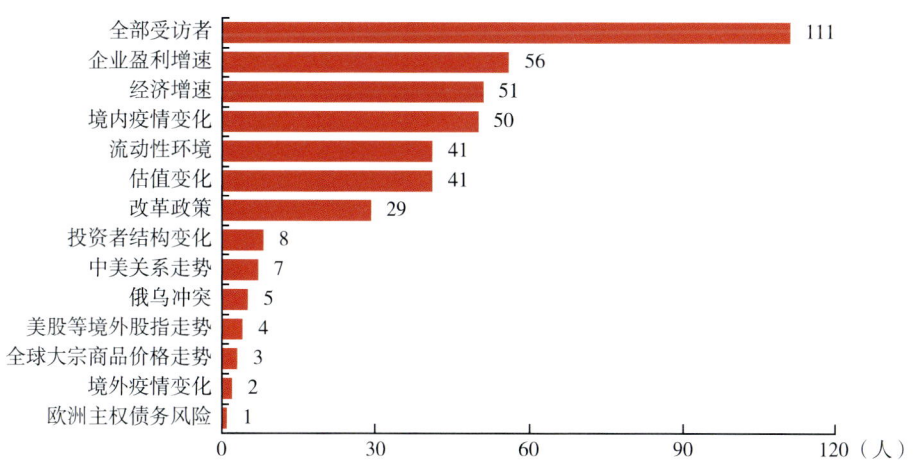

图 5-5-27 2023 年可能推动权益市场上行的因素判断

资料来源:《中国保险资产管理业协会-中国人寿"资产管理百人问卷"调查报告(第3期)》

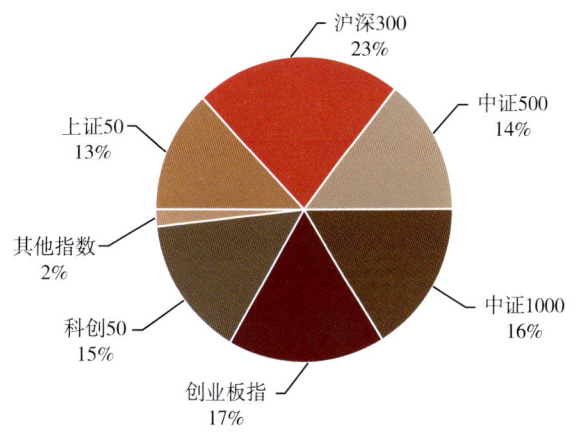

图 5-5-28 2023 年 A 股市场最看好指数

资料来源:《中国保险资产管理业协会-中国人寿"资产管理百人问卷"调查报告(第3期)》

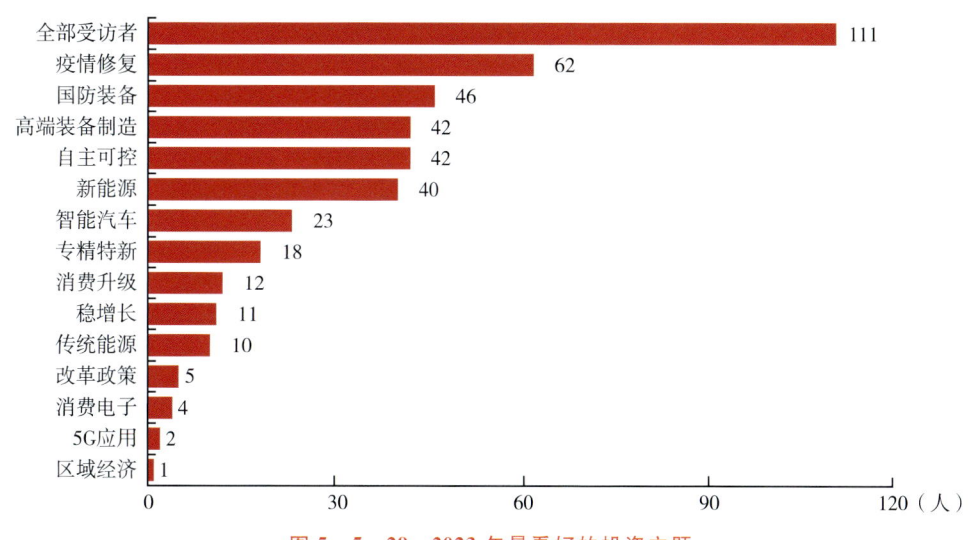

图 5-5-29 2023 年最看好的投资主题

资料来源:《中国保险资产管理业协会-中国人寿"资产管理百人问卷"调查报告(第3期)》

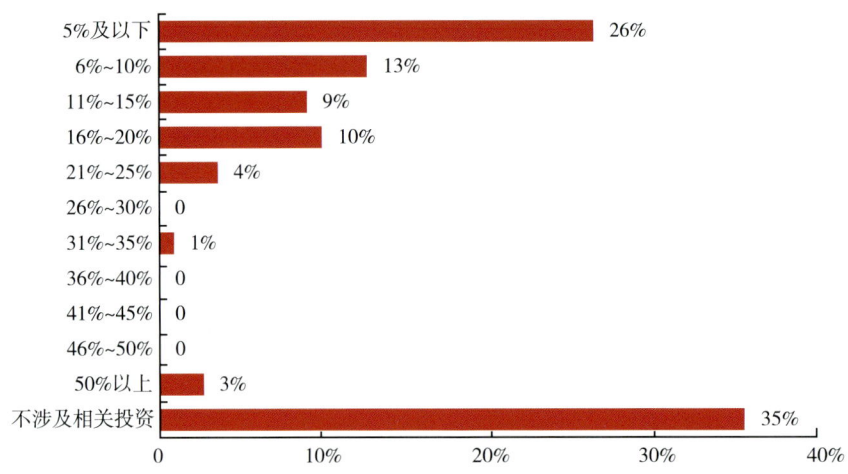

图 5-5-30　2021 年末 ESG 相关投资占比

资料来源：《中国保险资产管理业协会－中国人寿"资产管理百人问卷"调查报告（第 3 期）》

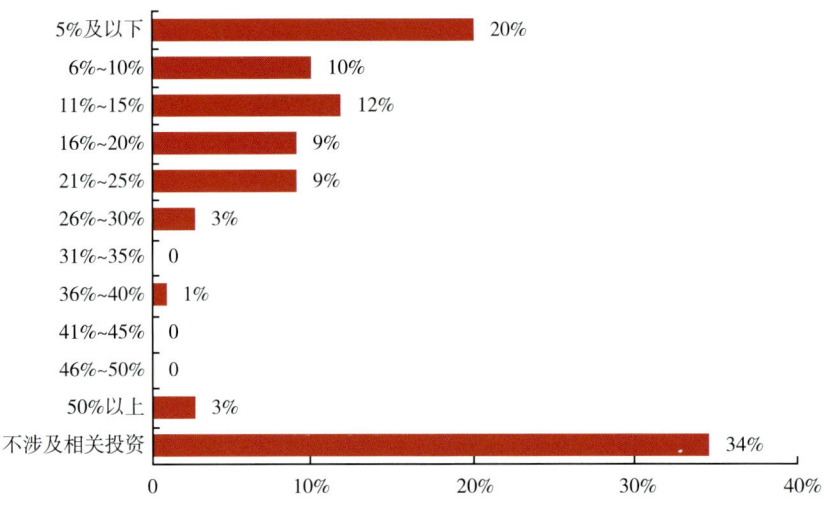

图 5-5-31　预期 2024 年末 ESG 相关投资占比

资料来源：《中国保险资产管理业协会－中国人寿"资产管理百人问卷"调查报告（第 3 期）》

【专项六】保险资产管理行业投资者信心调查

一、调查背景和意义

近年来,保险资产管理行业发展取得显著成绩,在服务实体经济、支持国家战略等方面发挥着越来越重要的作用,在经济金融市场等领域的影响力稳步提升。

为反映保险资产管理行业对未来我国经济形势和金融市场投资等的总体预期和信心程度,引导保险资金安全稳健开展投资业务,中国保险资产管理业协会(以下简称协会)组织开展了"保险资产管理业投资者信心调查"(以下简称信心调查)。信心调查是协会2018年开始面向保险机构投资者推出的行业性调查活动,目前已组织开展10期。

二、调查内容

信心调查内容涵盖对未来一段时间内我国宏观经济预期、金融市场(债市、股市)走势及风险判断、公司资产配置计划和收益预期,调查活动每年开展2期,首期为年初对全年经济和市场的预判,第二期是对当年下半年的判断。通过多维度的数据指标助力保险机构投资业务决策,为保险资金在市场预期和资产配置等方面提供专业化、合理化、实用性强且具有针对性的信息参考。

三、调查结果

"2023年第1期(总第10期)保险资产管理业投资者信心调查"是对2023年我国宏观环境、市场情况、公司配置计划和收益预期的判断,调查对象包括全部33家保险资产管理公司和近70余家大中型保险公司。调查显示,一是2023年国内经济总体预期稳中偏乐观,金融市场流动性小幅宽松;二是货币政策稳健中性,超半数保险机构认为加大内需支持力度、稳定经济增长速度、加强结构性货币政策工具精准导向作用,以及发挥好货币政策的总量和结构双重功能将是我国货币政策最应该关注的重点;三是财政政策稳健偏松,保持必要的财政支出强度、优化支出结构,优化组合赤字、专项债、贴息等工具，保障财政可持续和地方政府债务风险可控将是保险机构今年对财政政策的关注重点；四是债券市场信心不足，机构认为经济基本面、货币政策和市场流动性是影响今年债券市场的主要因素；五是股票市场预期比较乐观，多数机构认为市场走向将震荡上行，可以重点关注消费、地产等行业复苏、企业盈利增速、国家经济增速和海外经济衰退等情况；六是资产配置稳健，股票和证券投资基金仍是保险机构最偏好的资产配置，债券的配置偏好有所下降，公募REITs和组合类保险资产管理产品受到更多关注。

（一）宏观环境

1. 宏观经济预期

75.76%的保险资产管理公司和72.06%的保险公司对2023年宏观经济预期持较乐观看法（见图5-6-1）。

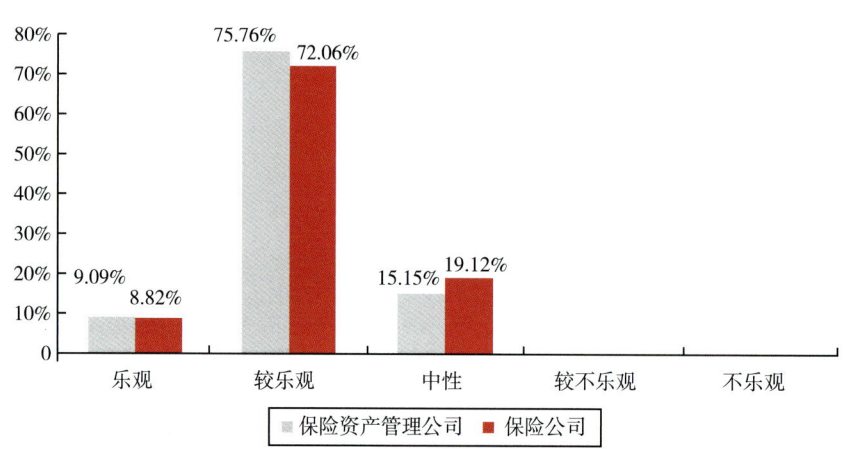

图 5-6-1　保险资产管理公司和保险公司 2023 年宏观经济预期（公司数量占比）

资料来源：中国保险资产管理业协会

2. GDP 增速

69.70%的保险资产管理公司和48.53%的保险公司预期2023年我国GDP增速在5.0%~5.5%（含）区间（见图5-6-2）。

3. CPI 增速

（1）保险资产管理公司：66.67%的保险资产管理公司预期2023年CPI增速在2.0%~2.5%（含）区间。

（2）保险公司：57.35%的保险公司预期2023年CPI增速在2.0%~2.5%（含）区间（见图5-6-3）。

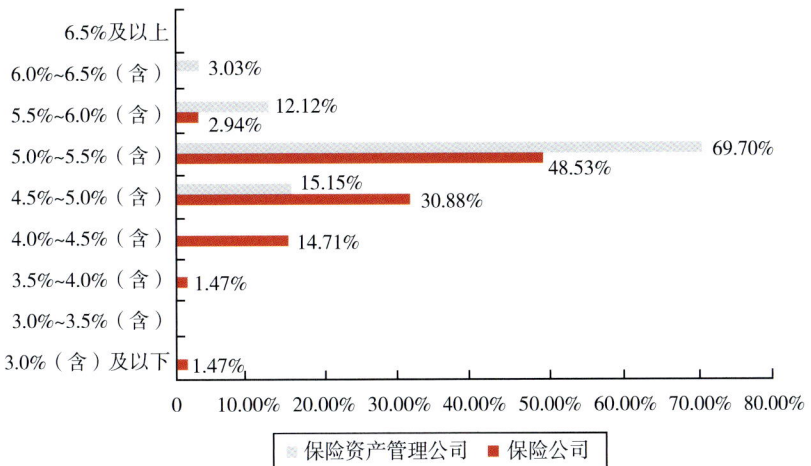

图 5-6-2 保险资产管理公司和保险公司 2023 年 GDP 增速预期（公司数量占比）

资料来源：中国保险资产管理业协会

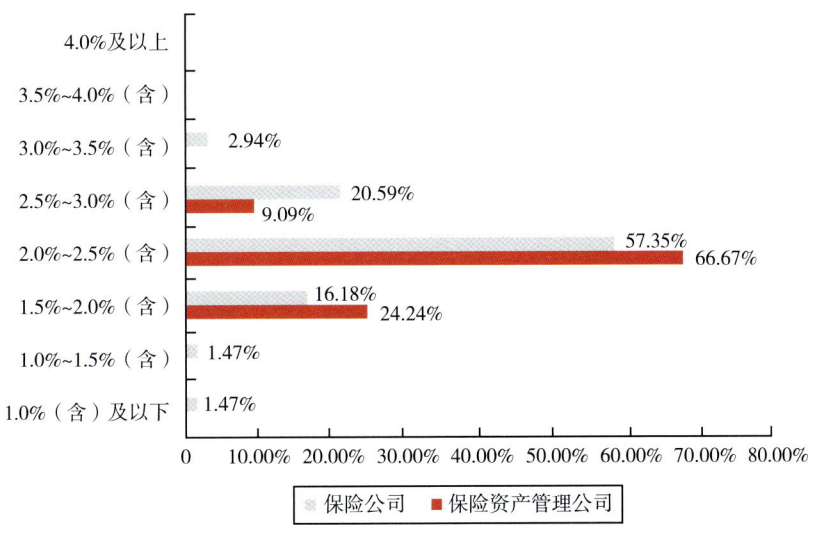

图 5-6-3 保险资产管理公司和保险公司 2023 年 CPI 增速预期（公司数量占比）

资料来源：中国保险资产管理业协会

4. PPI 增速

（1）保险资产管理公司：36.36% 的保险资产管理公司预期 2023 年 PPI 增速在 0～0.5%（含）区间。

（2）保险公司：26.47% 的保险公司预期 2023 年 PPI 增速在 0.5%～1.0%（含）区间（见图 5-6-4）。

5. 社融增速

（1）保险资产管理公司：42.42% 的保险资产管理公司预期 2023 年社融同比增速在 10%～10.5%（含）区间。

（2）保险公司：48.53%的保险公司预期2023年社融同比增速在10%~10.5%（含）区间（见图5-6-5）。

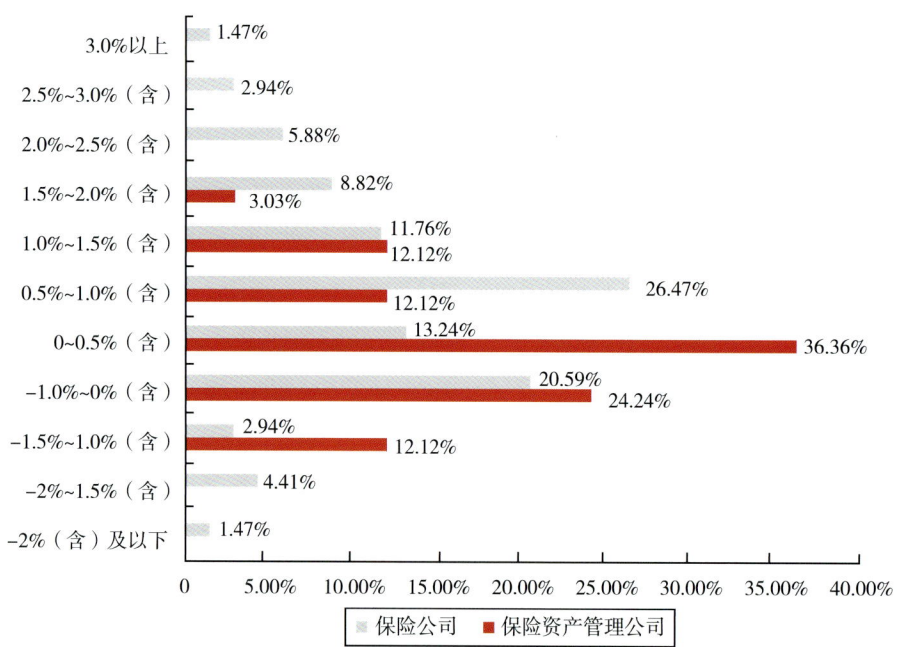

图5-6-4 保险资产管理公司和保险公司2023年PPI增速预期（公司数量占比）

资料来源：中国保险资产管理业协会

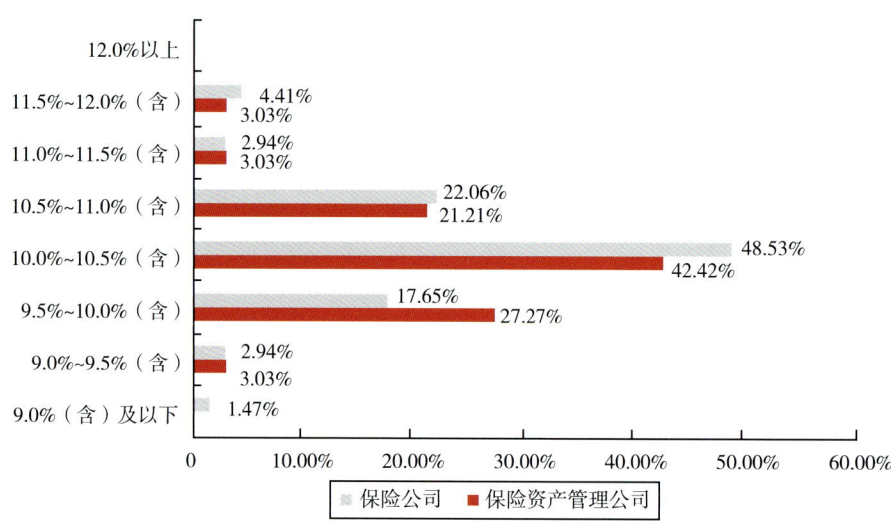

图5-6-5 保险资产管理公司和保险公司2023年社融增速预期（公司数量占比）

资料来源：中国保险资产管理业协会

6. M2增速

（1）保险资产管理公司：36.36%的保险资产管理公司预期2023年M2同比增速在10%~10.5%（含）区间。

（2）保险公司：23.53%的保险公司预期2023年M2同比增速在10%～10.5%（含）区间（见图5－6－6）。

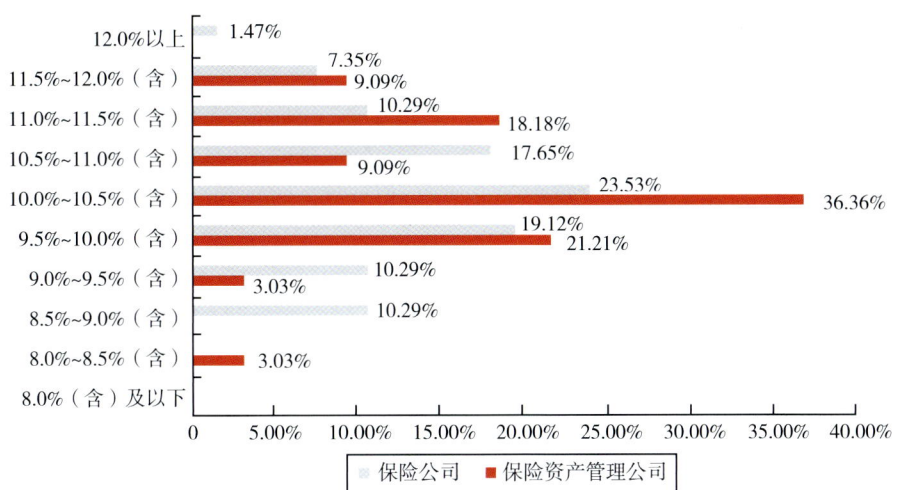

图5－6－6　保险资产管理公司和保险公司2023年M2增速预期（公司数量占比）

资料来源：中国保险资产管理业协会

7. 固定资产投资增速

（1）保险资产管理公司：60.61%的保险资产管理公司预期2023年固定资产投资累计增速在5.0%～6.0%（含）区间。

（2）保险公司：45.59%的保险公司预期2023年固定资产投资累计增速在5.0%～6.0%（含）区间（见图5－6－7）。

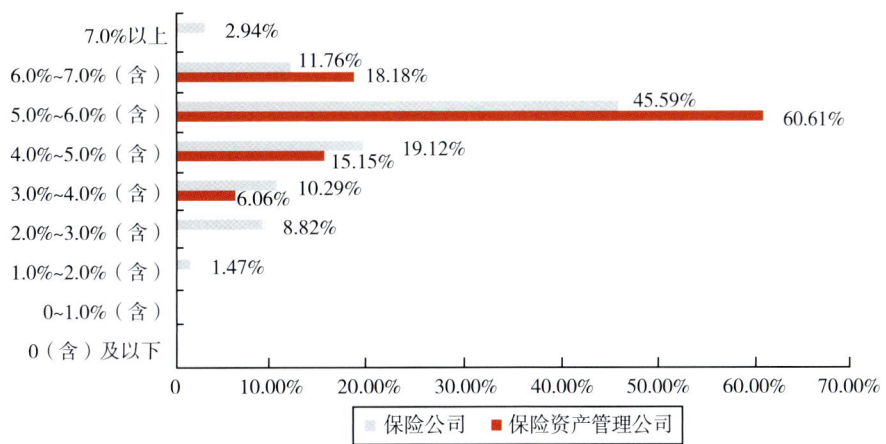

图5－6－7　保险资产管理公司和保险公司2023年固定资产投资增速预期（公司数量占比）

资料来源：中国保险资产管理业协会

8. 规模以上工业增加值增速

（1）保险资产管理公司：63.64%的保险资产管理公司预期2023年规模以上工业

增加值同比增速在 5.0%~6.0%（含）区间。

（2）保险公司：45.59% 的保险公司预期 2023 年规模以上工业增加值同比增速在 5.0%~6.0%（含）区间（见图 5-6-8）。

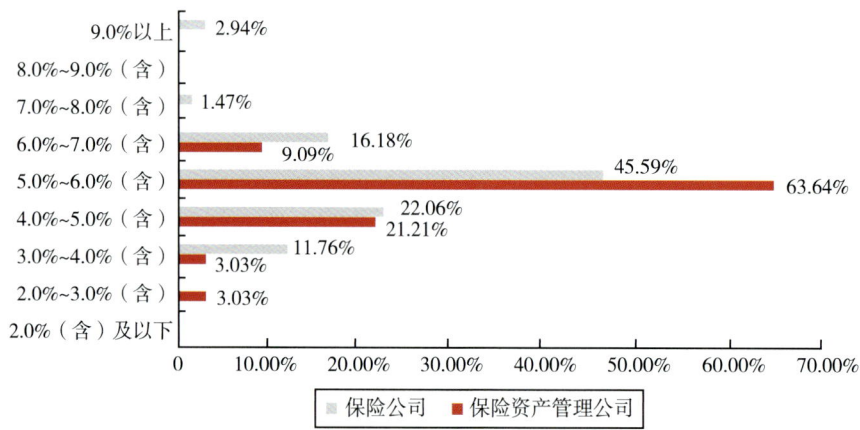

图 5-6-8　保险资产管理公司和保险公司 2023 年规模以上工业增加值增速预期（公司数量占比）

资料来源：中国保险资产管理业协会

9. 人民币汇率

（1）保险资产管理公司：84.85% 的保险资产管理公司认为 2023 年人民币汇率将稳中有升。

（2）保险公司：79.41% 的保险公司认为 2023 年人民币汇率将稳中有升（见图 5-6-9）。

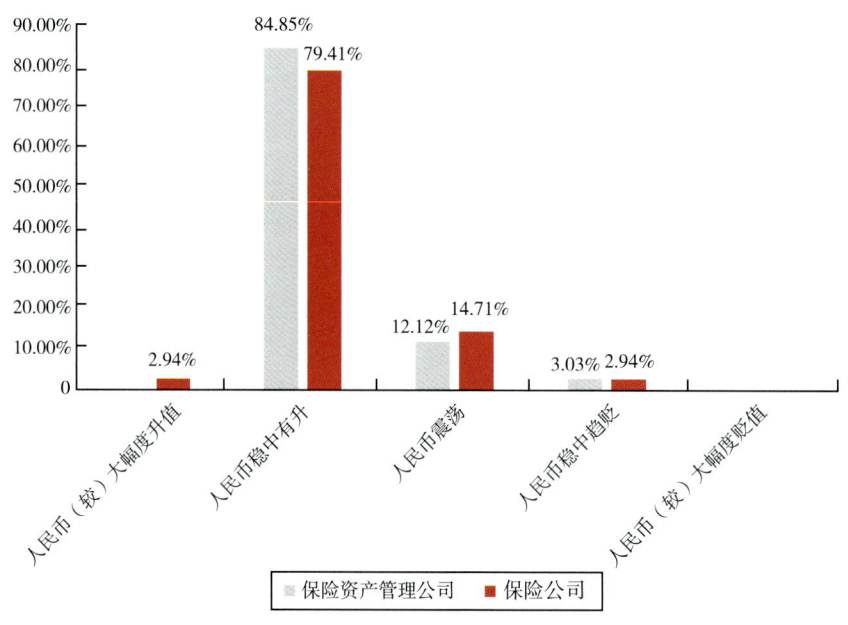

图 5-6-9　保险资产管理公司和保险公司 2023 年人民币汇率预期（公司数量占比）

资料来源：中国保险资产管理业协会

10. 金融市场流动性

（1）保险资产管理公司：36.36%的保险资产管理公司预期2023年金融市场流动性将小幅宽松。

（2）保险公司：45.59%的保险公司预期2023年金融市场流动性将小幅宽松（见图5-6-10）。

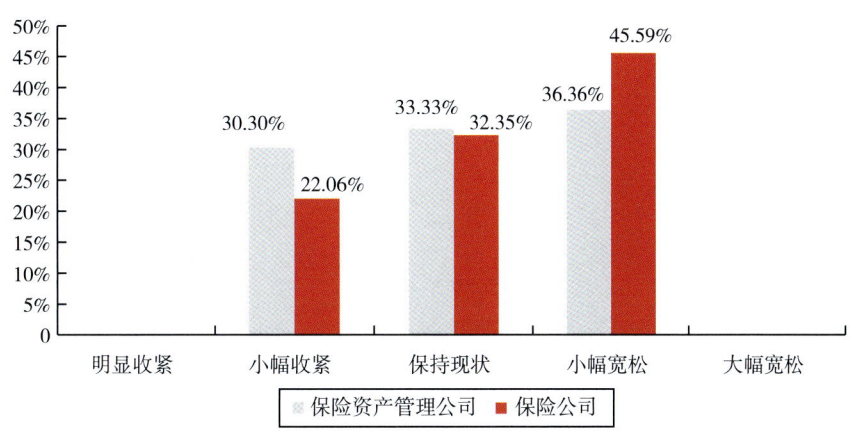

图5-6-10 保险资产管理公司和保险公司2023年金融市场流动性预期（公司数量占比）

资料来源：中国保险资产管理业协会

11. 货币政策

（1）保险资产管理公司：54.55%的保险资产管理公司选择稳健中性，另有45.45%的保险资产管理公司则选择稳健偏松。

（2）保险公司：52.94%的保险公司选择稳健偏松，另有42.65%的保险公司则选择稳健中性（见图5-6-11）。

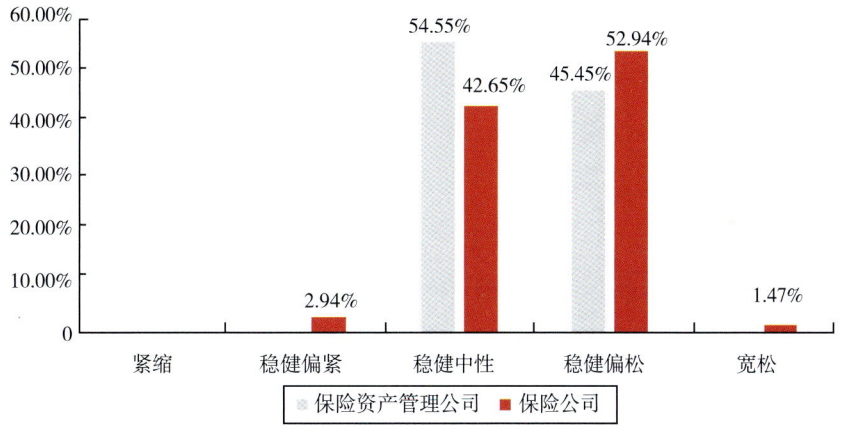

图5-6-11 保险资产管理公司和保险公司2023年货币政策预期（公司数量占比）

资料来源：中国保险资产管理业协会

12. 财政政策

（1）保险资产管理公司：69.70%的保险资产管理公司预期2023年我国财政政策将稳健偏松。

（2）保险公司：70.59%的保险公司预期2023年我国财政政策将稳健偏松（见图5-6-12）。

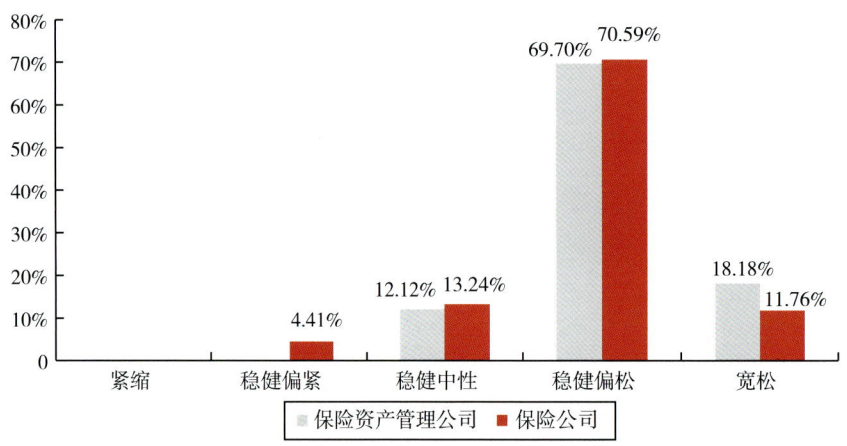

图5-6-12 保险资产管理公司和保险公司2023年财政政策预期（公司数量占比）

资料来源：中国保险资产管理业协会

13. 2023年宏观经济关注点

（1）75.76%的保险资产管理公司和79.41%的保险公司都认为经济稳增长将是2023年宏观经济最主要关注点。

（2）国内疫情情况的影响，着力发展实体经济和供给侧改革和扩大内需也受到保险机构的较多关注（见图5-6-13）。

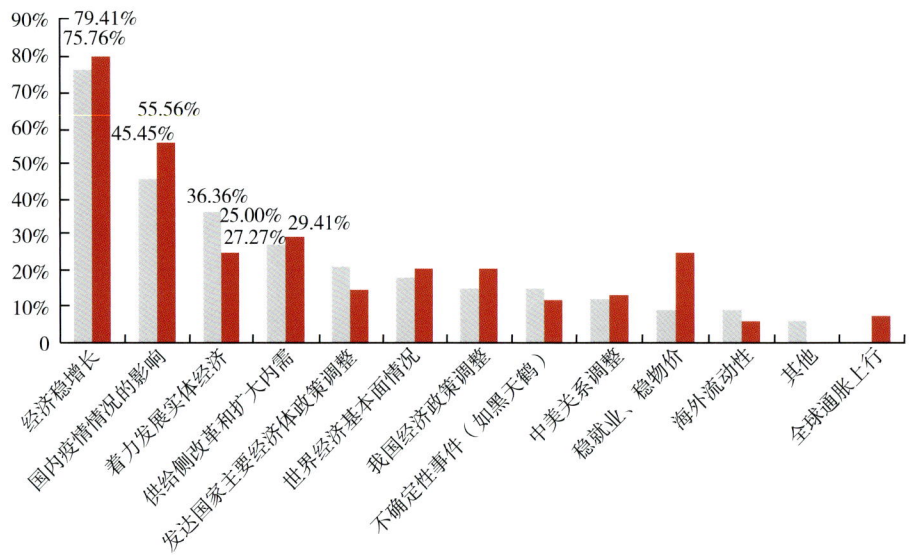

图5-6-13 保险资产管理公司和保险公司2023年宏观经济关注点（公司数量占比）

资料来源：中国保险资产管理业协会

(二)市场判断

1. 债券市场

(1) 保险资产管理公司：57.58%的保险资产管理公司对2023年债券市场持较不乐观看法，另有39.39%的保险资产管理公司持相对中性看法。

(2) 保险公司：47.06%的保险公司对2023年债券市场持较不乐观看法，另有42.65%的保险公司持相对中性看法（见图5-6-14）。

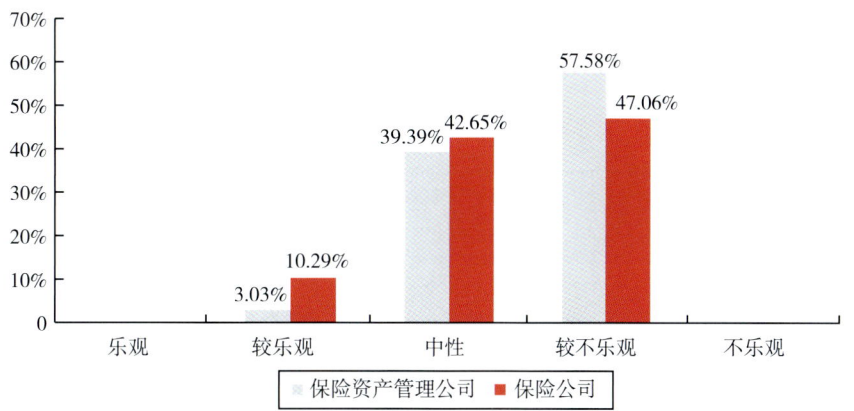

图5-6-14 保险资产管理公司和保险公司2023年债券市场看法

资料来源：中国保险资产管理业协会

2. 债券市场——无风险收益率（10年期国债收益率）

(1) 保险资产管理公司：36.36%的保险资产管理公司预期2023年无风险收益率将呈现先降后升走势。

(2) 保险公司：33.82%的保险公司预期2023年无风险收益率将呈现整体呈上行走势（见图5-6-15）。

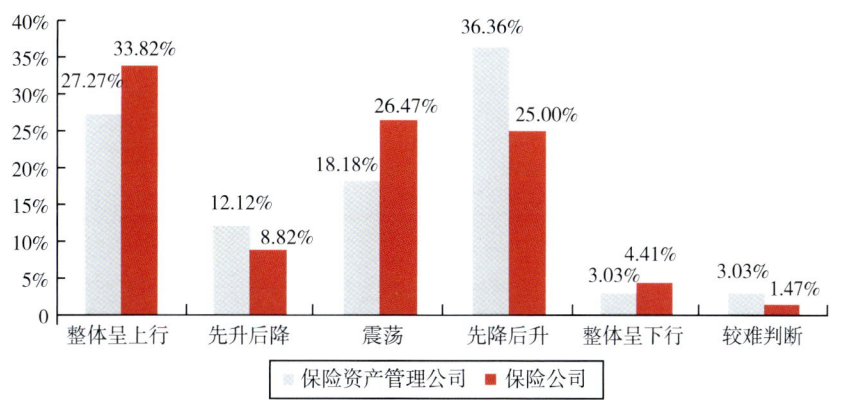

图5-6-15 保险资产管理公司和保险公司2023年无风险收益率走势预期（公司数量占比）

资料来源：中国保险资产管理业协会

3. 债券市场——债券收益率（以中高等级信用债为例）

（1）保险资产管理公司：45.45%的保险资产管理公司预期2023年信用债收益率将震荡上行，另有30.30%的保险资产管理公司预期信用债收益率将宽幅震荡。

（2）保险公司：35.29%的保险公司预期2023年信用债收益率将震荡上行，另有33.82%的保险公司预期信用债收益率将宽幅震荡（见图5-6-16）。

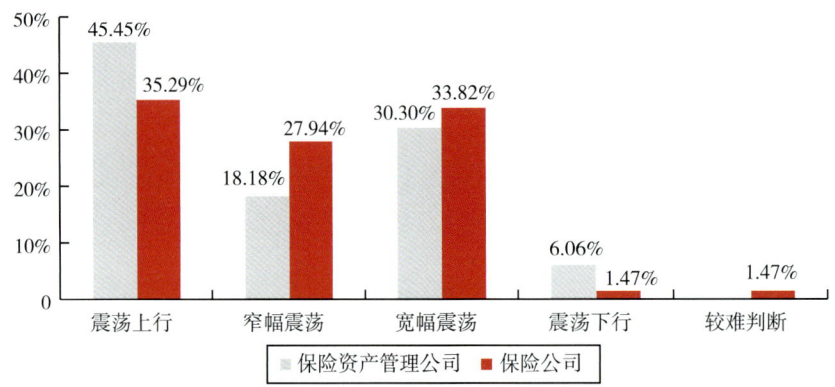

图5-6-16 保险资产管理公司和保险公司2023年债券收益率预期（公司数量占比）

资料来源：中国保险资产管理业协会

4. 债券信用风险

（1）保险资产管理公司：51.52%的保险资产管理公司预期2023年债券市场信用风险较上一年呈平稳态势，另有33.33%的保险资产管理公司预期信用风险较低。

（2）保险公司：64.71%的保险公司预期2023年债券市场信用风险较上一年呈平稳态势（见图5-6-17）。

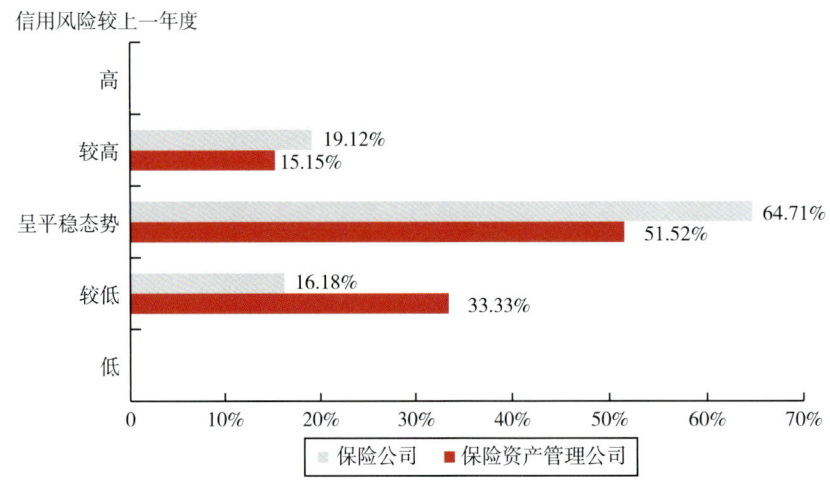

图5-6-17 保险资产管理公司和保险公司2023年债券市场信用风险预期（公司数量占比）

资料来源：中国保险资产管理业协会

5. A 股市场

（1）保险资产管理公司：87.88%的保险资产管理公司对 2023 年 A 股市场持较乐观看法，认为 A 股市场将呈现震荡上行走势。

（2）保险公司：77.94%的保险公司对 2023 年 A 股市场持较乐观看法，认为 A 股市场将呈现震荡上行走势（见图 5－6－18）。

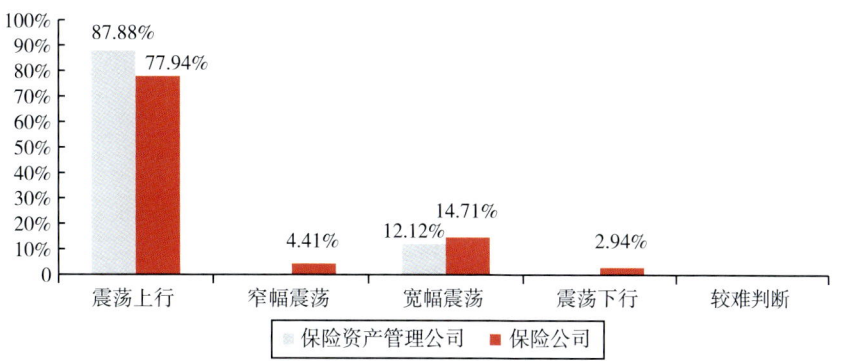

图 5－6－18　保险资产管理公司和保险公司 2023 年 A 股市场走势预期（公司数量占比）

资料来源：中国保险资产管理业协会

6. A 股估值

（1）81.82%的保险资产管理公司和 73.53%的保险公司认为当前 A 股估值较低。

（2）15.15%的保险资产管理公司和 22.06%的保险公司认为当前 A 股估值基本合理（见图 5－6－19）。

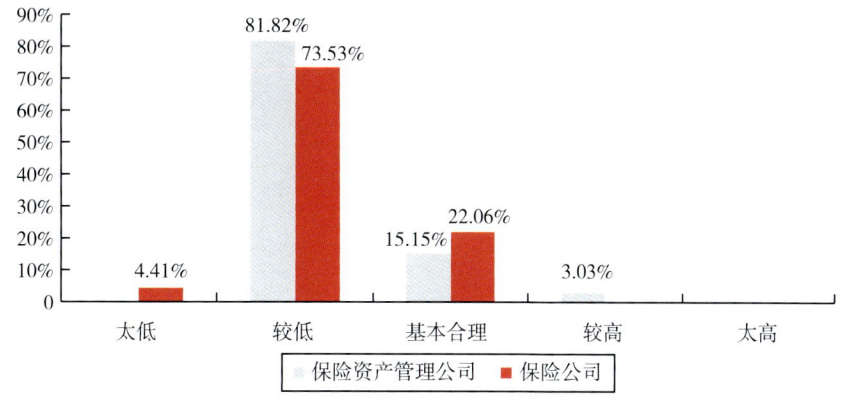

图 5－6－19　保险资产管理公司和保险公司对当前 A 股估值判断（公司数量占比）

资料来源：中国保险资产管理业协会

7. 险资风险关注点

（1）保险资产管理公司认为经济增速回落或波动和外部经济环境变化（海外市场风险）是险资投资需重点关注的风险。

（2）保险公司认为经济增速回落或波动和市场风险是险资投资需重点关注的风险（见图5-6-20）。

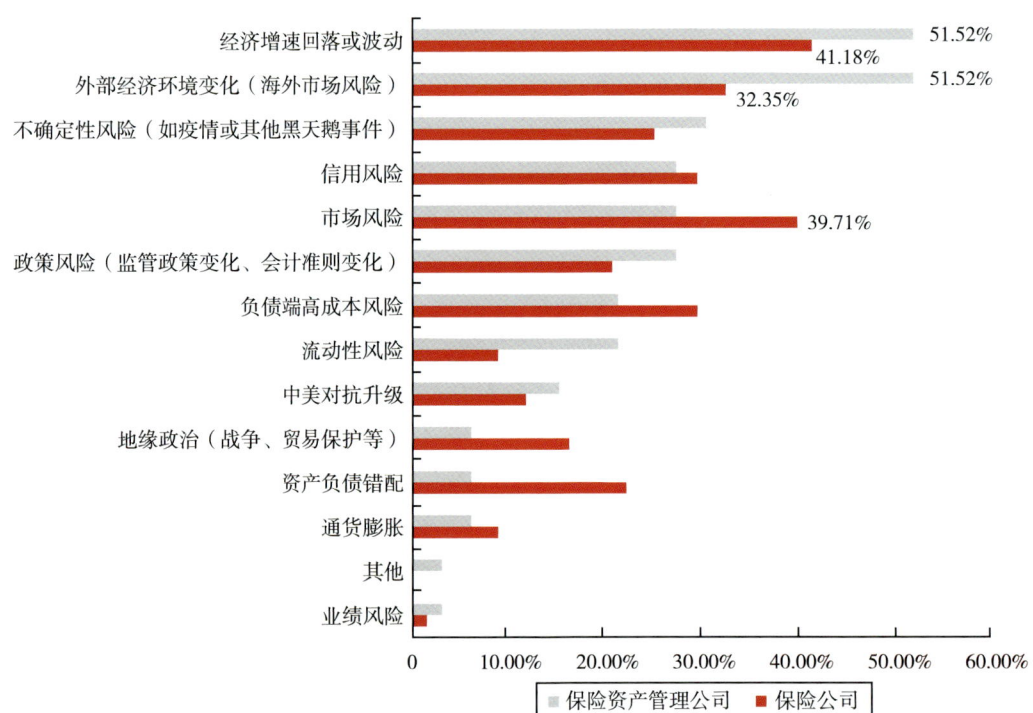

图5-6-20 保险资产管理公司和保险公司2023年保险资金运用面临的风险（公司数量占比）

资料来源：中国保险资产管理业协会

（三）公司配置计划

1. 资产配置偏好

（1）保险资产管理公司2023年最偏好配置的资产依次是股票、证券投资基金和公募REITs。

（2）保险公司2023年最偏好配置的资产依次是股票、证券投资基金和组合类保险资产管理产品（见图5-6-21）。

2. 债券投资偏好

（1）保险资产管理公司2023年债券投资偏好依次为：超长期利率债，高等级产业债，银行永续债和二级资本债。

（2）保险公司2023年债券投资偏好依次为：高等级产业债，银行永续债和二级资本债，超长期利率债（见图5-6-22）。

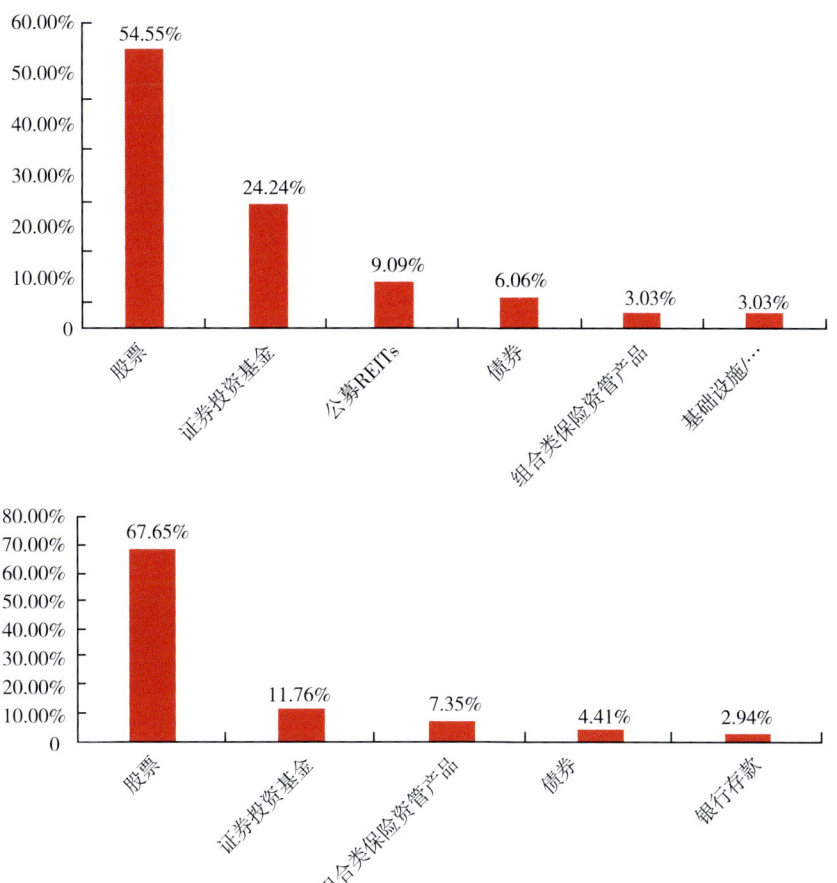

图 5-6-21 保险资产管理公司和保险公司 2023 年资产配置偏好（按第一顺位排序）

资料来源：中国保险资产管理业协会

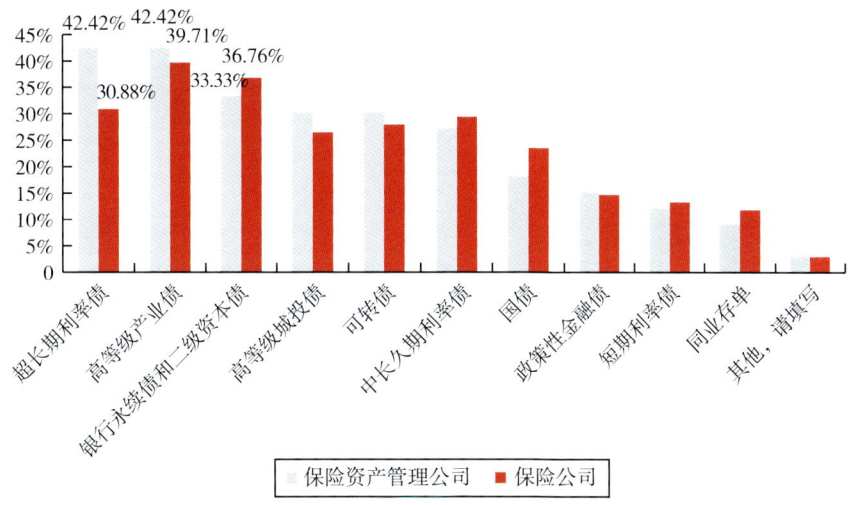

图 5-6-22 保险资产管理公司和保险公司 2023 年债券配置偏好（公司数量占比）

资料来源：中国保险资产管理业协会

3. 信用债配置久期

（1）保险资产管理公司：45.45%的保险资产管理公司2023年偏好配置10年（含）及以上的信用债。

（2）保险公司：意见较为分散，29.41%的保险公司2023年偏好配置1年（含）~3年信用债，27.94%的保险公司2023年偏好配置10年（含）及以上的信用债（见图5-6-23）。

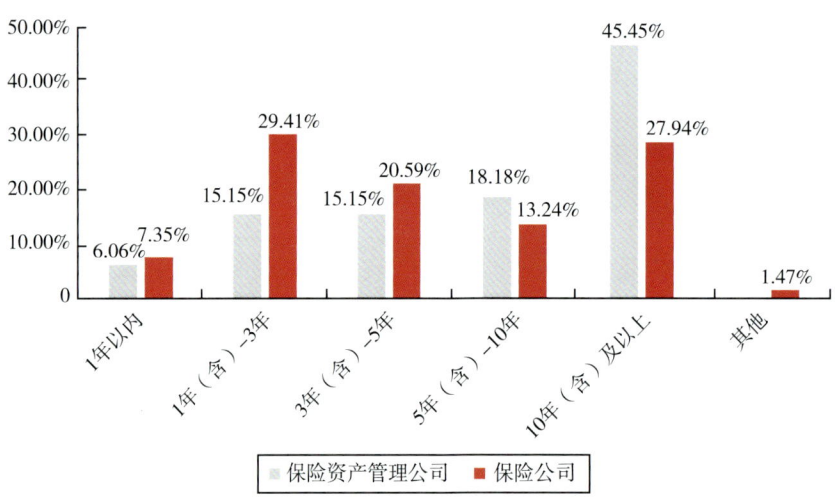

图5-6-23 保险资产管理公司和保险公司2023年信用债久期偏好（公司数量占比）

资料来源：中国保险资产管理业协会

4. A股投资偏好

（1）保险资产管理公司2023年A股市场投资偏好依次为：沪深300、科创板、中证500和创业板。

（2）保险公司2023年A股市场投资偏好依次为：沪深300、科创板、中证500和上证50（见图5-6-24）。

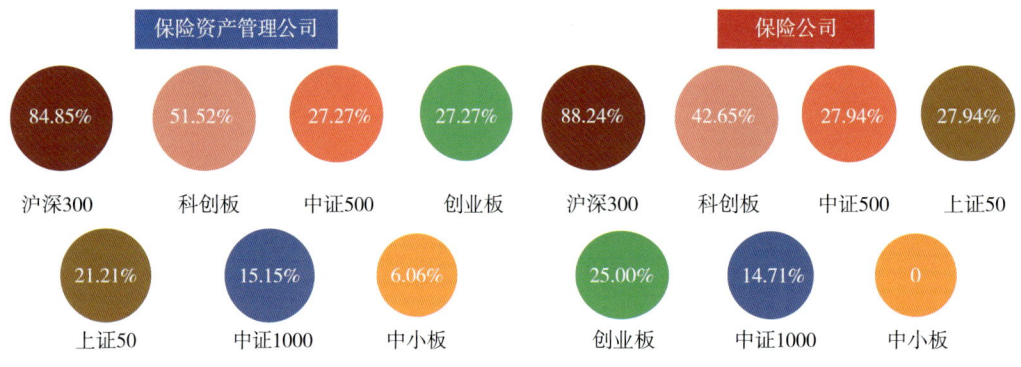

图5-6-24 保险资产管理公司和保险公司2023年A股市场投资偏好（公司数量占比）

资料来源：中国保险资产管理业协会

5. 最看好的 A 股行业

（1）保险资产管理公司：2023 年全年最看好的 A 股行业依次为食品饮料、医药生物、计算机、电子、国防军工。

（2）保险公司：2023 年全年最看好的 A 股行业依次为医药生物、食品饮料、计算机、电力设备、电子（见图 5-6-25）。

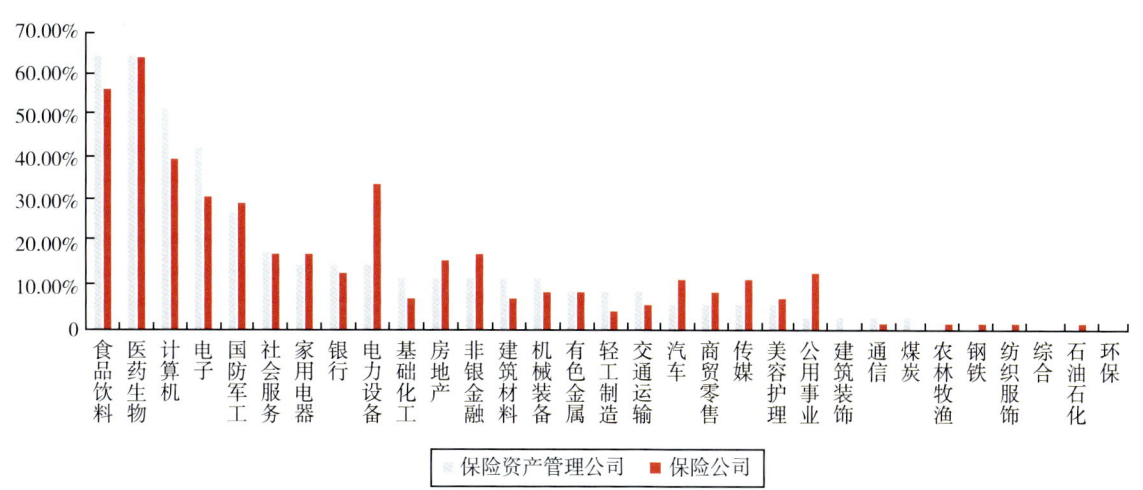

图 5-6-25 保险资产管理公司和保险公司 2023 年最看好的 A 股行业（公司数量占比）

资料来源：中国保险资产管理业协会

6. 基金投资偏好

（1）保险资产管理公司：2023 年最倾向配置的基金类型依次为股票型基金、混合偏股型基金、成长型基金、均衡型基金。

（2）保险公司：2023 年最倾向配置的基金类型依次为股票型基金、混合偏股型基金、二级债基、成长型基金和均衡型基金（见图 5-6-26）。

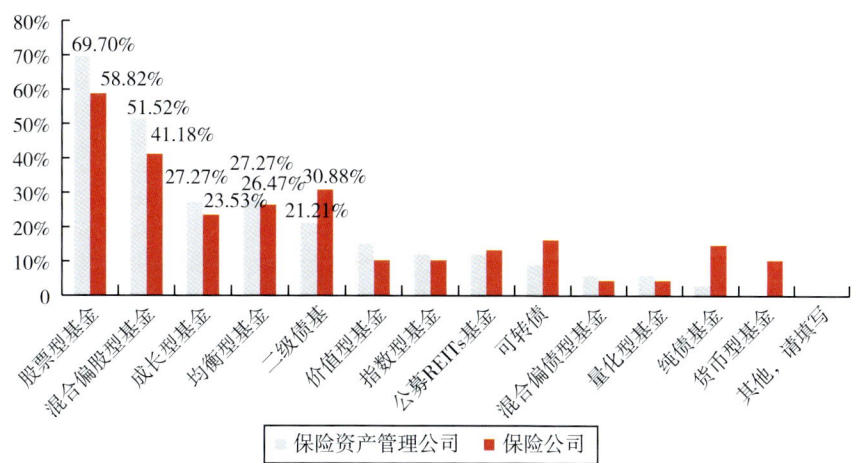

图 5-6-26 保险资产管理公司和保险公司 2023 年基金投资偏好（公司数量占比）

资料来源：中国保险资产管理业协会

7. 金融产品投资偏好

基础设施债权投资计划和不动产债权投资计划是保险资产管理公司和保险公司 2023 年最看好的金融产品投资类别（见图 5-6-27）。

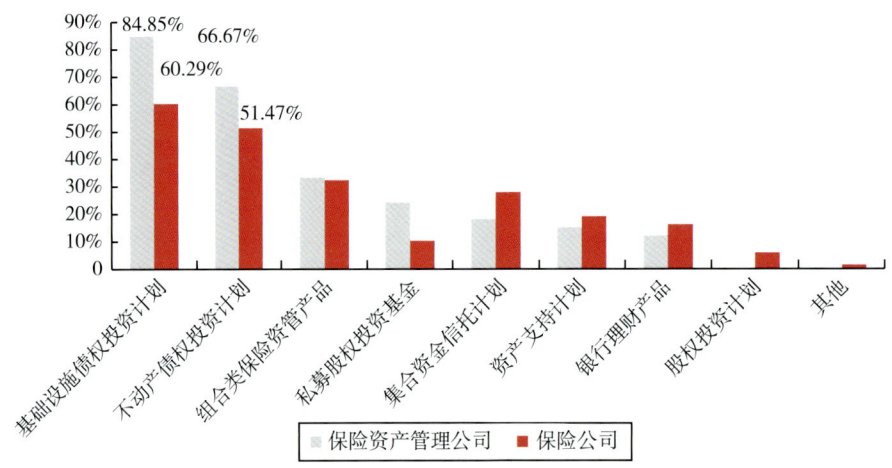

图 5-6-27 保险资产管理公司和保险公司 2023 年最看好的金融产品投资类别（公司数量占比）

资料来源：中国保险资产管理业协会

8. 境外投资偏好

（1）63.64% 的保险资产管理公司和 66.18% 的保险公司都看好港股投资。

（2）港股等境外公开市场业务类资产将是保险机构 2023 年偏好的境外投资（见图 5-6-28）。

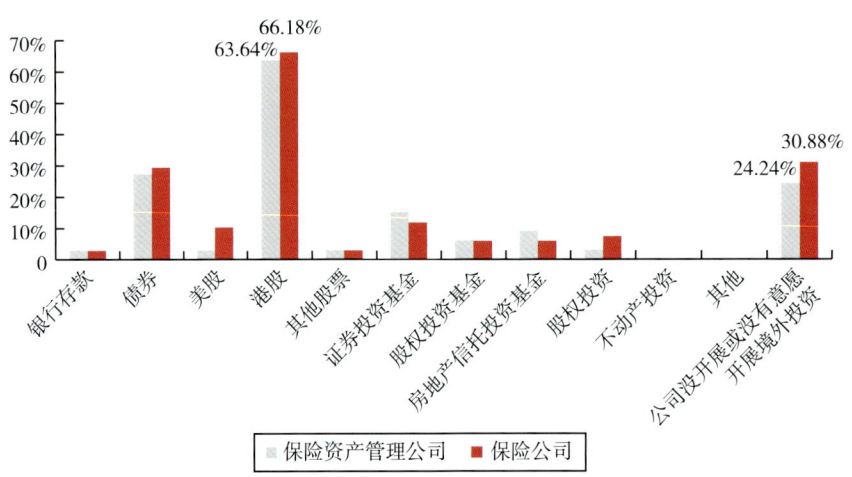

图 5-6-28 保险资产管理公司和保险公司 2023 年境外投资偏好（公司数量占比）

资料来源：中国保险资产管理业协会

【专项七】中国保险行业投资负责人（CIO）调研

一、调研背景和意义

保险资金作为资本市场上的优质长期资金的提供者，承担着社会"稳定器"和经济"助推器"的功能，在支持资本市场稳定健康运转，推动我国对外开放等方面发挥着重要作用。为顺应我国双向开放发展大局，中国保险资产管理业协会（以下简称协会）依托协会国际专家咨询委员会（IEAC）发起了本次中国保险行业投资负责人（CIO）调研项目。本次调研邀请了部分具有重要影响力的中国保险机构 CIO 参与，旨在了解保险行业专家对近期宏观经济和市场风险的判断，对大类资产配置和海外业务合作的需求以及加强责任投资和投管能力的见解。

二、调研内容

2022 年，协会与第二届 IEAC 主席单位摩根资产管理共同推出国际比较报告——《国际视角下中国保险 CIO 投资洞见（2022）》。报告基于 2022 年 5—6 月间，对 29 位中国保险 CIO 的问卷调查和对来自美国、欧洲等保险 CIO 的采访，围绕宏观经济与市场风险、保险资金资产配置与风险偏好、投管能力建设、ESG 投资等前沿领域比较分析了中国、美国、欧洲保险同业的观点及不同国家和地区的保险机构在不同发展阶段所呈现的投资特征。其中，受访的中国保险 CIO 来自 19 家寿险公司、5 家保险集团公司及 5 家保险资产管理公司，受访机构的资产规模超过中国保险行业总资产的 77%。

三、调研结果

调研显示：第一，未来 12～24 个月内，影响投资策略的最主要的挑战是经济放缓（83%），其次是地缘政治风险（45%）、新冠疫情（45%）和低利率环境（41%）；第二，对短期的投资机会，大部分受访者持审慎态度，其主要原因是其对宏观和市场环境、收益率下降和投资机会减少的担忧；第三，实现投资目标的主要制约因素有优质资产的短缺（86%）、会计或财务收益波动性（66%）、内部的风控要求（38%）和资本充足率（34%）；第四，从2017年到2021年，国内险企的资产配置从现金类和非标类资产向固收类和其他投资转换，同时期，欧美地区的险企则增加了低流动性和另类资产的配置比例；第五，现阶段驱动资产配置变化的主要因素有提高组合收益率（55%）、增加资产负债久期匹配（52%）和信用风险管理（34%），新的会计准则下的收益波动和偿二代下的资本充足率作为驱动因素也越来越受关注；第六，在未来12~24个月内，责任投资（69%）、资产抵押债券/房地产投资信托基金（59%）、私募股权投资（55%）、固收（55%）和上市股权（48%）将得到更多的配置机会，而在欧美，实物资产、ESG和私募股权投资将获得更多机会；第七，海外资产配置比例较低的主要原因是国内市场投资标的基本满足投资需求，合格境内机构投资者额度较少和国内险企海外投资经验有限；第八，国内险企投资管理能力的建设正在逐渐演变，已不仅仅局限于资产端，战略资产配置、投研、资产负债管理和风险管理等能力也越来越受重视；第九，国内险企更倾向于自主投资或者委托关联的保险资产管理公司开展投资，委托第三方投资的机会则主要包括上市股权、金融产品、公募基金和海外投资；第十，国内险企越来越重视可持续投资，并大力发展更专业且综合的责任投资管理能力。

在调研中也发现，对金融机构而言，投研、资产负债管理和风控管理变得越来越重要。国内的保险公司更倾向于自主投资或者是委托关联的保险资产管理公司投资，委托第三方投资的机会主要是上市公司的股权投资，以及公募基金和海外投资。在ESG投资方面，中国的保险公司越来越积极地关注可持续投资，这对于中国保险公司而言大有可为。同时，也将对其投资策略产生深远的影响。

（一）宏观经济与市场风险

超过50%的中国保险CIO预计新的会计准则[《国际财务报告准则第9号——金融工具》（IFRS 9）和《国际财务报告准则第17号——保险合同》（IFRS 17）]将成为行业最重要的变革动力。中国新的偿付能力制度，即从2022年一季度开始生效的偿二代二期，排名第四（41%）。面临日益激烈的保费收入竞争，45%的中国保险CIO认为开发新产品以满足客户需求是行业变革的关键动力，还有45%的中国保险CIO认为行业变革来自其他金融产品的竞争，如公募基金和银行理财产品等（见图5-7-1）。

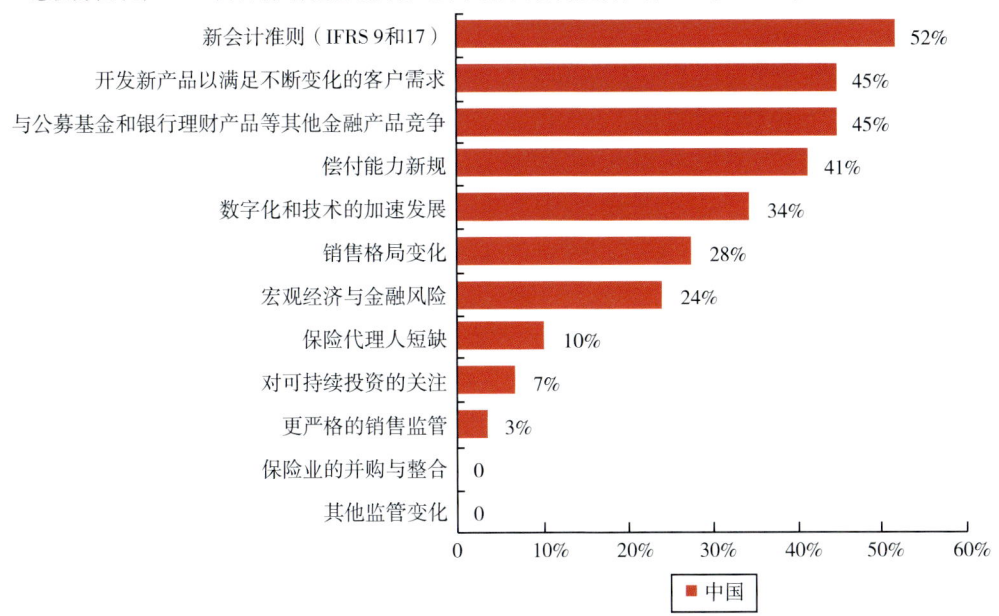

资料来源：国际视角下中国保险CIO投资洞见，2022年5-6月

图 5-7-1　未来 12～24 个月内，保险业关键的变革动力或战略趋势

资料来源：中国保险资产管理业协会

（二）投资展望与风险偏好

调研结果显示，69%的中国保险 CIO 对当前的投资环境持中性态度，28% 为负面；美国保险 CIO 的投资态度相对更乐观；而欧洲保险 CIO 则更悲观（见图 5-7-2）。

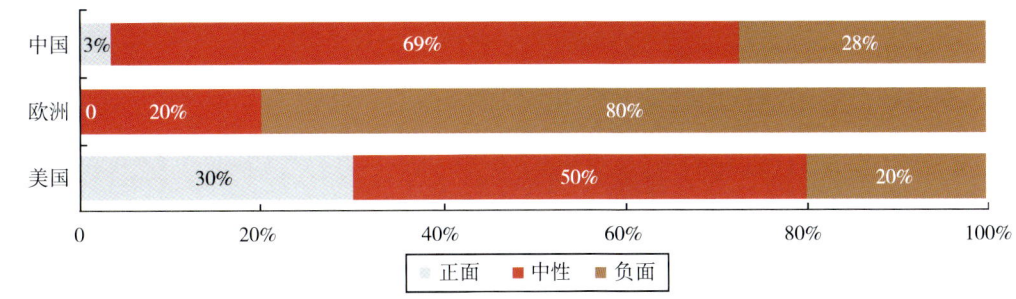

资料来源：国际视角下中国保险CIO投资洞见，2022年5-6月

图 5-7-2　对于当前的投资环境，受访 CIO 目前的投资态度

资料来源：中国保险资产管理业协会

大多数参与调研的中外保险 CIO 预计将保持目前的投资风险水平。尽管中国保险 CIO 对当前投资市场持谨慎态度，但更多的中国保险 CIO 计划增加风险敞口而不是减少投资风险（见图 5-7-3）。

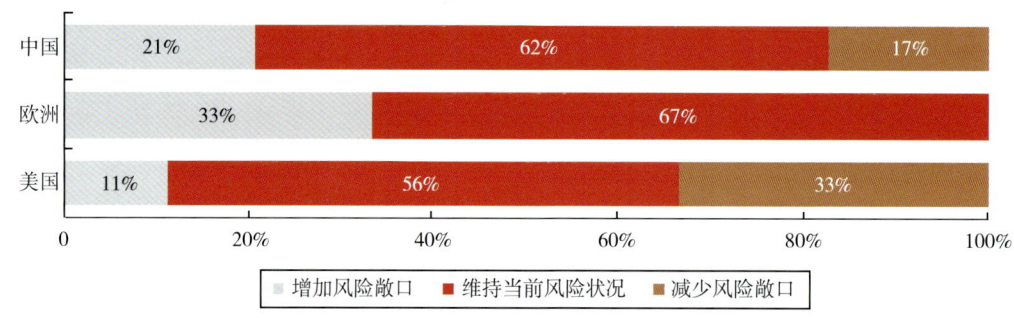

资料来源：国际视角下中国保险CIO投资洞见，2022年5-6月

图 5-7-3 在未来的 12~24 个月内，受访 CIO 对投资风险偏好的预期

在未来一至两年内，52%的中国保险 CIO 预计净投资利差将下降，而 38%的中国保险 CIO 预计净投资利差将上升。在美国和欧洲，由于 2022 年债券收益率普遍上升且负债成本相对稳定，大多数受访保险 CIO 预计净投资利差将有所增加（见图 5-7-4）。

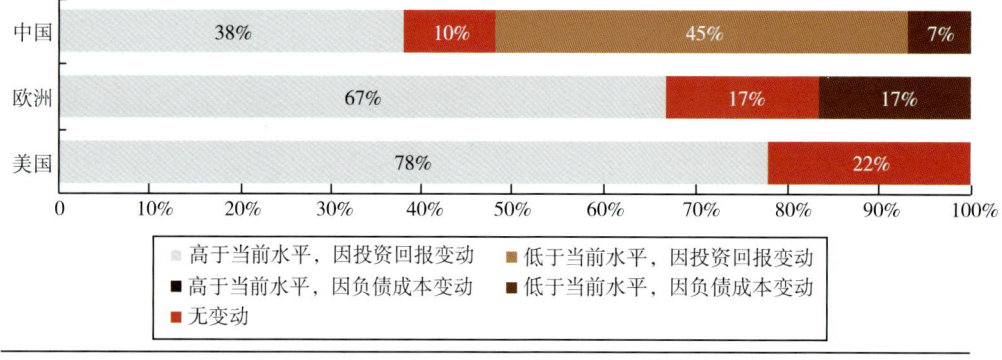

资料来源：国际视角下中国保险CIO投资洞见，2022年5-6月

图 5-7-4 未来 12~24 个月内，受访 CIO 预期的公司净投资利差变化趋势

（三）资产配置

截至 2021 年底，中国部分已上市保险公司对非标资产和上市股票的配置比例合计 24.7%，其中不包括其他风险资产，如私募/非上市股权、房地产和高收益债券（见图 5-7-5）。

为了应对快速变化的市场和监管环境，中国保险 CIO 更加主动地调整投资组合，其中驱动投资组合变化的前三大因素为：获得更高的收益率/回报（55%），减少资产负债久期错配（52%）以及信用风险管理（34%）（见图 5-7-6）。由于偿二代二期的生效以及 2023 年即将实施的 IFRS 改革，减少会计和财务收益波动性和提高资本效率已经上升至前五大驱动因素之列,反映出中国保险投资目标多元化的趋势(见图5-7-7)。

中国(寿险和财险)			
银行存款	14.9%	11.6%	
债券	42.4%	46.1%	
上市股票	11.1%	10.6%	-0.5%
非标资产	19.1%	14.1%	-5.0%
其他投资	12.5%	17.6%	5.1%

资料来源:中国人寿保险股份有限公司、中国平安保险(集团)股份有限公司、中国太平洋保险(集团)股份有限公司、新华人寿保险股份有限公司、中国人民保险集团股份有限公司的年报。截至2021年底,管理资产总计人民币127 240亿元。"其他投资"包括私募/未上市股权、其他股权投资和投资型房地产。

图5-7-5 中国部分已上市保险公司的资产配置情况

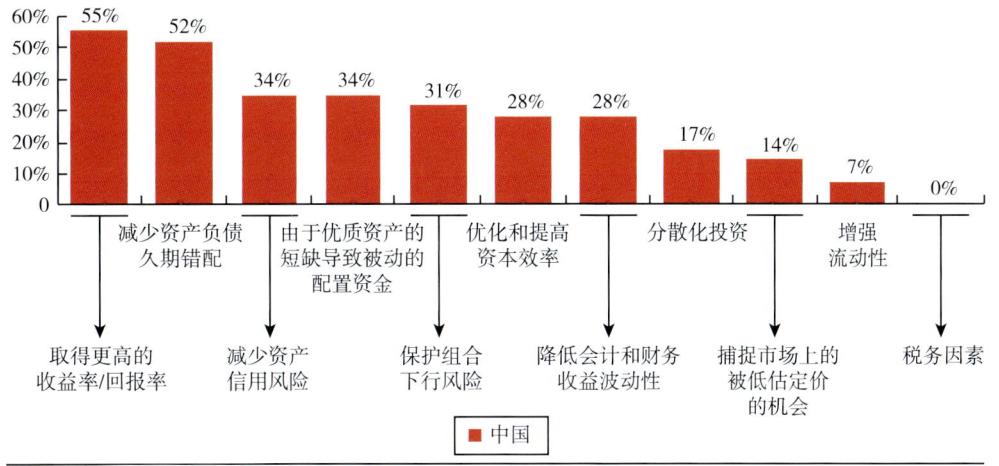

资料来源:国际视角下中国保险CIO投资洞见,2022年5-6月

图5-7-6 投资组合改变的重要因素(中国)

投资组合变动的前五大驱动因素

	中国	美国	欧洲
1	获得更高的收益率/回报	获得更高的收益率/回报	获得更高的收益率/回报
2	减少资产负债久期错配	优化和提高资本效率	减少资产负债久期错配
3	信用风险管理(与第4并列)	信用风险管理	分散化投资
4	投资组合下行保护	分散化投资	实现责任投资目标
5	减少会计(IFRS 9和17)波动性,优化和提高资本效率(并列)	把握市场中价格低估的机会	投资组合下行保护

资料来源:国际视角下中国保险CIO投资洞见,2022年5-6月

图5-7-7 投资组合变动的前五大驱动因素(中国、美国、欧洲)

对于实现投资目标的关键制约因素,86%的中国保险CIO认为国内市场优质资产短缺是首要因素,此情况不适用于美国或欧洲。中国保险CIO关注的其他关键制约因素包括会计或财务收益波动性(66%)、内部风控要求(38%)和资本充足率(34%)(见图5-7-8和图5-7-9)。

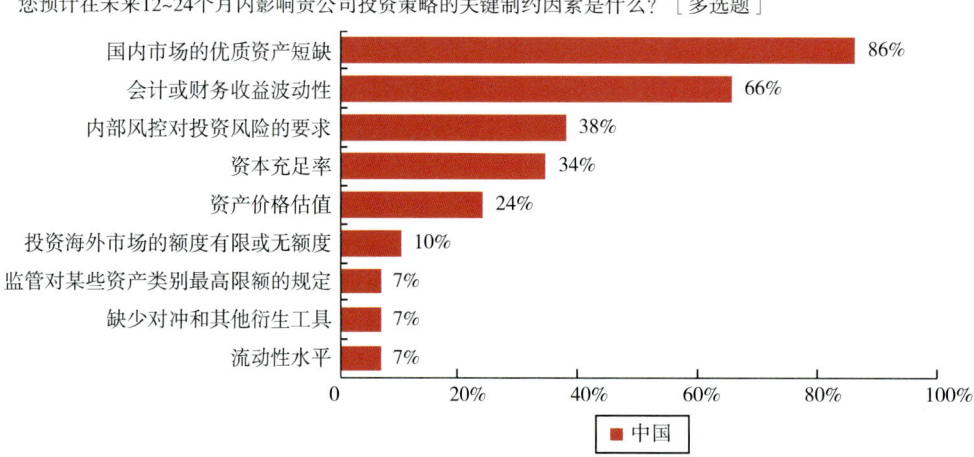

资料来源:国际视角下中国保险CIO投资洞见,2022年5-6月

图 5-7-8 未来 12~24 个月,影响投资策略的关键制约因素

投资策略的关键制约因素

	中国	美国	欧洲
1	国内市场优质资产短缺	会计或财务收益波动性	会计或财务收益波动性
2	会计或财务收益波动性	资产价格估值	偿付能力比率波动性/资本充足率
3	内部风控对投资风险的要求	公司内部风险管理控制	资产价格估值
4	资本充足率	资本充足率	
5	资产价格估值		

资料来源:国际视角下中国保险CIO投资洞见,2022年5-6月;摩根资产管理

图 5-7-9 制约投资策略的关键因素(中国、美国、欧洲)

(四)投资机会

从未来 12~24 个月固收配置变化情况来看,长期债券继续成为中国保险 CIO 在固定收益市场的首选,而绿色债券紧随其后(见图 5-7-10)。

调研显示,69% 的中国保险 CIO 计划增加基础设施类债券投资计划,股权投资计划(55%)与 ABS/公募 REITs(41%)紧随其后(见图 5-7-11);对于上市股票和私募股权的配置,59% 的 CIO 预计增加间接私募股权资,排名第二、第三的为国内上市股票(55%)与 A 股(45%)(见图 5-7-12)。

由于 2022 年上半年全球市场波动加剧和地缘政治风险,中国保险 CIO 对海外投资整体持保守态度(见图 5-7-13)。

对于投资海外资产的主要目的,76% 的中国保险 CIO 视其为全球多元化分散风险的手段,而 66% 将海外投资作为提高投资收益或回报的方式(见图 5-7-14)。随着海外市场的债券利率已上升至 2008—2009 年金融危机以来的最高水平,中国保险 CIO 对于海外债券的关注度比往年提高，资产负债久期匹配方面的考量排名第三。

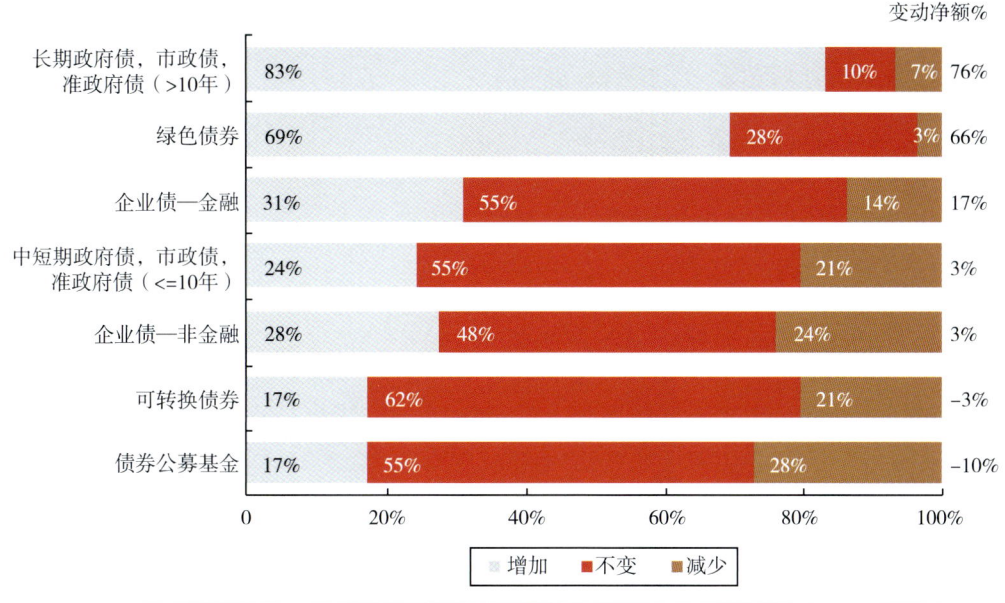

图 5-7-10　未来 12~24 个月，固收的配置变化情况

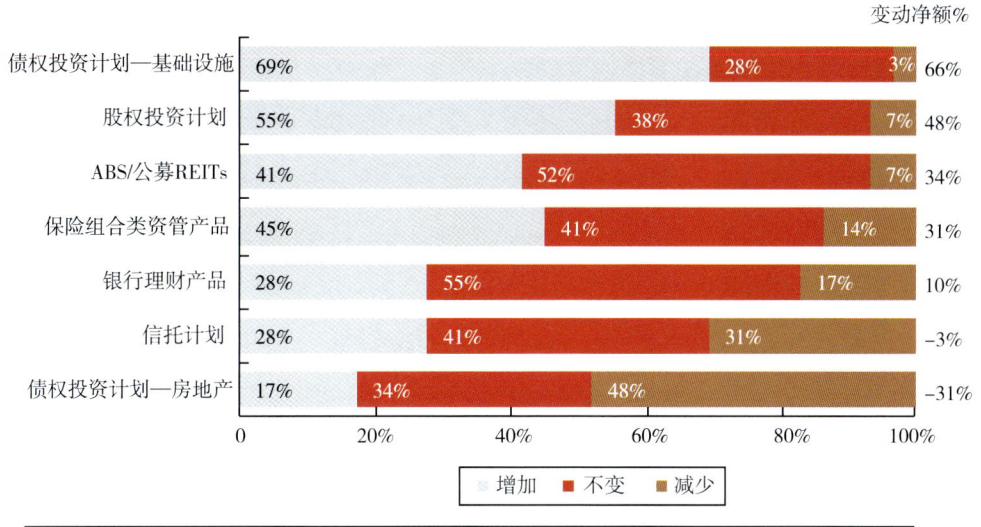

图 5-7-11　未来 12~24 个月，另类投资的配置变化情况

上市股票和私募股权（中国境内）
在未来12~24个月贵公司的权益类投资组合中，您预计如何改变以下各项的配置？［每行单选］

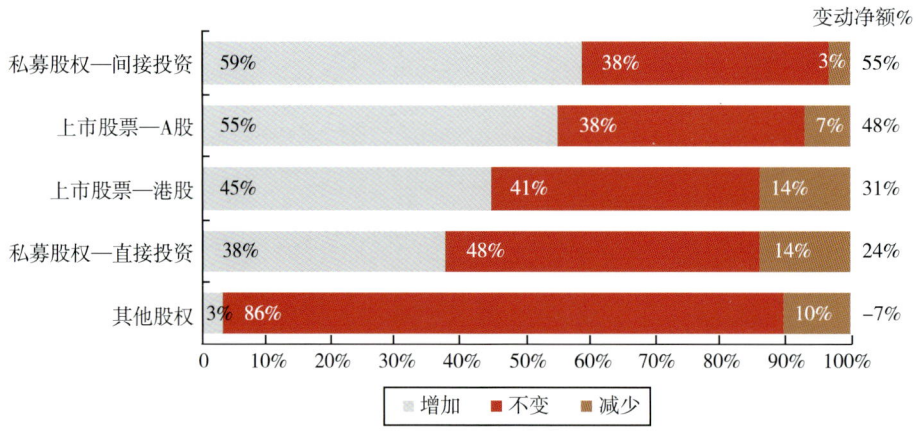

资料来源：国际视角下中国保险CIO投资洞见，2022年5-6月

图 5－7－12　未来 12~24 个月，权益类的配置变化情况

您对未来3年投资海外资产持什么态度？［单选题］

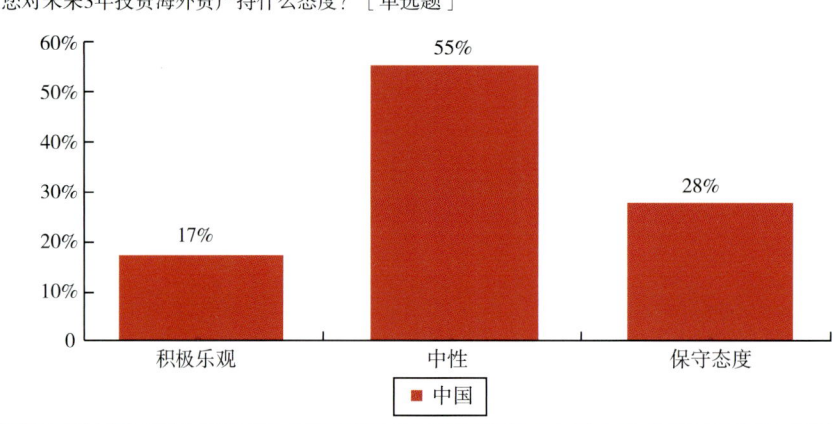

资料来源：国际视角下中国保险CIO投资洞见，2022年5-6月

图 5－7－13　未来三年对海外投资的态度

在未来12~24个月内，推动您配置海外资产的最重要因素是什么？［多选题］

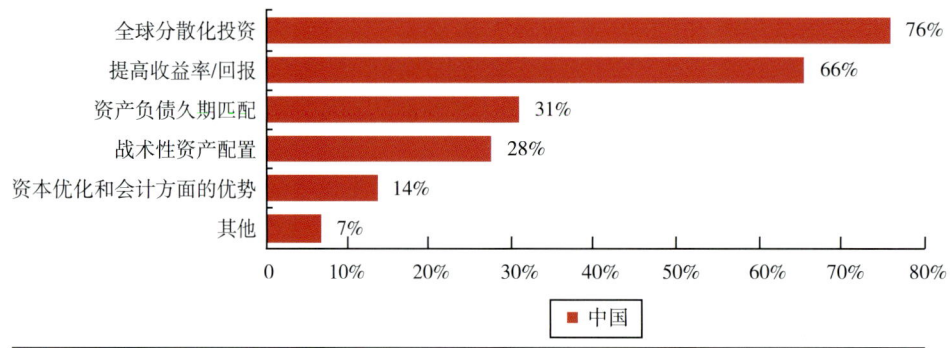

资料来源：国际视角下中国保险CIO投资洞见，2022年5-6月

图 5－7－14　未来 12~24 个月，影响海外投资的因素

(五)投资管理能力

调研数据表明,中国保险公司将内部投资研究能力、资产负债管理和投资风险管理,视作具备同等重要性的前三大战略重点。战略资产配置(SAA)已成为中国保险公司最注重提升的投资管理能力(见图5－7－15、图5－7－16)。

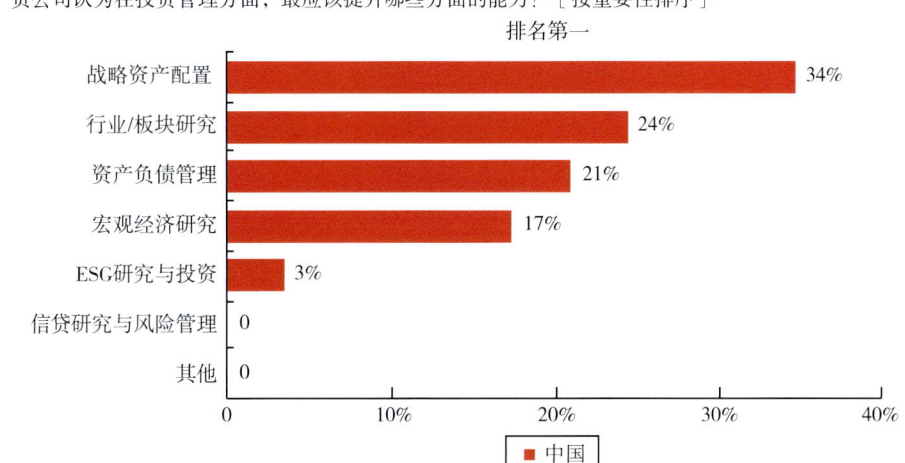

资料来源:国际视角下中国保险CIO投资洞见,2022年5-6月

图 5－7－15　待提升的投资管理能力

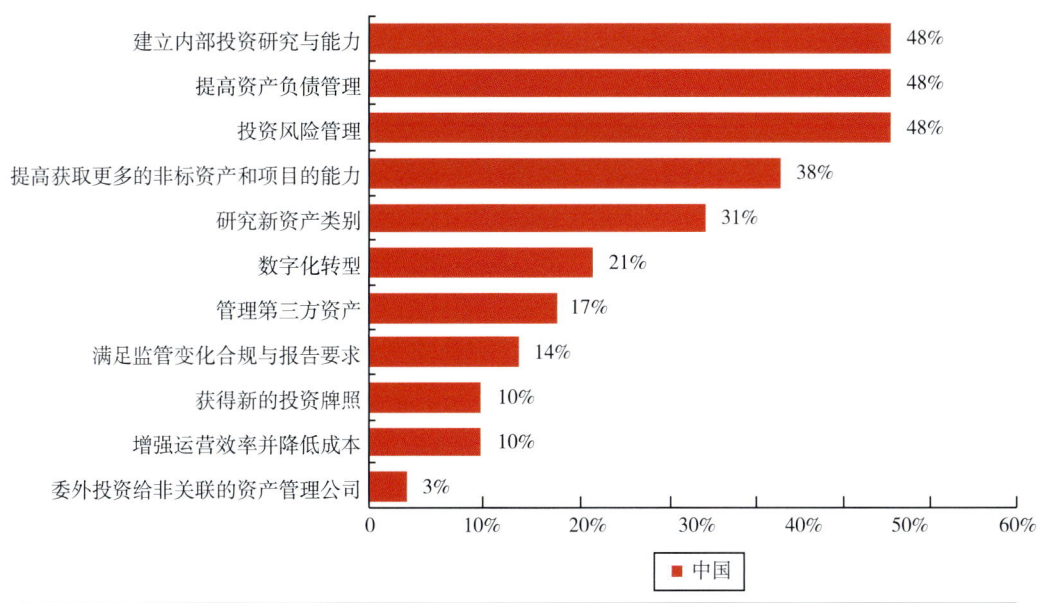

资料来源:国际视角下中国保险CIO投资洞见,2022年5-6月

图 5－7－16　未来 12～24 个月,投资管理部门的战略重点

基于52%的有效回复率,47%的中国保险CIO采取3年期的考核机制评估投资业绩,20%以5年期的考核机制评估。其他回复包括长短期相结合的评估、按不同资产类别分别评估和通过负债评估等(见图5-7-17)。

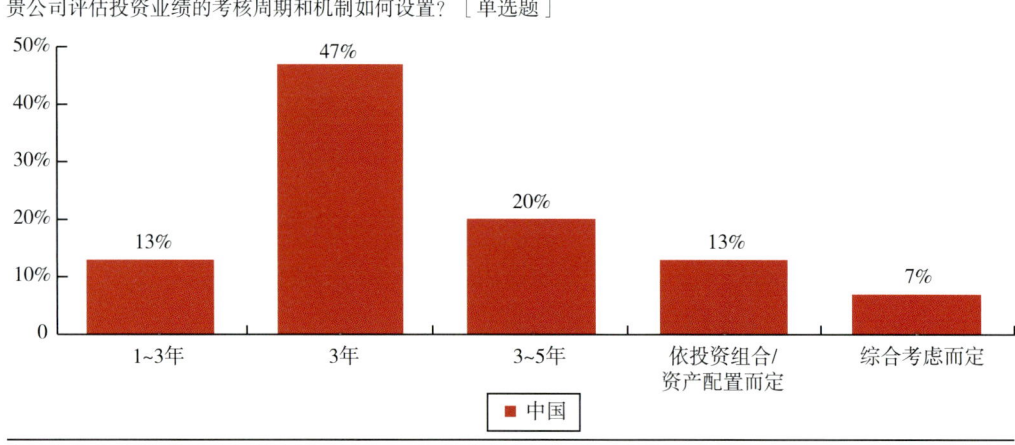

资料来源:国际视角下中国保险CIO投资洞见,2022年5-6月

图5-7-17 评估投资业绩的考核周期和机制

超过一半(55%)的中国保险CIO计划在未来一到两年增加委外比例(包括关联方和非关联管理人),仅有7%的中国保险CIO计划减少委外(见图5-7-18)。

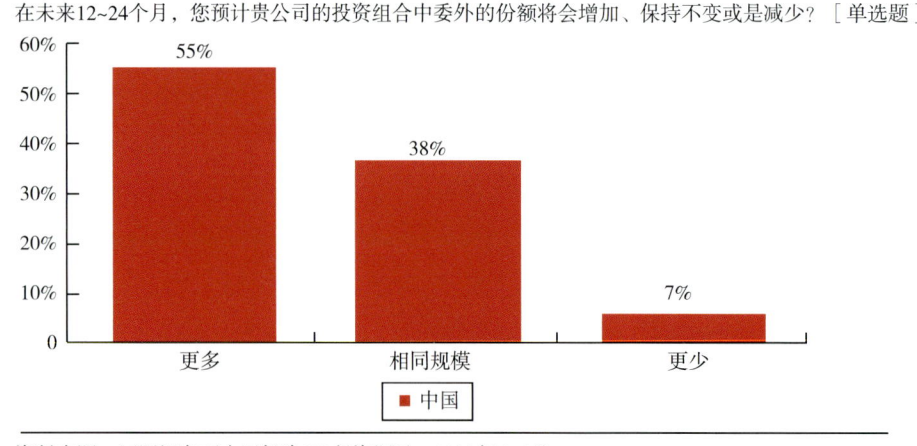

资料来源:国际视角下中国保险CIO投资洞见,2022年5-6月

图5-7-18 未来12~24个月,委外投资的变化情况

在对非关联、第三方资产管理人委外时,59%的中国保险CIO将上市股票作为首选,其次是金融产品(31%)、组合类保险资产管理产品(28%)、公募基金(21%)和海外投资(21%)(见图5-7-19)。

根据调研,83%的中国保险CIO在委外第三方管理人时,将超额收益和良好的投资业绩视为最重要的考虑因素。其他主要考虑因素包括管理人的研究资源和市场洞察(62%),以及管理人的品牌和声誉(38%)(见图5-7-20)。

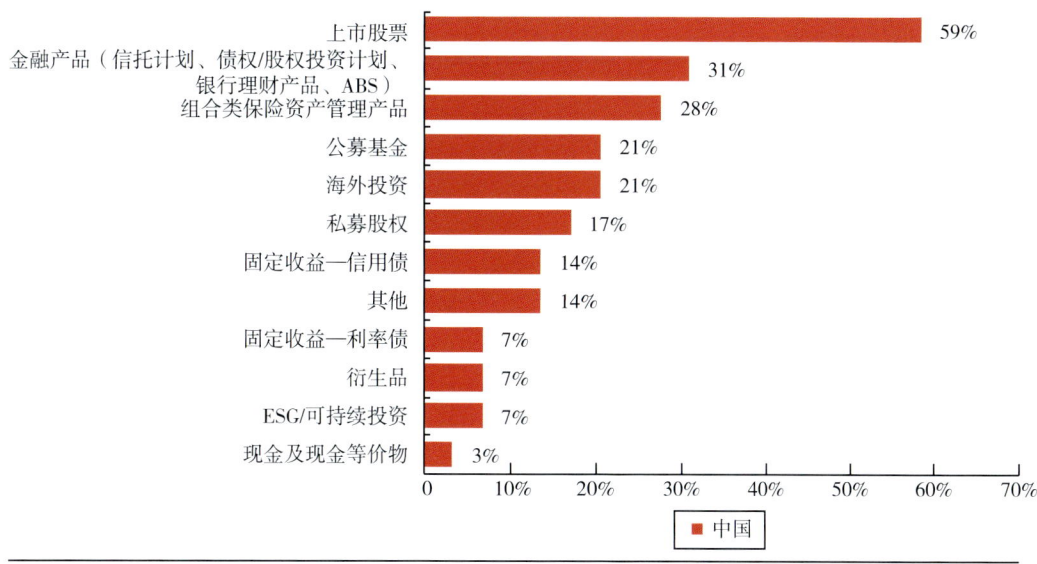

资料来源：国际视角下中国保险CIO投资洞见，2022年5-6月

图 5 – 7 – 19　未来 12～24 个月内，委外投资的资产类别

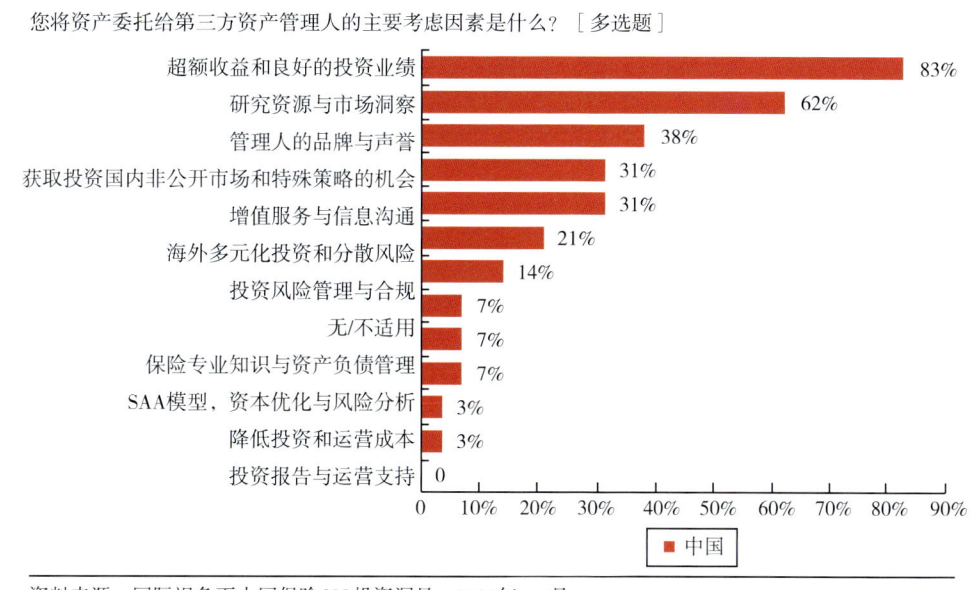

资料来源：国际视角下中国保险CIO投资洞见，2022年5-6月

图 5 – 7 – 20　委外投资的主要考虑因素

在 29 名受访的中国保险机构中，有 5 家目前未使用衍生品。在使用了衍生品的机构中，48% 使用回购协议，38% 使用股指期货，28% 使用债券期货。中国保险 CIO 对外汇衍生品（10%）和海外衍生品（7%）的使用较少（见图 5 – 7 – 21）。

76% 的中国保险 CIO 表示，使用衍生品的主要目的是管理投资风险，而资产负债管理（28%）和减少风险资本（21%）等用途的重要性相对较低。相比之下，欧洲保险 CIO 普遍使用衍生品用于公司整体资产负债表和不同口径下的各种风险，包括资产负债管理，减少风险资本占用及投资风险管理。美国保险 CIO 同样重视使用衍生品进行资产负债管理和投资风险管理，但相比欧洲较少用于减少风险资本占用、市场准入和现金管理（见图5-7-22）。

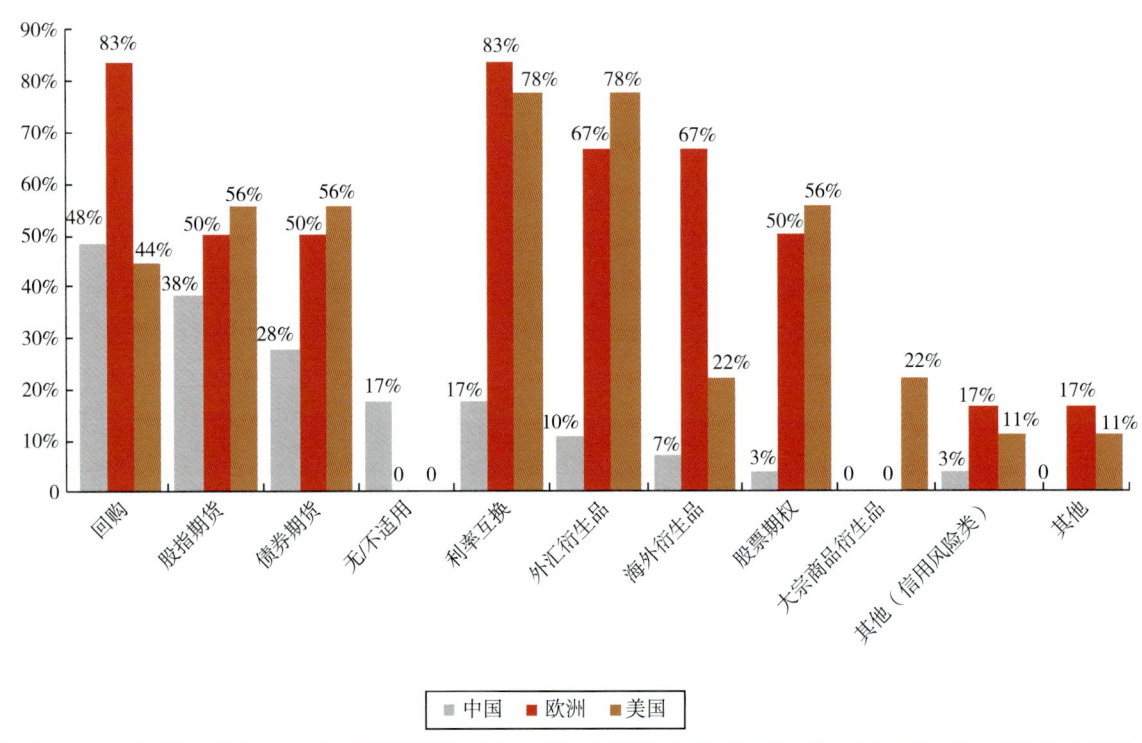

资料来源：国际视角下中国保险CIO投资洞见，2022年5-6月

图 5-7-21 衍生品的使用

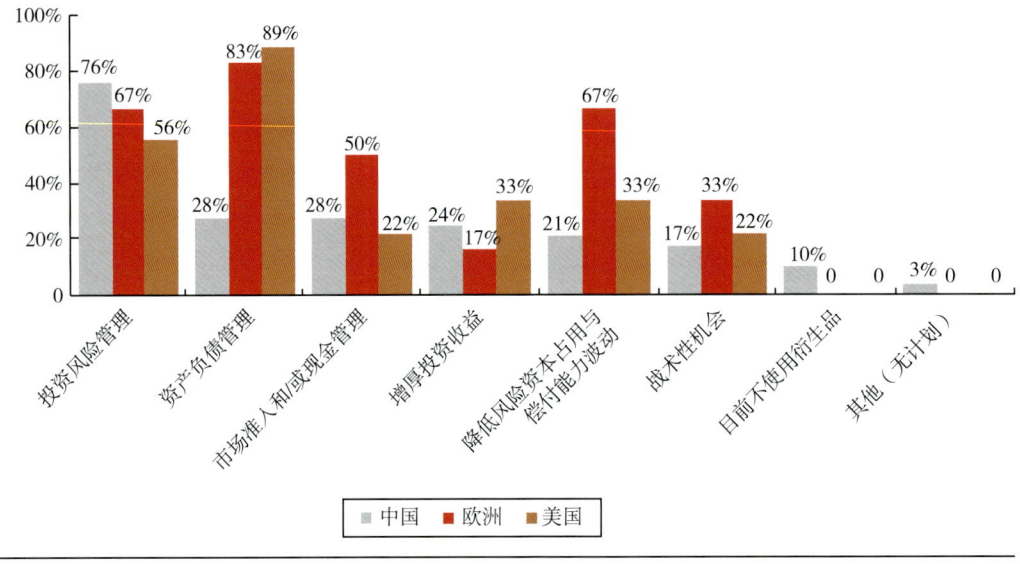

资料来源：国际视角下中国保险CIO投资洞见，2022年5-6月

图 5-7-22 衍生品的用途

对于中国保险公司使用衍生品的挑战和限制因素，72%的中国保险CIO提及国内市场可用的衍生品工具供给不足，还有48%的中国保险CIO指出公司内部对衍生品的专业知识有限。交易成本或市场流动性（31%）也是重要的考虑因素之一。而欧洲和美国的保险CIO都认为抵押品管理和偿付能力和会计波动性为其面临的主要限制因素（见图5-7-23）。

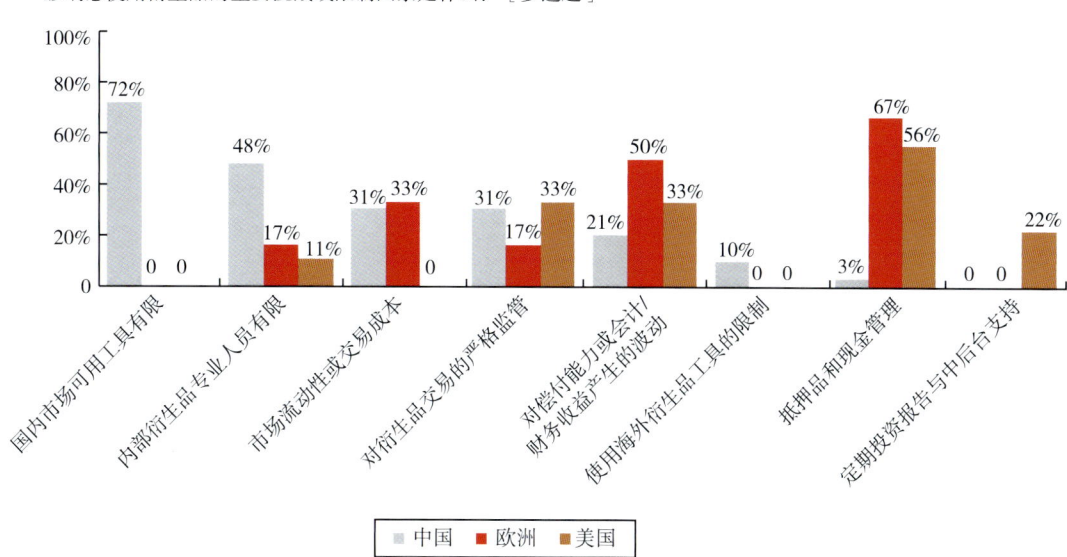

资料来源：国际视角下中国保险CIO投资洞见，2022年5-6月

图5-7-23 使用衍生品的主要挑战和限制因素

（六）ESG投资

在欧洲地区，具备投资ESG政策正渐渐成为必备条件，这在美国也越来越普遍。目前只有38%的受访中国保险公司已制定ESG政策，但很多公司也正在考虑在近期制定并实施ESG政策（见图5-7-24）。

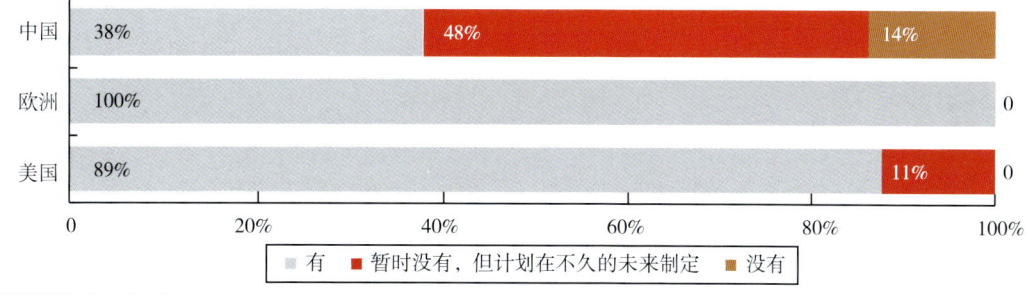

资料来源：国际视角下中国保险CIO投资洞见，2022年5-6月

图5-7-24 ESG政策的制定

传统上，全球最普遍的ESG投资形式一直是以规范和价值观为基础的筛选和排除法，即管理人采用预先确定的标准，将某些主题、国家或产品类型剔除在投资组合之外，常见的包括剔除武器、煤炭和烟草等投资。基于规范的筛查以及负面/排除性筛查是中国最普遍的ESG投资方法，紧随其后的是ESG主题投资。此外，ESG可持续主题投资受到了中国、欧洲和美国众多保险公司的关注。在美国，最普遍的ESG投资方式是ESG整合。在欧洲，则是ESG整合与影响/社区投资（见图5-7-25）。

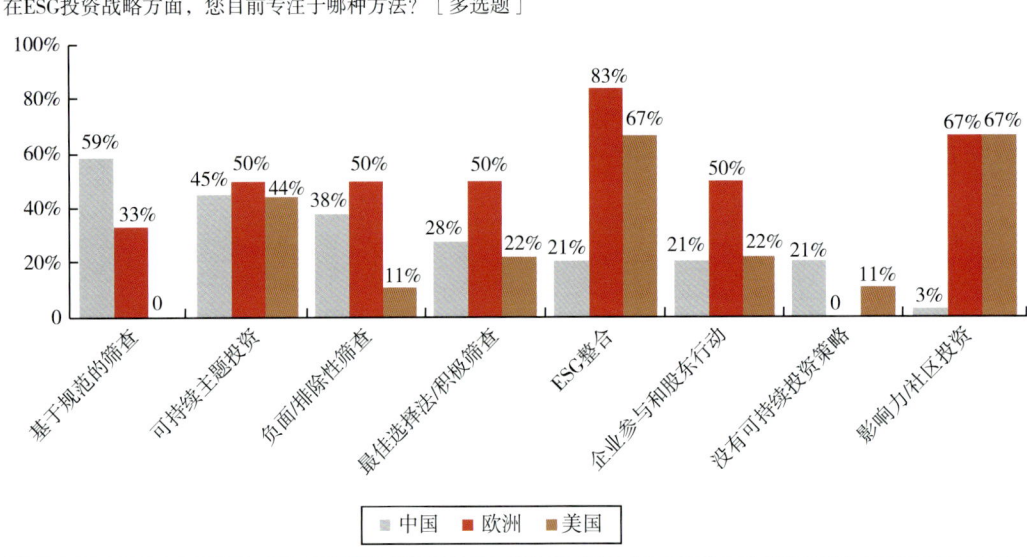

资料来源：国际视角下中国保险CIO投资洞见，2022年5-6月

图5-7-25 目前关注的ESG投资战略

保险公司选择资产管理人的标准在全球范围内基本一致。对于中国和美国的保险公司而言，最重要的是确保资产管理人与客户公司的内部政策以及对ESG和可持续性的承诺保持一致。此外，公司的投资政策会导致其对产品、专业知识和资源方面的不同侧重。在中国和美国，资产管理人在ESG方面的资源和专业知识是第二重要的考虑因素，而在欧洲此项排名第一（见图5-7-26）。

当涉及ESG投资的主要担忧时，中国保险CIO最关注"漂绿"行为。美国保险CIO最担忧的是ESG投资策略的业绩表现不佳以及ESG投资策略的机会较少，而后者是欧洲保险CIO最为担心的问题。相比之下，欧洲保险CIO对与业绩表现有关问题的关注程度最低，这反映了欧洲保险公司可能更加关注非财务目标（见图5-7-27）。

相比欧洲保险公司，中国保险公司开展ESG投资的障碍更多在于ESG相关标准还在不断完善发展中。但这并不意味着欧洲保险公司开展ESG投资不存在阻碍，他们同样也面临挑战。例如，ESG报告是ESG政策法律框架的重要组成部分，但欧洲ESG相关数据不足、质量不高且通常缺乏一致性,从而导致 ESG 相关报表的生成困难重重（见图 5-7-28）。

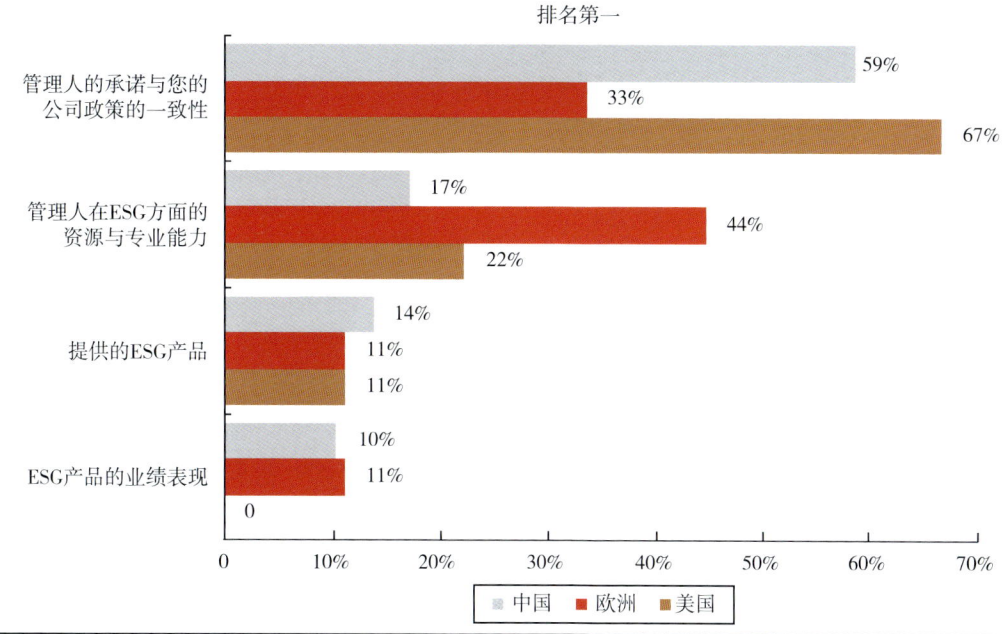

图 5-7-26　ESG 资产管理人的遴选标准

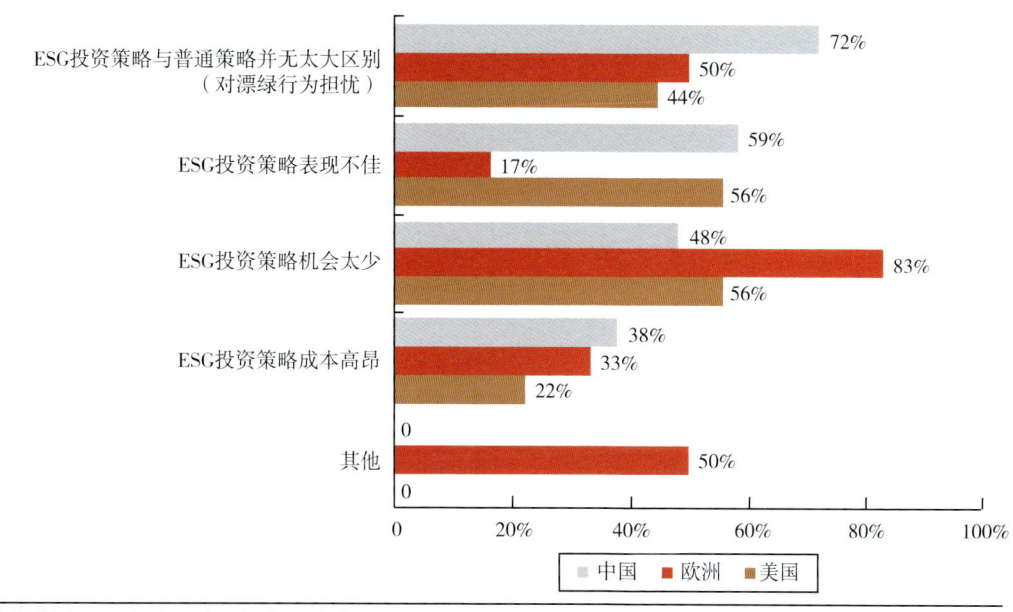

资料来源：国际视角下中国保险CIO投资洞见，2022年5-6月

欧洲地区参与者指出的其他问题包括ESG数据质量不高和ESG数据更新频率低，难以确定每项投资如何有助于实现可持续目标，以及声誉风险。

图 5-7-27　对加强 ESG 投资主要担心的方面

以下哪些因素，会影响您进一步增加ESG投资的规模？[按重要性排序]

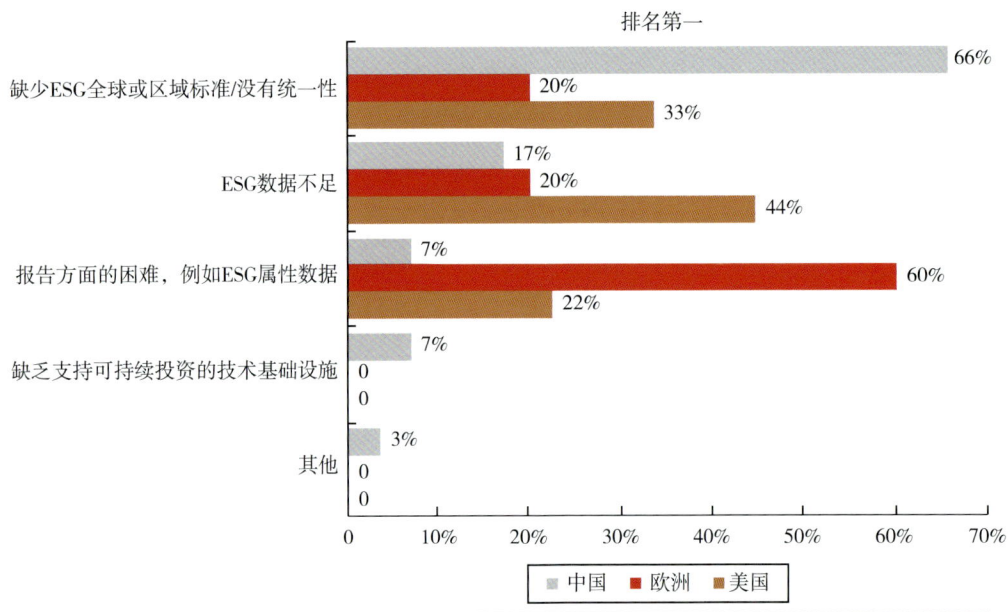

资料来源：国际视角下中国保险CIO投资洞见，2022年5-6月

图 5-7-28 影响 ESG 投资规模的因素

【专项八】保险资产管理公司金融衍生品业务情况调研

为全面深入了解保险资产管理机构参与金融衍生品业务情况，提高行业参与金融衍生品业务的有效性和便捷性，中国保险资产管理业协会（以下简称协会）面向34家保险机构[①]开展2022年度金融衍生品业务情况调研。协会梳理金融衍生品监管政策和交易政策演变历程，总结业务开展情况，积极推动保险资金参与金融衍生品业务，助力保险资产管理机构增强风险管理能力。

一、金融衍生品监管政策历程

2010年7月，原保监会发布《关于保险机构开展利率互换业务的通知》（保监发〔2010〕56号），首次允许保险机构运用金融衍生品管理利率风险。2012年10月，原保监会发布《保险资金参与金融衍生产品交易暂行办法》（保监发〔2012〕94号），明确保险资金参与金融衍生品交易的目的、期限和方式等，规范金融衍生品的使用。此后，监管部门分别于2012年、2019年和2020年发布《保险资金参与股指期货交易规定》（保监发〔2012〕95号）、《关于保险资金参与信用风险缓释工具和信用保护工具业务的通知》（银保监办发〔2019〕121号）和《保险资金参与国债期货交易规定》（银保监办发〔2020〕59号），为保险公司风险对冲和资产负债管理提供更加多样化的选择。2020年，为统一监管口径，监管部门同步修订《保险资金参与金融衍生产品交易办法》（银保监办发〔2020〕59号）和《保险资金参与股指期货交易规定》（银保监办发〔2020〕59号），进一步完善保险资金参与金融衍生品交易的监管规制体系，夯实保险机构的风险管理主体责任，加强风险管理能力建设。

二、金融衍生品交易政策历程

为规范不同类型期货合约交易行为，中国金融期货交易所（以下简称"中金

[①] 包含30家保险资产管理公司（不含国寿投资保险资产管理有限公司、人保资本保险资产管理有限公司和太平资本保险资产管理有限公司）和4家养老保险公司。

所")以《中国金融期货交易所交易规则》为基础,详细制定了各类期货合约的交易细则。

股指期货业务方面,中金所于2013年和2015年发布《中国金融期货交易所沪深300股指期货合约交易细则》《中国金融期货交易所上证50股指期货合约交易细则》和《中国金融期货交易所中证500股指期货交易细则》。此后,中金所多次对股指期货细则进行修订,包括调整最低交易保证金标准、持仓限额和竞价时间,完善股指期货合约交易规则等。2022年7月,中金所发布《中国金融期货交易所中证1000股指期货合约交易细则》,明确中证1000股指期货合约的标的、合约月份、报价方式等,同步修订《中国金融期货交易所股指期权合约交易细则》,补充中证1000股指期货合约相关交易规定。

国债期货业务方面,中金所分别于2013年、2015年和2018年发布《中国金融期货交易所5年期国债期货合约交易细则》《中国金融期货交易所10年期国债期货合约交易细则》和《中国金融期货交易所2年期国债期货合约交易细则》,并修订完善交易方式、持仓限额、竞价时间等。2023年4月,中金所发布《中国金融期货交易所30年期国债期货合约交易细则》,明确30年期国债期货合约的面值、利率、报价单位、保证金和持仓规模等内容,同步修订相关交割细则和风险控制管理办法,补充30年期国债期货的强制减仓方法、交割单位和补偿金比例。

三、2022年业务情况

2022年,保险资产管理机构参与金融衍生品业务程度不断加深,账户和策略多样性提高,金融衍生品业务整体呈现稳中有进的发展态势。

(一)保险资产管理公司参与金融衍生品业务数量稳定

调研结果显示,截至2022年末,共有21家保险资产管理公司实际参与金融衍生品业务,相比2021年末公司数量增加1家,合约名义价值共计约493亿元人民币。具体参与业务方面,有21家保险资产管理公司参与股指期货业务,6家公司参与国债期货业务,4家公司参与利率互换业务,2家参与外汇衍生品业务,3家参与信用衍生品业务(见表5-8-1)。

表 5-8-1　　保险资产管理公司参与金融衍生品业务情况　　（单位：家）

业务类型	2020 年开展公司	2021 年开展公司	2022 年开展公司
股指期货	15	20	21
国债期货	0	7	6
利率互换	4	4	4
外汇衍生品	1	3	2
信用衍生品	0	1	3

资料来源：中国保险资产管理业协会

（二）保险资产管理公司参与金融衍生品业务种类日益丰富

2022 年，参与国债期货业务的保险资产管理公司中，5 家参与 10 年期国债期货，3 家参与 5 年期国债期货，3 家参与 2 年期国债期货（见表 5-8-2）。参与股指期货业务的保险资产管理公司中，19 家参与沪深 300 股指期货，16 家参与中证 500 股指期货，16 家参与上证 50 股指期货，7 家公司参与中证 1000 股指期货（见表 5-8-3）。

表 5-8-2　　保险资产管理公司参与国债期货业务情况　　（单位：家）

国债期货业务品种	2020 年参与公司	2021 年参与公司	2022 年参与公司
2 年期国债期货	1	2	3
5 年期国债期货	2	2	3
10 年期国债期货	4	6	5

资料来源：中国保险资产管理业协会

表 5-8-3　　保险资产管理公司参与股指期货业务情况　　（单位：家）

股指期货业务品种	2020 年参与公司数量	2021 年参与公司数量	2022 年参与公司数量
沪深 300 股指期货	15	17	19
中证 500 股指期货	12	13	16
上证 50 股指期货	14	16	16
中证 1000 股指期货	—	—	7

资料来源：中国保险资产管理业协会

（三）保险资产管理公司参与金融衍生品交易以风险管理为主要目标

调研结果显示，100% 的保险资产管理公司使用金融衍生品管理投资组合的风险敞口，76%的公司利用金融衍生品优化资产的风险收益特征。此外，约九成公司认为参与金融衍生品交易达到预期管理目标，公司风险管理效率有所提升（见图5-8-1）。

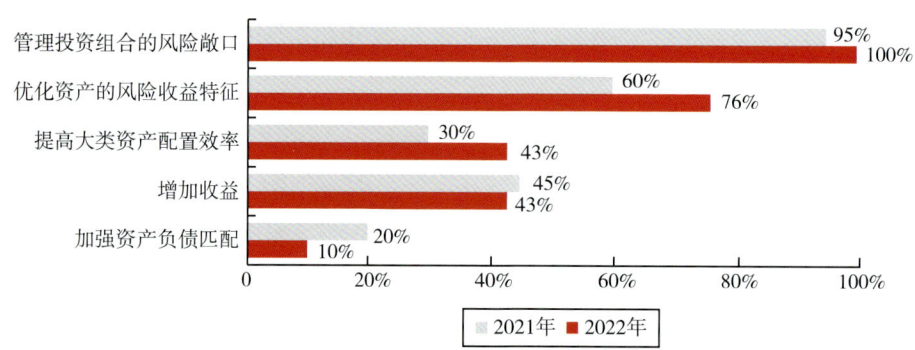

图5-8-1　保险资产管理公司参与金融衍生品业务的主要目的（公司数量占比）

资料来源：中国保险资产管理业协会

（四）保险资产管理公司使用多种策略参与金融衍生品业务

调研结果显示，2022年保险资产管理公司国债期货与股指期货业务投资策略均以空头套保为主，部分公司采用多头套保策略或中性策略，少量公司采用久期管理、跨品种策略、指数增强策略、打新策略、择时策略和基差策略等，保险资产管理公司使用金融衍生工具的熟练度和深度有所提高。调研数据显示，未来一年在面对债券现货市场价格下行风险时，有54%的保险资产管理公司会选择使用国债期货进行风险对冲（见图5-8-2）；面对权益现货市场价格下行风险时，有76%的保险资产管理公司会选择使用股指期货进行风险对冲（见图5-8-3）。

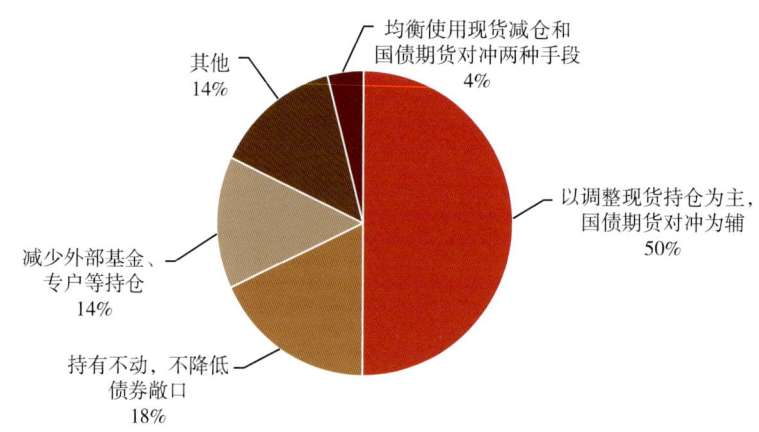

图5-8-2　未来一年债券现货价格下行时保险资产管理公司应对策略（公司数量占比）

资料来源：中国保险资产管理业协会

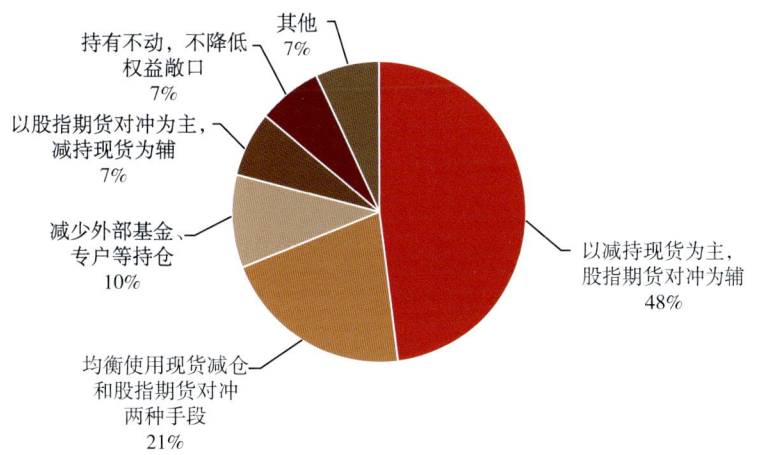

图5－8－3　未来一年权益现货价格下行时保险资产管理公司应对策略（公司数量占比）

资料来源：中国保险资产管理业协会

（五）保险资产管理公司参与金融衍生品业务的账户或产品较为集中

保险资产管理公司主要通过保险资产管理产品和保险委托账户参与业务。国债期货方面，4家保险资产管理公司通过保险资产管理产品方式参与交易，2家公司通过保险委托账户参与交易，1家公司通过年金类账户或产品参与交易（见图5－8－4）。股指期货方面，20家保险资产管理公司通过保险资产管理产品方式参与交易，6家公司通过保险委托账户参与交易，2家通过年金类账户或产品参与交易，2家通过基本养老账户或产品参与交易，1家通过公募产品参与交易（见图5－8－5）。

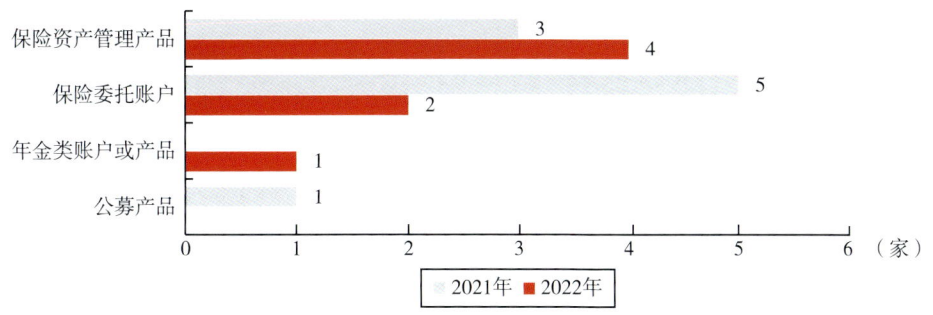

图5－8－4　保险资产管理公司各类账户参与国债期货业务情况（公司数量）

资料来源：中国保险资产管理业协会

（六）从业人员数量精简，自主培养人才比例上升

截至2022年末，保险资产管理公司参与金融衍生品业务人员共计351人，比2021

年保险资产管理公司从业人员数量减少75人。其中，198人负责资产配置和投资交易，64人负责风险控制，61人负责清算和核算，28人负责其他业务。2022年，公司新增的金融衍生品业务核心投资人员（资产配置和投资交易专业人员）中有75%来源于公司自主培养，仅有25%来源于市场化招聘（见表5-8-4）。

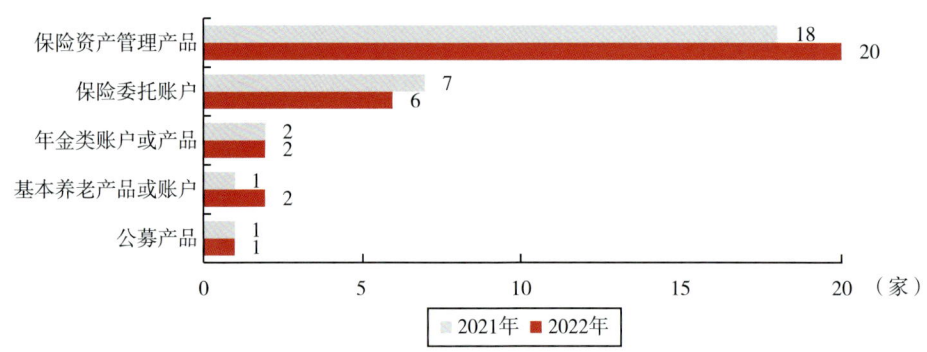

图5-8-5　保险资产管理公司各类账户参与股指期货业务情况（公司数量）

资料来源：中国保险资产管理业协会

表5-8-4　　　　　　　　2022年保险资产管理公司从业人员汇总表　　　　　　（单位：人）

业务类型	总人数	公司中位数
资产配置和投资交易	198	8
风险控制	64	3
清算和核算	61	2

资料来源：中国保险资产管理业协会

（七）保险资产管理公司与期货公司合作稳定

2022年，保险资产管理公司共计与24家期货公司进行业务合作，同比增加2家。保险资产管理公司国债期货交易涉及13家期货公司，其中11家于2022年获得证监会AA评级；股指期货交易涉及23家期货公司，其中15家于2022年获得证监会AA评级。

（八）保险资产管理公司参与金融衍生品业务意愿提高

调研结果显示，除截至2022年已参与金融衍生品业务的公司外，另有22家保险资产管理公司已计划或有意愿参与国债期货业务，8家公司已计划或有意愿参与股指期货业务。各公司对2023年参与上述两类期货业务的规模预测均较2022年有所提升。

（九）养老保险公司金融衍生品业务运行稳健

截至 2022 年末，共 4 家养老保险公司具备股指期货业务投资能力，其持有的合约名义价值共计 13 亿元人民币。2022 年，养老保险公司交易量最多的股指期货品种为沪深 300 股指期货和上证 50 股指期货。2022 年，4 家养老保险公司共与 8 家期货公司进行股指期货业务合作，其中 6 家于 2022 年获得证监会 AA 评级。

【专项九】保险机构境外投资业务情况调研

为了解行业境外投资情况，引导保险机构稳步开展境外投资业务，在监管部门的指导下，中国保险资产管理业协会（以下简称协会）组织52家具备境外投资资格的保险机构开展了2022年境外投资情况调查。

一、保险机构境外投资业务现状及特点

（一）境外投资业务发展收紧，规模略有下降

经监管部门批准，有52家保险机构具备境外投资资格。调研显示，40家保险机构在2022年开展境外投资业务，比2021年减少4家。截至2022年末，保险机构境外投资余额832亿美元，较2021年末下降0.1%。保险机构境外投资余额占行业上季末总资产的比值为2.5%。

（二）业务组织结构及人员配置趋于完备

截至2022年末，14家机构成立境外投资的专职部门，4家机构通过境内外资产管理子公司进行境外投资。各机构境外投资相关岗位投资专业人员人数平均为4.4人，其中具有3年以上境外投资相关经验人数平均为3.6人。

（三）资金出境以QDII为主，出境方式日趋规范

在保险机构境外投资中，以合格境内机构投资者（QDII）额度出境金额占总出境资金的63%，以对外直接投资（ODI）方式出境金额占比22%，其他方式占比15%。2022年，国家外汇管理局批复的保险机构QDII额度共计388亿美元，已使用的QDII额度为295亿美元，使用率为76%。

（四）资金来源以境内资金为主，融资渠道多样化

截至2022年末，境外投资资金主要来源于境内保险业务资金，占境外投资资金来

源的81%。通过内保外贷融资金额占总境外投资资金来源的9%。通过自有资金、境外上市融资和境外发债融资等方式融资相对较少。

（五）投资标的以权益类产品为主，资产配置多元化

截至2022年末，投资货币市场类产品余额占境外投资余额的6%；投资固定收益类产品余额占境外投资余额的12%；投资公开市场权益类产品余额占境外投资余额的32%；投资股权基金和股权项目余额占境外投资余额的32%；不动产类直接投资余额占境外投资余额的16%；其他投资余额占境外投资余额的2%。

（六）投资区域以中国香港为主，市场集中度略有回落

截至2022年末，35家保险机构投资中国香港市场，投资余额464亿美元，占境外投资余额的67%。15家保险机构投资美国市场，投资余额131亿美元，占境外投资余额的19%。投资于其他国家和地区的投资余额占境外投资余额的14%。中国香港市场是保险机构开展股票和债券投资的首选市场；美国市场是保险机构开展股权基金和不动产投资的首选市场。

二、保险机构境外投资业务展望

未来1年，29%的保险机构最看好港股，23%的保险机构最看好投资级债券，9%的保险机构最看好直接股权投资。未来3~5年，30%的保险机构最看好港股，18%的保险机构最看好美股，16%的保险机构最看好投资级债券。投资方式的选择上，39%的保险机构倾向于以自主投资方式开展境外投资，61%的保险机构倾向于以委托投资方式开展境外投资。

【专项十】保险资产管理行业另类产品投资存续期管理情况调研

一、调研基本情况

为进一步摸清保险资金另类金融产品投资存续期的风险管理底数，推进产品投资行稳致远、实现更高质量发展，中国保险资产管理业协会（以下简称协会）联合泰康资产开展了另类产品投资存续期管理专项调研活动，主要面向保险资产管理机构和部分养老保险机构合计34家，所投资的另类金融产品既包括债权投资计划、股权投资计划、资产支持计划等自主发行/设立的金融产品，亦包括私募基金投资、集合资金信托、信贷资产支持证券、资产支持专项计划等其他金融机构发行/设立且被监管部门认可的其他金融产品。截至2021年三季末，被调研机构平均受托管理规模为6 338亿元，根据受托资产管理规模，将参与调研的机构分为超大型机构（20 000亿元及以上）、大型机构（7 000亿元~20 000亿元）、中型机构（2 000亿元~7 000亿元）、中小型机构（1 000亿元~2 000亿元）及小型机构（1 000亿元以下）五种类型（见图5-10-1）。

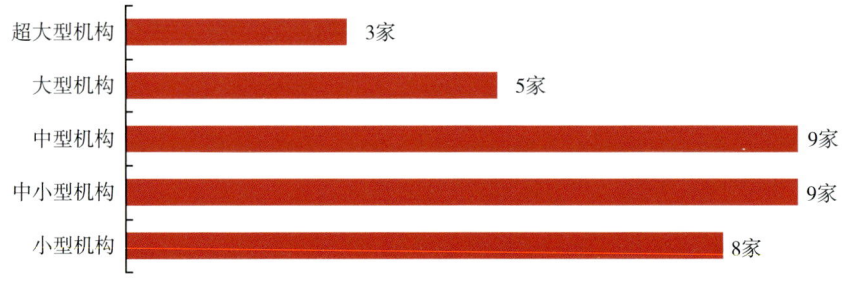

图5-10-1　34家调研机构中不同类型机构数量

资料来源：中国保险资产管理业协会

二、调研结果概要

（一）保险资产管理行业投后管理机制及人均效能情况

1. 管理机制：约有50%的机构设有另类投后管理部门。

2. 管理规模：头部机构资产管理规模拉动作用明显。
3. 管理效能：超大型及大型机构人均管理效能突出。

（二）投后管理内容及主要职责情况

1. 管理类别：主要以自主发行设立产品为主。
2. 管理内容：职责内涵涉猎广泛、覆盖多元。
3. 管理重心：风险管理是最核心的管理职能。
4. 运营管理：多部门参与运营期维护与管理。

（三）风险管理方式与主要手段

1. 尽调手段：采用现场与非现场相结合形式。
2. 分类管理：多数机构选择差异化管理模式。
3. 监测管理：采取动态进度跟踪及持续检视。
4. 集中度管理：对主体及项目实施集约式管理。
5. 进度管理：根据项目进展实施预期及目标管理。

（四）流程管理及系统建设情况

1. 决策机制：依据风险情况确定决策层级。
2. 投后赋能：增值与赋能模式较为集中与雷同。
3. 人员考核：注重质量与效率的双重评价。
4. 系统建设：多通过外部采购系统服务自身需求。

（五）存在的主要问题

1. 重投前、轻投后。
2. 重自主发行，轻外部认购。
3. 重风险应对，轻前置介入。
4. 重运营，轻管理。
5. 重风控、轻增值。
6. 重自主决策，轻专业支持。

三、问卷调研详情

（一）投后管理机制及人均效能

从管理机制看。调研显示，34家机构已有33家设置了专门的投后管理部门/团队或专职人员。其中，已单独组建部门的机构共15家；另有3家正在计划组建单独的投后管理部门，其余15家多设有专职的投后管理团队或岗位，剩余1家机构暂未开展另类投资业务（见图5-10-2）。

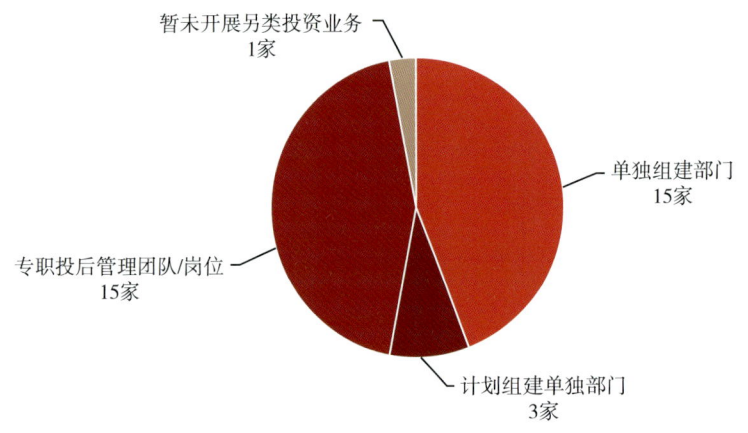

图5-10-2 调研机构管理机制设置情况

资料来源：中国保险资产管理业协会

从人员配置看。调研显示，3家超大型机构、5家大型机构的另类产品投资规模平均为4090亿元及1707亿元，显著高于1119亿元的行业平均水平；中后台人员配置数量基本与另类投资管理规模呈正相关关系，超大型机构到小型机构的中后台人数基本呈递减趋势，由平均88人降至11人（见表5-10-1）。

从人均管理效能看，调研显示，大型机构另类产品人均管理规模最高，达53亿元/人；超大型机构次之，人均管理规模为52亿元/人；中型、中小型及小型机构的人均管理规模依次为25亿元/人、25亿元/人及10亿元/人（见图5-10-3）。另类产品人均管理规模超过行业平均水平的共12家，均以超大、大型及中型机构为主。具体到另类投资团队，超大型至小型机构管理另类产品规模依次为4090亿元、1660亿元、1079亿元、484亿元和204亿元，管理产品数量分别为259只、138只、70只、44只及35只。

表 5-10-1　　　　　　　　另类投资的管理规模及人力分布情况

人员分布	另类业务管理规模（亿元）	另类前台部门数量（个）	另类投资前台从业人数（人）	另类投资中后台从业人数（人）
超大型	4 090	3	66	88
大型	1 707	2	38	32
中型	940	3	34	46
中小型	461	4	30	30
小型	255	1	11	11
行业平均	1 119	3	31	31

资料来源：中国保险资产管理业协会

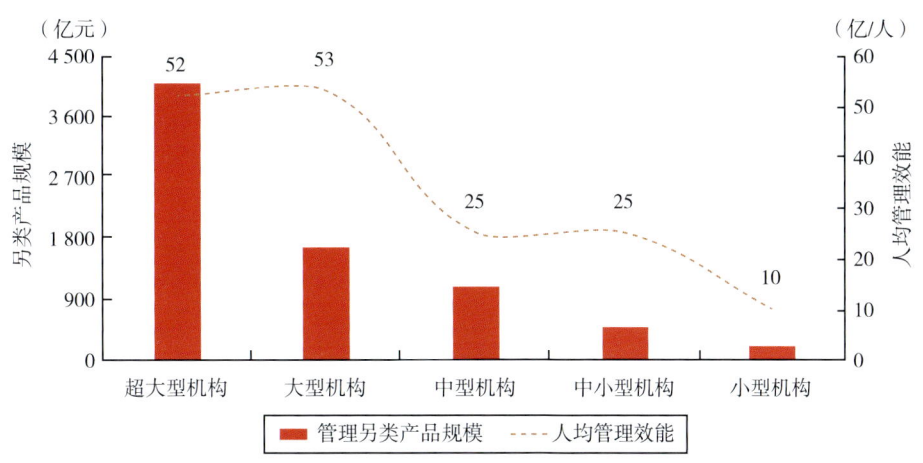

图 5-10-3　不同类型机构另类产品管理规模与人均效能

资料来源：中国保险资产管理业协会

（二）投后管理内容及主要职责

管理类别方面。调研显示，开展债权投资计划业务的 32 家被调研机构均成立专门的投后团队；对于信托计划、未上市股权、私募股权基金及券商资产管理计划等认购的业外产品，多采用投资管理团队或"投资+投后"协同管理模式，仅有 10% 的调研机构投后团队参与了对未上市股权的管理。

管理职责方面，投后管理职能主要包括风险管理、定期报告、产品管理、数据管理、投资人管理。调研显示，其中，全部的投后管理团队均具有风险管理的职能，主要为项目存续期间的风险跟踪、预警、化解及行权决策等；约有 62% 的投后管理团队具有定期报告职能，包括项目监测报告、临时披露报告等；约有 20%~30% 的投后管理团队具有产品管理、投资人管理及数据管理的职能，包括产品收益分配、清算退出、受益人大会的组织与召开等。此外，部分机构还承担了项目评审及压力测试工作。

风险管理方面，体现出全员参与、多部门协同的特征，除投后部门外，投资、投后、信评、法律等部门均会参与。调研显示，风险处置的参与程度及主导性方面，所有机构的投后人员均会参与针对风险事件的管理，其中约有50%的机构由投后部门牵头处置，其他部门给予相应配合；约有97%以上机构的产品发行或投资团队会参与风险事件处理，约1/3的发行或投资团队牵头处置；约有90%以上的资金方团队会参与风险事件处理。

运营管理方面。调研显示，从介入时点来看，约60%的机构以放款作为投后管理的起点，约16%的机构以产品设立作为管理起点，其他机构或以项目立项、注册备案、设立后材料移交等作为介入时点；从管理主导性来看，约97%的投后部门/团队参与产品运营管理，其中约有40%左右的机构由投后部门牵头负责产品运营；约67%左右的产品发行部门或投资部门参与产品管理。

（三）风险管理方式与主要手段

对于产品存续期管理，被调研机构均采用现场尽调与非现场核查相结合的形式。现场尽调方面，55%的机构表示每年将进行现场尽调，并根据产品类型及产品风险等级等决定尽调的频次及深度。非现场尽调方面，包括采用邮件、信函、电话、视频等多种形式与项目方进行沟通。同时，部分机构会通过对日常舆情、同业交流、市场信息等多种形式进行不定期跟踪。

多数机构对不同产品或业务类型均采取分类管理的模式，甚至同类业务也根据底层资产特点、协议条款设计等，进行分级分类管理。约68%的机构表示会根据产品风险状况、底层项目情况等，实施分级、差异化管理。

被调研机构表示均会对产品投资规模变化、融资情况、资本金到位情况等进行实时动态的跟踪及检视。集中度管理方面，多数公司均建立了信用风险限额及融资主体授信额度管理机制（统称为额度管理），对行业集中度、区域集中度以及融资主体集中度风险进行管理。在区域选取上，优选财政实力雄厚、区域经济发达、层级高、当地政府债务压力低的地区开展业务，定期对存量项目所涉及的区域经济财力和债务压力进行检视。

进度管理方面，机构根据项目进展实施预期及目标管理。当所投项目发生建设进度不达预期等情况时，首先与融资主体进行沟通了解详细情况，掌握工程进度不符合预期的真实原因，如有需要进行现场尽调了解项目进展。同时，对融资主体和担保人的整体信用情况作出风险研判，梳理法律文本是否触发加速到期条款。如没有触发，则与融资主体进行持续的沟通、协商，确定最终解决方案，包括但不限于限期整改、提前还款、补充增信等方式，并视情况向受益人进行信息披露。

（四）流程管理及系统建设情况

1. 决策机制。针对机构风险事件的汇报层级，整体来看各家机构对风险事件的重视程度较高，汇报层级会依据事件严重性进行区分。从此次调研情况来看，约有60%的机构最高汇报层级为公司委员会层面，29%的机构最高汇报层级为公司管理层；10%左右的机构最高汇报层级为总经理；另有3%左右的机构最高汇报层级为公司应急小组。

2. 投后赋能机制。从调研情况来看，行业投后赋能模式包括：一是将投后过程中发现的问题及经验回灌到投资决策环节，促进投资决策更加精准、更具操作性。二是通过后期管理来解决存续期间内发生的问题。其中，约56%的机构认为投后管理可以通过化解风险、解决问题来保障投资退出，进而实现赋能；另有16%的机构认为，投后管理在决策环节便应对投后方案的可行性提出意见。此外，相关机构提出可通过前置审查、参与结构设计、决策支持、资源对接等方式进行赋能。

3. 人员考核机制。在业务考核方面，各家机构对投后管理的考核机制思路同质性较高，管理质量、管理时效、投后赋能以及全面性为主要机构的核心考核指标。其中，对管理质量的重视程度最高，考核内容包括是否安全到期、管理差错率、监管处罚率等为主；对管理时效的重视程度次之，主要以能否及时跟踪、发现并处置风险为考核标准；对管理赋能则以经验分享、挖掘业务机会等指标为主；全面性则主要以主体是否全覆盖、行权披露是否全覆盖等为主；在考核机制挂钩方面，目前仅有12%左右机构的投后部门考核机制挂钩前台，其他绝大多数投后部门的考核均不与前台投资部门挂钩。

4. 系统建设机制。调研显示，行业另类产品的投后管理系统主要包括内部管理系统和外部服务系统两类。其中，内部管理系统作为覆盖产品存续周期的全面管理系统，多数机构将投后管理功能嵌入其间，包括风险管控、产品运营、后续管理、产品清算、统计分析、账户管理等，来实现风险预警、收益分配、统计分析等功能。目前，除平安、泰康等头部机构具备自主研发能力之外，绝大多数机构采用"内部需求+外包开发"或直接采购第三方机构已开发成熟的系统。

外部服务系统方面，参与调研的 34 家机构中，仅 4 家机构自建了舆情监测系统，其余机构以外购服务为主。但目前行业对于舆情信息获取的时效性、全面性、准确性等方面均存在一定预期落差。

（五）存在的问题

从调研情况看，保险资金另类投资起步相对较晚，在投后管理模式、体制机制保障、业务分工体系、分类管理与信息系统建设等方面也积累了一定经验，但在管理机制、人力投入、权责利划分、系统建设等方面仍存在问题与不足，主要包括：

1. 存在"重投前、轻投后"的问题。调研中发现，目前"重投前、轻投后"的现象相对普遍，很多投资机构投后管理意识相对薄弱，将工作重点放在投资业务及发行营销上，对已发行或投放的产品或项目重视程度不足。目前行业平均团队人数为 6 人，平均管理规模 201 亿元，人均管理产品数量 15 个，投后管理的人均负荷较大，人力资源紧缺。

2. 存在"重自主发行、轻外部认购"的问题。对不同产品的投后管理在管理机制、资源分配、团队建设、管理效能等重视及成熟程度存在一定差距，尤其在机构自主发行及外部认购的产品之间。比如开展债权投资计划投资的机构均建立专属投后管理团队，而对于外部认购的产品如公募基础设施 REITs、私募股权基金、信托计划等，业务体量、内外部管理要求与所配备的资源及人力存在失衡，投后人均管理外购产品规模超过 500 亿元、数量超过 70 个，远高于行业自主发行的管理规模及产品数量。

3. 存在"重风险应对，轻前置介入"的问题。调研显示，现有的投后风险管理相关研究屈指可数，关于投后管理的实证研究与案例分析较为零散，管理手段也相对刻板及滞后。

4. 存在"重运营，轻管理"的问题。调研显示，在实操中，项目投后管理阶段的各类事务性工作却占用了投后管理人员较多精力，例如发行产品收益分配、外购项目收息、询证函、审计信息确认、采购付费、数据要素变更维护等，进而挤占核心管理事项的投入，对投后管理的实施质量形成负面影响。

5. 存在"重风控、轻增值"的问题。调研发现，机构投后管理逐渐呈现从被动型向主动型，从粗放型向精细化，从风险管理向"风控+赋能"的方向发展。在实际管理过程中，由于不少机构的投后管理人员不参与投资决策、交易谈判及合同签署环节，缺乏资源对接、业务合作、经验分享等增值与赋能的路径及实现方式，丧失挖掘被投项目与保险业务的互动机会，未能实现综合协同。

6. 存在"重自主决策，轻专业支持"的问题。另类投资项目在投资决策阶段均会根据实际需求聘请相关专业机构来支持投决。外部财务、法律、税务、评估等机构会从各自角度提供专业意见，但在投后阶段较少配备相关机构，而基本上都是主要依赖投后人员的基本素养及业务认知来理解及主动发现相关问题，外部专业机构的支持在投后管理阶段存在一定缺位。

【专项十一】中国养老财富储备调查[①]

一、调查背景和意义

有效应对人口老龄化的挑战，对于我国全面建设社会主义现代化国家具有重要意义。为此，中国保险资产管理业协会（以下简称协会）自成立以来，从养老意识培养、养老规划安排及养老金融风险防范等方面，积极推进相关研究和实践工作，助力养老金融发展。2021年，协会推出"全民大众话养老"养老金融教育品牌，围绕养老金融需求、养老金融政策、养老金融国际经验借鉴等方面开展了一系列丰富多彩活动，旨在凝聚行业力量，助力国家养老战略实施。

二、调查内容

"全民大众话养老——您的需求不能少"是养老金融教育系列活动之一，通过调研问卷形式，了解全民大众对养老政策、养老金融产品、养老金融服务等方面的需求并形成《中国养老财富储备调查报告》系列报告。《中国养老财富储备调查报告（2023）》包含基本信息、养老财富储备意识与规划、养老财富储备积累与管理、养老财富储备产品与服务、养老问题大众有话说以及建议部分。调研范围覆盖全国34个省级行政区，共回收有效样本8 713份。

三、调查主要发现

（一）养老财富储备意识与规划

我国居民的财富储备意识较强，近九成受访者已经配置金融产品，保险受到欢迎。保险类产品是近一半受访者（45.4%）持有最多的金融产品，居各类金融产品首位，

[①] 本部分为教育部哲学社会科学研究重大课题攻关项目"促进我国多层次养老保险体系发展研究"（项目批准号：21JZD035）阶段性成果。

尤其受年收入 20 万元及以下受访者群体欢迎（见图 5-11-1）。或是由于保险类产品种类丰富多样、兼顾风险保障和储蓄投资混合属性，也侧面反映出保险在全民大众心中具有的保障意义。

税前个人收入 \ 投资最多的金融产品	银行类产品	保险类产品	基金证券类产品	信托类产品	互联网类金融产品	其他
10万元及以下	27.0%	50.5%	7.3%	0.4%	4.8%	9.9%
11万~15万元	32.9%	47.3%	11.3%	0.8%	5.3%	2.5%
16万~20万元	32.6%	44.8%	15.9%	1.5%	4.0%	1.1%
21万~30万元	35.4%	33.9%	25.4%	0.8%	3.2%	1.3%
31万~40万元	37.5%	30.7%	23.6%	2.1%	3.8%	2.4%
41万~60万元	34.5%	28.2%	33.0%	0.3%	2.4%	1.5%
61万~100万元	36.4%	23.8%	35.1%	1.7%	1.7%	1.3%
100万元以上	35.3%	25.0%	36.8%	1.5%	0.0%	1.5%
总体	30.4%	45.4%	13.1%	0.7%	4.4%	6.0%

图 5-11-1 受访者持有占比排名第一的金融产品（按税前个人年收入区分）

注：银行类产品指银行储蓄、银行理财产品等；保险类产品指重疾险、医疗保险、年金保险、财产保险、个人税延养老保险、商业养老保险等；基金证券类产品指公募基金、股票、债券、私募基金等；互联网类金融产品指余额宝、零钱通等流动性货币金融产品。

资料来源：中国保险资产管理业协会《中国养老财富储备调查报告（2023）》

基本养老保险持续发挥着"压舱石"作用，是最核心和重要的退休后收入来源。与此同时，基本养老保险在满足大众日益增长的美好生活需要方面压力渐显。64.3%的受访者认为仅依靠基本养老保险较难，甚至极难实现理想中的退休生活，该比例较 2021 年上升了 1.7 个百分点（见图 5-11-2）。

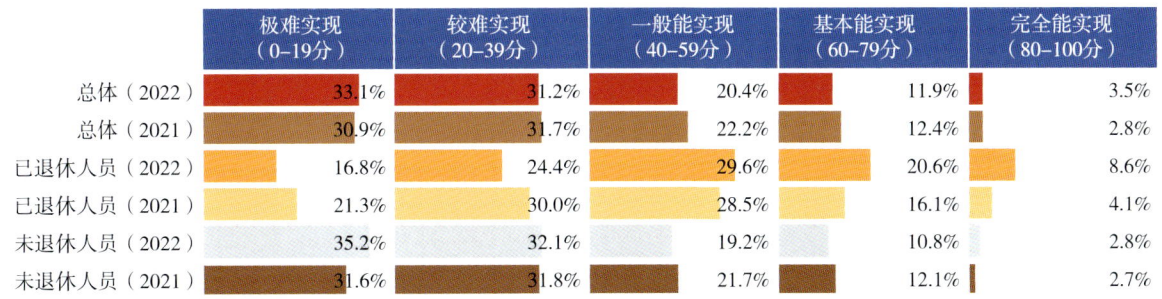

图 5-11-2 仅依靠社保养老金收入对实现理想退休生活的信心

资料来源：中国保险资产管理业协会《中国养老财富储备调查报告（2023）》

在政策宣导、行业及市场紧锣密鼓的宣传推动下，2022 年受访者养老规划意识整体有所提升，但随着我国人口老龄化进程不断加快，全民大众养老财富储备意识和养老规划意识仍有提高空间。除政策性养老金储备①之外，额外进行养老储备已成为共识（见图5-11-3）。

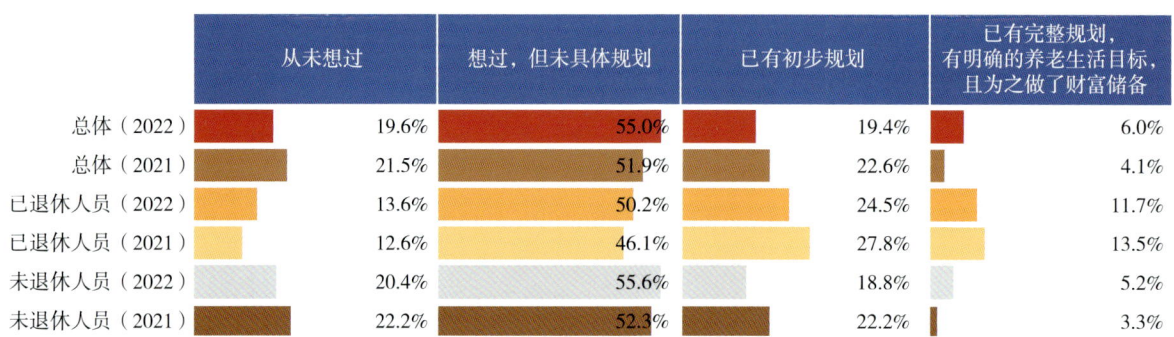

图5-11-3 受访者养老规划完善程度

资料来源：中国保险资产管理业协会《中国养老财富储备调查报告（2023）》

（二）养老财富储备积累与管理

个人养老金政策制度宣传仍有较大空间。调研显示，约40%受访者仅听说过该政策制度，但不了解，12%受访者通过本次问卷调查第一次了解个人养老金政策制度。灵活就业人员有近50%了解个人养老金政策制度，高出平均数据近5个百分点（见图5-11-4）。

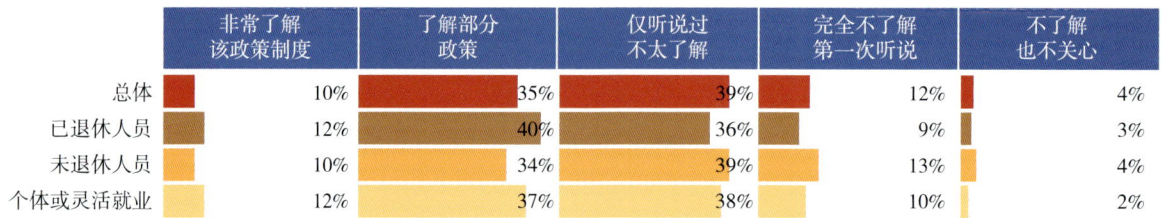

图5-11-4 受访者对个人养老金制度政策了解程度

资料来源：中国保险资产管理业协会《中国养老财富储备调查报告（2023）》

大部分受访者（七成）愿意参加个人养老金制度，已退休受访者（近80%）和个体或灵活就业人员的参加意愿更高。个人养老金试点政策吸引力仍有提升空间，随着个人养老金制度实施，大众对于政策长远发展也抱有更多期待。不论是已退休受访者还是未退休受访者，"加大税收优惠或者财政补贴力度""设置必要应急取出与补缴的配套机制""建立方便大众选择的默认产品组合""考虑以家庭为单位设置养老金，实现家庭税收优惠/财政补贴共享"都是受访者集中关心的内容（见图5-11-5）。

---

① 本文政策性养老金储备是指"基本养老保险、企（职）业年金"储备。

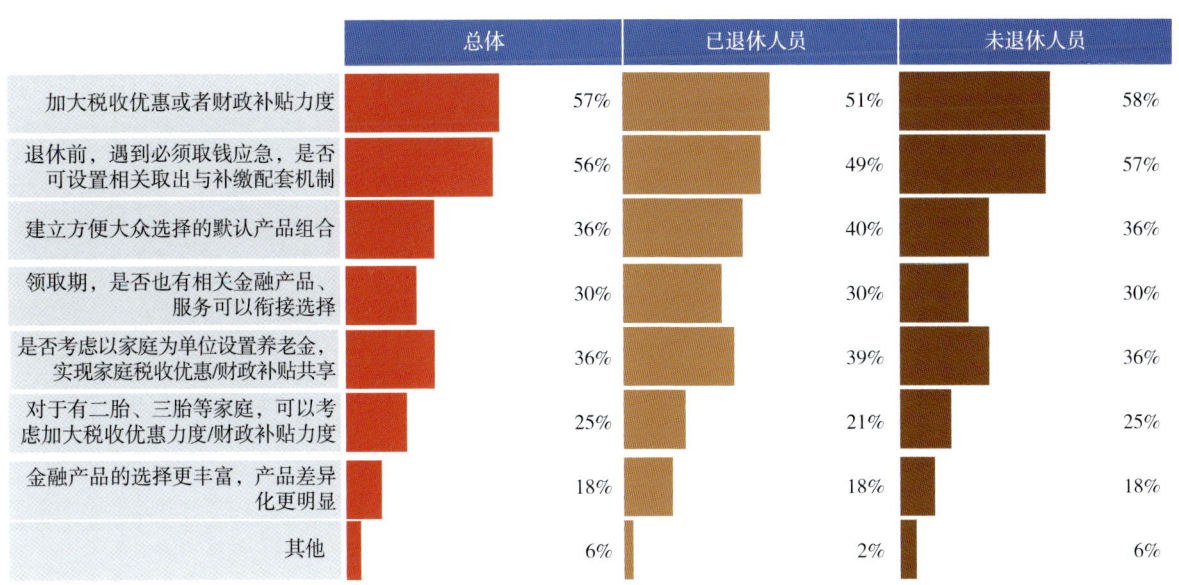

图 5–11–5　受访者对个人养老金制度更多期许

资料来源：中国保险资产管理业协会《中国养老财富储备调查报告（2023）》

（三）养老财富储备产品与服务

受访者对于养老金融产品不能随用随取的锁定时间、预期收益率与风险偏好整体呈现多样化视角。结合流动性、收益、风险三项特征分析，"5年流动性锁定、3.5%以上保底收益率"是受访者所更为偏好的组合形式（见图5–11–6）。

最长锁定时间（流动性） \ 风险收益偏好	保底收益率 1%~2%	保底收益率 2%~3%	保底收益率 3%~3.5%	保底收益率 3.5%以上	浮动收益率，只要不亏本就行	浮动收益率，每年都能略微跑赢当年通货膨胀（即可抵抗物价变化）	浮动收益率，可以接受亏本，但希望每年单个产品亏损本金幅度不超过5%，上浮收益率有机会能达到5%	浮动收益率，收益率越高越好，同时也接受可以亏损大部分本金，甚至完全亏损本金的情况	对于收益率、风险完全不了解，完全没概念，无法回答该问题
1年以下	1.5%	1.2%	1.4%	2.5%	1.1%	0.9%	0.4%	0.2%	5.0%
1年	1.8%	2.4%	3.4%	3.9%	1.2%	1.5%	0.7%	0.1%	2.7%
2年	0.6%	1.5%	1.9%	2.3%	0.4%	0.8%	0.5%	0.0%	0.6%
3年	0.6%	1.8%	3.8%	4.7%	0.9%	1.6%	1.1%	0.2%	0.8%
5年	0.5%	1.4%	4.1%	6.4%	0.9%	2.0%	1.4%	0.2%	0.8%
10年	0.2%	0.6%	2.3%	3.7%	0.6%	1.3%	0.7%	0.1%	0.4%
15年	0.1%	0.1%	0.5%	0.7%	0.1%	0.2%	0.3%	0.0%	0.1%
15年以上	0.0%	0.1%	0.4%	0.8%	0.1%	0.4%	0.3%	0.1%	0.1%

图 5–11–6　受访者对养老金融产品流动性、收益、风险偏好（总体）

资料来源：中国保险资产管理业协会《中国养老财富储备调查报告（2023）》

养老金融产品特征仍需突出，信息披露需关注。"国家政策支持""长期限保底收益率""专为养老设计"成为四成以上受访者购买时所考虑的三个主要因素（见图5-11-7）。通过综合评分来看，除风险和收益特征外，受访者对于养老金融产品所应该具备的特征前三名分别是"产品设计简单易懂，优缺点明确，且信息公开透明、按时披露""该金融产品能为我提供养老相关服务①""可以一直领退休福利直至去世"。

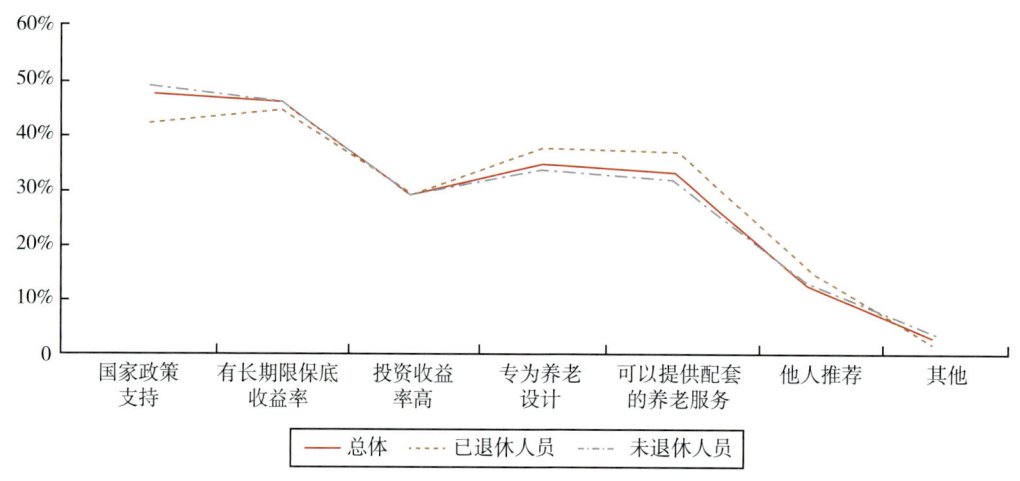

图5-11-7 受访者购买部分养老金融产品所考虑的因素

资料来源：中国保险资产管理业协会《中国养老财富储备调查报告（2023）》

线下渠道接受程度更高，专业人员规划受青睐，"国家养老金政策法规"仍是大众最想了解的知识内容。大众了解并选择养老金融产品的渠道方式多种多样，约45%受访者倾向于保险公司、银行或理财公司线下专业人士介绍，30%受访者选择保险公司、银行或理财公司线上渠道（APP或者公众号等），22%受访者偏好第三方互联网平台。此外，近九成受访者愿意接受专业人员提供的养老金融规划服务。在养老金融知识方面，大部分受访者更希望了解"国家养老金政策法规""与养老服务相关的长护险、健康险、重疾险、养老社区等知识"。

（四）养老问题——大众有话说

开放式问题搜集了大众关注的其他养老问题，共收回有效回答2 886份，占有效问卷数的33.12%。养老政策、养老金融与教育、医疗与养老服务和特殊养老需求②等话

---

① 养老相关服务：例如就医的绿色通道、养老院或养老社区入住资格、老年大学的入学资格、能提供上门服务、医疗照护等。
② 例如，农村养老、孤寡老人养老等，较为特殊的养老的需求。

题成为关注重点。从大众回答中看出，基本养老保险关注依旧，个人养老金政策还需宣传；产品简单安全呼声较高，金融教育任重道远；养老服务仍待扩面，社区养老呼声最高；精细化需求值得关注，"普惠"成为热词（见图5-11-8）。

图5-11-8 受访者所关注的养老问题（NLP关键词图）

资料来源：中国保险资产管理业协会《中国养老财富储备调查报告（2023）》

三、推动养老财富储备发展的建议

（一）持续完善政策顶层设计

一是适度拓宽试点群体。调查显示，临近退休人群以及已退休人群（50岁及以上）对个人养老金试点参与意愿最强烈，建议未来可考虑进一步放宽参加个人养老金制度人群年龄限制。二是适当增加政策的灵活性，在领取条件上，可根据实际情况予以一定的放宽，明确在未满足退休年龄的情况下，因医疗应急、意外伤残等特殊原因，导致确需提前支取规则。三是探索灵活的财税优惠模式。对于收入区间在10万元及以下、20万元以上人群，个人养老金试点政策吸引力开始降低。建议考虑差异化税收优惠或减免政策，让低收入群体可享受到一定的政策优惠，从而进一步调动大众整体参与个人养老金积极性。四是探索家庭账户等创新模式。可考虑逐步建立家庭养老金账户制，实现家庭税收优惠/财政补贴共享，可进一步考虑个人/家庭养老金补贴政策与生育政策相结合，当期生育激励与远期养老制度性补贴安排共同发力，通过降低当期生育压力、远期养老压力，提高大众生育意愿，改善人口结构，积极应对人口老龄化。

（二）推动养老金融产品和服务创新

一是建议产品端适度松绑，匹配大众需求。建议监管部门研判考虑、适度放开长期限养老金融产品保底收益率上限水平，一方面，可匹配更多大众长期养老投资需求，为推动全民大众养老财富储备提供有力支持；另一方面，可使金融机构从养老金融产品的本质出发、以养老需求为导向，设计有效让渡流动性、实现长期稳健收益的产品形态。二是建议强化行业服务评价建设和标准化建设。建议由行业协会牵头，配合监管部门逐步建立公开透明的养老金融产品评价与反馈机制，加强行业自律管理，推进金融服务标准化建设，提高消费者比价、比质的便捷度。通过专家反馈及大众评价，推动行业不断提升以需求为导向的产品服务、提升服务质效，优化服务生态，真正提升全民大众的满意度和幸福感。

（三）加快养老金融信息服务平台建设

一是在监管部门的支持下，持续完善专业化、数据化、便捷化的官方养老保险体系综合服务平台，整合三大支柱查询功能，新增"一键查询"，进一步提升大众参与的便捷性和获得感。二是参与试点的各商业银行加快系统建设部署，尽快对接上架储蓄存款、理财产品、商业养老保险、公募基金等各类皆已符合规定的个人养老金产品，以满足已开设个人养老金账户的参与人不同流动性、风险、收益偏好，自主选择各类适合自己的产品。三是个人养老金产品发行、销售机构应加强自身平台建设与宣传，为参加人提供更多了解产品的机会与购买渠道，提供便利的购买、赎回等服务，真正提升个人养老金全面参与、全民参与的便捷性。

（四）持续开展养老金融宣传教育

建议从不同维度系统性推进养老金融教育，提高民众养老规划意识和风险防范能力。政府部门侧重养老金融教育的权威性和广覆盖，加大政策宣传力度；监管部门规范养老金融业务宣传标准和要求，减少产品服务销售误导；金融机构积极开展知识普及活动，对于养老金融产品购买者进行有效的普及教育，帮助其更好地选出适合自己的养老金融产品；行业协会配合政府和监管部门做好宣传配合工作，推动建立养老财富规划师行业标准，搭建养老金融教育基地，大力发展职业教育平台，加强行业人才选择、培养和再教育。

（五）加强国际交流，探索中国式现代化目标下的养老金融发展

人口老龄化问题仍是全球所面临的共同挑战。监管部门、自律组织和市场主体，应不断研究全球在应对人口老龄化、服务老龄社会、开展养老金融教育、增厚养老财富储备等方面先进或失败的经验及举措，加强国际交流和人才培养，在制度上、服务上和效果上提质增效，在探索中国式现代化的大目标背景下，积极探索适合中国养老金融发展之路。

《中国养老财富储备调查报告（2023）》

以上为报告精华摘要，报告全文敬请扫描二维码获取。

附 录

附录一

2020—2022 年保险资产管理行业主要政策目录[*]

（以发布时间次序排列）

发布时间	政策名称	政策文号	政策方向	内容概要
2020年1月3日	中国银保监会关于推动银行业和保险业高质量发展的指导意见	银保监发〔2019〕52号	银行保险机构高质量发展	深入贯彻落实以习近平同志为核心的党中央的决策部署，推动银行业和保险业高质量发展，更好服务现代化经济体系建设
2020年2月21日	关于商业银行、保险机构参与中国金融期货交易所国债期货交易的公告	证监会公告〔2020〕12号	银行保险机构参与国债期货交易	允许符合条件的试点商业银行和具备投资管理能力的保险机构，按照依法合规、风险可控、商业可持续的原则，参与中国金融期货交易所国债期货交易
2020年3月25日	保险资产管理产品管理暂行办法	中国银行保险监督管理委员会令2020年第5号	保险资产管理产品管理	规范保险资产管理产品业务发展，统一保险资产管理产品监管标准，引导保险机构更好服务实体经济，有效防范金融风险
2020年5月6日	中国银保监会关于金融资产投资公司开展资产管理业务有关事项的通知	银保监发〔2020〕12号	参与投资债转股投资计划	保险资产管理机构等相关机构，可以在依法合规的前提下使用自有资金、合法筹集或管理的专项用于市场化债转股的资金投资债转股投资计划。保险资金、养老金等可以依法投资债转股投资计划
2020年5月27日	中国银保监会关于保险资金投资银行资本补充债券有关事项的通知	银保监发〔2020〕17号	银行资本补充债券投资	贯彻落实金融委相关会议精神，进一步拓宽银行资本补充渠道，扩大保险资金运用空间
2020年6月24日	中国银保监会关于开展银行业保险业市场乱象整治"回头看"工作的通知	银保监发〔2020〕27号	整治市场乱象	巩固拓展乱象整治成果，坚决打赢防范化解金融风险攻坚战，组织开展银行业保险业市场乱象整治工作"回头看"

[*] 截止时间为 2022 年 12 月 31 日。

续表 1

发布时间	政策名称	政策文号	政策方向	内容概要
2020 年 7 月 1 日	中国银保监会办公厅关于印发保险资金参与金融衍生产品交易办法等三个文件的通知	银保监办发〔2020〕59 号	保险资金参与金融衍生产品交易	进一步规范保险资金参与金融衍生产品交易，防范资金运用风险，维护保险当事人合法权益，制定《保险资金参与金融衍生产品交易办法》《保险资金参与国债期货交易规定》和《保险资金参与股指期货交易规定》
2020 年 7 月 17 日	中国银保监会办公厅关于优化保险公司权益类资产配置监管有关事项的通知	银保监办发〔2020〕63 号	保险公司权益类资产配置	进一步深化保险资金运用市场化改革，赋予保险公司更多投资自主权，实施差异化的审慎监管
2020 年 8 月 28 日	中国银保监会关于印发健全银行业保险业公司治理三年行动方案（2020—2022 年）的通知	银保监发〔2020〕40 号	银行业保险业公司治理	进一步深化银行业保险业公司治理改革、加强公司治理监管，持续提升我国银行业保险业公司治理的科学性、稳健性和有效性
2020 年 9 月 9 日	中国银保监会办公厅关于保险资金投资债转股投资计划有关事项的通知	银保监办发〔2020〕82 号	保险资金投资债转股投资计划	提升服务实体经济质效，优化保险资产配置结构，按照市场化法治化原则，进一步明确保险资金投资债转股投资计划有关事项
2020 年 9 月 11 日	中国银保监会办公厅关于印发组合类保险资产管理产品实施细则等三个文件的通知	银保监办发〔2020〕85 号	组合类保险资产管理产品	规范保险资产管理产品业务发展，强化风险管控，维护投资者合法权益，制定《组合类保险资产管理产品实施细则》《债权投资计划实施细则》和《股权投资计划实施细则》
2020 年 10 月 10 日	中国银保监会关于优化保险机构投资管理能力监管有关事项的通知	银保监发〔2020〕45 号	保险机构投资管理能力	深化保险资金运用市场化改革，持续推进投资管理能力事中事后监管，明确保险机构投资管理能力标准
2020 年 11 月 13 日	中国银保监会关于保险资金财务性股权投资有关事项的通知	银保监发〔2020〕54 号	保险资金财务性股权投资	加大保险资金对实体经济股权融资支持力度，提升社会直接融资比重，取消保险资金财务性股权投资的行业限制
2020 年 12 月 30 日	中国银保监会办公厅关于深化银行业保险业"放管服"改革 优化营商环境的通知	银保监办发〔2020〕129 号	优化营商环境	推进银行业保险业简政放权、优化服务，更大激发市场活力，推动营商环境持续改善
2021 年 1 月 12 日	中国银保监会办公厅关于印发保险资产管理公司监管评级暂行办法的通知	银保监办发〔2021〕5 号	保险资产管理机构监管评级	吸收借鉴国内外金融机构分类监管的相关经验做法，建立实施保险资产管理公司的监管评级制度，并根据评级结果，在市场准入、业务范围、产品创新、现场检查等关键领域采取差异化监管措施

续表 2

发布时间	政策名称	政策文号	政策方向	内容概要
2021 年 1 月 25 日	保险公司偿付能力管理规定	中国银行保险监督管理委员会令 2021 年第 1 号	保险公司偿付能力管理	将偿二代监管规则中原则性、框架性要求上升为部门规章，并进一步完善监管措施，以提高其针对性和有效性，更好地督促和引导保险公司恢复偿付能力
2021 年 2 月 18 日	银行保险机构声誉风险管理办法（试行）	银保监发〔2021〕4 号	声誉风险管理	完善声誉风险管理制度体系，吸收固化声誉风险管理良好做法，对原先两部声誉风险管理指引进行修订
2021 年 5 月 15 日	中国银保监会办公厅关于开展专属商业养老保险试点的通知	银保监办发〔2021〕57 号	第三支柱养老保险	发展第三支柱养老保险和商业养老保险，更好地服务多层次、多支柱养老保险体系建设，开展专属商业养老保险试点
2021 年 6 月 8 日	中国银保监会关于印发银行保险机构公司治理准则的通知	银保监发〔2021〕14 号	银行保险机构公司治理	推动银行保险机构提高公司治理质效，促进银行保险机构科学健康发展
2021 年 6 月 9 日	银行保险机构恢复和处置计划实施暂行办法	银保监发〔2021〕16 号	银行保险机构恢复和处置计划机制	充分借鉴国际监管良好实践，及时总结防范和化解金融风险攻坚战的有益经验，补齐监管制度短板
2021 年 9 月 28 日	中国银保监会办公厅关于资产支持计划和保险私募基金登记有关事项的通知	银保监办发〔2021〕103 号	保险资产管理产品发行制度改革	进一步深化保险资金运用市场化改革，提高服务实体经济质效，保险资产管理机构的资产支持计划和保险私募基金由注册制改为登记制
2021 年 10 月 14 日	中国银保监会关于印发银行保险机构大股东行为监管办法（试行）的通知	银保监发〔2021〕43 号	大股东行为监管	进一步加强股东股权监管，完善银行保险机构公司治理，有效防范金融风险，强化大股东行为监管
2021 年 11 月 17 日	中国银保监会办公厅关于保险资金投资公开募集基础设施证券投资基金有关事项的通知	银保监办发〔2021〕120 号	保险资金投资公募 REITs	为进一步丰富保险资产配置结构，助力盘活基础设施存量资产，提高直接融资比重，从制度层面明确投资规范和监管规则
2021 年 11 月 19 日	中国银保监会办公厅关于调整保险资金投资债券信用评级要求等有关事项的通知	银保监办发〔2021〕118 号	调整保险资金投资债券信用评级要求	为规范保险资金债券投资行为，防范资金运用风险，调整保险资金投资债券信用评级要求等
2021 年 11 月 30 日	保险集团公司监督管理办法	中国银行保险监督管理委员会令 2021 年第 13 号	保险集团公司监督管理	为进一步加强对保险集团公司的监督管理，有效防范保险集团经营风险，促进金融保险业健康发展，适应保险集团发展和监管的要求

续表 3

发布时间	政策名称	政策文号	政策方向	内容概要
2021年12月3日	中国银保监会办公厅关于保险资金参与证券出借业务有关事项的通知	银保监办发〔2021〕121号	保险资金参与证券出借业务	为进一步深化保险资金运用市场化改革，规范保险资金参与证券出借业务行为，有效防范风险
2021年12月17日	中国银保监会关于修改保险资金运用领域部分规范性文件的通知	银保监发〔2021〕47号	保险资金运用领域部分文件修改	为进一步激发市场主体活力，提升保险资金服务实体经济质效，有效防范相关领域风险，对部分规范性文件集中修订
2021年12月24日	中国银保监会办公厅关于规范和促进养老保险机构发展的通知	银保监办发〔2021〕134号	发展第三支柱养老保险	推动养老保险公司和养老金管理公司走专业化发展道路，更好服务第三支柱养老保险建设
2021年12月30日	中国银保监会关于印发保险公司偿付能力监管规则（Ⅱ）的通知	银保监发〔2021〕51号	偿付能力监管规则	结合金融工作新要求和保险监管新形势，原银保监会对现行偿二代监管规则进行了全面修订升级
2022年1月14日	银行保险机构关联交易管理办法	中国银行保险监督管理委员会令2022年第1号	关联交易	为进一步加强关联交易监管，规范银行保险机构关联交易行为，防范利益输送风险，健全银行业保险业关联交易管理
2022年1月19日	中国银保监会关于精简保险资金运用监管报告事项的通知	银保监规〔2022〕1号	精简报送事项	进一步落实国务院"放管服"改革要求，整合监管资源，聚焦风险监管，提高监管质效
2022年1月20日	保险公司非现场监管暂行办法	中国银行保险监督管理委员会令第3号	非现场监管	总结保险公司非现场监管的工作经验，明确了保险公司非现场监管的职责分工，规范了保险公司非现场监管的工作流程
2022年1月26日	中国银保监会办公厅关于银行业保险业数字化转型的指导意见	银保监办发〔2022〕2号	数字化转型	加快数字经济建设，全面推进银行业和保险业数字化转型，推动金融高质量发展，更好服务实体经济和满足人民群众需要
2022年5月13日	中国银保监会关于印发保险资金委托投资管理办法的通知	银保监规〔2022〕9号	保险资金委托投资	进一步规范保险资金委托投资行为，强化保险机构主体责任，防范委托投资风险
2022年5月13日	中国银保监会关于保险资金投资有关金融产品的通知	银保监规〔2022〕7号	保险资金投资金融产品	为进一步优化保险资产配置结构，提升保险资金服务实体经济质效，防范投资风险
2022年6月2日	中国银保监会关于印发银行业保险业绿色金融指引的通知	银保监发〔2022〕15号	绿色金融	促进银行业保险业发展绿色金融，积极服务兼具环境和社会效益的各类经济活动，更好助力污染防治攻坚，有序推进碳达峰、碳中和

续表 4

发布时间	政策名称	政策文号	政策方向	内容概要
2022年6月2日	中国银保监会关于加强保险机构资金运用关联交易监管工作的通知	银保监规〔2022〕11号	关联交易	进一步加强保险机构资金运用关联交易监管工作，规范保险资金运用关联交易行为，防范投资风险
2022年8月5日	保险资产管理公司管理规定	中国银行保险监督管理委员会令2022年第2号	保险资产管理公司管理规定	进一步深化金融供给侧结构性改革，强化保险资产管理公司监管，促进保险资产管理行业高质量发展
2022年11月10日	保险保障基金管理办法	中国银行保险监督管理委员会、中华人民共和国财政部、中国人民银行令2022年第7号	保险保障基金管理	促进保险业稳健经营和高质量发展，更好发挥保险保障基金的积极作用，维护保单持有人合法权益
2022年11月30日	银行保险机构公司治理监管评估办法	银保监规〔2022〕19号	银行保险机构公司治理	进一步加强和改进金融机构公司治理监管，切实提升公司治理有效性，贯彻原银保监会2022年弥补监管制度短板方案要求
2022年12月1日	中国银保监会办公厅关于开展养老保险公司商业养老金业务试点的通知	银保监办发〔2022〕108号	商业养老金	贯彻落实党的二十大关于发展多层次、多支柱养老保险体系的决策部署，进一步丰富商业养老金融供给，更好满足人民群众多样化养老需求，开展养老保险公司商业养老金业务试点
2022年12月30日	银行保险机构消费者权益保护管理办法	中国银行保险监督管理委员会令2022年第9号	消费者权益保护	维护公平公正的金融市场环境，切实保护银行业保险业消费者合法权益，促进行业高质量健康发展

资料来源：国家金融监督管理总局官网

附录二

保险资产管理行业大事记

2022年1月12日,由温州市人民政府、浙江银保监局与中国保险资产管理业协会共同主办的"保险业支持温州金融综合改革暨险资入温对接会"在温州召开。

2022年1月14日,原银保监会发布《银行保险机构关联交易管理办法》,进一步加强关联交易监管,规范银行保险机构关联交易行为。

2022年1月18日,中国保险资产管理业协会第三届信用专委会成立大会暨第一次会议召开。

2022年1月26日,原银保监会发布《关于银行业保险业数字化转型的指导意见》,全面推进银行业和保险业数字化转型,推动金融高质量发展。

2022年2月24日,中国保险资产管理业协会第三届保险资金运用内部控制专业委员会成立大会暨第一次会议召开。

2022年3月10日,平安资管发起设立的"平安-江西交投基础设施绿色债权投资计划"成功落地,成为国内首单经绿色认证的保险债权投资计划。

2022年3月30日,中国保险资产管理业协会战略专委会和研究专委会联合召开"2022年一季度保险资金运用形势分析会"。

2022年4月18日,平安人寿向市场发布保险公司首个ESG债券定制策略指数"中债-平安人寿ESG整合策略信用债指数",旨在积极探索可持续投资实践与行业发展的双向互赢。

2022年4月27日,国寿投资-首创钜大奥特莱斯资产支持计划成功设立。该计划发行规模13.50亿元,是保险市场首单投资性不动产抵押贷款资产支持计划(CMBS),是国寿投资公司以实际行动积极贯彻落实党中央重大战略部署,服务实体经济,促进消费内循环的重要举措。

2022年4月28日,中国保险资产管理业协会以通讯方式召开第三届理事会第二次会议。

2022年5月13日,原银保监会发布《保险资金委托投资管理办法》,进一步规范保险资金委托投资行为,强化保险机构主体责任,防范委托投资风险。

2022年5月13日,原银保监会发布《关于保险资金投资有关金融产品的通知》,进一步优化保险资产配置结构,提升保险资金服务实体经济质效,防范投资风险。

2022年5月18日-19日,广西地方金融监管局与广西银保监局联合中国保险资产管理业协会成功举办了"险资入桂 共建金融开放门户"线上对接月活动。

2022年5月26日,中国保险资产管理业协会养老金专委会2022年第一次工作会议暨"协同推进个人养老金市场高质量发展"线上交流会成功召开。

2022年6月7日,中国保险资产管理业协会发布《2021—2022年中国保险资产管理行业运行调研报告》,这是协会连续第七年开展保险资产管理业综合调研。

2022年6月2日，原银保监会印发《银行业保险业绿色金融指引》，促进银行业保险业发展绿色金融，更好助力污染防治攻坚，有序推进碳达峰、碳中和。

2022年6月2日，原银保监会发布《关于加强保险机构资金运用关联交易监管工作的通知》，进一步加强保险机构资金运用关联交易监管工作，规范保险资金运用关联交易行为。

2022年6月9日，光大永明资产获批行业首只"稳经济、稳增长"专题组合类产品"光大永明资产－强实体稳增长权益类资产管理产品"。

2022年6月10日，人保资产完成保险资产管理行业的首笔债券出借业务。

2022年6月30日，中国保险资产管理业协会联合贵州省地方金融监督管理局，成功举办贵州省2022年"险资入黔"线上项目对接会暨保险资金运用培训会。

2022年7月19日，中国保险资产管理业协会战略专委会和研究专委会联合召开"2022年二季度保险资金运用形势分析会"。

2022年7月21日，中国保险资产管理业协会召开"当前形势下保险资金投资策略工作交流会暨2022年下半年保险资产管理业投资者信心调查结果发布"。

2022年8月5日，原银保监会发布《保险资产管理公司管理规定》，进一步深化金融供给侧结构性改革，强化保险资产管理公司监管，促进保险资产管理行业高质量发展。

2022年9月1-2日，中国保险资产管理业协会依托国际专家咨询委员会（IEAC），通过线上方式成功举办"第二届IAMAC资产管理发展论坛"。

2022年9月7日，中国保险资产管理业协会举办"2022年保险资产管理业投资业务交流暨2021年度IAMAC推介活动"。

2022年10月20日，人保资本领投广汽埃安183亿元A轮融资，创国内新能源整车行业最大单笔私募融资纪录。

2022年10月26日，"贯彻落实党的二十大精神 共促养老金融市场高质量发展"交流会暨中国保险资产管理业协会养老金专委会2022年第二次工作会议成功召开。

2022年11月17日，中国保险资产管理业协会召开第二届股权投资专业委员会2022年度工作会议暨保险资金"母基金"投资实践与展望交流会。

2022年11月21日，中再资产设立发行"中再资产－基建强国REITs主题资产管理产品"，为业内首批以公募REITs为主要投资标的的保险资产管理产品。

2022年11月23日，新阶段·新理念·新形势·新发展——中国保险资产管理业协会2022年度研究成果发布会顺利召开。

2022年11月23日，中国保险资产管理业协会第二届行业发展研究专业委员会成立大会暨第一次工作会成功召开。

2022年11月23日，中国保险资产管理业协会战略专委会和研究专委会联合召开"2022年四季度保险资金运用形势分析会"。

2022年11月29日，中国保险资产管理业协会第二届公开市场投资专业委员会成立大会暨第一次工作会成功召开。

2022年11月30日,原银保监会修订发布《银行保险机构公司治理监管评估办法》,进一步加强和改进金融机构公司治理监管,切实提升公司治理有效性。

2022年12月1日,原银保监会启动养老保险公司商业养老金业务试点,进一步丰富商业养老金融供给,更好满足人民群众多样化养老需求。

2022年12月9日,阳光资产控股股东阳光保险集团股份有限公司在香港联合交易所主板挂牌上市,成为国内第十家上市保险公司。

2022年12月23日,中国保险资产管理业协会召开2022年度保险资产管理产品创新工作会议。

2022年12月27日,中国保险资产管理业协会资产管理科技专业委员会资产管理科技前沿分享暨2022年第二次工作会顺利召开。

2022年12月30日,原银保监会发布《银行保险机构消费者权益保护管理办法》,切实保护银行业保险业消费者合法权益,促进行业高质量健康发展。

附录三

保险资产管理行业倡议书

一、中国保险资产管理业 ESG 尽责管理倡议书

各保险机构：

为贯彻党中央、国务院关于推动绿色发展的决策部署，落实（原）银保监会下发的《银行业保险业绿色金融指引》精神，保险资产管理业作为服务实体经济发展的重要主体，面对碳达峰碳中和战略下的机遇和挑战，要从促进保险业高质量发展出发，积极全面参与并推动绿色转型，也要从尽责管理①职责出发，充分发挥机构投资者的影响力，引导被投企业在内的利益相关方共同努力构建绿色发展生态圈，支持我国经济社会可持续发展，助力碳达峰碳中和目标的实现。为此，我们发出以下倡议：

一、在利益相关性上，与客户及受益人的利益保持一致。保险资产管理业各相关机构（以下简称各机构）要积极完善治理结构，逐步健全相关流程，践行追求长期价值的投资目标。各机构要主动了解客户和受益人在环境、社会和治理等方面的偏好，并根据其偏好调整投资策略和管理方式，与客户及受益人的长期利益保持一致。

二、在决策机制上，将重大环境、社会和治理（ESG）因素纳入投资决策。各机构要逐步建立将环境、社会、治理问题纳入投资决策的体系、流程与管理机制；要主动评估气候变化等 ESG 问题对整体投资组合价值、长期经济增长和金融市场稳定可能带来的系统性风险；要主动评估其投资组合中重大的环境、社会、治理风险和收益等要素，并在年度报告中进行披露。

三、在监督执行上，监督并积极参与被投资公司（企业）的环境、社会和治理（ESG）管理。各机构要积极采取有效措施，监测投资组合中的标的公司（企业），了解标的公司（企业）创造长期价值的战略和所面临的风险与机遇；关注影响被投资公司（企业）业务战略的环境气候和社会方面的相关风险，并建立应对机制；要积极参与到被投企业的环境、社会、治理风险的工作中，协助被投企业与相关方就相关风险管理进行主动沟通。

四、在沟通协同上，鼓励并推动与其他利益相关方就环境、社会和治理议题加强协作。各机构要积极与其他利益相关方进行交流，共同推进环境、社会和治理风险体系的建立。鼓励各机构借助

---

① 尽责管理，又称积极所有权，指机构投资者利用其影响力最大限度地实现包括经济、社会和环境资产的整体长期价值。这一整体长期利益是投资者实现其投资回报和客户及受益人的利益的基础。《负责任投资简介：尽责管理》https://www.unpri.org/download? ac = 15288

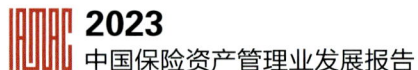

其影响力与其他利益相关方包括政策制定者、标准制定方、投资链上下游企业和专家学者积极互动，加强协作，形成合力，共同提升ESG尽责管理在中国市场的普及性和成熟度，促进实现共同的可持续发展目标。

五、在信息披露上，保持信息公开透明，披露可能对利益相关方产生重大影响的环境、社会和治理（ESG）信息。各机构应对其投资活动中有助于实现环境和社会目标的投资实践及自身的公司治理情况进行披露。鼓励各机构公开披露其投资活动中涉及环境、社会和治理（ESG）因素的公司战略和投资策略；鼓励各机构立足中国国情和自身实际履行披露义务。

六、在能力建设上，加强环境与气候金融风险的人才培养、数据建设及信息披露能力。鼓励各机构加强气候变化法规和政策的贯彻落实，主动评估环境与气候变化趋势对现有和未来投资回报的潜在影响；鼓励各机构加大在气候风险领域的能力建设，加强专业人才培养、开发数据平台、完善数据质量、提升气候风险投资管理质效。

当前，我国正努力推动经济社会运行进入创新成为第一动力、协调成为内生特点、绿色成为普遍形态、开放成为必由之路、共享成为根本目的的高质量发展阶段，积极促进保险资产管理业的质量变革、效率变革、动力变革，是我们义不容辞的责任和义务。为此，各保险机构要充分发挥长期资金优势和专业特长，把握绿色转型和高质量发展带来的投资机遇，积极作为、主动作为、有效作为，为应对气候变化，推动"双碳"目标实施，支持经济社会可持续发展，做出新的重要贡献！

中国保险资产管理业协会
2022 年 9 月

二、中国保险资产管理业推动个人养老金发展倡议书

各会员单位：

为积极应对我国人口老龄化的挑战，更好地满足社会公众多样化的养老金融需求，2022年4月，国务院办公厅印发《关于推动个人养老金发展的意见》（国办发〔2022〕7号，以下简称《意见》），明确了我国第三支柱养老保险的基础制度框架，标志着多层次、多支柱养老保险体系进入完善发展的新阶段。中国保险资产管理行业是养老金融市场的重要建设者，是个人养老金业务的重要参与者，为积极贯彻党中央、国务院的决策部署，全面落实中国银保监会《关于规范和促进商业养老金融业务发展的通知》的主旨精神，充分发挥保险资产管理行业的专业特点和业务优势，全方位、高质量地服务养老金融加快发展，发出如下倡议：

一、深刻认识推动个人养老金发展的重要意义

建立个人养老金制度，是我国积极应对人口老龄化的战略部署，是增强人民群众获得感、幸福感、安全感的重要举措。保险资产管理机构作为养老金市场的重要参与主体，要充分认识发展个人

养老金的重要性、艰巨性和紧迫性，将个人养老金业务纳入发展规划，主动作为，积极担当，协同努力，成为推动个人养老金发展的中坚力量。

二、全面提升养老金融服务水平和能力

保险资产管理机构应当恪尽职守、专业审慎、勤勉尽责，不断提升投资、研究、风控、销售等团队在养老金融业务领域的专业能力。建立适应养老金资金长期属性的考核评价机制，加强养老金资金投资与风险管理，发挥保险资产管理机构大类资产配置、长期投资、价值投资、稳健投资等方面优势，积极投向符合国家战略和产业政策的领域，实现长期稳定收益，满足长期保值增值诉求。

三、积极创新产品服务满足养老需求

鼓励保险资产管理行业各市场机构从养老金融产品的本质出发，立足于客户全生命周期的角度，以多层次养老需求为导向，探索创新，充分考虑不同人群、不同年龄层需求，提供长期直至终身的全方位服务。鼓励各市场机构积极探索商业养老金融产品与养老、健康、长期照护等服务相衔接的多元服务形式，构建多样化、综合性的解决方案，不断探索搭建产品与产业相结合的生态模式，满足大众多层次、多元化养老需求。

四、加强交流合作推动市场稳健发展

个人养老金制度建设是一项长期任务，需要各市场机构长期跟踪、深入研究和探索思考，要及时总结分享业务试点经验，积极为监管部门建言献策，为行业参与者提供更多的见解和参考，为其他个人商业养老金融市场发展及业务创新等提供良好借鉴。养老金融市场涉及业务链条长、服务范围广、参与机构众多，需要各方凝聚共识，在依法合规、风险可控前提下，加强跨业交流合作，共同推动养老金融市场稳健发展。

五、持续开展社会公众养老金融教育

凝聚行业力量，鼓励各市场机构从不同维度协同推进养老金融教育，加大养老领域政策、产品、服务等知识宣传力度。逐步提升社会公众养老意识与金融素养，形成长期投资和价值投资的理念，加强养老金融风险防范能力，做好养老财富储备与规划。通过多方位、广覆盖的养老金融教育，促进养老金融市场发展，推动养老金融服务质量提高，助力国家养老战略。

六、推动数字化提升养老服务水平

增强科技赋能，加强"产品化、数字化、信息化、标准化"建设，为"智慧养老"提供有效支撑。提升信息披露质量，打造透明、便捷、普惠的养老金融产品及购买渠道。运用科技手段，提升各业务环节经营效率，加强风险甄别能力，满足风险保障需求，探索养老金融专业投顾服务、金融助老服务发展。

建立与人口老龄化进程相适应的个人养老金制度任重道远，希望保险资产管理业各市场机构积极承担职责，加强探索创新，努力提升服务水平，为推动我国养老金融市场高质量发展，为实现社会公众"老有所养、老有所医、老有所为、老有所学、老有所乐"目标，贡献行业智慧和积极力量！

中国保险资产管理业协会
2022 年 7 月

三、中国保险资产管理业 2022 年助力乡村振兴定点帮扶工作倡议书

各会员单位、全体同仁：

2022 年是党的二十大召开之年，也是全面实施乡村振兴战略的关键之年。过去一年中，中国保险资产管理业积极参与巩固拓展脱贫攻坚成果同乡村振兴有效衔接，助力定点帮扶地区守住不发生规模性返贫底线的同时，实现了新突破、取得了新成效。进入新发展阶段，我们将继续深入贯彻落实党中央、国务院和（原）银保监会党委决策部署，围绕产业兴旺、生态宜居、乡风文明、治理有效、生活富裕的基本要求，进一步落实好"1＋5"帮扶思路，为开启乡村全面振兴的新时代聚合保险资产管理业的坚实力量，在此，我们倡议：

一、坚持党建引领激发新成效

全面实施乡村振兴战略的深度、广度、难度都不亚于脱贫攻坚，必须始终坚持以习近平新时代中国特色社会主义思想为指引，坚持将党的领导深刻融入助力乡村振兴的全过程、各方面，切实担起政治责任，坚持"摘帽不摘责任、摘帽不摘政策、摘帽不摘帮扶、摘帽不摘监管"，以更坚决的态度、更有力的行动、更有效的成果，将落实各项助力乡村振兴、开展定点帮扶的任务举措放在重要突出位置。

二、坚持产业助力探索新路径

鼓励会员单位优先支持对帮扶地区绿色产业项目的资金投入，持续推进帮扶产业生产方式绿色化，重点支持技术提升、设施升级、理念更新等领域，推动帮扶地区调整优化农业产业结构。以长效可持续产业为抓手，助其探索发展壮大乡村绿色产业和乡村生态旅游，促成文化赋能旅游、旅游振兴乡村的良性循环关系。进一步助力当地打造绿色产业现代化示范项目和示范区，吸引更多优质外部资源参与当地潜力产业发展。

三、坚持消费帮扶实现新突破

加大帮扶地区特色农产品消费采购力度，鼓励会员单位在发放节日慰问福利时，优先采购消费帮扶地区农牧特色产品。充分发挥行业协作和定点帮扶工作机制作用，组织引导干部职工积极参与消费帮扶，自发购买定点帮扶地区特色产品。充分利用会员单位各类传播平台，宣传、推广当地特色农牧产品，探索"乡村特产＋互联网"模式，协助对接电商企业等载体，提升帮扶地区农产品产销规模，继续稳定提高当地农牧民生产生活水平。

四、坚持金融赋能开辟新思路

鼓励会员单位充分发挥包括保险资金在内的各类资金特色优势，进一步采取创新手段，探索通过创设资产管理产品、发起市场化基金、开展支农支小等多种方式，立足拥有中长期前景的长效项目，促进当地经济民生实现高质量发展。鼓励各单位发挥行业的保险保障功能，对"防贫保"等项目投入专项资金支持，筑牢防贫返贫保护网。支持帮扶地区美丽乡村建设项目，进一步保障当地农

牧民生产生活环境。

五、坚持文化建设树立新理念

鼓励会员单位参与帮扶地区民俗文化设施建设，加强党建文化阵地建设，丰富基层文化活动，提升党建工作水平，充分发挥文化建设在实施乡村振兴战略中的关键作用。建立健全乡村公共文化服务体系助推乡村文化振兴，充分挖掘定点帮扶地区优秀文化内涵，通过打造"农旅文化"直播间，探索创新融合新思路，推动发展特色民俗文化，丰富帮扶地区文化生活。

六、坚持人才集聚构筑新活力

鼓励会员单位在内蒙古乌兰察布察右后旗帮扶地区深入开展"送金融知识下乡"活动，有效利用线上线下渠道，提高当地群众金融知识水平和金融风险防范意识。持续加大对农民工、大学生、科技人员、乡土人才在帮扶地区创新创业的支持力度，助力定点帮扶地区强化人才支撑，回引本土人才，推动外来人才入乡，为全面推进乡村振兴提供坚实的人才基础。

各位会员、全体同仁，乡村振兴任重道远，我们必须脚踏实地、久久为功，向着全面建设社会主义现代化国家新征程更加积极有为地进行努力，为了完成这一目标，需要业内外机构更加有力的支持。乡村振兴是实现中华民族伟大复兴的一项重大任务，我们要立足新发展阶段、贯彻新发展理念、构建新发展格局，紧密团结在以习近平同志为核心的党中央周围，真抓实干，埋头苦干，奋力开创全面推进乡村振兴新局面，以实际行动迎接党的二十大胜利召开！

中国保险资产管理业协会

2022 年 5 月

附录四

2022 年保险资产管理公司情况统计表*

一、基本情况

1. 本表数据截至 2022 年末（单位：亿元），主营业务收入数据为 2022 年全年；
2. 具备的投资管理能力，包括：①信用风险管理能力，②股票投资管理能力，③衍生品运用管理能力，④债权投资计划产品管理能力，⑤股权投资计划产品管理能力，表中所填序号与此一一对应；
3. 按机构成立时间排序。

序号	机构名称	注册资本	资产管理规模	其中：专户管理规模			其中：保险资产管理产品管理规模			具备的投资管理能力注	主营业务收入	人员数量（人）
				系统内保险资金	系统外保险资金	其他资金	债权投资计划	股权投资计划	组合类保险资产管理产品			
1	中国人保资产管理有限公司	12.98	14 581.68	11 422.41	308.82	125.07	454.49	165.78	2 580.23	①②③④⑤	14.78	367
2	中国人寿资产管理有限公司	40	42 623	39 824	83	2	1 063	386	4 040	①②③④⑤	48.18	504
3	华泰资产管理有限公司	6.01	6 826.79	508.96	122.94	2 400.90	1 825.36	0.74	882.43	①②③④⑤	12.01	286
4	中再资产管理股份有限公司	15	4 288.77	3 177.65	29.19	0.44	127.97	72.53	880.98	①②③④⑤	4.91	176
5	平安资产管理有限责任公司	15	43 321.86	34 520.54	288.60	17.06	2 756.75	202.29	4 339.67	①②③④⑤	45.37	493

* 本附录数据来源于各保险资产管理公司填报的"2022 年保险资产管理公司情况统计表"，协会不对数据真实性、完整性负责，如与实际情况存在差异，请以各公司官方披露数据为准。

续表1

序号	机构名称	注册资本	资产管理规模	其中：专户管理规模			其中：保险资产管理产品管理规模			具备的投资管理能力注	主营业务收入	人员数量（人）
				系统内保险资金	系统外保险资金	其他资金	债权投资计划	股权投资计划	组合类保险资产管理产品			
6	泰康资产管理有限责任公司	10	24 457.13	10 814.09	290.19	7 897.04	1 047.81	234.26	3 626.09	①②③④⑤	46.52	835
7	新华资产管理股份有限公司	5.00	15 241.97	10 446.21	—	—	419.20	—	4 376.56	①②③④⑤	12.41	240
8	太平洋资产管理有限责任公司	21	14 023.94	9 381.22	49.27	13.42	1 690.71	6.42	2 833.42	①②③④⑤	14.05	274
9	太平资产管理有限公司	10	12 032	7 908	71.3	188	611.48	378.31	3 546.25	①②③④⑤	15.21	374
10	大家资产管理有限责任公司	6	10 336.58	6 779.66	13.16	346.70	272.94	—	2 924.12	①②③④⑤	4.53	234
11	生命保险资产管理有限公司	5	2 167.35	1 414.79	4.33	6.17	421.10	—	320.97	①②③④	2.78	133
12	光大永明资产管理股份有限公司	5	4 776.04	737.78	207.8	22.26	563.48	6.17	3 238.55	①②③④⑤	5.57	200
13	合众资产管理股份有限公司	2	1 515.34	1 207.49	53.09	—	167.39	23.13	64.24	①②③④⑤	1.99	112
14	民生通惠资产管理有限公司	1	2 017.29	856.96	36.46	—	198.53	—	832.78	①②③④	5.38	132
15	阳光资产管理股份有限公司	1.25	7 569.55	3 419.79	7.72	13.98	177.36	—	3 950.70	①②③④⑤	12.09	229
16	中英益利资产管理股份有限公司	1	456.29	—	4.45	—	266.62	—	185.22	①②③	1.24	64
17	中意资产管理有限责任公司	5	2 705.83	1 029.07	81.15	—	1 253.80	—	704.86	①②③④⑤	4.98	130

续表2

序号	机构名称	注册资本	资产管理规模	其中：专户管理规模			其中：保险资产管理产品管理规模			具备的投资管理能力注	主营业务收入	人员数量（人）
				系统内保险资金	系统外保险资金	其他资金	债权投资计划	股权投资计划	组合类保险资产管理产品			
18	华安财保资产管理有限责任公司	2	1 567.54	102.02	26.81	4.44	157.95	—	1 275.21	①②③④	2.36	131
19	长城财富保险资产管理股份有限公司	2	1 333.36	663.15	—	—	424.38		245.83	①②③④	1.46	105
20	英大保险资产管理有限公司	5.2	1 406.55	905.95	4.02	—	147.42	—	349.16	①②③④⑤	2.33	103
21	华夏久盈资产管理有限责任公司	5					54.64	0.37	—	①②③④⑤	4.17	218
22	建信保险资产管理有限公司	3	3 925.60	2 305.51	9.81	—	442.09	24.10	1 038.53	①②③④⑤	9.03	178
23	百年保险资产管理有限责任公司	1	2 887.47	2 343.19	406.70	137.58	279.68	—	334.19	①②④⑤	2.41	170
24	永诚保险资产管理有限公司	3	626.60	34.82	—	—	—	—	591.78	①②③	0.88	61
25	工银安盛资产管理有限公司	1	2 830.18	2 638.33	—	3.1	99.13	—	210.77	①②③④⑤	2.33	125
26	交银康联资产管理有限公司	1	1 097.28	1 001.88	—	—	95.4	—	—	①②④	1.04	53
27	中信保诚资产管理有限责任公司	5	1 661.74	1 588.27	—	—	6	—	67.47	①②③④⑤	2.17	115
28	招商信诺资产管理有限公司	5.00	1 647.33	1 088.68	—	—	383.47	—	175.18	①②③④⑤	2.19	132

续表3

序号	机构名称	注册资本	资产管理规模	其中：专户管理规模			其中：保险资产管理产品管理规模			具备的投资管理能力注	主营业务收入	人员数量（人）
				系统内保险资金	系统外保险资金	其他资金	债权投资计划	股权投资计划	组合类保险资产管理产品			
29	国寿投资保险资产管理有限公司	37	4 336.02	3 626.56	—	—	742.88	153.64	—	①④⑤	12.36	304
30	国华兴益保险资产管理有限公司	5	695.52	567.73	—	—	19.8	—	107.99	①②③④	1.23	72
31	安联保险资产管理有限公司	5	450.59	407.41	—	3.84	9.1	—	30.24	①②③④	0.43	85
32	人保资本保险资产管理有限公司	2	1 351.70	—	—	—	1 058.60	157.00	—	①④⑤	4.11	138
33	太平资本保险资产管理有限公司	2	62.71	62.71	—	—	—	—	—	①④⑤	1.1	97

注：具备的投资管理能力，指的是《中国银保监会关于优化保险机构投资管理能力监管有关事项的通知》（银保监发〔2020〕45号）中，适用于保险资产管理机构的五类投资管理能力。

二、ESG 投资相关情况

1. 中国人保资产管理有限公司：成立绿色金融工作领导小组，制定28项具体行动计划，并将绿色金融纳入公司各业务条线。截至2022年末，系统内资金绿色债券投资564.17亿元，绿色非标投资65.41亿元，绿色股票投资27.96亿元，绿色股权投资19.53亿元。

2. 中国人寿资产管理有限公司：2022年，公司制定《绿色金融专项实施方案（"绿色引擎"计划，2022年版）》统筹推进ESG/绿色投资工作，通过加强体制机制建设，丰富投资管理实践，提升投资能力，强化风险管控效能，强化配套支持等举措助推各项任务有序开展，彰显公司在保险资产管理行业的"绿色投资领跑者"地位，积极发挥"头雁"作用，推动相关成果实践逐步成为行业共识。

3. 华泰资产管理有限公司：2022年公司制定了《华泰资产管理有限公司绿色金融政策（试行）》，确定了绿色金融发展目标、实施路径与工作重点。公司积极践行ESG投资理念，在公募REITs、ESG相关基金、标债类资产等方面均有投资，并通过登记和设立基础设施债权投资计划产品引导长期资金参与城市轨道交通、能源环保、节能减排工程项目。

4. 中再资产管理股份有限公司：截至 2022 年末，股票绿色金融投资比例超 36%；共持有绿色债券 35 只，面值合计 31.56 亿元，参与清洁能源类、基础设施基金类金融产品等超过 3.8 亿元；投行业务完成绿色金融放款 53.5 亿元，对接多家能源类企业，围绕新能源电力、绿色产业投资、绿色金融产品创新等开展长期交流研讨；金融产品方面，发行"固收 + REITs"产品，融入绿色产业投资，参与 11 个公募 REITs 项目网下一级申购，累计金额约 35.44 亿元。

5. 平安资产管理有限责任公司：积极践行 ESG 投资理念，在清洁能源、生态环保、绿色基建等绿色产业持续布局，累计投资规模达 800 余亿元，2022 年新增投资规模达 116 亿元，先后落地江西交投、汉江环境资源、国电投贵州等项目。其中，江西交投基础设施绿色债权投资计划以最高等级（G–1）标准获得中诚信绿金的认证，是国内首单经绿色认证的绿色保险债权投资计划。

6. 泰康资产管理有限责任公司：积极贯彻集团"负责人投资政策指引"，在固收、权益、非标等多类型资产上建立可持续投资业务目标，逐步推进对资产的 ESG 投资管理、评估、跟踪和控制。截至 2022 年末，双碳领域相关投资规模超 1 600 亿元。其中，股权投资方面，泰康投资了微泰、星星充电、蜂巢能源等，涵盖医疗创新技术、智能制造、新能源车产业链等领域，并通过中广核一期产业基金投资低碳基荷能源核电项目，助力碳中和进程。债权投资方面，泰康主导的中电投风电"碳中和绿色资产支持专项计划"，总规模近 20 亿元，预计每年可助力碳减排 100 万吨。

7. 新华资产管理股份有限公司：2022 年制定了《服务国家战略及践行 ESG 投资基本指导规则与行动方案》，全面系统将 ESG 理念融入公司投资决策与风险管控，持续建立健全 ESG 管理体系。目前公司已上线新版信用评级模型，新增对企业 ESG 执行情况的评价，同时结合企业 ESG 表现持续推进投资限制清单及解禁机制。

8. 太平洋资产管理有限责任公司：公司已初步建立了 ESG 投资管理体系。在经营委员会下设立了绿色金融委员会，完善绿色金融投资流程。建立 ESG 数据评级体系，并将 ESG 评级纳入传统信评框架中。截至 2022 年末，绿色投资规模达 650 多亿元。公司发行了卓越低碳主题、碳中和主题和 ESG 债券精选等产品；完成登记的河南投资鲁山抽水蓄能项目、中原豫资生态治理项目等两项债权计划，均通过专业评估机构最高等级（G–1）标准绿色认证，合计登记金额 70 亿元。

9. 太平资产管理有限公司：2022 年公司积极推进绿色金融及 ESG 投资工作，制定相关管理办法，为 ESG 投资工作提供制度保障。公司加强对绿色产业投资、ESG 投资以及"双碳"目标的投资引导；同时，加强高碳资产管理，根据投资组合持仓情况，逐步降低资产组合碳强度。2022 年公司在污水处理、清洁能源、核电等领域投资多个项目，积极践行 ESG 投资理念。

10. 大家资产管理有限责任公司：大家资产积极支持我国绿色产业发展，响应国家"双碳"目标，践行 ESG 投资理念，截至 2022 年末，共持仓绿色债券 45.28 亿元。所投资债券募资用途主要用于垃圾焚烧清洁发电、绿色轨道交通建设、水电站建设等多项领域，助力国家"碳达峰、碳中和"的"双碳"目标。

11. 生命保险资产管理有限公司：2022 年公司积极开展"ESG 投资实践"培训，内容涵盖 ESG 投资的内涵发展、框架体系、投资实践、行业案例分享等；将"ESG 投资研究"纳入投资部门的年度重点工作，推动系统学习 ESG 准则，探索 ESG 在相关领域的投资应用。

12. 光大永明资产管理股份有限公司：截至 2022 年末，公司围绕助力"双碳"，新增绿色产业和双碳领域非标投融资总规模为 52.4 亿元，新增绿色债券 3 亿元。公司设立"光大永明-河南投资基础设施债权投资计划"，该项目对于推动生态文明建设和清洁能源使用、打赢污染防治攻坚战、实现地方经济高质量发展有着重要积极作用。公司发行设立光大永明资产碳中和 ESG 主题精选权益类资产管理产品、光大永明资产聚宝绿色精选固定收益类资产管理产品、光大永明资产永利绿色纯债固定收益类资产管理产品共计 3 只绿色金融类产品。

13. 民生通惠资产管理有限公司：公司一如既往地坚守"长期投资、价值投资、多元投资、稳健投资、责任投资"的理念，围绕绿色资产，优化资产配置，提前布局新兴产业，继续大力发展绿色金融，完善产品服务体系和组织体系，加大对基础设施、产业转型、乡村振兴等领域支持，为相关实体企业项目提供债券融资服务，精准支持绿色发展。

14. 阳光资产管理股份有限公司：公司立足时代主题、结合党的二十大会议精神和全球 ESG 理念发展方向，持续完善纳入环境、社会和治理表现的可持续投资体系，加大在服务实体经济、推动绿色发展等领域投资力度。公司完善了相关制度与流程建设，实现了可持续投资规模稳定增长，以及可持续投资主题产品的落地。

15. 中意资产管理有限责任公司：公司已形成 3 大类一级指标、11 个二级指标、负面清单制为主的 ESG 评价标准，重点关注环境重大违法违规、自然资源被限制使用、严重损害员工权益、重大安全事故、供应商及客户方面出现重大负面舆情、公司治理存在严重瑕疵、信息披露出现财务造假等重大问题，正逐步推将 ESG 评价标准融入受托资产的投资当中。

16. 华安财保资产管理有限责任公司：截至 2022 年末，公司全部股票投资按照市值加权平均的"万得-ESG 综合得分"为 6.48 分。

17. 长城财富保险资产管理股份有限公司：公司投研体系引入 ESG 标准进行行业和个股配置，优选配置新能源车、光伏、风电、清洁能源板块和个股，压缩不符合碳排放标准的个股和板块配置规模。公司目前设立新能源一号、ESG 精选等多只专项资产管理产品，进行权益投资。在 FOF 配置中，优先选择新能源、碳中和、清洁能源主题基金，在提升收益的同时，助力低碳环保行业发展。

18. 英大保险资产管理有限公司：公司重点投资方向包括 ESG 指数下的标的，符合 ESG 标准披露的标的，以及相关债券、股权投资等；公司还通过对接银行及理财子公司、保险公司及保险资产管理公司，积极探讨发行 ESG 相关产品的可行性。

19. 华夏久盈资产管理有限责任公司：2022 年公司已组织投资部门、风控部门加强学习交流，不定期聘请外部专家、研究机构宣讲绿色金融理论和方法，包括 ESG 评价体系、投资应用、发展方向等，为启动 ESG 投资体系建设做好前期准备工作。

20. 建信保险资产管理有限公司：公司积极参与环保、节能、清洁能源、绿色交通、"双碳"等投资领域，服务产业结构、能源结构、交通运输结构调整优化。截至 2022 年末，公司绿色投资余额达 133.15 亿元，同比增长 19.97%，近三年年均复合增速达 49.95%。同时，设立了"浦江安鑫绿色双碳""福州输配环基础设施绿色债权投资计划"两只保险资产管理产品，创新绿色服务模式。

21. 工银安盛资产管理有限公司：落实党中央关于"碳达峰""碳中和"重大战略决策。公司发行的"工银安盛 海发控水利枢纽绿色基础设施债权投资计划",注册规模12亿元,被联合赤道环境评价有限公司授予最高等级(G-1)标准的绿色认证。同时,通过投资清洁能源项目积极参与首支经绿色认证的低碳产业投资基金;截至2022年末,公司参与绿色清洁能源投资余额约为23.5亿元。

22. 交银康联资产管理有限公司:"交银 平舆水生态绿色基础设施绿色债权投资计划"是交银集团首单绿色保险债权投资计划。该计划注册规模10亿元,首笔缴款5.5亿元。资金用于河南水利投资集团有限公司旗下平舆县水环境治理和生态修复工程项目。该项目为第四批次国家示范项目的重点PPP项目,项目的实施既能实现滨水环境的改善,又能实现中水回用,项目与绿色发展理念高度契合,获得了评估机构给出的国内最高等级G1绿色评级。

23. 中信保诚资产管理有限责任公司:积极贯彻落实国家战略,大力投资碳中和相关领域,积极服务实体经济绿色转型。截至2022年末,绿色金融投资规模达75.58亿元,主要投向水电、光伏、风电、储能等清洁能源产业,以及绿色交通、能效提升、污染防治、节能环保等行业。

24. 招商信诺资产管理有限公司:在绿色投资方面,投资3.3亿元"平安 国电投宁夏基础设施债权投资计划",助力宁夏地区风电项目发展,积极为国家"双碳"目标做出贡献。在产品业务方面,积极践行绿色金融理念,加快在绿色金融、可持续投资等领域的长期布局。2022年以来,累计发行7只保险资产管理产品获评估机构绿色认证,登记规模94.6亿元。

25. 国寿投资保险资产管理有限公司:公司结合《银行业保险业绿色金融指引》要求,重点研究建立ESG投资体系,已将ESG议题纳入公司董事会战略和投资决策委员会职能范围,加强ESG专职队伍建设,并在全公司范围开展ESG专题培训。研究制定股权、不动产、基础设施板块的ESG风险评估工具,并将ESG纳入公司现有投资决策流程。

26. 国华兴益保险资产管理有限公司:2022年公司响应绿色发展战略,积极投资参与低碳循环战略项目,充分履行金融机构责任与使命,投资一般中期票据18京能洁能MTN001(101800346.IB)1亿元。发行人北京京能清洁能源电力股份有限公司的经营范围涵盖燃气发电及供热、风力发电、中小型水电、光发电及其他清洁能源业务,是北京地区最大的燃气热电供货商和中国领先的风电运营商。

27. 安联保险资产管理有限公司:在公司绿色金融发展战略与目标框架下,今年对公司ESG投资核心支撑体系进行优化,包括:发布明确将ESG理念纳入投资研究与决策全流程的可持续投资政策,探索ESG评估框架并搭建ESG组合分析平台。同时,致力于将ESG的理念与方法应用于产品和服务中:定期监测体系内资金ESG表现并制定碳减排路线图;对外输出ESG投顾服务,参与公司首个绿色债权计划,发行ESG组合产品等。

28. 人保资本保险资产管理有限公司:公司积极发挥保险资金长期优势,对接国家绿色发展战略,构建绿色投资体系。2022年落地广汽埃安、中广核、上饶光伏、未势能源等投资项目,涉及新能源汽车、核电、光伏等清洁能源领域。通过开展交通、能源、基础设施等领域债权投资,推动传统能源领域绿色转型。聚焦新能源领域科技创新需求开展股权投资,推动新能源体系构建。

29. 太平资本保险资产管理有限公司:2022年,公司积极践行ESG投资理念,制定并发布了绿色金融及ESG工作管理办法,成立了绿色金融及ESG专业委员会,逐步建立起绿色金融及ESG工作管理体系。公司聚焦绿色投资,持续加大对清洁能源、节能环保、污染防治等绿色产业的投资力度,

2022年新增落地太平－新疆碳中和三号新能源股权投资项目，出资规模9亿元，主要投向国电投新疆公司下属第一大新能源公司－中电投新疆能源化工集团哈密有限公司股权。项目公司是国电投在新疆的第一个清洁能源"百万千瓦基地"。

三、服务国家战略情况[①]

序号	机构名称	项目类型	项目名称	服务类型	项目简介	项目资金规模	项目获奖
1	中国人保资产管理有限公司	债权投资计划	人保资产－湖北科投光谷创新园基础设施债权投资计划	区域经济发展战略	湖北科投光谷创新园基础设施债权投资计划注册规模35亿元，资金来源全部为人保集团系统内资金，投向战略性新兴产业集群和高科技产业园项目建设，助力长江经济带发展战略	35亿元	方舟奖、中资协－支持服务实体经济创新产品
2	中国人保资产管理有限公司	债权投资计划	人保资产－余杭创投基础设施债权计划	区域经济发展战略	该项目注册规模30亿元，已提款20亿元，募集资金用于文一西路（东西大道—荆长大道）提升改造工程建设，是杭州市的重点项目，有助于改善杭州市交通体系，优化路网结构，提升杭州未来科技城的城市功能	20亿元	中资协－支持交通基础设施建设创新产品
3	中国人寿资产管理有限公司	债权投资计划	中国人寿－湖北交投债权投资计划	现代流通体系建设	资金全部用于孝汉应高速公路（福银高速至武荆高速段）项目建设。项目建成后将有效支撑武汉建设国家中心城市，推动武汉城市圈一体化进程，同时优化武汉城市圈国高网结构，增强通道供给能力，强化路网衔接与转换，并为沿线地区经济产业发展提供基础设施保障	60亿元	
4	中国人寿资产管理有限公司	股权投资计划	中国人寿—云南国企改革发展股权投资计划	国有企业改革、西部大开发	对云南省投资控股集团有限公司控股的云南省国有股权运营管理有限公司（"云南股权运营公司"）进行战略增资，首笔90亿元资金用于投资云南股权运营公司投资云南省滇中引水工程有限公司股权。该项目是保障相关区域各民族生态用水、生产用水、生活用水"三生用水"的民心工程，为云南水资源紧缺地区实现振兴和高质量发展提供了民生保障	200亿元	

① 篇幅有限，表中所列仅为各保险资产管理公司服务国家重大战略情况摘编。

续表 1

序号	机构名称	项目类型	项目名称	服务类型	项目简介	项目资金规模	项目获奖
5	中国人寿资产管理有限公司	资产支持计划	中国人寿－诚臻供应链1号资产支持计划	民营及小微企业发展	该资产支持计划原始权益人为深圳市前海一方恒融商业保理有限公司、深圳市柏霖汇商业保理有限公司。该项目依托供应链中的核心企业，为供应链上下游链条企业提供综合金融服务，有助于众多中小供应商完成应收账款变现并按时结算工人收入，符合国家强化中小微企业金融服务相关要求，也是贯彻落实党中央关于普惠金融的决策部署的重要工作实践	49.7亿元	
6	华泰资产管理有限公司	债权投资计划	华泰－中国广核基础设施债权投资计划	"双碳"目标	该项目投资于广东太平岭一期工程，规划建设2台百万千瓦级华龙一号核电机组，华龙一号核电技术是具有完全自主知识产权的三代压水堆核电创新成果，是中国核电机组发展的主力堆型，是中国核电走向世界的"国家名片"	一期8亿元 二期25亿元	
7	华泰资产管理有限公司	基金类产品	鹏华深圳能源清洁能源封闭式基础设施证券投资基金	"双碳"目标	基础项目为深圳市大鹏新区的深圳能源东部电厂（一期），是目前粤港澳大湾区核心城市深圳市已投产运营的装机容量最大、设备最先进、效率最高的集中式天然气发电厂之一	35.376亿元	
8	华泰资产管理有限公司	基金类产品	华夏杭州和达高科产业园封闭式基础设施证券投资基金	医疗养老和健康产业投资	基础项目包括杭州和达药谷一期项目和孵化器项目、医药产业园区	14.04亿元	
9	中再资产管理股份有限公司	组合类资产管理产品	中再资产－基建强国REITs主题资产管理产品	重大基础设施项目	业内首批以主动管理模式专门投资公募REITs的组合类保险资产管理产品，为交通、保障房、能源等重大基础设施项目提供多元化资金渠道，增强金融服务实体经济质效能	10亿元	
10	中再资产管理股份有限公司	债权投资计划	中再－华电基础设施债权投资计划	服务绿色发展，助力"双碳"目标	采用永续方式，为贵州乌江沙沱水电项目实现可持续发展提供资金支持	20亿元	新华网绿色发展论坛—2022金融创新创优典型

续表 2

序号	机构名称	项目类型	项目名称	服务类型	项目简介	项目资金规模	项目获奖
11	平安资产管理有限责任公司	债权投资计划	平安-宁波梅山汽车部件项目基础设施债权投资计划	支持国家自主可控现代化产业链体系建设	专项用于支持吉利汽车目前最先进的制造体系和生产线建设。吉利控股集团是国内最大的汽车生产商之一，是促进我国从"汽车大国"向"汽车强国"转变的核心品牌	20 亿元	
12	平安资产管理有限责任公司	债权投资计划	平安-郑济铁路基础设施债权投资计划	"一带一路"倡议	定向投向国家"八纵八横"高速铁路网的区域连接线——郑济铁路，这是河南省"米"字形高速铁路网络战略的重要组成部分，也是山东"三横三纵"综合运输通道的组成部分	30 亿元	
13	平安资产管理有限责任公司	债权投资计划	平安-南京安居基础设施债权投资计划	支持保障性安居工程建设	该计划专项投向南京城区无房的新就业大学生、青年人、城市基本公共服务人员等新市民群体的四个保障性租赁住房项目，用金融活水温暖辛苦打拼的追梦人，让城市真正成为新市民"盛得下梦想、容得下身心"的安居之地	16 亿元	中资协-支持保障性安居工程建设创新产品
14	泰康资产管理有限责任公司	基金类产品	中保投国家管网公司制基金项目	国家安全战略	泰康人寿于 2020 年 9 月投资 10 亿元通过中保投设立的管网基金参与国家石油天然气管网集团有限公司的增资扩股项目，坚决拥护和支持国家油气改革战略，为国家能源高质安全发展贡献力量	10 亿元	
15	泰康资产管理有限责任公司	其他	泰康资产代理的各类资金	"双碳"目标	股票包括风力发电、光伏、核能、火电、水电、氢能、生物质能等；债券包括信评债项三级行业分类为水电/风电设备/其他电力行业债券、新能源主体/地铁与轨道交通主体发行债券，及符合 Wind 绿色债券分类的债券；债权包含基础设施绿色升级产业、清洁能源产业、清洁生产产业、生态环境产业等；股权包括节能减排和能源替代产业股权等	1 555.74 亿元	

续表 3

序号	机构名称	项目类型	项目名称	服务类型	项目简介	项目资金规模	项目获奖
16	泰康资产管理有限责任公司	其他	泰康资产代理的各类资金	产业医疗养老和健康产业投资	股票包括泰康行业的医药生物、医药生物（非药）行业、机械设备行业中的医疗器械制造以及医美等；债券包括信评债项三级行业分类为化药与生物制品、医疗服务、医疗器械、医药流通与零售、中药行业的债券；股权包括生物医药、生物科技、医养、脑科、口腔等股权项目及医疗基金	461.81 亿元	
17	新华资产管理股份有限公司	债权投资计划	招商信诺资产管理－招商蛇口基础设施债权投资计划	支持区域经济发展战略、服务绿色发展战略	该投资计划主要投向粤港澳大湾区深圳市城市发展战略领域——太子湾邮轮母港项目、邮轮中心项目，二者组成深圳蛇口片区的地标和海上门户；同时，符合粤港澳大湾区深圳市碳中和，可有效减少二氧化碳、二氧化硫、烟尘等气体排放，较好支持绿色发展	78 亿元	联合赤道－绿色等级 G1
18	新华资产管理股份有限公司	债权投资计划	招商信诺资产管理－东夏园不动产债权投资计划（一期）	支持区域经济发展战略、服务绿色发展战略	该投资计划主要投向京津冀协同发展地区项目开发：通州区东夏园地铁站上盖物业，规划为华润万象汇商场；同时，符合京津冀协同发展地区节能减排，预计能够节约标准煤，减排二氧化碳、烟尘等	42.2 亿元	联合赤道－绿色等级为 G1
19	新华资产管理股份有限公司	资产支持计划	民生通惠－国瑞清洁能源项目资产支持计划	支持"双碳"目标、服务绿色发展	该产品资金投向中国电力旗下的光伏、风电、水电等绿色清洁能源产业项目，包括大同中电光伏、芮城中电光伏等，有助于促进优化国家能源结构、构建低碳能源新生态，服务经济社会绿色低碳转型	9.85 亿元	
20	太平洋资产管理有限责任公司	债权投资计划	太平洋－河南投资鲁山豫能债权投资计划	"双碳"目标	该项目是河南省内首单成功备案并经过专业评估机构最高等级（G-1）标准的绿色认证的保险债权投资计划。项目资金主要用于河南鲁山抽水蓄能电站项目，电站投产后可为豫中城市群电力系统安全稳定运行提供有力保障，可提高电网运行的安全性、稳定性和可靠性	50 亿元	联合赤道－最高等级（G-1）标准认证

续表 4

序号	机构名称	项目类型	项目名称	服务类型	项目简介	项目资金规模	项目获奖
21	太平洋资产管理有限责任公司	债权投资计划	太平洋－中原豫资基础设施债权投资计划	"双碳"目标	该项目的建设有利于完善宁陵县城区的功能建设、改善湖泊周围生态环境，为周边居民提供良好生产生活环境，最大程度地实现区域共享，将生态文明理念全面融入城市发展，为宁陵县发展提供环境保障条件，在提升宁陵县城市环境质量及对外形象的同时，有利于促进当地经济社会可持续发展	22亿元	中诚信绿金－最高等级（G-1）标准认证
22	太平洋资产管理有限责任公司	债权投资计划	太平洋－上海城投控股债权投资计划	长三角民生项目	该项目能够进一步提升新型城镇化和城乡发展一体化水平，推动教育均衡发展，优化医疗机构资源配置，提升城镇交通畅通力，确保拆迁群众安置，构建生态优美、人与自然和谐发展的现代化人居环境	20亿元	
23	太平资产管理有限公司	股权投资	中国电力建设股份有限公司	供给侧结构性改革	该项目有助于优化中国电建股权结构，增强企业资本实力，降低企业杠杆率，提升中国电建存量资产质量和规模效益；同时，对于促进中国电建运营管理效率的提升也具有重要意义	35亿元	
24	太平资产管理有限公司	债权投资计划	太平－苏高新水质净化项目基础设施债权投资计划	"双碳"目标	该项目资金将用于苏州高新区内污水厂的提标改造扩建，项目建设标准、工艺路线、设备选型均为国内领先水平，排放标准达到省市最高要求。项目建成后，原污水处理设施将迁建至地下，地上空间将设置大片公共绿化，大幅改善周边生态环境，提高居民生活幸福指数	12亿元	
25	太平资产管理有限公司	债权投资计划	太平－上海中核不动产债权投资计划	军民融合发展	项目资金用于中国核工业产业科创园项目开发建设。项目建成后将吸引众多核电建设相关产业的科技研发中心、核电上下游产业供应和服务商落户产业科创园，促进"双碳"目标和军民融合发展	16亿元	

续表 5

序号	机构名称	项目类型	项目名称	服务类型	项目简介	项目资金规模	项目获奖
26	大家资产管理有限责任公司	资产支持计划	大家－火种系列资产支持计划	支持中小微企业及服务普惠金融	通过"大家－火种系列资产支持计划"和"灿熠资产支持专项计划",向平安普惠提供约160亿元资金发放给普惠金融市场主体,这些主体主要分布于制造业、批发和零售业,为社会创造了大量的就业岗位	160亿元	
27	大家资产管理有限责任公司	债权投资计划	大家－大连绿城商业不动产债权投资计划	乡村振兴战略	该计划融资主体为大连金石葡萄酒庄有限公司,主要开发项目位于大连市金普新区金石滩街道葡萄沟村,可有效带动当地的葡萄种植及葡萄酒产业发展,助力乡村振兴	8亿元	
28	大家资产管理有限责任公司	资金信托计划	中信信托·国丰10号济南城投集团贷款集合资金信托计划等	支持国家基础设施建设	2022年,大家资产向济南城市投资集团有限公司发放约47亿元信托贷款,用于济南基础设施建设	47亿元	
29	生命保险资产管理有限公司	债权投资计划	生命资产－山东铁投潍烟高铁基础设施债权投资计划（一、二期）	区域经济发展战略	该产品投资于新建潍坊至烟台铁路,投资资金用于投资项目的开发建设支出。该投资项目是国家"八纵八横"高铁主通道中沿海高铁通道的重要组成部分,是山东省北部沿海地区对外客运交流的主要通道,也是提前谋划启动的"十四五"规划重大交通工程项目	35亿元（其中一期18亿元,二期17亿元）	支持国家重点战略工程创新产品
30	生命保险资产管理有限公司	债权投资计划	生命资产－郑州地产牛口峪基础设施债权投资计划	用水工程改善民生	郑州市牛口峪引黄工程是郑州市委市政府为确保郑州市用水安全、推动社会科学发展的惠民工程,承担着郑州市76.9%的城市生态用水问题,其实施对于改善生态环境、提高城市品位、发展经济提供了良好的条件,效益显著	拟募集规模19.5亿元,已募集4亿元	支持农林水利工程建设创新产品

续表6

序号	机构名称	项目类型	项目名称	服务类型	项目简介	项目资金规模	项目获奖
31	光大永明资产管理股份有限公司	债权投资计划	光大永明－河南投资基础设施债权投资计划	"双碳"目标	该项目符合国家绿色产业相关政策，对于推动生态文明建设和清洁能源使用、打赢污染防治攻坚战、培育绿色发展新动能、实现地方经济高质量发展有着重要积极作用	20亿元	联合赤道－最高等级（G-1）标准绿色认证
32	合众资产管理股份有限公司	债权投资计划	合众－前湾控股基础设施债权投资计划	区域经济发展	该项目主要建设内容有高新产业园道路与桥梁、标准化生产厂房、城市停车场等，是宁波市打造长三角高质量一体化发展的战略举措之一，为浙江省大湾区建设和宁波现代化建设提供了强有力支撑	注册金额20亿元，已发4亿元	
33	合众资产管理股份有限公司	债权投资计划	合众－贵州矿业龙场煤矿债权投资计划	国家脱贫攻坚战略	该项目有利于黔西县经济发展，促进当地人口就业，有利于进一步巩固脱贫攻坚的成果	注册金额10亿元，已发3亿元	
34	民生通惠资产管理有限公司	资产支持计划	民生通惠－中和农信支农支小资产支持计划（一期）	国家脱贫攻坚战略、乡村振兴	该产品由民生通惠与中和农信合作设立，为中和农信提供资金2.85亿元，向位于内蒙古、四川、赣州、河北的农户发放支农贷款逾2.9万人次。通过无需抵押、上门服务的普惠金融方式支持贫困地区中低收入家庭开展创收性活动，助力中低收入家庭脱贫致富。探索形成了一套既适合中国农村特点，又可以快速推广和复制的新型农村金融服务模式	2.85亿元	2022保险业服务乡村振兴方舟奖
35	阳光资产管理股份有限公司	债权投资计划	阳光－河南交投基础设施债权投资计划	区域经济发展战略	该项目用于周口至南阳高速公路项目，淮滨至信阳高速公路息县至邢集段项目，路线全长分别为196.3、100.7公里，助力区域经济发展	75亿元	

续表 7

序号	机构名称	项目类型	项目名称	服务类型	项目简介	项目资金规模	项目获奖
36	阳光资产管理股份有限公司	债权投资计划	阳光－山东能源集团高家堡项目债权投资计划	"双碳"目标	该项目用于投资陕西彬长矿区高家堡煤矿及选煤厂项目。高家堡矿井配套建设选煤厂，符合国家积极发展煤炭洗选、促进煤炭工业节约、清洁、安全和可持续发展的方针政策，确定采用先进高效的重介分选工艺	20亿元	
37	阳光资产管理股份有限公司	债权投资计划	阳光－河钢集团高强板基础设施债权投资计划	构建现代产业体系	该项目用于高强度汽车板技术改造项目，致力于行业新材料开发与轻量化设计，助力钢铁产业现代化。投资项目专注于精品高强汽车板和高档家电板生产，产品已应用于国内外知名企业，并出口25个国家和地区	8亿元	
38	中英益利资产管理股份有限公司	债权投资计划	中英益利－湖北联投鄂咸高速公路债权投资计划	区域经济发展战略	该项目投资于湖北省鄂咸高速公路项目，标的项目是连接鄂州与咸宁的快速通道，与黄鄂高速等形成一条新的鄂东地区南北纵向大通道，形成"鄂－黄－黄－咸"城市群环线，促进武汉城市圈东部外围城市经济社会发展	7.9亿元	
39	中英益利资产管理股份有限公司	债权投资计划	中英益利－青山湖科技城基础设施债权投资计划	区域经济发展战略	该项目投资于浙江省青山湖科研创新基地，包括滨河产业园、雅观产业园、临安横畈污水处理工程项目，属于高新技术产业园配套，符合国家和地方政府产业规划要求，所在的青山湖科技城属于杭州城西科创大走廊的重要组成部分，城西科创大走廊作为浙江省"十三五"规划的省重点项目，具有重要的示范意义	2.4亿元	
40	中英益利资产管理股份有限公司	债权投资计划	中英益利－陕西有色硅材料项目债权投资计划	培育发展战略性新兴产业	该项目投资于陕西省榆林市电子及光伏新材料产业化项目，标的生产的中间产品电子级硅烷气产品是国内市场头部供应商，具备进口替代优势。标的项目对颗粒硅产能采取改良后的硅烷流化床法技术，符合"节能减排碳中和"时代潮流，是光伏硅料行业绿色发展的先进生产力和发展方向	4.05亿元	

续表 8

序号	机构名称	项目类型	项目名称	服务类型	项目简介	项目资金规模	项目获奖
41	中意资产管理有限责任公司	债权投资计划	中意－山东高速基础设施债权投资计划（一、二、三期）	区域经济发展战略	投资资金用于山东省济南至青岛高速公路改扩建工程项目及京台高速公路德州（鲁冀界）至齐河段改扩建工程项目，该项目为国家发改委批复核准，系国家重大工程，项目建成后对完善国家高速公路交通运输网络，改善当地交通运输条件，促进沿线经济发展具有重要意义	66亿元	2022 保险资金支持实体经济创新方舟奖
42	中意资产管理有限责任公司	债权投资计划	中意－山东能源鲁西发电基础设施债权投资计划	"双碳"目标	投资项目为 2×60 万千瓦煤炭地下气化发电工程，其选用国内先进、高效超超临界燃煤发电技术，具有锅炉热效率高、发电煤耗低的显著优势，系节约型、环保型、资源综合利用型的大型现代发电项目，项目建成后能够进一步优化山东省的电源布局，满足全省经济社会发展的用电需求，提高能源利用率	50亿元	中资协－支持"双碳"及绿色金融领域创新产品
43	中意资产管理有限责任公司	债权投资计划	中意－中铁刘潭综改项目基础设施债权投资计划	长江经济带发展战略	投资项目为无锡市梁溪区刘潭片区棚户区（城中村）综合改造项目，无锡市是长江经济带、长江三角洲城市群的重要城市，项目位于无锡市的中心城区梁溪区，规划定位为梁溪区北大门。本项目建设可以改善城市环境、促进城市更新、转换产业动能、增强民生福祉	37亿元	中资协－支持民生工程建设创新产品
44	华安财保资产管理有限责任公司	债权投资计划	华安－长沙智慧停车项目债权投资计划	《产业结构调整指导目录2021》鼓励类	该项目用于投资封刀岭地下交通枢纽项目与星沙文化公园地下停车场项目，可有效减少地面汽车尾气污染，节约能源，充分利用土地资源，优化城市空间结构	13亿元	
45	华安财保资产管理有限责任公司	债权投资计划	华安－洛阳城投奥体中心项目债权投资计划（一期）	重大基础设施建设	该投资计划募集保险资金以用于奥体中心项目的开发建设，将有利于推动城市新格局建设，提升体育竞技水平，推动体育事业发展，满足群众多元化体育运动需求，提升城市体育形象和整体功能	15亿元	

续表9

序号	机构名称	项目类型	项目名称	服务类型	项目简介	项目资金规模	项目获奖
46	华安财保资产管理有限责任公司	专项产品	华安财保资产管理中保系列专项产品（第11期）	防范化解重大风险	2022年通过专项产品投资券商资产管理计划，以支持化解上市公司股票质押流动性风险，为上市公司和优质民营企业提供长期融资支持，维护金融市场长期健康发展	2.2亿元	
47	长城财富保险资产管理股份有限公司	债权投资计划	长城财富-深圳南山不动产债权投资计划（一、二期）	"双碳"目标	该项目为中国华润集团的全行业首单保险资金债权计划合作，也是长城资产管理首单碳中和绿色金融保险债权计划。该项目有助于碳达峰碳中和目标的实现，全面助力国家绿色金融体系建设以及绿色经济转型	70亿元	
48	长城财富保险资产管理股份有限公司	债权投资计划	华泰-深圳能源基础设施债权投资计划（一期）	支持粤港澳大湾区建设	该产品投向深圳能源下属电力基础设施项目，是为积极贯彻落实党中央、国务院关于"基础设施领域补短板"决策部署，支持粤港澳大湾区建设，支持提升基础设施供给质量，更好地发挥有效投资对优化供给结构的关键性作用	2亿元	
49	长城财富保险资产管理股份有限公司	债权投资计划	生命资产-湖北交投三江港基础设施债权投资计划（一、二期）	支持长江经济带建设	该产品投向湖北长江现代物流产业聚集示范区现代物流园项目，投资项目位于湖北省鄂州市三江港港区，支持党中央、国务院提出的重大国家战略发展区域之一—长江经济带	3亿元	
50	英大保险资产管理有限公司	债权投资计划	英大-成都轨交基础设施债权投资计划（一期）	区域经济发展战略	该计划投资的双凤桥站TOT项目作为成都市首批14个TOD示范项目之一，是成都地铁3号线站点之一，在一体化城市设计中充分融入公园城市理念，致力于打造"公园城市中的公园社区"	6亿元	
51	英大保险资产管理有限公司	债权投资计划	英大-镜湖开发集团不动产债权投资计划	区域经济发展战略	该计划投资的绍兴高铁北站TOD项目以公共交通为发展导向，为迎接融杭联甬接沪行动计划与长三角一体化发展的一项重大战略举措助力	7.3亿元	

续表10

序号	机构名称	项目类型	项目名称	服务类型	项目简介	项目资金规模	项目获奖
52	英大保险资产管理有限公司	基金类产品	北京达晨财智中小企业发展基金	军民融合发展、医疗养老和健康产业投资、"双碳"目标	该基金为国家中小企业发展基金的子基金，基金规模的60%以上将投资于符合"522标准"的中小企业，并重点布局智能科技和医疗健康两大领域	基金规模25亿元；公司为委托人合计投资0.8亿元	
53	华夏久盈资产管理有限责任公司	股权投资计划	中国人寿－电投2号股权投资计划	"双碳"目标	委托资金用于新能源基础设施项目投资	44.9亿元	
54	华夏久盈资产管理有限责任公司	股权投资计划	中国人寿－电投清洁能源股权投资计划（三期）	"双碳"目标	投资标的为电投清能三期碳中和股权投资（天津）合伙企业，以增资的形式投资国电投集团旗下两家标的公司，分别为吉林吉电新能源有限公司、中电投（内蒙古西部）新能源有限公司	14.8亿元	
55	华夏久盈资产管理有限责任公司	债权投资计划	交银－湖北交投基础设施债权投资计划	区域经济发展战略	用于投资项目武汉至松滋高速公路江陵至松滋段（含观音寺长江大桥）项目的开发建设	30亿元	
56	建信保险资产管理有限公司	债权投资计划	建信保险资产管理－豫资二期青年人才公寓项目债权投资计划	支持保障性安居工程建设	投资项目属于公共租赁保障性住房行业，是解决青年人才安居需求、提升人才服务保障水平的保障性安居工程，属于保障性住房行业，同时属于"产业结构调整与指导目录"中鼓励类产业	10亿元	中资协－支持保障性安居工程建设创新产品
57	建信保险资产管理有限公司	债权投资计划	建信保险资产管理－湖北联投集团荆州农业产业园债权投资计划	支持全面推进乡村振兴	该产品募集资金用于荆州高新区农业产业园基础设施提档升级建设项目。本项目的建成对于完善周边区域的基础设施，改善投资环境，全面推进乡村振兴有重要意义	10亿元	中资协－支持全面推进乡村振兴创新产品

续表 11

序号	机构名称	项目类型	项目名称	服务类型	项目简介	项目资金规模	项目获奖
58	建信保险资产管理有限公司	资产支持计划	建信保险资产管理－浦江惠聚1号资产支持计划	支持中小微企业及普惠金融	该产品作为小额贷款债权类的资产证券化产品，以产品认购资金向腾讯集团100％控股的深圳市财付通网络金融小额贷款有限公司（即原始权益人）购买符合入池标准的基础资产。该基础资产系原始权益人依托于微信平台，通过向借款人提供小额贷款授信服务，向借款人发放人民币消费贷款而合法享有的以消费订单为单位的消费贷款债权，属于支持普惠金融范畴	25亿元	中资协－支持中小微企业及普惠金融创新产品
59	百年保险资产管理有限责任公司	债权投资计划	百年－三峡疏港铁路项目基础设施债权投资计划	"双碳"目标	该计划募集资金投向三峡枢纽茅坪港疏港铁路项目，属长江经济带重点绿色交通项目。货运铁路作为节能减排代表性交通运输工具，对促进区域绿色发展、推动节能减排等起到重要作用	5亿元	
60	百年保险资产管理有限责任公司	债权投资计划	华泰－海峡科工园基础设施债权投资计划	国家级科技工业园	拟投资项目所处的海峡两岸科工园是浦口高新区面积最大、地位最重要的园区，是国家级科技工业园，也被誉为长三角地区的"硅谷"	0.6亿元	
61	百年保险资产管理有限责任公司	债权投资计划	招商信诺－国际会议中心二期债权投资计划	国家新型基础设施建设战略	该项目资金投向为世界物联网大会永久会址配套设施，有利于打造系统完备、高效实用、智能绿色、安全可靠的现代化基础设施体系，推进物联网新型基础设施建设，充分发挥物联网在推动数字经济发展、赋能传统产业转型升级方面的重要作用	0.6亿元	
62	工银安盛资产管理有限公司	债权投资计划	工银安盛－海发控水利枢纽绿色基础设施债权投资计划	"双碳"目标	该计划募投项目为海南省南渡江迈湾水利枢纽工程和北门江天角潭水利枢纽工程，两项工程均为国务院172项重大水利工程，是海南省完善水资源配置、构建防洪体系、改善生态环境以及支持工农业发展的重点项目	6亿元	联合赤道－最高绿色（G－1）标准认证、证券时报社—2022创新保险资产管理产品方舟奖

续表 12

序号	机构名称	项目类型	项目名称	服务类型	项目简介	项目资金规模	项目获奖
63	工银安盛资产管理有限公司	债权投资计划	工银安盛－杭州西站枢纽基础设施债权投资计划	长江三角洲区域一体化发展	本项目位于城西科创大走廊上，是杭州铁路客运主枢纽之一，建成后将向外衔接6条干线铁路，与杭州的其他5座高铁站形成"一轴两翼双十字双环六客站"的铁路枢纽总体布局	8亿元	
64	工银安盛资产管理有限公司	债权投资计划	工银安盛－武汉地铁基础设施债权投资计划	长江经济带	投资项目为10个地铁项目，分别为武汉地铁1号线二期、2号线一期、4号线一期、4号线二期、3号线一期、6号线一期、2号线北延线（机场线）、1号线径河延伸线、11号线东段（光谷火车站－左岭）和2号线南延线，纵横贯穿武汉市主城区、都市发展区及新城组群	10亿元	
65	交银康联资产管理有限公司	债权投资计划	交银－平舆水生态绿色基础设施绿色债权投资计划	"双碳"目标	该产品投资于河南水利投资集团有限公司旗下平舆县水环境治理和生态修复工程项目，既能实现滨水环境的改善，又能实现中水回用，同时还能实现循环再利用废料制砖	10亿元	中诚信绿金－最高等级（G-1）标准认证
66	交银康联资产管理有限公司	债权投资计划	交银－树兰（济南）国际医院债权投资计划	医疗养老和健康产业投资	该产品用于支持树兰（济南）国际医院建设，较好地支持了当地医疗卫生领域的重点项目实施，具有良好的社会效益	35亿元	
67	交银康联资产管理有限公司	债权投资计划	交银－湖北交投基础设施债权投资计划	区域经济发展战略	该产品用于武汉至松滋高速公路江陵至松滋段（含观音寺长江大桥）项目的建设，将加强武汉城市圈与湖北省中游城市群的联系，推动长江经济带建设，对改善湖北省中游城市群对外交通出行条件，带动区域产业协作，促进沿线资源开发和社会经济发展等具有重要意义	30亿元	

续表 13

序号	机构名称	项目类型	项目名称	服务类型	项目简介	项目资金规模	项目获奖
68	中信保诚资产管理有限责任公司	债权投资计划	中信保诚－四川港投基础设施绿色债权投资计划	区域经济发展战略"双碳"目标	该项目是一座以航运为主、结合发电，兼顾防洪、供水、环保的的综合性枢纽工程，项目建成后，预计每年可减排二氧化碳8.77万吨，对于促进长江经济带发展和加速成渝地区双城经济圈发展具有重要意义，同时为"双碳"目标助力	6亿元	中诚信绿金－最高等级（G－1）标准认证
69	中信保诚资产管理有限责任公司	专项产品	中信保诚资产管理信远价值专项产品	区域经济发展战略混合所有制改革	本产品旨在发挥保险资金长期稳健投资优势，按照市场化原则，向有前景、有市场、技术有优势的企业提供融资支持，特别是对符合国家战略和宏观政策导向的项目给予更多的支持，为实体经济提供更多长期资金和资本性资金，追求组合资产的长期稳定增值	36.70亿元	
70	中信保诚资产管理有限责任公司	私募股权基金	宁德润信股权投资合伙企业（有限合伙）	"双碳"目标	本基金主要投向宁德时代投资平台晨道资本所管理的子基金，投资策略围绕宁德时代产业链上游的新能源方向项目，助力国家"双碳"目标	5亿元	中信集团2022年度优秀协同项目奖
71	招商信诺资产管理有限公司	债权投资计划	招商信诺资产管理－招商蛇口基础设施债权投资计划	"双碳"目标、区域经济发展战略、高端制造业产业振兴	该产品用于投资招蛇太子湾片区游轮母港项目，是深圳"再造新蛇口"的地标性工程，建成后可停泊世界上最大邮轮，是我国大力发展本土邮轮制造的有力举措，对打破邮轮制造垄断、发展邮轮产业经济具有重要意义。同时，本项目属于"双碳"及绿色金融领域创新产品，并获中国城市科学院研究员授予的三星级绿色建筑标识（NO.PO339004C），建筑节能率达52.55%	8亿元	中资协－支持交通基础设施建设创新产品

续表 14

序号	机构名称	项目类型	项目名称	服务类型	项目简介	项目资金规模	项目获奖
72	招商信诺资产管理有限公司	债权投资计划	招商信诺资产管理－白湖北园基础设施债权投资计划	城市更新战略、区域经济发展战略	该产品用于投资福州市仓山区城市更新项目（一期），涉及搬迁安置居民1 761户，非居民205户，规划新建安置房24.8万平方米，配套底商0.4万平方米等。该项目以解决民生补短板、产业转型升级为核心，符合国家宏观政策和产业政策，有利于全面提升福州市城市发展质量，满足人民群众宜居宜业的美好生活需要，对区域发展有着重要而深远的意义	17.94亿元	中资协－支持民生工程建设创新产品
73	国寿投资保险资产管理有限公司	股权投资计划	国寿投资－北京绿合股权投资计划	"双碳"目标	该项目重点投资垃圾处理、污水处理等绿色生态环保基础设施项目，是中国人寿作为金融央企，全面落实党中央决策部署，围绕"双碳"目标，践行ESG发展理念，服务绿色环保产业的重要实践	30亿元	中资协－支持"双碳"及绿色金融领域创新产品
74	国寿投资保险资产管理有限公司	股权投资计划	国寿投资－漕河泾产业园股权投资计划	区域经济发展战略、战略性新兴产业	该项目成功参与上海漕河泾高科技园发展有限公司增资扩股，将为超4 000家中外高科技企业提供基于空间载体的高品质服务，彰显和印证了中国人寿坚定支持长三角区域经济发展、服务战略新兴产业载体建设的决心与承诺	30亿元	
75	国寿投资保险资产管理有限公司	基金类产品	江西交投高速公路投资基金	区域经济发展战略、交通强国战略	该项目携手江西省交通投资集团有限责任公司及江西交通发展基金，共同发起江西交投高速公路投资基金，为江西省内高速公路项目建设提供长久期权益性资金支持，助力长江经济带发展	100.01亿元	
76	国华兴益保险资产管理有限公司	债权投资计划	国华兴益－甘肃铁投基础设施债权投资计划	"一带一路"建设、区域经济发展战略	投资项目为新建中卫至兰州铁路（甘肃段）项目。项目建成后形成了连接我国"一带一路"多个国家战略经济区的快速铁路通道，也形成了陆桥通道外西部地区直达沿海地区的快速客运通道，对进一步推动西部地区经济建设，提升西部省区经济实力具有重要意义	10亿元	兴业银行—2022年度投资银行业务创新项目

续表 15

序号	机构名称	项目类型	项目名称	服务类型	项目简介	项目资金规模	项目获奖
77	国华兴益保险资产管理有限公司	债权投资计划	国华兴益－武汉光谷中心城基础设施债权投资计划	区域经济发展战略	投资项目为光谷中心城中轴线区域地下公共交通走廊及配套工程。项目完工后，将把光谷中心城各种交通设施与开放空间顺畅连接，为武汉带来"中国最长地下空间走廊"，为地下空间的开发利用树立标杆	15亿元	
78	国华兴益保险资产管理有限公司	债权投资计划	国华兴益－扬州城控基础设施债权投资计划	区域经济发展战略	投资项目为扬州市广陵区2017－2018年棚户区（城中村）改造项目。本项目的建设有利于改善人居环境、促进扬州新型城镇化进程、提高城镇化质量、促进经济社会持续健康发展	9亿元	
79	人保资本保险资产管理有限公司	股权投资计划	人保资本－广汽埃安股权投资计划	"双碳"目标	该项目投资于广汽集团下属智能纯电汽车核心载体——广汽埃安新能源汽车有限公司增资扩股，最终用于广汽埃安新建产能及研发投入。通过该项目投资，能加快加大新能源汽车的供给，直接降低碳排放	10亿元	中资协－支持"双碳"及绿色金融领域创新产品、融资中国—2022年度中国最佳私募股权投资案例
80	人保资本保险资产管理有限公司	债权投资计划	人保资本－上饶投控光伏发电项目基础设施债权投资计划	国家脱贫攻坚战略、"双碳"目标	该项目用于上饶市701.148MW光伏精准扶贫项目，通过建设村级光伏扶贫电站，为当地居民带来"阳光收入来源"，并网后可实现每户每年增收3 000元，预计年发电量841 377.60MW，节约吨标煤10.34万吨，减排CO_2共51.33万吨	10亿元	中资协－支持全面推进乡村振兴创新产品
81	人保资本保险资产管理有限公司	保险私募基金	人保康养基金	服务健康中国战略	该项目投资于人工心脏全球领先企业同心医疗，其自主研发了我国首个获得国家药品监督管理局（NMPA）批准的拥有完备自主知识产权的国产人工心脏，也是全球范围内首个获得NMPA批准的全磁悬浮式人工心脏。项目推动了国内人工心脏磁悬浮技术快速发展，为患者带来安全强劲的"中国心"	0.74亿元	

续表 16

序号	机构名称	项目类型	项目名称	服务类型	项目简介	项目资金规模	项目获奖
82	太平资本保险资产管理有限公司	直接股权投资/长期股权投资	太平－新疆碳中和三号新能源股权投资项目	"双碳"目标"一带一路"建设	该项目紧密服务国家"双碳"目标，助力驻疆央企开展"第二批风光大基地"建设。该模式发挥保险资金的长久期属性，进一步推动新能源领域相关投资的健康发展与模式创新，加快煤电从主力机组转变为辅助服务机组，并最终退出发电历史舞台的进程，推动国内能源消费领域实现"碳达峰、碳中和"	9亿元	—
83	太平资本保险资产管理有限公司	间接股权投资	太平医疗健康产业股权投资基金项目	"健康中国"战略	该项目主要投向医疗健康产业，包括生物医药与医药外包、医疗器械与诊断、医疗服务、生物科技和医疗信息化，辐射健康科技和健康消费等领域。该项目是公司积极践行"健康中国"战略，助力国家医保体系建设的重要举措	目标规模100亿元，认缴规模65亿元，实缴规模9.63亿元	中资协－支持民生工程建设创新产品
84	太平资本保险资产管理有限公司	间接股权投资	太平科创产业股权投资基金项目	"科技创新"战略"两新一重"	该项目紧扣国家科技创新产业规划和政策导向，重点布局智能保险、区块链、大数据、云计算、物联网等新兴产业方向，采用直接投资和间接投资相结合的资产配置策略，沿科技自主创新主题布局，助力科创企业做大做强，为实现国家高水平科技自立自强提供有力支撑	目标规模20亿元，认缴规模18.5亿元，实缴规模0.11亿元	中资协－支持专精特新企业创新产品

四、履行社会责任情况[1]

序号	机构名称	项目类型	项目名称	项目简介	资金规模	项目获奖
1	中国人保资产管理有限公司	捐赠	服务乡村振兴	持续助力乡村振兴，完成桦川、乐安、留坝三县定点捐赠任务450万元，用于支持当地乡村振兴项目	450万元	

---

[1] 统计时间区间为2022年全年；因篇幅有限，表中所列仅为各保险资产管理公司积极履行社会责任的部分情况摘编。

续表 1

序号	机构名称	项目类型	项目名称	项目简介	资金规模	项目获奖
2	中国人寿资产管理有限公司	捐赠物资	乡村振兴定点帮扶－与脱贫村党支部结对共建	公司21个部门党支部和国寿安保基金公司党委与湖北丹江口、内蒙古乌兰察布共26个脱贫村党支部结对共建，根据各村实际情况，捐助物资，精准帮扶	2022年捐赠物资价值67万元	
3	中国人寿资产管理有限公司	捐款	乡村振兴定点帮扶－捐款支持乡村干部培训	捐款支持湖北丹江口市委组织部开展乡村干部培训，提升脱贫地区农村基层干部政治理论素质和社会管理能力	2022年捐款10万元	
4	中国人寿资产管理有限公司	捐赠物资	陕北呼家川小学支教帮扶	向陕北呼家川小学支教团临时党支部捐助办公设备，支持支教团教育帮扶工作	2022年捐助物资价值2万元	
5	华泰资产管理有限公司	捐款	内蒙古兴和县定点帮扶项目	2021年起，公司积极协助开展内蒙古自治区兴和县定点帮扶工作，捐资专项用于兴和县的定点帮扶项目	2022年捐款10万元	兴和县人民政府感谢信
6	平安资产管理有限责任公司	捐赠物资	携手战"疫"，做有温度的金融	2022年上海疫情期间，为助力打赢疫情防控阻击战，平安资管积极响应政府捐赠倡议书，作为重点领头金融企业，成立专门的物资保障沟通小组，向静安区捐赠20万元抗疫物资，并负责承接静安区3个街道的物资保障任务	捐赠20万元抗疫物资	
7	平安资产管理有限责任公司	消费帮扶	消费帮扶计划	2022年平安资管工会系统持续开展消费帮扶，以消费带动产业发展，累计直接采购贫困地区农产品超过112万元，助力贫困地区尽快脱贫，为国家的脱贫攻坚战略贡献一份力量	累计消费帮扶112万元	
8	泰康资产管理有限责任公司	捐款	"乡村振兴"新疆阿克苏地区沙雅县努尔巴格乡英阿瓦提村核桃加工厂成套自动化核桃生产线项目	聚焦"乡村振兴"，通过泰康溢彩公益基金会捐助新疆阿克苏地区沙雅县努尔巴格乡英阿瓦提村核桃加工厂成套自动化核桃生产线，提高当地农民收入、解决就业	55万元	
9	泰康资产管理有限责任公司	捐款	内蒙古乌兰察布兴和县养老助老项目	通过泰康溢彩公益基金会向内蒙古乌兰察布兴和县养老助老项目捐款	10万元	

续表 2

序号	机构名称	项目类型	项目名称	项目简介	资金规模	项目获奖
10	泰康资产管理有限责任公司	消费扶贫	贫困地区特色农畜产品采购	通过持续开展消费扶贫工作，定向帮扶贫困地区，采购当地特色农畜产品	55万元	
11	新华资产管理股份有限公司	消费帮扶	内蒙古察哈尔右翼后旗乌兰哈达苏木定点帮扶	积极响应党中央、国务院关于巩固拓展脱贫攻坚成果同乡村振兴有效衔接的工作要求，继续与当地建立长期稳定的供销关系，连续4年共投入约80万元用于乌兰哈达苏木的帮扶工作，促进当地农村牧区集体经济带动能力的提高	2022年约20万元	
12	新华资产管理股份有限公司	捐赠物资	"暖冬行动"计划	携手新华保险、中金公司、中再集团共同为新疆买谢提小学、甘肃渭源莲峰镇第一中心小学等5所乡村学校的1 900名孩子们每人捐赠一件价值239元的羽绒服	约5.5万元	
13	太平洋资产管理有限责任公司	捐款	太保三江源公益林三期项目建设	公司积极践行"绿水青山就是金山银山"的理念，根据太保集团的整体规划要求，为三江源地区青海海南州共和县恰不恰镇中国太保"生态公益林"项目三期建设捐赠资金250万元，助力青海生态保护和建设再上新台阶	250万元	
14	太平洋资产管理有限责任公司	捐款	内蒙古美丽乡村建设项目	公司积极参与中资协2022年助力乡村定点振兴帮扶项目，为乌兰哈达苏木西后坊村委会、石灰图村委会、巴音高勒嘎查村容村貌人居环境整治项目捐赠资金6万元，解决当地基层实际困难，提高当地村民的幸福指数	6万元	
15	太平洋资产管理有限责任公司	捐款	贵州遵义务川自治县茅天镇三所学校意外保险购买项目（2022—2023年度）	公司捐赠资金10万元，为贵州遵义务川仡佬族苗族自治县茅天镇三所学校的近千名学生和教职工购买学生平安保险和意健险，防范潜在的意外风险	10万元	
16	太平资产管理有限公司	引荐外部机构捐款	引入外部帮扶资金	积极引荐外部客户向公司定点帮扶地区投入帮扶资金，着力解决当地教育、医疗、生态农业、科技发展等基本需求以及农村公用设施改造等，服务当地乡村振兴和民生保障	131万元	

续表 3

序号	机构名称	项目类型	项目名称	项目简介	资金规模	项目获奖
17	太平资产管理有限公司	消费帮扶	太平资产消费帮扶计划	积极拓宽消费帮扶渠道，采购两当县、裕安区、内蒙古乌兰察布察右中、后旗等多个太平集团、保险行业协会定点帮扶地区的特色农产品，推进农牧业增效，推动农牧民增收，不断巩固脱贫成果	51 万元	
18	大家资产管理有限责任公司	志愿者活动	大家支持抗疫爱心活动	公司员工积极参加集团组织的志愿活动，如利用周末休息时间到社区作为防疫志愿者、通过互联网平台为贫困大学生捐款助学等		
19	生命保险资产管理有限公司	消费帮扶	察右中旗专项消费帮扶	通过察右中旗电子商务平台"草原精品汇"小程序采购察右中旗藜麦、小米等帮扶农产品，以消费促进定点地区群众增收	2022 年帮扶 3.01 万元	上海证券报 – "金理财"年度企业社会责任奖
20	生命保险资产管理有限公司	志愿帮扶	乌兰哈达苏木人居环境整治项目帮扶	对乌兰哈达苏木人居环境整治项目实施专项资金帮扶，支持美丽乡村建设和绿色发展，改善当地农牧民生产生活环境，助力乡村振兴战略实施	2022 年帮扶 6 万元	上海证券报 – "金理财"年度企业社会责任奖
21	生命保险资产管理有限公司	公益活动	童书乐捐	该项目面向公司全体员工，为欠发达地区少年儿童开展童书捐赠，共募集图书 160 本，通过公益组织集中运送补充乡村学校馆藏	2022 年捐赠图书 160 本	上海证券报 – "金理财"年度企业社会责任奖
22	光大永明资产管理股份有限公司	捐款		为定点帮扶地区湖南省古丈县坪坝镇溪口村、大寨村扩大村集体经济的茶叶基地，修建蔬菜大棚，提升村民经济收入水平，发展壮大集体经济。慰问困难党员、留守儿童及为坪坝镇九年制学校添置文体用品	2022 年捐款 2 万元	
23	光大永明资产管理股份有限公司	消费帮扶		积极响应中资协倡议，开展对察右中旗专项消费帮扶活动，号召全体员工奉献爱心，力所能及地采购特色农产品		
24	合众资产管理股份有限公司	消费帮扶	助力乡村振兴定点消费帮扶	2022 年 9 月为践行企业社会责任，响应中国保险资产管理业 2022 年助力乡村振兴定点帮扶工作倡议，对察哈尔右翼后旗通过消费方式进行定向帮扶	7.99 万元	
25	民生通惠资产管理有限公司	捐款	2022 年度"送温暖献爱心捐赠周"	2022 年民生通惠员工在 11 月民生保险"送温暖、献爱心"中，由党员、管理人员带头，遵循真诚、自愿原则共计捐款 23 738 元，所筹得善款由民生保险设立的民生通惠公益基金妥善管理，全部用于精准扶贫、抗疫救灾、教育帮扶、环境保护和医疗救助等公益项目	2 万余元	

续表 4

序号	机构名称	项目类型	项目名称	项目简介	资金规模	项目获奖
26	阳光资产管理股份有限公司	捐赠物资	"衣暖童心，与爱同行"	2022年阳光资产青年志愿者服务总队开展"衣暖童心，与爱同行"爱心捐赠活动，给青海玉树结古镇"那义角小学"捐赠衣物，累计捐赠爱心衣物200余件，给孩子们送去爱的包裹		
27	阳光资产管理股份有限公司	消费帮扶	"消费帮扶传递阳光温度"	积极响应中资协的倡议，参与支持结对帮扶内蒙古察右中旗，公司工会购买贫困地区特色农牧产品合计金额55 608元，助力当地贫困群众增产增收	5.56万元	
28	阳光资产管理股份有限公司	消费帮扶	"消费帮扶传递阳光温度"	集团扶贫办公室对接安图县农户设立精准扶贫帮扶产业项目——吉林安图龙泉煎饼，阳光资产公司工会采购扶贫煎饼产品5.6万元	5.6万元	
29	中意资产管理有限责任公司	捐赠物资	"办实事、献爱心"公益捐赠计划	中意资产工会委员会联合党支部发起"办实事、献爱心"捐赠倡议，组织公司员工、支部党员向云南省保山市昌宁县大田坝镇湾岗九年制学校捐赠衣物（鞋）140余件、书籍180余本及文体用品等		
30	中意资产管理有限责任公司	定点帮扶	定点帮扶乌兰哈达苏木绿色发展	参与乌兰哈达苏木西后坊村委会、石灰图村委会、巴音高勒嘎查村容村貌人居环境整治项目，着力提升农村人居环境水平，真正以环境美促进生态美、乡村美、产业美，激发乡村振兴的内生动力和活力，直接受益人数超过860人		
31	华安财保资产管理有限责任公司	消费帮扶	助力"乌兰哈达苏木"绿色发展计划	连续3年购买内蒙古自治区乌兰察布市察右后旗乌兰哈达苏木地区当地的特色农产品作为员工福利发放，助力当地贫困群众稳定增收	2022年4.988万元	
32	长城财富保险资产管理股份有限公司	捐款	2022年"致力共同富裕·强国复兴有我"爱心捐款活动	捐款主要用于在全区范围内开展的救助项目，包括： （1）开展"春雨行动"大病救助项目 （2）开展低保老人医疗救助项目 （3）开展"爱心成就未来"慈善助学项目 （4）开展"绿色通道"紧急救助项目 （5）开展爱心帮扶困难党员项目	0.39万元	
33	英大保险资产管理有限公司	消费帮扶	集中采购帮扶地区农副产品	公司工会组织全体员工在内蒙古乌兰察布市察右后旗地区集中采购米、面、肉等农副产品	3万余元	

续表 5

序号	机构名称	项目类型	项目名称	项目简介	资金规模	项目获奖
34	华夏久盈资产管理有限责任公司	消费帮扶	华夏久盈消费助农	积极响应中资协的组织倡导，2022年端午节，采购定点帮扶地区农副产品，作为工会节日福利发给员工，助力乡村振兴	2022年6万元	中资协－定点帮扶工作感谢信
35	建信保险资产管理有限公司	消费帮扶	脱贫攻坚、乡村振兴	坚持做好"巩固脱贫攻坚成果 同乡村振兴有效衔接"工作，采购扶贫物资共计19.58万元	19.58万元	
36	百年保险资产管理有限责任公司	公益活动	"欢歌笑语迎国庆，温暖志愿爱先行"关爱残障人士公益活动	该活动由公司志愿者团队发起，国庆前夕组队参与阳光家园生日会和做手工，一起品尝生日蛋糕		
37	百年保险资产管理有限责任公司	捐赠物资	疫情封控送蔬菜礼包	该计划在上海疫情封控环境下，为公司所在花木街道弱势群体送上一份温暖，采购蔬菜及肉，缓解燃眉之急，一份爱心蔬菜、一句暖心话语，为抗疫之路注入坚定的力量	2022年捐赠物资0.6万元	
38	百年保险资产管理有限责任公司	消费帮扶	助力乡村振兴定点帮扶	积极响应保险资产管理业协会2022年助力乡村振兴定点帮扶工作倡议书，多年来持续采买内蒙古自治区定点帮扶地区特色产品	2022年5.5万元	
39	永诚保险资产管理有限公司	志愿者活动	"抗疫进行时，党员显担当"志愿服务	2022年上海疫情期间，永诚资产党支部发动公司全体党员参与社区志愿服务工作。公司党员干部参与协助小区核酸检测、物资发放、抗原检测试剂盒分发等社区志愿服务累计百余小时，彰显了共产党员在疫情防控这场大战大考中的特殊责任、特殊担当		
40	工银安盛资产管理有限公司	公益活动	员工无偿献血活动	积极响应上海市政府无偿献血公益活动的号召，自2020年起累计15名员工抵达爱心献血屋参与无偿献血，以实际行动践行公益精神，履行社会责任		
41	交银康联资产管理有限公司	捐赠物资	"细水长流爱永在"公益活动	与上海随手公益基金会合作，为小学阶段儿童募捐图书、文具类物品等学习用品，帮助边远地区儿童和老人	文具、书包等若干	

续表 6

序号	机构名称	项目类型	项目名称	项目简介	资金规模	项目获奖
42	国寿投资保险资产管理有限公司	基金类产品	国寿（郧西）乡村振兴基金	国寿（郧西）乡村振兴基金规模5 000万元，资助覆盖教育、乡村医护工作者、乡村振兴创业带头人、返乡青年创设的扶贫产业等方面，为郧西县巩固拓展脱贫成果，推动乡村全面振兴提供有力支持，使之成为全面推进郧西乡村振兴的一项长效帮扶举措	该基金2022年完成年度收益306万元的分配工作	
43	国寿投资保险资产管理有限公司	捐衣造林	"携手献爱心 共植公益林"公益活动	倡导"用衣份爱，造一片林"品牌公益林美好地球计划，通过旧衣物回收换捐树苗。公司员工捐赠衣物到达一定重量，可在甘肃民勤种下固沙爱心林	2022年捐赠衣物近3 000公斤	
44	人保资本保险资产管理有限公司	捐款	人保资本与吉安县政府帮扶项目资金捐赠	捐赠的350万元款项专门用于吉安县农村一二三产业融合发展、促进农民就地就近就业创业、推进农业农村绿色发展、必要的乡村基础设施建设、巩固拓展脱贫攻坚成果、支持推动乡村振兴工作	350万元	
45	太平资本保险资产管理有限公司	公益活动	"恒爱行动——百万家庭 亲情一线牵"公益编织活动	根据中央和国家机关妇工委办公室关于开展"恒爱行动——百万家庭 亲情一线牵"公益活动通知，按照集团工会办统一部署安排，公司工会联合团委组织开展太平资本公益编织活动	累计编织达20件编织品	

后 记

2022年，面对疫情反复、市场波动及经济发展压力，保险资产管理业稳中有进、稳健发展，管理规模持续扩大、资产管理能力不断增强，专业机构投资者功能作用日益凸显，服务国家重大战略与实体经济质效持续提升，取得积极成效。

《中国保险资产管理业发展报告（2023）》旨在全面反映中国保险资产管理行业2022年的发展情况及现状。本报告由协会组织编纂，协会研究规划部牵头实施，协会综合管理部、会员部、创新发展部、公开市场与境外业务部、自律合规部、教育培训及国际事务部、信息技术部和协会子公司资管通等积极参与报告的撰写工作。同时，33家保险资产管理公司参与了材料提供和问卷调研（按成立时间排序）：中国人保资产管理有限公司、中国人寿资产管理有限公司、华泰资产管理有限公司、中再资产管理股份有限公司、平安资产管理有限责任公司、泰康资产管理有限责任公司、新华资产管理股份有限公司、太平洋资产管理有限责任公司、太平资产管理有限公司、大家资产管理有限责任公司、生命保险资产管理有限公司、光大永明资产管理股份有限公司、合众资产管理股份有限公司、民生通惠资产管理有限公司、阳光资产管理股份有限公司、中英益利资产管理股份有限公司、中意资产管理有限责任公司、华安财保资产管理有限责任公司、长城财富保险资产管理股份有限公司、英大保险资产管理有限公司、华夏久盈资产管理有限责任公司、建信保险资产管理有限公司、百年保险资产管理有限责任公司、永诚保险资产管理有限公司、工银安盛资产管理有限公司、交银康联资产管理有限公司、中信保诚资产管理有限责任公司、招商信诺资产管理有限公司、国寿投资保险资产管理有限公司、国华兴益保险资产管理有限公司、安联保险资产管理有限公司、人保资本保险资产管理有限公司、太平资本保险资产管理有限公司；196家保险（集团）公司、4家具有存量保险资产管理产品业务的机构（中国人寿养老保险股份有限公司、长江养老保险股份有限公司、平安养老保险股份有限公司、中保投资有限责任公司）也参与问卷调研活动，为本报告的撰写提供了大量数据和丰富素材。

本报告的编写过程中，我们还得到了国家金融监督管理总局相关部门的大力支持。初稿完成后，国家金融监督管理总局相关部门和业内相关专家、学者对报告提出了宝贵的意见和建议，在此对他们表示衷心的感谢。

由于编写时间和水平有限，《中国保险资产管理业发展报告（2023）》难免存在疏漏和不足，真诚希望各位读者批评指正，并提出宝贵意见。

中国保险资产管理业协会
2023年6月